gerhard rühm
gesammelte werke

gerhard rühm
gesammelte werke

Herausgegeben von Michael Fisch

gerhard rühm
gesammelte werke

5 theaterstücke

Herausgegeben von Michael Fisch und Monika Lichtenfeld

Matthes & Seitz Berlin

Gefördert vom Deutschen Literaturfonds e.V. und der
deutschen druck- und verlagsgesellschaft mbH, Hamburg

ISBN 978-3-88221-518-2 [Einzelband]
ISBN 978-3-88221-515-1 [Gesamtausgabe]

1. Auflage 2010

Göhrener Str. 7 I 10437 Berlin I www.matthes-seitz-berlin.de

Matthes & Seitz Berlin dankt dem Autor und den beteiligten Verlagen für die Zusammenarbeit bei dieser Ausgabe der Gesammelten Werke von Gerhard Rühm.

Herausgegeben in Verbindung mit dem Autor

Konzeption: Michael Fisch I Texterfassung und Übersetzung: Jérôme Raffeneau I Korrektorat: Monika Lichtenfeld und Gerhard Rühm I Gestaltung und Satz: Erich Brinkmann I Druck und Bindung: Brandenburgische Universitätsdruckerei Potsdam

Inhalt

rund oder oval

ein spiel für vier gleiche

a: ist die erde rund
b: ob
die erde rund ist
c: rund ist die erde
d: tritt einen schritt
vor
tritt einen schritt
zurück
tritt zwei schritte
vor
tritt zwei schritte
zurück
tritt
vor
tritt
zurück
b: ein stein
ist zu überwinden
ein kleiner berg
ein grosser berg
ein stein
ein stein
ist zu überwinden
c: wenn
du gehst
dann
gehst du
d: wann
gehst du
a: ich gehe
b: gehen
gehen
gehen
gehen
c: weiter
d: näher
b: weiter
c: tage
wochen
monde
jahre

a: (geht links ab)
d: wie spät ist es
b: der tag
die nacht
ein tag
die nacht
der tag die nacht
c: vielleicht
wird es regnen
regnen wird es
vielleicht
d: dann darfst du
warten
dann darfst du
bleiben
dann darfst du
gehen
c: es wird regnen
vielleicht
d: du darfst nicht
warten
du darfst nicht
bleiben
du darfst nicht
gehen
c: gehen
gehen
gehen
gehen
d: näher
b: weiter
c: näher
b: (zu c)
du
d: ich
c: (zu d)
du
d: (zu b)
du
c: ich
b: (zu d)

du
d: (zu c)
du
c: (zu b)
du
b: ich
(pause)
c: er
(pause)
d: wir
(längere pause)
b: (zu c)
gib
deine hand
c: (zu d)
nimm
meine hand
d: (zu b)
lass
seine hand
b: (zu d)
gib
deine hand
d: (zu c)
nimm
meine hand
c: (zu b)
gib
deine hand
b: (zu c)
lass
seine hand
c: (zu d)
lass
seine hand
d: (zu b)
nimm
meine hand
b: wer mich umarmt
ist unwichtig
nicht

unwichtig ist
wie
man mich umarmt
c: wer mich umarmt
ist unwichtig
nicht
unwichtig ist
warum
man mich umarmt
d: wer geht
umarmt mich
wer bleibt
umarmt mich
umarmt mich
wer bleibt
oder
wer geht
b: wer bein
vor bein
setzt
setzt bein
vor bein
c: er geht
d: gehen
gehen
gehen
gehen
b: gehen
wir
c: ich sehe
ich höre
d: wir
gehen
aus einem lautsprecher:
die worte sind ein vorwand um zu sprechen
b: ich habe dich
du hast mich
wir haben uns
nie
nie
nie gesehen

nie gehört
und doch
und doch
c: klein wie ein stern
und
gross wie ein stern
kurz wie der weg
und
lang wie der weg
wie ich
und
wie du
d: und
(pause)
b: und
(pause)
c: viele
wenige
tiefe
hohe
rechte
linke
vortretende
zurücktretende
vergangene
kommende
junge
alte
alte
junge
gebende
nehmende
müssende
wollende
schweigende
sprechende
bleibende
gehende
verlassene
wartende
(kurze pause)

d: ja
ich bin da
b: ja
du bist da
c: ja
wir sind da
d: nein
er ist fort
b: ja
er ist fort
c: nein
er ist da
d: wie spät ist es
b: der tag
die nacht
der tag
die nacht
zwei tage
die nacht
der tag die nacht
der tag die nacht
c: einer ist gekommen
ein anderer ist gekommen
zwei sind gekommen
einer ist fortgegangen
zwei sind fortgegangen
einer ist zurückgeblieben
einige sind gekommen
vier davon sind zurückgeblieben
zwei sind fortgegangen
noch zwei sind fortgegangen
einer ist zurückgeblieben
d: ich bin
du bist
er ist
wir sind
ihr seid
ich bin
c: einer ist zurückgeblieben
die anderen sind fortgegangen
mehrere sind gekommen

einige sind fortgegangen
einige sind zurückgeblieben
zwei haben mich angeblickt
einer ist fortgegangen
einer ist zurückgeblieben

d: ich bin
du bist
er ist
wir sind
ihr seid
ich bin

c: einer ist zurückgeblieben
einer ist fortgegangen
viele sind vorbeigekommen
viele sind vorbeigegangen
einer ist zurückgeblieben
einer hat mich berührt

d: du bist
ich bin
wir sind
du bist
ich bin

c: einer ist vorbeigegangen
einer ist zurückgeblieben
einer hat mich berührt
einer ist fortgegangen
ich bin zurückgeblieben

d: ich bin
du bist
er ist
wir sind
ihr seid
ich bin

b: der tag
die nacht
ja
der tag
die nacht
und
der staub
die steine

die städte
die berge
die wolken
die sterne
die sonne
der tag
und
die nacht
nein
der regen
c: der regen
der uns einhüllt
der regen
der nichts spricht
der regen
der nur rauscht
der regen
der uns einhüllt
d: es regnet
b: ein stein
ist zu überwinden
ein kleiner berg
ein grosser berg
ein stein
ein stein
ist zu überwinden
c: regen
regen
regen
regen
d: wie spät ist es
b: der tag
die nacht
der tag
die nacht
der tag
die nacht
drei tage
die nacht
der tag die nacht der tag
die nacht der tag die nacht

c: wir müssen gehen
wir müssen gehen
d: wohin
sollen wir gehen
b: sollen wir wo sein
c: wo sollen wir sein
d: sollen wir wo hingehen
b: wohin sollen wir gehen
c: oder
bleiben wir
d: gehen
gehen
gehen
gehen
b: wollen wir wo bleiben
müssen wir wo bleiben
wo sollen wir bleiben
wo wir bleiben können
c: wollen wir wo hingehen
müssen wir wo hingehen
wohin sollen wir gehen
wohin wir gehen können
d: bleiben
und
gehen
gehen
und
bleiben
b: gehen
gehen
gehen
gehen
c: weiter
d: näher
b: weiter
c: gehen
gehen
d: wir müssen gehen
wir haben beine
(kurze pause)
c: wie spät ist es

b: der tag
die nacht
der tag
die nacht
der tag
die nacht
der tag
die nacht
vier tage
die nacht
der tag die nacht der tag die nacht
der tag die nacht der tag die nacht
c: du bist
immer nah
du bist
immer fern
du bist
da
bist
fort
du bist
fort
und bist
da
du bist fort wenn du da bist
du bist da wenn du fort bist
d: du bist
und
ich bin
b: heute ist es tag
und
heute ist es nacht
heute
gehen wir zurück
und
heute
gehen wir vor
c: heute sind wir genau in der mitte
d: heute
ist es nicht zu früh
und nicht zu spät

wir leben
heute
b: ja
c: nein
b: ja
ja
c: nein
nein
b: ja
ja
ja
c: nein
nein
nein
d: ja
b: nein
c: ja
d: nein
nein
b: ja
ja
c: nein
nein
d: ja
ja
ja
b: nein
nein
nein
c: ja
ja
ja
d: nein
nein
nein
nein
b: ja
ja
ja
ja
c: nein

nein
nein
nein
(pause)
d: ja
b: nein
c: ja
(pause)
d: nein
ja
nein
ja
nein
ja
nein
ja
b: (geht ab)
c: (geht ab)
b: (kommt wieder)
d: (geht ab)
d: (kommt wieder)
b: (geht ab)
c: (kommt wieder)
d: (geht ab)
b: (kommt wieder)
c: (geht ab)
b: die nacht
ist
der tag
ist
die nacht
c: (kommt wieder)
b: der tag
ist
die nacht
d: (kommt wieder)
(längere pause)
c: wie spät ist es
b: der tag
die nacht
der tag

die nacht
der tag
die nacht
der tag
die nacht
der tag
die nacht
fünf tage
die nacht
der tag die nacht der tag die nacht der tag
die nacht der tag die nacht der tag die nacht
(lange pause)
b: sechs tage
c: wie
oft
musst du
oft
wiederholen
damit das
oft
sich öffnet
und
offen
ist
d: es regnet
b: bei diesem wetter
wird
die nacht länger
sein
der tag kürzer
die nacht länger
bei diesem wetter
wird
das gehen
sehr erschwert
er wird nur langsam
vorwärts kommen
langsamer und
langsamer
bei diesem wetter
muss er bleiben

c: er muss bleiben
d: er muss
warten
er muss
warten
er muss
sterben
er muss
gehen
b: gehen
gehen
gehen
gehen
c: bein
vor
bein
vor
bein
vor
bein
d: tag
vor
nacht
vor
tag
vor
nacht
b: er ist jetzt oben
wir sind noch unten
er ist jetzt unten
wir sind noch unten
wir sind jetzt oben
er ist noch unten
wir sind wieder unten
er ist wieder oben
er stirbt
er ist genau in der mitte
er erblickt uns
er beginnt zu gehen
er geht mit uns
einmal oben

und
einmal unten
c: ich bin da
und
ich bin dort
bin oben
und
bin unten
rechts
und
links
ich schwebe
zwischen
dir
und
mir
d: tritt einen schritt
vor
und
du stehst im dunkel
tritt einen schritt
zurück
und
du stehst im dunkel
tritt zwei schritte
vor
und
du stehst vor der sonne
tritt zwei schritte
zurück
und
du stehst in einer stadt
du kommst
aus dem dunkel
du gehst
in das dunkel
du kommst
aus dem dunkel
b: es beginnt
leise zu regnen
es regnet leise

leise regnet es
c: du bist erschöpft
du bleibst
du bleibst
nicht
du gehst
d: du gehst
in das dunkel
aus dem
du kamst
in das
du gingst
aus dem
du kommst
b: ein mensch
ein mensch
ein mensch
ein mensch
die sonne
die sterne
die wolken
die berge
die städte
die steine
der staub
das dunkel
c: eins
zwei
drei
vier
fünf
sechs
sieben
acht
neun
zehn
elf
zwölf
dreizehn
vierzehn
fünfzehn

sechzehn				
siebzehn				
achtzehn				
neunzehn				
zwanzig				
einundzwanzig				
zweiundzwanzig				
dreiundzwanzig	d:	wie spät ist es		
vierundzwanzig				
fünfundzwanzig	b:	der tag		
sechsundzwanzig		die nacht		
siebenundzwanzig		der tag		
achtundzwanzig		die nacht		
neunundzwanzig		der tag		
dreissig		die nacht		
einunddreissig		der tag		
zweiunddreissig		die nacht		
dreiunddreissig		der tag		
vierunddreissig		die nacht		
fünfunddreissig		der tag		
sechsunddreissig		die nacht		
siebenunddreissig		der tag		
achtunddreissig		die nacht		
neununddreissig		sieben tage		
vierzig		die nacht		
einundvierzig		der tag		
zweiundvierzig		die nacht		
dreiundvierzig		der tag		
vierundvierzig		die nacht		
fünfundvierzig		der tag		
sechsundvierzig		die nacht		
siebenundvierzig		der tag		
achtundvierzig		die nacht		
neunundvierzig		der tag	d:	gehen
fünfzig		die nacht		gehen
einundfünfzig		der tag		gehen
zweiundfünfzig		die nacht		gehen
dreiundfünfzig		der tag		gehen
vierundfünfzig		die nacht		gehen
fünfundfünfzig		der tag		gehen
sechsundfünfzig		die nacht		gehen

siebenundfünfzig	der tag	gehen
achtundfünfzig	die nacht	gehen
neunundfünfzig	der tag	gehen
sechzig	die nacht	gehen
einundsechzig	der tag	gehen
zweiundsechzig	die nacht	gehen
dreiundsechzig	der tag	gehen
vierundsechzig	die nacht	gehen
fünfundsechzig	der tag	gehen
sechsundsechzig	die nacht	gehen
siebenundsechzig	der tag	gehen
achtundsechzig	die nacht	gehen
neunundsechzig	der tag	gehen
siebzig	die nacht	gehen
einundsiebzig	der tag	gehen
zweiundsiebzig	die nacht	gehen
dreiundsiebzig	der tag	gehen
vierundsiebzig	die nacht	gehen
fünfundsiebzig	der tag	gehen
sechsundsiebzig	die nacht	gehen
siebenundsiebzig	der tag	gehen
achtundsiebzig	die nacht	gehen
neunundsiebzig	der tag	gehen
achtzig	die nacht	gehen
einundachtzig	der tag	gehen
zweiundachtzig	die nacht	gehen
dreiundachtzig	der tag	gehen
vierundachtzig	die nacht	gehen

a: (kommt von rechts auf die bühne)
die erde ist rund
b: und
wir haben beine
c: beine haben wir
d: wozu
haben wir beine
wenn
die erde rund ist
a: um zu gehen

ministücke

interludium

ein eleganter herr im smoking betritt die bühne. er blickt gelangweilt umher. plötzlich bekommt er einen tobsuchtsanfall, zerbricht seinen dünnen spazierstock überm knie, wirft sich zu boden und stösst unartikulierte schreie aus. eine adrette junge dame in reitkleidung erscheint, von dem lärm konsterniert, und schlägt mit ihrer reitpeitsche hemmungslos den sich am boden wälzenden eleganten herrn, bis sich dieser langsam beruhigt. er erhebt sich schliesslich, sagt mit ausgesuchtester höflichkeit danke und verlässt die bühne. die adrette junge dame blickt eine weile ratlos umher. plötzlich stösst sie einen markerschütternden schrei aus und wirft sich zu boden. der elegante herr im smoking eilt zurück, ergreift die zu boden gefallene reitpeitsche und schlägt mit zunehmender kraft die hemmungslos heulende sich wälzende adrette junge dame. schliesslich erhebt sich diese beruhigt, sagt das wort schwein und gibt dem eleganten herrn im smoking einen langen innigen kuss, der einer gewissen sinnlichkeit nicht entbehrt.
vorhang.

szenisches epitaf

der vorhang öffnet sich. die bühne und die nackte frau. ein tisch und eine melancholische minute. die nackte frau isst brot. zwei federn schweben auf die bühne. die eine singt: o veilchenduft vom tale her. die andere ist tot. beide sinken zu boden. die nackte frau hält inne. sie blickt umher. die bühne, der tisch. am boden die zwei federn. die nackte frau bückt sich und nimmt die beiden federn an sich. gleichmässige schläge ertönen. ein mann in blauer arbeitskleidung von links nach rechts über die bühne; er schlägt in gleichmässigen abständen brotschnitten an die wand. die wand ist aus fleisch. der mann ab. die schläge verhallen. die nackte frau. eine feder gleitet wieder zu boden. die tote. die andere hält sie noch in der hand. ein ruf: graf zeppelin! stille. das brot ist plötzlich aus kristall. es knirscht bei jedem bissen. die nackte frau isst brot. der vorhang schliesst sich.

spiel für damen

spiel für damen
:spiel
:spiele
die spiele
:viele spiele
spiele für damen
:diffizile
:diffizile spiele
diffizile spiele für damen
:viele viele diffizile spiele
:ziele
ziellose damen
:ziel
spiele um ein ziel
spiele um ein ziel der damen
damenspiele
:unsere spiele
:meine
:und deine
:und deine spiele
:meine spiele
:unsere spiele
spiele der damen
ohne stiel
ohne stiele
doch ihre spiele haben stil
:unsere spiele unser stil
:stilistisch diffizile spiele
:und viele viele
:ja viele stilistisch diffizile spiele
:und wir wir sind die ziele vieler stilistisch diffiziler spiele
ja so sind ihre spiele
:und wenn ich dir gefiele
:und wenn ich fiele
:du wirst fallen
(so sprechen sie)
:doch du fällst subtil

glaub mir
:du fällst subtil
:denn unsere spiele sind subtil
du fällst du fällst
weil du mir gefällst
ein schatten
und in meinen händen dein profil

diskurs über die mode
ein sketch

wir sehen einen raum mit einer anzahl spiegel wir sehen ein junges mädchen sie heisst novella ihre freundin (eine ballerina) wird erst später auftreten ihr name ist lise

novella was ist mode
eine methode
eine episode
oder
eine hängende hode

lise wird erst später auftreten

novella ja
das ist die mode

novella also das ist die mode

sie liegt nackt vor einem spiegel und ist damit beschäftigt einen akt von sich zu malen

novella ja
aha

novella von jetzt an
bis
zum tode

es ist gut dass sie malt und darum nur hin und wieder etwas sagen kann

jetzt tritt lise auf novella verändert die stellung

novella weisst du
was die mode ist

lise eine flotte
eine grotte
meyerbeer
ein hugenotte
eine marotte
eine kokotte
etwas worüber ich spotte

novella hat sich inzwischen erhoben

novella nein
und nein
und wieder nein

lise entkleidet ihren oberkörper um von novella gemalt zu werden

lise eine karotte
vielleicht
eine motte
novella nein
nein
lise fagott
kompott
bankrott
schafott
novella die an lises brustbild zu malen begonnen hat schüttelt energisch den kopf
novella nichts von alle dem
lise wird schon langsam verzweifelt
lise foxtrott
novella schüttelt den kopf
novella also
lise befindet sich in höchster erregung
lise gott o gott
nach einer weile angespannter stille entschliesst sich novella es ihrer freundin zu sagen
novella die mode ist
eine methode
eine episode
oder
eine hängende hode
lise ist sichtlich erleichtert
lise also das ist die mode
novella von jetzt an
bis
zum tode
wenn ich nicht irre schliesst sich nun der vorhang

juliette schweigt
versuch eines stückes in 3 akten

statt des eisernen vorhangs ein überlebensgrosses porträtfoto von juliette gréco   sprecher die aus den reihen des publikums kommen nähern sich ihr bis an die rampe und beschwören sie   nach jedem akt licht im zuschauerraum

1. akt
juliette
langes haar ist wieder im kommen
juliette lächle
langes haar ist wieder im kommen
wir bitten dich   lächle
ja   ich weiss
sie lächelt nicht   sie hat auch nichts gesagt
obgleich wir sie baten
(der akt wird abgebrochen)

2. akt
juliette
sie schweigt
sie lächelt nicht   ihre züge sind unbewegt
sie blickt geradeaus
sie weiss es   langes haar ist wieder im kommen
(der akt wird abgebrochen)

3. akt
sie weiss es   doch sie sagt nichts
(der akt wird abgebrochen)

beide

eben
sie überzeugt sich mit der hand:
der boden ist eben
(der boden der bühne)
er ist eben eben
sie richtet sich auf: streben
worauf die andere die bisher reglos an der seite stand
zu ihr hinstrebt
die andere: leben
beide sollten jetzt sagen: geben
doch sie schweigen
(geben)
und sie sagen: kleiden
kleider
und sie sagen noch leiser: leiden
leider
die andere strebt von ihr weg
sie: weben
eben
leben
die andere am äussersten ende: kleben
und kehrt zurück
sie stehen voreinander doch sie erkennen sich nicht
schnee
schneien
sie: schneiden
und irgendwer: neiden
sie: scheiden
die andere: meiden
und strebt wieder von ihr weg
scheide
das gilt beiden
und als sie voneinander weit genug entfernt sind
beginnen sie sich zu entkleiden
und als sie nackt sind erkennen sie einander
und die andere: heben
(legen)

und sie gelöst: schweben
und die andere schwebt in weitem bogen zurück zu ihr
sie beben
beide: weiden
und sie weiden sich aus

zu

sie befinden sich beide auf der bühne
diese und jene
diese: ein leck
jene: lecken
diese: letzen
jene: ein loch
man könnte meinen die bühne sei ein loch
ein allzugrosses
weder diese noch jene vermag es zu füllen
doch darauf kommt es jetzt nicht an
diese: loten
jene: los
worauf kommt es jetzt an
diese indem sie jener das kleid öffnet: lösen
sie entkleidet jene schliesslich bis zu den strümpfen
jene: lobe
diese: lose
und sie sieht zu wie auch jene ihr das kleid abstreift
und an ihr abwärtsgleitet
jene: lockig
diese: locken
jene: lockern
und sie küsst dieser die
l
i
p
p
e
n
diese indem sie das zeichen für den vorhang gibt: lodern

spiegel

in abständen von 5-10 minuten gehen bekleidete und unbekleidete damen vorbei
manche verharren einen moment lang bei ihr
geht vorbei
geht vorbei
staub steigt auf
und bedeckt die zunge
trocken
es wird spät
in abständen von 1-2 stunden kommt noch gelegentlich am horizont eine greisin vorbei
die lippen sind trocken
auf der zunge keine locken
kein spiegel
wolken aus staub steigen auf
von überallher hört man es rufen:
kein spiegel
kein spiegel
der staub dringt in die augen
kein spiegel
möchte sie jetzt nicht selbst rufen:
kein spiegel
doch ihre lippen sind zu trocken
und die augen voller staub
es ist spät
und ich warte bis man den vorhang schliesst
denn ich kann nichts mehr sehen

das alfabet der damen
eine show

26 lesbische damen bezeichnet als a, b, c, d, e, f, g, h, i, j, k, l, m, n, o, p, q, r, s, t, u, v, w, x, y, z.

a: alle ahnen den alarm amors b: es blüht der blitz ein blaues blatt im blut c: ein cembalo a: amorfe arien der aparten angst b: brennende bärte bersten in den bällen der bucht a: die agonie der anatomie b: banale bisse besudeln das badende ballett der bastarde d: dornen drohen und dunkler durst e: erste elf entzwei f: im fluge der flöte fault das fell das fleisch fleht es flieht das feste feuer den fächer der faust und fasst die form d: du e: das ende der ernte erlöst d: decke mit dem daumen den darm der deutlich durch den docht donnert e: eiter und eier im eimer der ebbe sind echos der erde f: die folter faltet die freien frisuren des frostes g: gelbe gelenke geisseln die gellenden gärten h: der hals haust halb in der heilenden hüfte deren haar haucht i: ein intimes intervall des instinkts g: der glaube an gazellen am gaumen der gier h: der herbst ist die heisse haut der hölle die sich hebt und horcht g: genüsse im genick an der gurgel die gunst h: der hunger i: illusionen irren infolge der innigen invasion der iris j: die jauche jauchzt und juckt im jüngsten jahr k: kleine kleider kleben an den kühlen keulen des kosmischen kotes l: der leib leidet im licht der lauernden leier und löscht leise den lüsternen lehm der lachenden leichen k: die kurven der keuchenden kanäle im korsett der körnigen kalender j: jetzt k: wer kann den kontakt der konserven die kost köstlicher kostüme kennen j: jede k: kinder schon küssen in kissen die klopfenden klingen den klang der konflikte die kondolenzen der krampfenden kraft l: lauschende lungen k: in den kassetten der kasteiung wo das klirren der klarinetten den knall knetet zum karneval der katastrofen kokettieren die korallen der koloraturen kahler kohlen mit dem kompass kompakter katarakte den kämpfen der katzen den kegeln der käfer dem konzert der kanonen den kontrasten ohne kontrolle und dem kern der karotten doch kein keim kentert den kahn der kadaver und das kranke kreisst und kreist in der kugel des kummers l: die luft ist lau k: das knie der knospe knotet die kalten kammern der ketten des kieses l: lange k: so kommt und kämmt die kadenz der kurzen kerzen l: leben m: die mauer mahnt an die macht der mitte n: nullen nesteln an der naht der nacht wo nackter neider nagt und neckt m: minuten morden die milch der melancholie der mund den mond n: die nähe der narbe netzt die not der natur o: oden sind orden der optik ovaler orgien p: plötzliche plakate der poesie am pol der pose pressen den preis einer probe in die predigt aus pulver und pumpen q: im quadrat der quelle quillt die qual quer über die quitten p: die proportionen der propaganda sind prognosen des pulsierenden puders in den pupillen der puppen ein prozess der punkte aus purpur in prozenten q: quanten qualmen r: rebellen raffen den refrain in das regal der register rasieren die rapide revolte und ringen mit den resultaten einer relativen richtung im rytmus der reprisen retardieren sie und rasen retour p: prüft die promenaden des protestes das pedal der pause die pleiten der perspektive r: rettet den rettich der reue in der reuse reisst den rock der revue rund von den rinden die rote rose rotiert und rinnt in die rillen der reflexe p: die palette der paralyse ist eine parade vor dem paradies der panik unter den parafrasen der peitsche eine periode der perlen r: im rausch des raumes raunen die rauhen reihen der reifen reiter und reiben den reinen reim s: samen sendet die sonne als sensation einer solchen sekunde r: ein reigen rädert den regen am rande der reize s: sanft ist der saft dessen saat aus samt ist t: tiere tasten tief in die trägen tränen der treppen und treffen die teller totaler tänze s: serviert die sezierten signale singend durch den saal t: die triller der triebe treiben trübe den trug der trabanten in die tropfen des trostes s: salben aus salz säugen die säulen dieses seligen satzes t: trinkt und trennt das tuch der treue tauscht die takte täuscht die teile tilgt das tor der töne s: seid satt im sattel der silben am saume der seide r: reicher rauch von rechts wird ein raub der ratten s: seile aus sägen sind süsse serenaden sortierter sfären t: taube tauben tauchen in das tal der tage in den tau des todes r: sie rächen den rang sie rasen und rasten von den regeln der räte s: es sirren die sohlen der sorgen t: taten vor dem termin der trauer im trab trächtiger träume u: das unisono der uhren umzingelt uns r: das requiem der requisiten riecht nach reserven der resignation s: seht den sarg im sog der sehnsucht v: verzeiht den verzicht w: der wärme wachsen die würmer v: verteilt den verdacht w: weicher wahnsinn weicht wie der wille der welle welkt wenn der würfel um sie wirbt   v: es vergilbt der verrat im vollen verlust seiner vögel   w: der wind wacht an der wand der wüste wessen wolke wählt die weite   x: . . .   y: o yacht   w: das wasser wartet und wertet der wolle das wachs   z: am zaun des zarten zirkels zögert die zange und vor der zelle zittert die zier und zieht den zauber zärtlicher zähne am zaum   w: es würgt den weizen ein wilder wunsch   z: das zepter zündet mit zinsen die zonen des zenits   w: wund der worte wunder doch die wiege weiss von der wurzel der wut wagt den wurf   z: die zehe am ziel der zahlen deren zweig die zunge zwingt die zeichen der zeit zu zeigen

werden und sein

werden

einer hell
ein anderer heller
einer noch heller
ein dritter hehler
der vierte noch hell
ein anderer schellen
einer schnell
ein anderer schnellen
der vierte noch schneller
ein dritter nicht hell
licht
ein anderer lichter
einer wellen
der vierte wellen
schwellen und
helle
ein dritter hölle
ein anderer helle
heller und
heller
einer lichter
ein dritter fehler
der vierte lichter
hellen und
fehlen
ein dritter fällen
ein anderer lichten
der vierte am hellsten
einer hell und
stern
ein anderer sterne
ein dritter sterbe
der vierte höhle
einer hole

ein anderer	höhlen und
	holen
ein dritter	hohl
der vierte	hell und
	hohl und
	hoch
einer	horch
ein anderer	horchen
der vierte	wollen
	schwollen und
	wogen
ein anderer	wagen
einer	wege
	woge und
	genügen
ein dritter	nagen
ein anderer	tagen
der vierte	nach und
	nach
ein dritter	nah
einer	noch
	nacht
ein dritter	nagt und
	nagt und
der vierte	nackt
einer	tag
ein anderer	tage
der vierte	danke
ein dritter	wo
einer	tag und
ein anderer	nacht
ein dritter	wann
einer	tage und
ein anderer	nächte
einer	möchte
der vierte	danke
ein dritter	wer
einer	lange
ein anderer	länger
ein dritter	wie
einer	enge

ein anderer	enger und eng
einer	enge
der vierte	fänge
einer	fangen
ein dritter	was
ein anderer	funken
der vierte	funkel und dunkel

sein

er und sie sind sehr weit voneinander entfernt
er sein
sie sein
er ein
sie dein
er mein
sie ein
er sein
sie ein
ein
er klein
sie sein
er frein
sie frei
er bei
bei
sie zwei
–
er dein bein
dein bein
sie pein
er dein sein
dein sein
sie pein
pein
er mein
sie pein
er mein schein
mein schein
sie schein
er stein
pause
sie schrein
er stein
pause
sie schrein
schrein
er stein

und
stein
sie kein
      kein
er   ein
er   stein
er   sein
er ist
sie schein
sie schein
sie scheint
er   rein

durchdringungen

(raum)
der raum
die räume
die räume der träume
die trümmer
(trümmer)
ein traum
die trümmer der räume
ein raum der trümmer
die träume
die räume des traumes
die trümmer
(überall)
die trümmer der träume
die trauer
der traum
die räume
der traum
die trümmer
der traum
der traum der räume
der raum der trümmer der träume
ein raum der trauer
die trauer
die trauer
rauher
die trauer
rauher und rauher
(trauer)
rauher und rauher und rauher
rost
rost
rauher
frost
froh so froh so froh
so frost
frau

froh
frost
roh
die rosen die rosen (verhallt)
(peinliche pause)
roh
rot rot rot
so
(trost)
so (trost)
rühm
gerhard rühm
raum
rühm
räume
gerhard
räume und räume
traum
räume und räume und räume
träume
(pause)
träume
(pause)
trümmer und träume und räume und raum
(längere pause)
traum

vereinigung
ein schattenspiel

eine sie und ein er als schatten stehen voneinander entfernt auf der linken und rechten seite der bühne, einander zugewandt; beide sind nackt.

eine sie: u i a e
  u
  u a
  a e i
  u e
  i a u
e u a i
  a i
  e u
  e a
  e a i
u
ein er: k r m f
  f m
  k r
r k m f
  m f
  m k
  k f
  r
m f k
die sie: a
der er: m
die sie: e
der er: m f
die sie: i
der er: k
die sie: i
der er: k r
die sie: a e i
u
der er: k

die sie:	u			
der er:	k	r		
die sie:	a	u	i	
	e			
	e			
der er:	m	f	r	k
		r	k	
		k		
	r			
die sie:	e			
der er:	m	k		
	m	k		
		k		
	r	f	k	
die sie:	i			
der er:	k			
die sie:	i	e		
	i	e		
der er:	k	r		
die sie:	i	e	a	
		a	e	
		i		
	i	a	e	
	u			
der er:	r			
die sie:	u			
der er:	k	r		
	k	r	m	f
		f	r	
	k			
die sie:	a			
der er:	k			
die sie:	a			
der er:	k	m		
die sie:	a			
der er:	k	r	m	
die sie:	a			
der er:	k	m	r	f
die sie:	a			
	a			
der er:	k	m	f	r

```
  f m
  r
  m
  r m
 k
```

sie gehen einander langsam entgegen. wenn sich die schatten vereinigen, beginnen sie in silben zu sprechen und setzen den gang fort, bis sie – nun voneinander abgewandt – die vertauschten plätze eingenommen haben.

```
und sie:  ig
und er:   ru
und sie:  ig
          ig
und er:   er
und sie:  ig
und er:   ig
und sie:  ri
und er:   ag
und sie:  ra
und er:   ra em
          ag
und sie:  ru
          ru
und er:   ri
und sie:  er ag
und er:   em
und sie:  em
und er:   am ug
             fu
und sie:  am
und er:   am eg
und sie:  eg um
             ug
und er:   fa if
             if
          im
und sie:  fa im ug
             ig
und er:   ef um
```

ug
und sie: ef
if
und er: ig
ig
und sie: em ru fa ig
em ru
em ru ig
und er: fa
fa um
und sie: um
um
um
und er: ig
und sie: ug
und er: ug
ig fa em
eg
und sie: ig ru
im
und er: fu
und sie: fu

be trieb

in einem restaurant kann man essen. für geld. man bestellt nach durchsicht der speisekarte die speise, für die man sich entschlossen hat, muss eine gewisse zeit warten, worauf man die gewünschte speise von einem männlichen oder einer weiblichen bediensteten serviert bekommt. wenn man gegessen hat, kann man noch eine gewisse zeit auf seinem platz verweilen; dann bezahlt man die speise, die man bestellt hatte, womit man erst das recht erwirbt, das restaurant wieder zu verlassen. (das nur zum verständnis des folgenden stückes.)

das fräulein tritt zum tisch: bitte?
der betreffende herr: schinken!
die betroffene..
nach einer gewissen zeit bringt das fräulein das gewünschte:
sinken.
danke.
sie lächelt und ab.
und er versinkt. versinkt..
(man sollte sich nicht versprechen!)
wie sie gelächelt hat! könnte sie vielleicht lieben.
will nicht übertreiben: würde sie vielleicht ganz gern haben.
möchte sie gern lieben.
ich.

bekannt schafft

: gestatten, dass ich mich vorstelle. gustav werwolf.
: sehr erfreut. trude autohacker.

capriccio

nett
ja du bist nett
alles wird von rauch umhüllt
man vernimmt ein husten
(nett)
                                        ein heftiges husten
schatzi
na na!
das husten dauert an
es stirbt wer
und noch wer
und
      noch wer
ich kann nichts dafür
das husten dauert an
sie sterben am laufenden band
nett
nein du bist nett schatzi
alles ist in dichten rauch gehüllt
es ist nichts mehr zu erkennen
nur ein busen
und auch er versinkt im rauch
dann ist es still
verdammt still

dieses stück spielt im duschraum des theaters

sie werden sich duschen

sie rennen
unter die brausen
und lassen sie rinnen

sie duschen sich

sie tuscheln
(sie haben anscheinend etwas zu vertuschen)

sie duschen
und duschen sich
sie tuscheln
sie duschen sich
und tuscheln

sie tuscheln
und duschen sich

sie haben auch die leibwäsche abgelegt

kuscheln
und duschen sich

jetzt sind auch die einen noch rasch zu den andern gehuscht
welche sich schon eine weile gekuschelt
und geduscht haben
alle tuscheln jetzt
alle duschen
und triefen

sie haben einander vor der vorstellung getroffen
liessen es sich nicht nehmen unter die brausen zu huschen
liessen sie rinnen
um sich zu duschen
und zu tuscheln

so trifft man sie

sie werden so getroffen
sie treffen einander
sie triefen

sie triefen
und rufen

haben sie sich vorher geduscht
gekuschelt
und getuschelt
triefen sie jetzt
und rufen

sie haben einander gewaschen
und gehascht
(einige haschen noch)

einige naschen wieder an ihren bonbons
das ist gut

sie naschen also jetzt wieder
während sie vorher getroffen haben
und riefen
(doch einige triefen noch)

es sind sogar mehrere

es sind sogar alle
weil sie noch nicht abgetrocknet sind

es dauert lange

dann müssen sie sich voneinander trennen

die vorstellung beginnt

gleich wenn sie zu ende sein wird
werden sie wie vorher unter die brausen rennen
sie rinnen lassen

und sich duschen

eine konversation in maszen

ruth
fast eine biblische figur
doch sehr hübsch
betritt einen schneidersalon

sie geht gerade-
aus anfangs, wendet sich aber dann um einige grade
nach links

eine dame bekleidet sich rot
ruth
gibt ihr den rat
sich blau zu kleiden
doch

sie beugt sich in ein rad
und rattert
davon

modelle, figuren oder sich selbst betrachten

ruth ent-
kleidet sich bis auf strümpfe und schuhe
um vermessen zu werden
während

sich die messbänder vor ihre körperteile spannen
entspinnt sich

DIE KONVERSATION DER MASZE

an den rudern betätigen sich kräftige arme
es ist eine schöne fahrt
doch

als sich unter den puppen die ratten
rotten
fliehet ruth
aus unserm raum

kalender für ertrunkene

personen: lilly
lilly
lilly
lilly
ort und zeit

ich stehe allein auf einer leeren dunklen bühne

1. szene
altes hohes gittertor. rost. herbst. alles versunken in feuchtem laub.
lilly: april
sie wiederholt
april
lilly: frühling
......
lilly: gestern
sie entschwindet langsam in bergen von feuchtem laub..

2. szene
in der dämmerigen wärme eines caféhauses.
lilly: lilly: lilly: lilly:

3. szene
der zentralfriedhof. dichter nebel. fünf uhr nachmittag.

4. szene

ein billiges hotel in der vorstadt. lilly irgendwo in einem haustor.

lilly: september

nach einem regen. die strasse glänzt.

lilly: heute

sie glänzt

lilly: morgen

sie wiederholt

morgen

lilly: abend

lilly: oktober

lilly: herbst

eine laterne.

5. szene

ein chevrolet "bel air 55" nimmt sie mit. franz-josefs-kai.

……

bix ohne trompete
ein monolog

(dieses stück zeigt bix beiderbecke als er seine trompete nicht mehr bei sich hatte)
ich wusste dass es nur vorübergehend half dass die schmerzen und mit ihnen das gefühl der angst wiederkehren würden doch ich wollte ich musste dabeisein
(er nickt etwas ein)
sind sie nicht wie finger
(er nickt noch tiefer ein)
ich habe doch keines
(er fährt auf)
bix du träumst
nur deshalb
(einige stunden vergehen)
in wenigen tagen beginne ich eine grosse reise
(betrunkene schwalben fallen in die geleerten gläser)
das lächeln der woche
ich übergab die blechbüchse fast ohne trennungsschmerz denn irgendwo zwischen kirchplatz und birkenwald hat sie meinen antonius verloren und ich fuhr fort mist aufzuladen grosse brocken es wurde beinahe unvermittelt nacht weil ich tags zuvor einen kleinen brief in die blechbüchse geschmuggelt hatte bis der riemen durch den knochenwiderstand endlich vom motor flog und die rechte hand stückweise abgetrennt wurde du wirst dir doch nicht einbilden dass du den heiligen jetzt behalten kannst sagte sie darauf du hättest ja nichts von ihm weil doch ein gestohlener heiliger keine wunder tut
(er trinkt eine schwalbe aus)
ein mensch der an qualvollen schmerzen litt ob tatsächlichen oder nur eingebildeten ist gleichgültig wird von ihnen befreit ist das nicht
(er hat vergessen sich den schlips umzubinden)
ich muss hier durch ich muss hier durch
(bix streckt seine hand aus doch sie zittert als würde er jemandem winken)
und ich entfernte mich mit einem schein der bezeugte dass ich anspruch auf ein pfand oder dessen gegenwert hätte die uhren

bleiben stehen eine nach der andern es wird unerträglich still selbst die uhren stehen unter dem druck der öffentlichen meinung
(stille)
gut sagte ich endlich bereitwillig ich werde ihn verlieren weit und breit ist kein bewohnter ort man darf hier nicht zu lange verweilen ohne gefahr zu laufen ernsthafte schädigungen davonzutragen nun ja
(er lächelt vor sich hin reste noch von der vorigen woche)
nachdem ich die narbe an mir bemerkt hatte war plötzlich alles anders
(graue gardinen bauscht der wind in den unbeleuchteten raum)
kein bewohnter ort weit und breit die lunge ist stark angegriffen von dem dauernden rufen wenn wenigstens die uhren gingen und mich zeitweise ablösten
(die herzen der betrunkenen schwalben klopfen atemlos an die wände der gläser)
die luft ist vom dröhnen der motoren erfüllt doch es wurde kein alarm gegeben und ich stosse im takt an die leeren herumstehenden benzintonnen taumelt mein körper
(der raum hat sich so sehr geweitet dass die echos erst nach stunden zurückkehren verwandelt in neue worte:)
ich gebe dir den antonius zum verlieren
. . .

hände
eine dramatische miniatur

vati
mutti
die kleine sophie, ihre tochter
tante martha

die kleine sophie:
mutti, tante marthas hände sind so rauh wie sandpapier! ganz anders als deine –
mutti:
schäm dich sophie –
tante martha:
lass nur! sie hat ja recht. aber was soll ich machen?
vati (der mutti die hand reichend):
fabelhaft, was die mutti für schöne und zarte hände hat.
(vati geht ab)

lachen

2 männer und 2 frauen stehen nebeneinander, mit dem rücken zu den zuschauern.
schweigen
schweigen
schweigen
schweigen
1. mann : lachen?
schweigen
schweigen
schweigen
2. mann : lachen?
schweigen
schweigen
1. frau : lachen?
schweigen
2. frau : lachen?
sie drehen sich plötzlich um, jetzt das starre gesicht den zuhörern zugewandt.
1. frau : lacht
schweigen
2. frau : lacht
schweigen
schweigen
1. mann : lacht
schweigen
schweigen
schweigen
2. mann : lacht
schweigen
schweigen
schweigen
schweigen
1. frau : lacht
2. frau : lacht
1. mann : lacht
2. mann : lacht
beide männer : lacht lacht

beide frauen : lacht lacht
alle 4 : lacht lacht lacht lacht
schweigen schweigen schweigen schweigen
beide männer : lacht lacht lacht lacht
schweigen schweigen schweigen
beide frauen : lacht lacht lacht lacht
schweigen schweigen
alle 4 : lacht lacht lacht lacht
lacht lacht lacht lacht
schweigen
alle 4 : lacht lacht lacht lacht
lacht lacht lacht lacht
lacht lacht lacht lacht
lacht lacht lacht lacht
schweigen schweigen schweigen schweigen
schweigen schweigen schweigen schweigen
schweigen schweigen schweigen schweigen
schweigen schweigen schweigen schweigen
schreiend:
alle 4 : lacht lacht lacht lacht
lacht lacht lacht lacht
lacht lacht lacht lacht
lacht lacht lacht lacht
lacht lacht lacht lacht
lacht lacht lacht lacht
lacht lacht lacht lacht
lacht lacht lacht lacht
licht aus. an die rückwand der bühne wird gross ein lächelnder frauenmund projiziert.
doppelt so rasch und nur noch geflüstert:
alle 4 : lachen lachen lachen lachen
lachen lachen lachen lachen
lachen lachen lachen lachen
lachen lachen lachen lachen
beide männer : lachen lachen lachen lachen
lachen lachen lachen lachen
beide frauen : lachen lachen lachen lachen
lachen lachen lachen lachen
1. mann : lachen lachen lachen lachen
2. mann : lachen lachen lachen lachen
1. frau : lachen lachen lachen lachen

2. frau : lachen lachen lachen lachen
1. mann : lachen lachen
2. mann : lachen lachen
1. frau : lachen lachen
2. frau : lachen lachen
1. mann : lachen
2. mann : lachen
1. frau : lachen
2. frau : lachen
schweigen
1. mann : lachen
schweigen
schweigen
2. mann : lachen
schweigen
schweigen
schweigen
1. frau : lachen
schweigen
schweigen
schweigen
schweigen
2. frau : lachen
schweigen schweigen schweigen schweigen
schweigen schweigen schweigen schweigen

hanswurststücke

71 – 83

leib und leibchen
hanswurstische meditationen über den diminutiv

leibchen..
ohne leib – nein, lieber nicht!
und leib..
ohne leibchen? – das schon eher.
susi: warum nicht?
na, dann is' ja gut! (ich hoff' nur, dass sie am end' nicht doch noch ihre rolle zurücklegt. oder wird sie sich damit begnügen, an der betreffenden stell' bloss ihr leibchen zurückzulegen? es wär' jedenfalls zu hoffen. müssige fragen. wir werden's ja sehen.)
colombina: alsdann..
susi: ja –
colombina: dein nettes adrettes leiberl..
susi: und du bist ein nettes adrettes weiberl!
colombina: dankschön für's compliment! – aber das mein' ich jetzo gar nicht!
(ich auch nicht! wir wolln ganz woanders hinein – will sagen: hinaus! nämlich:)
susi: s'ist mein & dein, licht & fein.
colombina: bittschön lass mich ein momenterl allein!
susi: warum?!
colombina: dann halt nicht.
susi: kommen wir zurück!
colombina: auf dein leiberl.
susi: mein leibchen?
hanswurst als geheimer arrangeur hinter der scenerie: dein leiblein!
colombina: ja, ich mein', s'geht auch ohne.
susi: was, leib?
colombina: erl!
susi: chen?
colombina: überflüssiges beywerck!
susi: für diesen fall?
colombina: für jeden! besser g'sagt: für mich.
susi: also, wenn ich recht verstanden hab', eine verkleinerung weg, dass die kleinere vergrösserung g'nug platz hat – und richtig ins licht g'rückt wird?

colombina: akkurat.
susi: ich soll so sein, wie ich bin?
colombina: wie du leibst und lebst!
susi: ganz ohne leibchen?
colombina: ganz und ohne – das heisst, dein leib; oder, wenn ich so sagen darf: dein körperl.
susi: beileibe nicht! wenn mich wer siecht!
(meine güte, mir bangt's um die rolle. jetzt bemerkt sie mir scheint erst, worauf's schon die ganze liebe zeit hinauswill! aber s'muss doch sein, es muss sein, das stück verlangt's:)
leib & leibchen
leiberl & leiblein
(körperl)
colombina: na dann halt nicht.
(colombina! colombina!!)
colombina: – wenn du willst, dass mir's hertzerl bricht!
susi: das will ich nicht! nein, nein! wie könnte das mein wunsch denn sein?
colombina: ach wunsch! es tät' sich so ergeben.
susi: allein, du sollst doch leben!
colombina: ich geb' meinen leib auf..
susi: wo ich nur mein leibchen aufgeben sollt'? dann schon lieber das letztere!
und sie zieht sich, meiner seel', das leibchen aus.

links ein bisserl recht
galante stiche im cabinett
ausgeführt von zween frauenzimmern (darunter colombina)
und dazu noch hanswurst

erhöhter paravent, eine badewanne darstellend. dahinter, halb verdeckt, frau v. schwalbennest, sich badend. colombina, als ihr cammermädgen, macht, auf der bühne umhertrippelnd, allerhand handgriffe und besorgungen.
frau v. schwalbennest: colombina!
colombina: frau v. schwalbennest?
frau v. schwalbennest: ganz recht.
– – –
frau v. schwalbennest: weisst', was ich gern möcht'?
colombina: nur zu –
frau v. schwalbennest: dass du –
colombina: und ich –
frau v. schwalbennest: mich –
colombina: sie –
frau v. schwalbennest: ich meine, wie –
colombina: ja –
frau v. schwalbennest: du da –
colombina: aha –
frau v. schwalbennest: ein bisserl –
colombina: etc.
frau v. schwalbennest: das g'wisse platzerl – kurtz, ob's d'mir nicht den rücken waschen tätst.
colombina: aber gern!
frau v. schwalbennest: dass er blinckt!
colombina: – und prächt!
frau v. schwalbennest: du braver stern!
colombina: bin schon parat!
frau v. schwalbennest: akkurat!
colombina ist hinzugeeilt und macht miene, sich die hände einzuseifen.
frau v. schwalbennest: wart' noch ein' momenterl! schau zuvorderst, ob man mich überhaupt noch derkennt!
colombina: aber gnäd'ge frau, warum denn nicht?
frau v. schwalbennest: mein gott, ich bin halt so auf dich erpicht

und ich hab gar nix an, da wird's mir ganz wurlert im wasser, dass ich's kaum noch aushalten kann!
colombina: alsdann –
frau v. schwalbennest: würd' ich dich recht hertzlich einladen, gleich mit mir allhier zu baden.
colombina: das kann auf kein' fall nicht schaden!
frau v. schwalbennest: reinlichkeit ist eine zier!
colombina: besonders, wenn ich sie wasch' und sie mir..
colombina zieht schön ordentlich, stück für stück, ihre wäsche aus und steigt frischvergnügt von links zu frau v. schwalbennest in die zweidimensionale badewanne.
colombina: ist's gut, von links?
frau v. schwalbennest: ja, das is recht.
colombina: und gar net schlecht.
frau v. schwalbennest: gut!
colombina: besser!
frau v. schwalbennest: es lebe das gewässer!
colombina: hoch!
frau v. schwalbennest: – und hinein!
colombina: fein!
frau v. schwalbennest: alles nasse ist zu loben!
colombina: (siehe oben)
frau v. schwalbennest: ja, ja, schau mich nur an: von oben bis unten!
colombina: gnäd'ge frau, ganz unumwunden!
frau v. schwalbennest: von rings und lechtz!
colombina: ey!
frau v. schwalbennest: und ich schau auf dich!
colombina: haargenau, als wär' ich ein kupferstich!
frau v. schwalbennest: aber aus fleisch und blut!
colombina: tut das nicht gut?
frau v. schwalbennest: nur allzu gut! und ich kann mich gar net sattsehn an dir!
colombina: von oben bis unten, hinten und vorn, rechts und links!
frau v. schwalbennest: rechts und links – das war ein stichwort!
colombina: ein kupferstichwort?
frau v. schwalbennest: ganz recht.
colombina: und link!
frau v. schwalbennest: die mitt' nicht zu vergessen! darf ich sie mit'n fingerl vermessen?
colombina: stehe zu etwaigen wünschen..

– – –
frau v. schwalbennest: und jetzt kommst du!
colombina: und stöpsel zu.
frau v. schwalbennest: wird's auch gehn?
colombina: wir wollen's gleich sehn.
frau v. schwalbennest: ja, lass schaun!
colombina: traun!
frau v. schwalbennest: ey, der daus!
colombina: hinein, hinaus!
frau v. schwalbennest: zwey! der daus!
colombina: – und sie glaubten scho fast, es tät' nicht gehn! na, das wär' doch g'lacht! mein fingerl hat so was schon öfters g'macht!
frau v. schwalbennest: nur zu, nur zu! du mein engerl, du!
colombina: bitt' sagen's mirs, wann's ihro gnaden tut!
frau v. schwalbennest: is gut.
colombina: – wann's gelingt!
frau v. schwalbennest: is recht.
colombina: unser stichwort!
hanswurst tritt geschwind auf und bleibt, die beiden badenden frauenzimmern erblickend, ganz erschrocken stehn.
hanswurst: da pritschelt's aber net schlecht!
colombina: sehr recht.
frau v. schwalbennest: und jetzt ein bisserl flink!
hanswurst: na sowas! da hört sich aber alles auf!
colombina: – und fangt von vorn wieder an!
frau v. schwalbennest: s' ist auch von rückwärts ganz schön!
hanswurst: dann komm ich ja grad zurecht!
colombina: und stehst noch so linkisch herum?
frau v. schwalbennest: ach, herr monsieur hanswurst! will er uns nicht ein wenig gesellschaft leisten?
hanswurst, noch ein bisserl perplex: rechtzeitig..
frau v. schwalbennest: – und linksseitig!
colombina: beiderzweitig!!
hanswurst: ob rechts oder links, das is mir hanswurscht! die hauptsach', ich bin in der mitten!
und er hupft schnurstracks, gleich mitsamt dem g'wand, kopfüber mitten in die jetzt dreidimensional werdende badewanne.

– finis –
(aber nur für's publicum!)

wackeres sylvesterfest hanswursts mit colombinen
oder die zuerst gestörte
doch dann glücklich wiedererrungene unruh' im bette

hanswurst: etwas macht mich ganz nachdenklich.
colombina: und das wäre?
hanswurst: selbst die onany is heutzutag nicht ganz ohne reitz.
colombina: der reitz regiert halt die welt!
hanswurst: damit sagst du aber auch, dass die onany die welt regiert!
colombina: ach was.
hanswurst: und das.
colombina: und noch etwas!
hanswurst: was dann?
colombina: du machst mich auch schon ganz nachdenklich.
hanswurst: papperlapapp! wie wär's, wenns d' mich ein bissl in deyn cabinetterl reinlassen tätst?
colombina: kein schlechtes offert; musst' nur erst die hosntür aufsperrn.
hanswurst: gut gegeben!
colombina: nur zu!
hanswurst: und auf!
colombina: bravissimo!
hanswurst: eine hand wäscht die andere!
colombina: ja! ja! fein!
hanswurst: also sind wir uns einig?
colombina: ganz!
hanswurst: still! es klingelt!
colombina: wer mag das sein?!
hanswurst: still!
colombina: das fehlt uns jetzt grad!
hanswurst: still, still!
sie halten einen moment lang den athem an, draussen klingelt's wieder, heftiger, dann – stille.
hanswurst und colombina flüstern:
colombina: mir scheint, er is fort!
hanswurst: und wenn's eine sie war?
colombina: wieso?
hanswurst: bedenk' doch, wie viel mehr möglichkeiten das gibt!

colombina: trotzdem – das risiko is zu gross, dass es doch ein er war.
hanswurst: dann hätten wir halt ausflüchte g'macht!
colombina: leicht gesagt!
hanswurst: oh schröckliche ungewissheit!
es beginnt zwölfe zu schlagen.
colombina: rasch ins bett!
hanswurst: mit dem neuen jahr um die wett'!

der mit colombina controversierende hanswurst

colombina: ich find' dich widerlich!
hanswurst: auch schon ein fund!
colombina: du gräbst dir dein eigen grab!
hanswurst: du bist eine wahre fundgrube!
colombina: und du ein infamer lügner!
hanswurst: ich weiss mit denen fremdländischen vocabeln nix anzufangen!
colombina: typisch!
hanswurst: sozusagen.
colombina: immerhin!
hanswurst: – und wieder zurück!
colombina: widerlicher mensch!
hanswurst: immerhin!
colombina: papagei!
hanswurst: mamagei!
colombina: esel!
hanswurst: was noch?
colombina: ach ewiges einerlei!
hanswurst: warum anders, wenn's auch so geht!
colombina: ach gott!
hanswurst: nimmt auch einmal ein end'!
colombina: ich verlier' den faden!
hanswurst: wo du grad noch was g'funden hast?
colombina: ich find' keine worte!
hanswurst: da wirst net reich werden!
colombina: widerlicher kerl!
hanswurst: endlich!
colombina: längst!
hanswurst: unendlich!
colombina: mir wird ganz übel!
hanswurst: übelmut tut selten gut!
colombina: behalt deine weisheiten g'fälligst für dich!
hanswurst: bin net habgierig!
colombina: schweig!
hanswurst: –
colombina: was?
hanswurst: das.

colombina: sowas!
hanswurst: noch was?
colombina: ich versteh' kein wort!
hanswurst: kein wunder!
colombina: er macht mich rasend!
hanswurst: dabei befinden wir uns gar net im grünen!
colombina: wieso?
hanswurst: wiesé!
colombina: ochs!
hanswurst: ich dachte, esel?
colombina: teufel!
hanswurst: auch schon was!
colombina: bube!
hanswurst: was weiter?
colombina: du null!
hanswurst: das is denn doch zu viel!
colombina: gut, ich geh'!
hanswurst: s' muss gehn!
colombina wendet sich zögernd ab.
hanswurst: ein weiter weg –
colombina entfernt sich rasch.
hanswurst: aber erschwinglich.
er sinkt in sich zusammen und weint..

hanswurst in lublin

hanswurst: was für ein curioser traumwind hat mich denn in aller heiligen namen daher verweht?

er nimmt eine handvoll schnee.

hanswurst: schnee. bin fürwahr erstaunt!

von gestern abend hallen noch aus irgendeiner alten kirche die weihnachtsglocken nach..

hanswurst: poland.. da schaut man sich um, is doch grad noch das verthraute colombinerl hinter einem g'standen, und findt sich auf einmal im tiefsten polnischen winter wieder. im namen des vaters, des schnees und des heiligen eises! meiner seel', da kommen auch schon ein paar polacken daher. versteh' kein wort von dem, was die reden.

sie schweigen, in ihre dicken pelze gehüllt, und gehen vorbei wie alles vorbeigeht..

hanswurst: colombina! um himmels willen! macht's doch kane g'schichten. ich kenn' mich doch da net aus! colombina! colombina!

er schaut sich wirklich ganz echauffiert um. es beginnt zu schneien.

hanswurst: wann ich nur in mein' wien wär'. mir is das theater gar net geheuer. sowas sind doch kane witz' net! alles mit mass und ziel! (unendlichkeit..) mir sind doch no net im fasching!

die alten gassen und häuser schwanken im fahlen licht der laternen. ein eisiger wind bläst. es schneit immer dichter, die flocken wirbeln um hanswurstens kalte nase.

hanswurst: ojeh, was soll aus dem ganzen noch werden??

es schneit jetzt so dicht, dass man kaum noch was unterscheiden kann.

hanswurst: colombina, colombina!! – ich möcht aufwachen!

allerletztes hanswurststück

hanswurst beteuert hoch und heilig, colombina sei todsicher im himmel und da müsse er sie schon holen gehn. (was das herunten nur für ein altväterisches interieur ist!) also steigt er stracks auf einen sessel, von da auf den tisch und schwingt sich (theatrum adieu!) auf den schnürboden: bim-bam, bim-bam, lauter strick', lauter strick', jetzt hab ich glaubt, ich komm in' himmel, derweil hängen da statt wolcken nur lauter strick' herum! was soll d'nn das heissen? mein gott, das wird doch ka anspielung net sein! colombina, colombinerl.. seine stimme erthönt immer entfernter, bis sie ganz verhallt..

wiener dialektstücke

85 – 123

die jause

alle sitzen um einen weissgedeckten tisch, trinken kaffee und essen kuchen. es klopft an die tür

franz : wea is
peperl : wea is
karl : wea is
steffi : wea is
mitzi : wea is
kathi : wea is
steffi : oeweu glopfts
oeweu glopfts
mitzi : di ewiche glopfarei
is scho zun aus da haut foan
kathi : meina sö
steffi : meina sö
und gott na
mitzi : und gott jo
steffi : und gott na
franz : wea is
peperl : wea is
karl : wea is
steffi : wea is
mitzi : wea is
kathi : wea is
franz : bist as du
stimme : wiaso du
i
franz : wiaso i
peperl : ea
steffi : si
franz : du
stimme : du
peperl : du
karl : du
steffi : du
mitzi : du
kathi : du

stimme : oesdaun wea
franz : wea
peperl : wea
karl : wea
steffi : wea
mitzi : wea
kathi : wea
peperl : ea
franz : aha
karl : aha
steffi : aha
mitzi : aha
kathi : aha
stimme : na
peperl : a
a
a
franz : i
i
i
karl : u
u
u
steffi : e
e
e
mitzi : o
o
o
kathi : oho
franz : oho
peperl : oho
karl : oho
steffi : oho
mitzi : oho
kathi : hob i s net glei gsogt
karl : jo
stimme : na
na
na
steffi : mein gott na

mitzi : mein gott jo
steffi : mein gott na
kathi : mein gott
mein gott
mein gott

es klopft wieder an die tür

franz : wea is
zun teife
peperl : wea is
zun teife
karl : zun teife
zun teife
zun teife
stimme : i
franz : du
stimme : i
franz : i
peperl : wiaso du
ea
steffi : si
stimme : i
i
i
franz : wea is i
stimme : du
franz : du
stimme : na i
franz : jo i
steffi : e
peperl : a
mitzi : o
karl : u
kathi : aufhean
aufhean
des is jo net zun aushoetn
steffi : oeweu glopfts
oeweu glopfts
mitzi : di ewiche glopfarei
is scho zun aus da haut foan

nach einer weile

stimme : halloo

nach einer weile

stimme : halloo
du
franz : na
na
na

nach einer weile

stimme : halloo
du
du
du
franz : du
i
ea
si
wea
wea
wea
stimme : halloo
du
steffi : aufhean
stimme : halloo
du
mitzi : aufhean
aufhean
stimme : halloo
du
kathi : aufhean
aufhean
aufhean
des is jo net zun aushoetn
steffi : fraunz
ge schtö s radio ei

franz steht auf, stellt das radio ein und setzt sich wieder auf seinen platz

radio : terzen
terzen
terzen
schmerzen
schmerzen
schmerzen
mehr als schweigen auf grüner au
mehr als schweigen auf grüner au
mehr als schweigen auf grüner au
mitzi : a so a bledsinn
kathi : a so a bledsinn
peperl : a so a bledsinn
karl : a so a bledsinn
mitzi : pepal
ge schtö wos aundas ei

peperl steht auf, stellt etwas anderes ein und setzt sich wieder auf seinen platz

radio : der mund
der mund
der mund
der mund
der mund
der mund
usw
steffi a so a bledsinn
kathi : a so a bledsinn
franz : a so a bledsinn
karl : a so a bledsinn
kathi : koadl
ge schtö wos aundas ei

karl steht auf, stellt etwas anderes ein und setzt sich wieder auf seinen platz

radio : auch ohne ihn
zeig disziplin

auch ohne ihn
zeig disziplin
auch ohne ihn
auch ohne ihn
auch ohne ihn
zeig disziplin

steffi : gets
drats o des glumpat

mitzi : drats o des glumpat

kathi : drats o des glumpat

franz : do hea r i no liaba goanix

peperl : do hea r i no liaba goanix

karl steht auf, dreht das radio ab und setzt sich wieder auf seinen platz. es klopft an die tür

steffi : oeweu glopfts

mitzi : oeweu glopfts
oeweu glopfts

kathi : net zun aushoetn is des

franz : oeweu glopfts

peperl : oeweu glopfts

karl : oeweu klopfts

mitzi : di ewiche glopfarei
mocht am scho gaunz waunsinnich

kathi : oeweu glopfts
oeweu glopfts
oeweu glopfts

stimme : du
halloo
du
du
halloo
halloo
du
du
du

steffi : fraunz
moch auf
dass a rua is

mitzi : fraunz

kathi : fraunz
peperl : dass a rua is
karl : dass a rua is

franz steht auf, geht zur tür und öffnet sie

steffi : wea is
mitzi : wea is
kathi : wea is
peperl : wea is
karl : wea is
franz : nimaund

niemand tritt ein. steffi sinkt tot vom stuhl und liegt ausgestreckt auf dem boden. alle stellen sich um sie herum

franz : kau ma nix mochn
peperl : kau ma nix mochn
karl : kau ma nix mochn
mitzi : kau ma nix mochn
kathi : kau ma nix mochn
franz : s is wia s is

nix

(aus der ferne klingen von zeit zu zeit kirchturmglocken in die dämmerung der gaststube)
do haum a s
    nix haum a
goa nix haum a
owa scho
goa nix
    nix
und wieda
    nix
  a nixal
hextns
des is owa scho ollas
ollas und
    nix
do wa ma wieda
do haum a s
faung ma von vuan aun
    nix haum a
goa nix haum a
und
  a nixal is a zu
    nix guat
des is net vü
des is z wenich
des is
    nix
des haum a davon
dass ma
    nix haum
do haum a s jetzt
woa r a net aundas zu eawoatn
wos haasst woatn
            woatn
kennt ma net im schlof eifoen
dass i no woat
dass i woat

          woat
i woat nimma
nix do
nix
goa nix
auf wos i woat
i woat auf
       nix
auf nix woat i
auf goa
       nix
na
i woat nimma
i net
i net
ein fia olle moe
i net
i net
ein fia olle moe
     fia olle moe
          olle moe
               moe ma wo schens
wos denn
waasst e
i moe
       nix
jo
i moe
       nix
jo jo
i wü net
i kaunn net
i wü net
i kaunn net
a schens
       nixal
       nix do
i net
jo
    a nixal
na

schta
ba
ka
ka ba
unlängst woa r i im theata
ka bale und liebe hob i gsegn
bleib daham is gscheida
bleib daham
leg di nieda
und schlof
schlof
is gscheida
vü gscheida
do host a s
so redn s von dia waunst net dabei bist
na jo
(ein fräulein mit dauerwellen betritt den raum)
mia tramt so vü
mia tramt so vü von
an nixal
an nixal
von
an nixal
tramt ma so vü
is gscheida
vü gscheida
schlof
is gscheida
oesdaunn
net woa
waasst e
jo
oesdaunn
net woa
jo
oesdaunn
na
nix do
woch auf
woch auf
aufwochn

gun moagn
gun tag
moezeit
gun amd
guade nocht
auf wiedaschaun
seawas
hab i die ehre
net woa
net woa
hab i die ehre
net woa
wia ma so sogt
wia ma so sogt
unlängst
unlängst
s woa jo zu eawoatn
             zu eowoatn
wie oft soe i no sogn
dass i nimma woatn wü
dass i nimma woatn kaunn
i wü nimma woatn
i kaunn nimma woatn
i hob laung gnua gwoat
      nix
      nix
      nix
wie is da weate naume
      nix
      nix
aha
      nix
         da weate naume
wie
wie
wie
oesdaunn hea fraunz
hea fraunz
jo
oesdaunn hea fraunz
net woa

jo
oesdaunn hea fraunz
net woa
jo
se san zum bedauan
nix
nix
nix
se san
nix
zum bedauan
nix
nix
jo
se san zum bedauan
i sog s wia s is
san s ma net bes
net bes sei
i sog s wia s is
se san zum bedauan
net bes sei
net bes sei
i sog s wia s is
se san zum bedauan
se san
goa nix
nix
zum bedauan
nix do
owa duat
duat
zum bedauan
meina sö
bedauansweat
owa wiaso denn
wiaso denn
sogn s ma do endlich
wiaso
i waass net
i waass net
owa

se san zum bedauan
jo jo
                    bedauansweat
jo jo
na na
a sowos
und nowos
       nix
na
jo
na na
jo jo
bä bä
hu hu
i a
meina sö
mei mogn möt si
i hob an hunga
i hob an hunga
woat a bissl
woat no a bissl
i hob an hunga
i wü essn
woat do no a bissl
i wü essn
       essn
i hob laung gnua gwoat
i woat nimma
s kummt e
       nix mea
goa nix mea
       nix mea
       nix
schluss aus
i hob an hunga
i faung au
(eine nixe in aspik wird serviert
während er isst ertönt leise sfärische musik)
soda
owa jetzt muass i geh
wohi denn

suachn
weida suachn
wieda weida suachn
wos suachn s denn eigantlich
nix
wos suachn s denn
nix
nix
naso sogn s as scho
nixal
aha
ihnare tram
najo
auf wos haum s n nocha gwoat
auf wos
dass si da mogn möt
dass an hunga kriagn
an hunga fia zwa
an so an hunga dass
goa nix bemeakt haum
nix net bemeakt
najo
nixal
vua lauta hunga
goa nix gsegn
goa net gsegn wos a isst
nix gsegn
nix
nixal
goa net gsegn
nua eighaut
eighaut fia zwa
se brauchn goa nimma geh
goa nimma suachn
aus is
jetzt haum s as
hob i s net gsogt
dass as haum
do haum s as jetzt
najo
i hob s jo gsogt

jetzt haum s as
do haum s as jetzt
die bescherung
i scheiss drauf
mässign s ihna
 scheiss drauf
mässign s ihna gfölligst
 scheiss
gusch amoe
nua net hudln
nua net hudln
ollas mit da ruhe
      nix
      nix
ollas
      nix
na
      nix
jo
      nixal
schen
sea schen
liab
siass
sea siass
sea liab
wie schteht das weate befindn
s muass geh
  muass geh
wia ma so sogt
s muass
wia ma so sogt
            geh
haundkuss aun die frau gemohlin
gsoizn woa des zeig
gsoizn
und schnö weg
      schnö weg
      nix mea zum segn
s woa jo zu eatwoatn
  woa jo zu eatwoatn

na
woatn
woatn s do
woatn s do no a bissl
s hot ma tramt
ollas nua tramt
waasst e
waasst e
mia tramt so vü
von
an nixal
an nixal
jetzt is unt
jetzt is unt
i kumm nimma auffe
woatn s do no a bissl
auffe
auffe
wia r a schta
auffe
i wü und
i kaunn net
i wü und
i kaunn net
i kumm nimma auffe
i kumm nimma auffe
nua net hudln
des hob i net gean
nua net hudln
ollas mit da ruhe
i bin gaunz weg
gaunz weg
wia schpät is
schaun s auf d ua
die schteht
i hea
nix
ochtung
i hea
nix
ochtung

i hea
      nix
i hea
      nix
ochtung
      nix
a weh
bin i voe
wia r a schta liegt s ma im mogn
i kaunn mi goa net rian
ka wunda
ka wunda
net woa
ka wunda
wia ma so sogt
ka wunda
      nix
goa nix
mea oes ma vatrogn kau
a weh
a weh
a bissl iwa n appetit gessn
          iwa n appetit gessn
vagessn
a bissl z vü
mea oes guat sei kau
iwa d schnua ghaut
wia ma so sogt
eighaut
net woa
net woa
imma laugsaum
se san ma jo net bes
net woa
                  net bes sei
owa se haum
      se haum
      se haum
iwa d schnua ghaut
vagessn
di ua aufzdrahn

vagessn
vagessn
wiavü ma vatrogn kau
najo
kaunn vuakumman
ma is jo a nua r a mensch
net woa
    nix
oes a mensch
    nix
    nix
nua r a mensch
net woa
net woa
ka wunda
    nix
nua r a mensch
wia ma so sche sogt
mia san jo a nua menschn
leit
leit
eigantlich
und zum bedauan
net woa
auf jo
und na
a so
aha
i sog s wia s is
a weh
a weh
a weh
i bin so voe
heit wea r i wieda schlecht schlofm
und trama
    trama
do haum s as
des kummt davon
do haum s as jetzt
    nix haum a
goa nix haum a

schlecht is uns
ka wunda
ka wunda
des haum a davon
dass ma
nix haum
ka wunda
nix
nix
nix
woa r a net aundas zu eawoatn
nix
zu eawoatn
nix
nix
woatn
nix
net amoe
a nixal
net amoe mea
a nixal
erinnan s mi net scho wieda
na na
heit wea r i e nimma schlofm kenna
net amoe traman vielleicht
net amoe traman
mia is schteabmsibe
jetzt geh r i
bleibt ma
nix aundas iba
bleibt ma
nix iba
bleibt ma
nix
s geht hoet net aundas
s geht hoet net
najo
i hob hoet net kenna
da hunga woa scho z gross
i hob e laung gwoat
mi n essn

hea fraunz beliebm etwas iba di schnua gehaut zu habm
mia san jo a nua menschn
ka wunda
s muass scho schpät sei
i waass net
i waass net
i waass
    nix
s geht hoet net
s geht net
drum
  geh r i
jo
drum
  geh r i
i woat nimma
i net
hundatmoe hob i scho gsogt
dass i nimma woat
      nimma woat
i woat nimma
i geh jetzt
jojo
ke ma scho
ollas scho do gwesn
hea fraunz
net woa
fraunz is da weate name
hab i die ehre
auf wiedaschaun
guade nocht
schenan gruass z haus
schlofm s guat
und gön s
die gschicht mit n
    nixal
net woa
    nix fia unguat
schwaumm driwa
braucht niemaund z wissn
ein bedaualicha iatum

(natürlich bleibt er, um seinen durst zu stillen)
ian is menschlich
(das fräulein mit den dauerwellen verlässt im rückwärtsgang den raum)
na jo
– –
– –
– –
– –
– –
– –
– –
– –
(vorhang)

selbstleute
ein kriminalstück

franz deutet auf sich:
i.
josef deutet auf sich:
i a.
maria deutet auf sich:
a i!
theresia deutet zweifelnd auf franz, josef, maria:
ia?
josef zögert:
i?
maria deutet auf franz:
ea!
franz selbstbewusst:
e!
josef selbstbewusst:
i e a!
maria greift sich an den kopf:
o!
theresia deutet auf sich:
i o a!
josef versucht verzweifelt die aufmerksamkeit auf sich zu lenken:
i o é a!!
maria schaut sich ungeduldig nach einer uhr um:
a ua!
theresia pflichtet ihr bei:
a ua.
franz zieht diensteifrig seine taschenuhr, wobei die kette reisst. ratlos:
o
maria, theresia bedauern:
uié!
josef reisst gleichgültig auch die kette seiner taschenuhr ab:
a o.
maria, theresia beunruhigt, ja fast bestürzt:
uié, uié!!
franz, josefs überlegenheit nicht ertragend, schleudert seine uhr

ins eck, zieht ein taschenmesser und ersticht josef.
josef sterbend:

au.

dann maria.
maria sterbend:

au.

und theresia.
theresia sterbend:

au.

als josef, maria, theresia tot um ihn herum liegen, klopft er sich anerkennend auf die schulter:

i!

echo von links:

i!

echo von rechts:

i!

echo aus dem zuschauerraum triumphierend:

i!!!

die autobusgarage am neusserplatz. verlassen. die leeren wagen. stille. mitternacht. schwacher lichtschein. ein mensch irrt verloren zwischen den hohen wagen herum. ein vorbeikommender wachtmeister horcht auf die hallenden schritte, bis er ihn entdeckt.

wachtmeister: wos tan denn sie do?
der mensch: i woat.
wachtmeister: auf wos denn?
der mensch: dass i zu mia kumm.
wachtmeister: san se narrisch?
der mensch: jo.
wachtmeister: hüfe!
der mensch: na.
wachtmeister: sowos is ma a no net untakumma, um de zeit.
der mensch: s gibt ka hüfe. die plottn hot an schprung.
wachtmeister: wos fia r a plottn?
der mensch: die schoeplottn, auf dera mei lieblingsschtickl dromat is.
wachtmeister: na und?
der mensch: de schpüt und schpüt bis in d frua und i kaunn net schlofm. und imma wauns amoe im kras grennt is, gibts an knacks. wea soe des aushoetn!
wachtmeister: warum drahn s as denn net o?
der mensch: odrahn oda in d garasch renna. ans von die zwa.
wachtmeister: san s gscheit, gengan s zhaus. schraubm s de sicharungen aussa und legn s ihna nieda, schlofm.
der mensch: die sicharungan! waun des so einfoch wa. se san jo vü z hoch, i daklengats goa net. probiat hätt i s jo scho.

ein verkohlter engel sinkt von der decke herab und nimmt geräuschlos auf einem der autobusse platz. der boden ist an den freien stellen mit zuckenden mägen bedeckt.

der mensch: hea wochtmasta, hoetn s mi! mia is auf amoe so schlecht.
wachmeister: des a no.
der mensch: mei heaz, mei heaz!!
wachtmeister: nua net schteabm, junga maunn!
der mensch: a weh!

wachtmeister: reissn s ihna zsaumm. a omnibusgarasch is ka schteabezimma! no dazua um die zeit! haum se ibahaupt ka gfüh fia uadnung net?
der mensch: weu ollas so schtü is.
wachtmeister: (mit humor) .. glaubm sie, mia san in ana aufboahrungshalle und woen ihna glei hilegn a. des geht net, mei liaba. wo kummatn ma denn do hi?

alle räder werden kränze. der benzingeruch verwandelt sich allmählich in den süsslichen duft verwesender leichen. aus dem dunkel der halboffenen wagenfenster fallen halbsezierte hände und baumeln aus.

wachtmeister: mia scheint, do hint winkt scho da hea schaffna. wü jo a scho ham. kumman s, i muass oschpean.
der mensch: ich kaunn net, i kaunn net. mia is so schteabmsibe. und die luft, die luft!
wachtmeister: ollas eibüdung.

schwarzes haar schwebt um das gesicht des menschen, wie von einem leichten wind bewegt. berührt seine augen und lippen, verstrickt ihn. er beginnt zu taumeln, tappt im raum, um sich wo festzuhalten, und ergreift eine der aus den halbgeöffneten wagenfenstern herabhängenden hände. die adern lösen sich und gleiten wie schnüre hinab über seinen ausgestreckten arm.

der mensch: auf wiedaschaun, auf wiedaschaun..
wachtmeister: na endlich!
der mensch: waunn i nua net so fuachboa miad wa.
wachtmeister: oeso los, los! kane schperenzien! laungsaum reisst ma die geduid. gemma, gemma!

die mägen sind beträchtlich gewachsen und beginnen gleichmässig zu ticken, dumpfer und dumpfer, bis sie den klang grosser, altmodischer pendeluhren haben. der mensch ist in krämpfen zu boden gesunken, während sich der wachtmeister entfernt hat. die ganze halle ist von dröhnendem pochen erfüllt. auch der letzte lichtschein ist erloschen, der raum – scheinbar unendlich – von dem bläulichen flimmern der sezierten hände durchströmt. ein kaltes fieber schleicht über den boden und erfasst den sich krümmenden menschen.

der mensch: (verzweifelt) und muass i jetzt imma und ewich dobleibm??!

tritt in ein bankhaus ein. vor dem schalter:

san se da blaue gott?

sie wünschen

des i a so: i bin featich wuan und do mechat i jetzt des göd wexln. zwanzg dolla. wiafü schüleng san des?

der beamte (es ist der blaue gott) nimmt ihre zwei zehndollarscheine und hält sie gegen das licht.

ihre legitimation

fia wos denn, fia wos! i wü jo nua wexln!

sehen sie kein licht ihre scheine sind falsch sie tragen beide die gleiche zahl

a so a gauna! – oba des gibts do net! ea hot do gaunz aunschtändich ausgschaut.

träumt nach..

ihr beruf

de zoen, de zoen! de vafoegn mi! es is fuachboa. i waass ma oft goa nimma z höfm. de zoen, de zoen. i find mi nimma z recht mit mein lebm. i hob imma nua unglick ghobt. schplendit woan s sötn, de hean. oba valaunga! do woan s do. ollas megliche und unmegliche haum s valaungt von mia und i hob s tuan miassn. miassn! hea gott, weu sunst hätt i nix zun lebm ghobt. und da mensch muass jo schliesslich von wos lebm. vom schwaunz im mund allanich kaunn a a net lebm, da mensch. des miassn s eisegn, hea gott. des is scho amoe a so! wos wü ma haum.

das bankhaus verwandelt sich in ein hotel, die schalterfront in einen flur mit türen. sie geht unruhig von einer tür zur andern:

siebzehn ochzehn neinzehn zwanzg

neinzehn ochzehn siebzehn na, a net! fufzehn viazehn – i find mi nimma z recht.. dreizehn zwölf dreizehn – jetzt waass i nimma, wo i daham bin! heuleche maria.. öf zehn – jetzt kaun i mi nua mea noch n gruch orientian! – dabei hob i an schnupfm – – in de gäng ziagt s a so. von an zimma ins aundare. is ka wunda, wau ma si do nimma auskennt! is ka wunda. dea gaung is jo wia r a schlauch: ohne end. wo is nua mei zimma! fümfe sexe siebane ochte neine.. des, mit die blaun tapetn! de bettn, heuleche maria, bitt fia uns oame.. da rosnkraunz, da rosnkraunz! de zoen, de zoen.. i find s net, i find s net, nix, nix.. ah, mia tuat scho ollas so weh..

i kaunn nimma. glaub ma s: i bin featich.
legitimation
losst s mi in rua, i bitt eich, losst s mi in rua! gebt s ma do a rua! i wü nix oes mei rua! i wü endlich mei rua haum, i kaunn nimma.
ihr alter
die stimme des blauen gottes, wie aus der ferne.
s fleisch is miad..
in weiten verklingend:
ihr alter
dea blade mit da glotzn, dea hot ma eighazt..
es schwebt im raum
it was many and many a year ago,
in a kingdom by the sea –
wia r i den ghosst hob!
(remember, remember!!)
that a maiden there lived whom you may know
by the name of annabel lee
glaubt s ma s do: s geht nimma. a waunn i mecht! i wü mei rua haum. i wü nix, nua mei rua. i wü z haus! losst s mi z haus gehn. s hot e kan sinn mea. s hot e kan sinn. i mecht z haus!
sie hätten woanders wohnen sollen der nebel und der rauch der fabriken hat ihnen nicht gut getan das pfeifen der ewig vorbeifahrenden züge hat sie zerstört bleiben sie ich sehe für sie keine chance mehr
annabel lee: aber die lichter, die lichter im nebel..
(annabel lee, ich weiss, du weiltest bei uns, als wir müde, mit halbgeschlossenen augen durch die nacht fuhren. du sassest im hinteren abteil, allein bei den kostümen. niemand bemerkte dich. nach einer stunde etwa fühlte ich plötzlich, dass du dich entfernt hattest.)
ständige verwandlungen
nebel
die bäume der verödeten parks schweigen über das thema:
im herbst liegen überall blätter herum
debussy: (..feuilles mortes)
ach die ebenen, die ebenen
wieder das bankhaus. vor dem schalter.
links und rechts zwei kriminalbeamte:
unternehmen sie keinen fluchtversuch, sonst müssen wir von der waffe gebrauch machen.

der blaue gott:
ihr name
mit einer stimme vor zwanzig jahren:
annabel lee
man wird sie noch einmal freilassen

dings
ein untergangsstück

ein schrei
reisst den vorhang auseinander

geh nah ma den knopf au sunst rutscht ma no aum end die hosn owe hahaha
wo host eam denn dein dein knopf
do doda sunst rutscht ma no ha
naso kumm hea dass i da n aunah

stöhnen

naso kumm scho und hoet di
jojo i kumm eh scho
stöh
weu i bin fia d uadnung waasst uadnung muass sei

wo is n die dings die a duat duat is geh gib ma s ume
wos wos
na die dings die dings duat nasa geh scho
suchen ungeduldig hilflos
do soe si ana auskenna

stöhnen
alle lichter aus
(eindringlich) do host naso nimm scho
schrei im dunkel
dalest s mi dalest s mi (das kam vielleicht von woanders)
volles licht blendet:

weu ma dea trottl a die schea gibt schtott da dings da dings do

schauts eam au schauts eam au da fraunz hot scho wieda die hosn offm
schauts eam au
do kummt scho s bluat

hot a scho wieda die die dings offm wos
heast fraunz sei ma net bes owa du bist a drecksau
stöhnen einer drecksau die ausrinnt

geh sei so guat und nah ma den dings nah ma do scho endlich den dings do au
no wos glaubst fia wos i do bin owa ohne dings kaunn i da n a net net dings
die hose rutscht hinunter
ein schas erfüllt mit einem fassungslosen schluchzer den raum der wieder in der dunkelheit zu versinken droht
(wos hot n heit des liacht)

(tonlos) so jetzt is ma no die dings dings

vollständiges dunkel ein magnetofon wiederholt bis auf weiteres die beiden ausrufe "dalest s mi dalest s mi" im rücklauf (normales sprechtempo)
hände tappen im dunkel köpfe stossen aneinander lippen finden sich einer fällt über den andern (in neun monaten gibt's vielleicht ein paar schauspieler mehr)
zinds do des dings au dass ma wos siecht
irgendein untam steckt (ja was denn) die knarrenden ehebetten in brand
franz zerrt die hose wieder herauf und hält sie fest
gib ocht sunst gschiecht aum end no wiakli wos
gib nua ocht gib ocht dass d mi jo net dings mit da dings gö net net dings
na naa owa jetzt gib ma scho amoe die dings do ume
wos wos
na die dings do die dings no die dings
wos
(schreit:) die nodl man i
ach
soooooooooooooooooooooooooooooooooooooooooh

die flammen greifen auf die tapeten über

jo die dings san owegflogn
des is a uadnung scheiss

gebts nua r ocht dass net auffe schteigts sunst gibt s no a unglick

auweh

(stichflamme)

no wos hob i gsogt host di eh scho dings mit da dings do hob i s net dings dass no a dings dings

zeig hea zeig hea

schauts eam au volla dings volla volla dings is a scho da fraunz

weu ma r a dea blede dings dea dings do oreissn muass (verliert sich) weu ma r a dea dings dings weu ma r a dings da dings dings

schweigt man

(dings)

man schweigt darüber

schweigen auch das magnetofon aus

schweigen

schweigen

plötzlich von draussen (hinter der bühne) wildes teller- und geschirrgeklirr eine stimme:

vota vota leich ma d schea

ruhe ruheee!!!

franz in die ruhe bedrückt und vorwurfsvoll:

imma von die leichn redn imma von die leichn redn

wos is

(tot) dings

äuso i geh ham (wird niedergeschlagen)

na i bleib dabei i hobs mit da dings mi da dings hob i s mit da dings da dings wia haassts gschwind no no wia sogt ma schnö dings dings

ajoo: uadnung!!! uadnung hob i gmant uadnung des woa des wuat wos i gsuacht hob uadnung äuso: is no wos wos net in uadnung is

nanaa ollas in besta ollas in besta dings ka suag net
is no wos wos net is
ka dings net ka dings ollas in dings ollas dings

die türen fangen feuer
bluat bluat!!

telefon

draussen (hinter der bühne) schrillt das telefon doch alle türen stehen bereits in flammen und können nicht mehr betätigt werden

franz verzweifelt:
z schpät

in tiefer erschöpfung:
s geht nimma

fraunz schteh deinen maun!
das telefon
das telefon
host net gheat fraunz
da klatscht es
schteh dein dings
dings dein dings
es klatscht und klatscht
dings dings dings
es klatscht klatscht klatscht
ealesungealesungealesunglesungungingingsingssingsssingsss
schtingsdingsdingsdingsdingsdingsdingsdingsdingsdingsdings
dingsdingsdingsdingsdingsdingsdingsdingsdingsdingsdings
usw bis zum schluss

die bühne brennt von allen seiten das prasseln der flammen und krachen der niederstürzenden balken ist so ohrenbetäubend dass die unterhaltung nur noch in schreien weitergeführt werden kann

scheiss mi au grod jetzt muass i impotent wean
bist eh guat i schteh auf di
grod jetzt
i schteh unhamlich auf di du dudu DU du dings i kaunn

des richtiche wuat net findn naa i kaunn i kaunn des richtiche dings i kaunn des richtiche dings net dings i kaunn des dings dings net dings i dings des dings dings net dings i dings dings dings dings DINGS D I N G S ! ! !

die feuerbrunst brüllt auf und reisst alles in asche zusammen

obstgarten.
(duett)
franz: heissa, ho!
heissa, juché!
trude: heissa, juché!
beide: heissa, juché!
franz: heissa, ho, lusti fein,
heissa, juché!
trude: i haass trude
und miassat net sein.
franz: haass, heissa, ohó!
trude: eis..
franz (trocken abschliessend):
juché.
–
horinka: wos is?
franz: vatta, vatta!
horinka: und du, trude?
trude (franz und horinka einander vorstellend):
hea horinka – da franz.
ein würstelmann mit dampfendem kessel.

wohnraum.
(duett)
franz: heissa, ho!
heissa, juché!
trude: heissa, juché!
beide: heissa, juché!
franz: heissa, ho, lusti fein,
heissa, juché!
trude: sog fraunz,
miassat i sein?
–
horinka: wos is?
franz: vatta! mutta!

klosett.

wohnraum.
horinka:

türen

die bühne ist von (3) wänden umschlossen. in der mitte jeder wand eine tür. mehrere paare (mann und frau eng aneinandergedrückt) stehen zwanglos verteilt im leeren raum, ohne voneinander kenntnis zu nehmen. die plätze werden bis zum ende des stückes beibehalten.
die folgenden sätze (satzgruppen) sind auf die paare aufgeteilt. ist alles gesagt, wird eine sprechpause eingeschaltet. dann wird der ganze text in anderer aufteilung wiederholt, so oft (jeweils mit pause), bis jeder jeden satz mindestens einmal gesprochen hat (mit ausnahme des auf die krawatte bezüglichen, der nur den frauen zugeteilt ist).

heast du wos?
wos n?
heast nix?
nojo schon, oba..
....
wos denkst n?
–
haa?
i waass net, nua so.
....
glaubst, is zuagschpeat?
schlissln hob i kane.
vielleicht is e offm!
scho meglich.
....
sog, hot me net wea gruafm?
mia scheint, du tramst!
....
vielleicht soet ma geh.
noso geh hoet.
auf wos woat ma denn no?
....
is net schee do?
..
zeit is

s miassat wos gschegn.
s wa zeit, dass wos gschiecht!
wos ta ma?
najo..
....
richt da die krawattn, foa da duach d hoa, schau, wia s d ausschaust!
jo, schatzi.
..
woam is!
jo, haass is.
....
mia is scho fad.
jo, s woa; fad is.
..
soet ma net geh, schaun..
maanst?
wea waass..
..
jetzt oda nie.

mit jeder wiederholung wird es allmählich dunkler und heisser (auch im zuschauerraum), die stimmen werden müder und leiser, bis sie schliesslich nicht mehr vernehmbar sind.
langsam schliesst sich der vorhang.

konversationsstücke

125 – 180

die schwester

hinweise

im eher düsteren wohnraum zweier schwestern stehen, als sparsame dekoration, ein tisch und rechts und links daneben je ein stuhl, so dass die beiden einander gegenübersitzenden personen den zuschauern das profil zeigen. um die zeit des wartens auf die jüngere schwester (ihr gilt offensichtlich der besuch) zu überbrücken, entspinnt sich ein etwas stockendes verlegenheitsgespräch, dessen phrasenhafte floskeln eine latente hintergründigkeit und vibrierende erotik nicht verbergen können.

die projektion des fotos einer ertrunkenen am strand, wobei unklar bleibt, ob es sich um einen unfall, selbstmord oder ein verbrechen handelt, wird wohl assoziativ mit der abwesenden schwester ebenso in verbindung gebracht werden wie die danach hörbar werdende "entfernte stimme", die eine unsichtbar anwesende dritte person suggeriert. ihre ein- und ausgeblendeten, "verwehten" (vielleicht gesummten) vokalisen sollen jedenfalls unwirklich, fast wie nur imaginiert anmuten.

die eingerückten, in versalien gesetzten wörter können von einem sprecher – gewissermassen einem "einsager" oder deutlich hörbaren souffleur – beziehungsweise einem sprechchor, wie einwürfe aus dem unbewussten, von aussen zugerufen oder über lautsprecher eingespielt werden. aber auch das kurze vorzeigen oder projizieren von schrifttafeln ist denkbar.

das stück beginnt scheinbar mitten in einem gespräch und schliesst ebenso unvermittelt, wie in einer sprechpause, ohne ein definitives ende. die beiden letzten, apostrophierten sätze sollten zitathaft nüchtern gesprochen werden.

A = die ältere schwester
B = der besuch (hosenrolle)
eine entfernte stimme

B: haben sie das kleid zum trocknen gelegt?
A: ich habe es zum trocknen gelegt.
B: es war sicher sehr feucht?
A: es ist nass.
(kurze pause)
MIT.
B: hübsch, nett.
A: bleiben..
B: versprechen.
(kurze pause)
B: wie alt sind sie?
A: ich bin zwanzig jahre alt.
B: wie alt ist ihre schwester?
A: sie ist neunzehn jahre alt.
FAST. BEINAHE.
A: sie ist fast achtzehn jahre alt.
(kurze pause)
A: folgte ihnen der hund?
WEIL..
(kurze pause)
WOLLEN SIE..
B: hören sie das winseln des hundes?
A: ich höre das branden des meeres.
(kurze pause)
UNTER
B: unter dem tisch?
A: darunter.
(kurze pause)
A: auf dem tisch.
B: darüber.
A: die vase ohne blumen.
(kurze pause)
B: wo ist das kleid?
A: es liegt auf dem bett.
B: liegen auch die strümpfe auf dem bett?
A: sie liegen darunter, bei den schuhen.
(kurze pause)

B: kann ihre jüngere schwester tanzen?
A: sind sie jünger als ich?
B: wobei wurde das kleid so nass?
A: sie kann tanzen.
B: eine stunde lang?
A: während eines tages.
B: einen monat?
A: ein jahr lang.
(kurze pause)

WOHNEN.

A: wo wohnen sie?
B: der sommer.
A: der winter.
B: der frühling, das frühjahr.
A: der herbst, das spätjahr.
B: den sommer über.
A: den winter hindurch.
B: wohnt ihre schwester noch hier?
(kurze pause)

BIS.

B: wie lange? bis wann?
A: bis zwölf uhr.
B: bis morgen?
A: bis übermorgen.
B: bis sonntag?
A: bis montag.
B: bis zu diesem abend?
A: bis zum morgen.
B: bis zum andern morgen?
A: bis auf diesen tag.
B: bis auf diese stunde?
A: bis auf diesen augenblick.
bis jetzt, bisher.
B: ich werde jetzt gehen.
A: bitte bleiben sie noch etwas.
B: gut, bis ihre schwester zurückkommt.
(kurze pause)

DAS ALTE.

B: etwas neues?
A: nichts neues.
B: glaubt man das?

A: man glaubt es nicht.
B: was sagt man?
–
spricht man davon?
A: man spricht nicht davon.
(kurze pause)
B: kann man sie nicht finden?
A: man kann sie nicht finden.
B: kann man tun, was man will?
A: man tut, was man kann.
B: was macht man?
A: man spielt.
B: womit?
(kurze pause)

WIE WEIT? BIS WOHIN?

A: bis hierher.
B: vor die füsse.
A: bis dahin, dorthin.
B: bis paris.
A: bis london.
B: bis zu mir.
A: bis hinauf, oben.
B: bis hinab, unten.
A: die strasse, das ende.
B: der weg, die mitte.
A: bis ans ende der strasse.
B: bis in die mitte des weges.
A: bis zur andern seite der strasse.

DIESSEITS.

JENSEITS.

(kurze pause)

FÄRBEN.

A: schwarz färben.
B: rot färben.
A: blau färben.
B: grün, gelb, weiss.
A: braun, grau, rund.
B: wollen sie ihre strümpfe färben?
A: ich will sie dunkel färben.
B: färben sie ihr kleid blau?
A: es ist hell.

B: und ihre haut?
A: die lippen.
B: und ihre nägel?
(kurze pause)
B: welche farbe hat das meer?
A: hören sie nicht das winseln des hundes?
(kurze pause)
B: wann wird ihre schwester wiederkommen?
A: sie wird bald wiederkommen.
B: wie weit wollte ihre schwester gehen?
A: sie sagte, sie wolle bis ans ende des weges gehen.
(kurze pause)

MÜSSEN.

B: müssen sie?
A: man muss.
(kurze pause)
B: wann wird ihre schwester wiederkommen?
A: sie sollte schon hier sein.
B: wollte sie sich nicht umziehen?
A: ja, sie zog sich um.
(kurze pause)

BESSER SEIN.

A: bin ich nicht so gut wie meine schwester?
B: sie sind besser als sie.
A: ich bin nicht so gut wie sie.
B: sie ist besser als ich.
(kurze pause)

DAS GESCHENK.

B: die blumen.
(kurze pause)
A: ich bin sehr froh, dass sie noch hierbleiben.
(etwas längere pause)
A: woran denken sie?

FINSTER.
DUNKEL.
HELL.

B: es ist dunkel in diesem raum.
sie haben es dunkel.
A: es ist dunkel darin.
(kurze pause)
B: der mondschein.

(kurze pause)

A: die sonne, der mond.

(kurze pause)

JEMANDEN SUCHEN.

B: suchen sie jemanden?

A: wen suchen sie?

(kurze pause)

B: suchen sie mich zu sehen?

A: ich suche etwas zu sehen.

B: sie sucht ihr kleid.

A: er sucht ihre hände.

DIE VERSUCHUNG.

(projektion:)

B: haben sie ihre arbeit schon gemacht?
A: ich habe sie schon gemacht.
EINE ENTFERNTE STIMME: (singt, bis zum schluss, vokalisen)
B: ist jemand gekommen?
A: es ist jemand gekommen.
B: was hat man gewollt?
A: man hat etwas mitteilen wollen.
B: hat man nicht warten wollen?
A: man hat nicht warten wollen.
B: sollte es ihre schwester gewesen sein?
A: ach, bleiben sie doch noch.
(kurze pause)
B: es ist jemand hier, ich spüre es. es ist jemand hier. aber es ist so dunkel, man kann kaum etwas erkennen.
A: riefen sie mich?
B: nein, ich rief sie nicht; ich glaubte nur etwas.
A: wollen sie nicht versuchen zu sprechen?
B: ich will es versuchen.
A: "was war heute für ein wetter?"
B: "es war schönes wetter."

das tier

es regnet.
es schneit.
es hagelt.
BLITZEN.
blitzt es?
es blitzt.
es blitzt sehr.
es donnert stark.
es regnet sehr stark.
schneit es?
es schneit sehr.
es hagelt.
die sonne scheint nicht.
die sonne scheint mir ins gesicht.
ein donnerschlag.
DONNERN, SCHEINEN.
der blitz.
der regen, der schnee.
der sonnenschirm.
ich sehe das tier, das sie getötet haben.

ich habe, was ich brauche.
ich sehe sie.
ich werde sie lieben.

ein schlag mit dem stock.
ein tritt.
ein schlag mit der faust.
ein messerstich.
ein blick.
ein donnerschlag.
ich habe einen schuss gehört.
ich habe nach dem tier geschossen.
es wurde zweimal geschossen.
das dritte mal traf ich daneben; es war schon tot.

ich sah sie an.
ich werde sie sehr lieben.
(mich? mich??)
sie.
in bildern blättern; denken.
daran denken.
(an mich? an mich??)
an sie.
SICH ENTFERNEN VON..
(der leiche des tieres???)
sie. (sich erinnern!)
KREISEN.
fallen lassen.
FALLEN.
das herz durchbohren.
das durchbohrte herz.
man lässt sich weitläufig über diesen gegenstand aus.
sich auf den boden hinstrecken.

man legt den rock über sein gesicht.
sie hängt die uhr an den baum.

sie trägt schöne kleider.
wie gewöhnlich.
der abendliche wind.
es ist sehr spät.
es ist sehr weit.

die hohle schule

1. hälfte
studium des ertrinkens

OFT, SAGTE ER.
wann ist dieser mann hinabgestiegen?
er ist heute morgen hinabgestiegen.
etwa um vier uhr?
um halb fünf.
er hat mir gesagt: der weise überlegt, bevor er handelt; der stolz wird nicht geliebt.
wenn ich alexander wäre.
wenn die menschen bedenken wollten.
alle menschen streben nach frieden und wünschen glücklich zu sein.
der schüler schlief an der feierlichsten stelle der rede ein.
es mag wahr oder falsch sein: gäbe ich es ihm, er würde es behalten.
ich werde nicht zufrieden sein, wenn er mir nicht guten grund gibt, es zu sein.
wenn das theater eine baumschule von torheiten und ungezogenheiten wird, so werde ich mich nicht fürchten, mich missbilligend darüber auszusprechen.
oscar hat sich gebessert: sie würden es zugeben, wenn sie sich nicht zu ihrem nachteile verändert hätten.
ob er gleich göttlich inspiriert und mit unnatürlichen kräften begabt war, so fügte er sich doch bei seinen reden in die art und weise, wie auf vernünftige wesen gewirkt werden muss.
ihm in die rede fallend, begann der edle achill: ob er cassio tötet oder cassio ihn, oder ob einer den andern tötet, auf jede weise ziehe ich meinen vorteil daraus.
er setzt seine rede fort.
DER FLUSS.
es wird ersucht, das fenster zu schliessen.
ich würde gehen, wenn ich zeit hätte.
mir ist in den händen kalt.
winterkleider trägt man nicht im sommer.

deshalb sage ich es.
ein kammerdiener ludwigs des vierzehnten bat diesen, als er sich zu bette legte, dem herrn oberpräsidenten einen prozess empfehlen zu lassen, welchen er mit seinem schwiegervater führte, und sagte, in ihn dringend: "ach, ew. majestät dürfen nur ein wort sagen." – "ei", sagte ludwig der vierzehnte zu ihm.
als cicero seinen schwiegersohn, der sehr klein war, mit einem langen degen an der seite kommen sah, so sagte er: "wer hat meinen schwiegersohn an diesen degen gebunden?"
man sprach leise, damit wir es nicht hörten: ich wünsche, dass es ihnen gelinge.
carl der fünfte sprach geläufig mehrere europäische sprachen.
cicero, plato, dido.
dorabella, seneca, noah.
cleopatra, diana, julie.
aeneas, pythagoras, maecenas.
ulysses, socrates, moses.
demosthenes, hero, pharao.
cyrus, camillus, venus.
orpheus, juvenal, sesostris.
wenn sie seinen rat befolgt hätten, so würden sie glücklicher sein, als sie sind; denn oft sagte er ihnen: "wenn du betrübt bist, so beklage dich nicht."
je nachdem es kommt: wenn ich früh zu bett gehe, so werde ich früh aufstehen; aber wenn ich spät zu bett gehe, so werde ich spät aufstehen.
wozu nützt das?
sie gehören dem heinrich.
was das betrifft, weiss ich nicht, was ich sagen soll.
was ist ihr begegnet?
sie hatte einen zufall.
zu trinken einschenken.
tränen vergiessen.
sie können ihnen trauen; aber was mich betrifft, so werde ich ihnen nicht trauen, denn ich bin oft betrogen worden, und das ist der grund, warum ich sage: "man muss nicht einem jeden trauen."
was muss man tun, um glücklich zu sein?
ich habe es nicht vergessen, denn ich denke alle tage daran.
"es ist ein guter junge", sagte sein vater, als er ihn kurz darauf sah.
was schrieb lord byron?

manfred, ein dramatisches gedicht.
wie schade, welch ein grosser mann!
ich werde in einer halben stunde zurück sein.
die menschen sind sterblich.
der gute könig heinrich der vierte.
lykurg, der gesetzgeber spartas.
ich glaube, ich muss nun bald schliessen.
thessalien erzeugt wein, pomeranzen, citronen, oliven und alle arten früchte.
die schönheit, anmut und der verstand sind höchst köstliche vorteile, wenn sie durch bescheidenheit hervorgehoben werden.
dies geschah unter constantin dem grossen, dem ersten christlichen kaiser.
rechts.
rechter hand.
links.
linker hand.
die sonne beleuchtet die welt.
wenn die erde zwischen die sonne und den mond tritt, so entsteht eine mondfinsternis.

DER WEG IST DAS ZIEL.

alsdann fragen sie weiter.
georg der dritte.
heinrich der vierte.
fünftes kapitel.
der elfte januar.
ausserdem, was ich soeben gesagt habe.
der tag vor montag heisst sonntag.
man verliert immer mehr, als man gehabt hat.
das fenster geht auf die strasse.
das fenster geht auf den fluss.
einen einfall haben, einfallen.
es fällt mit etwas ein.

DER EINFALL.

zum fenster hinauswerfen.
zum fenster hinausspringen.
sie fällt hinunter.
sich ertränken.
ertrinken.
gesagt, getan.
endlos.

einsam.
der wind heult wie ein rudel wölfe.
es ist dunkel.
denken.
grunzen.
ein scherz und alles lacht.
bad.
beide.
scheiden, schade.
schwellen, schnappen,
schlagen, schlachten
in den schlaf.
schleim.
schlinge.
habicht.
lerche.
mond.
ringen.
kleines glück.
regen
        steigt in den
                        morgen war sonntag.

ZWEITE TABELLE, MIT DEREN HILFE DIEJENIGEN, WELCHE DEUTSCH VERSTEHEN, VIELE DEUTSCHE SÄTZE BILDEN KÖNNEN.

blau.
unter.
unterlippe.
ich weiss nicht.
der opticus setzte ihm eine andere auf, von den besten, welche er in seinem laden finden konnte; aber da der bauer doch nicht lesen konnte, sagte ihm der kaufmann: "mein freund, sie können vielleicht gar nicht lesen?"
um vier uhr morgens stand sie auf, ohne ein wort zu sagen, sprang aus dem fenster und fiel in den fluss, worin sie ertrank.
ich habe grosse lust zu baden.
wo wollen sie baden?
im flusse.
sobald cäsar über den rubicon gegangen war, hatte er nicht mehr zu überlegen: er musste siegen oder sterben.
sie scherzen.
ich bitte um verzeihung.

die uhr geht vor,
geht nach.
wo sind wir stehengeblieben?
adieu.
leben sie wohl.
ja; und die schurken gehen, als ob sie fusseisen anhätten.

2. hälfte
prüfung der ertrunkenen

guten morgen, fräulein.
ah! da sind sie ja; ich habe sie mit ungeduld erwartet.
haben sie sich gut unterhalten?
so ziemlich.
um wieviel uhr waren sie da?
um vier uhr früh.
ist es möglich! sie sprechen ziemlich gut für so kurze zeit.
sie scherzen; ich weiss noch nicht viel.
wirklich, sie sprechen schon gut.
ich glaube, sie schmeicheln mir ein wenig.
ganz und gar nicht.
um zu sprechen, wie sichs gebührt, muss man mehr wissen, als ich weiss.
sie wissen genug, um sich verständlich zu machen.
ich mache noch viele fehler.
das tut nichts. sie müssen nicht schüchtern sein; übrigens haben sie in all dem, was sie soeben gesagt haben, keine fehler gemacht.
ich bin noch schüchtern, weil ich fürchte, man könnte sich über mich lustig machen.
man müsste sehr unhöflich sein, um sich über sie lustig zu machen. wer würde so unhöflich sein, um sich über sie aufzuhalten? kennen sie das sprichtwort nicht?
welches sprichwort?
wer gut sprechen will, muss erst schlecht sprechen.
verstehen sie alles, was ich ihnen sage?
tiefer als ich dachte.
wieviel uhr ist es?

es ist halb fünf.
sie sagen, es ist halb fünf, und auf meiner uhr ist es vier.
wie schnell verstreicht die zeit in ihrer gesellschaft.
sie hustet, hüstelt.
über den kanal zieht der feuchte nebel aus england.
auch die schiffe kehren zurück.
    ZURÜCK!
die unruhe.
warum beunruhigen sie sich?
ich wollte sehen, was dann; plötzlich waren wir getrennt.
    DIE ZEIT.
ihr halstuch trägt der wind hinüber und herüber, hinunter und hinauf, der wind spielt mit ihrem halstuch.
was fehlt ihnen?
vielleicht.
die vergangenheit, das vergangene.
die zukunft, das zukünftige.
der zeitverlust.
geniesset alle vergnügungen, solange ihr lebt.
was wollen sie damit sagen, was soll das heissen?
die farbe, die lilie. ein sinnbild: das vergissmeinnicht.
hören sie, man spielt "la mer".
ein schönes stück.
ein orchesterwerk!
ein schiff.
ein einstöckiges haus.
ein zweistöckiges haus.
ein fenster.
ein fenster auf die strasse.
ein fenster auf den fluss.
eine tafel mit zwei gedecken.
ein speisesaal.
ein schlafzimmer.
eine repetieruhr.
so wenig als möglich. etwas mehr! viel!!
noch ein wort, mein lieber freund!
das, wodurch ich sehe, die augen, habe ich die geringste chance, jemals zu sehen.
sie sehen die meinen.
in der dunkelheit hässlich sein.
wollen sie mir nicht etwas erzählen?

was soll ich ihnen denn erzählen?
eine kleine anekdote, wenn sie wollen.
ein kleiner knabe verlangte eines tages bei tische fleisch; sein vater sagte zu ihm, dass es nicht höflich wäre zu fordern und dass er warten müsste, bis man ihm welches gäbe.
wir haben zuerst diese fragen etwas lächerlich gefunden; aber voll vertrauen auf ihre methode, haben wir so gut darauf geantwortet, als uns der kleine vorrat an vocabeln, den wir damals hatten, gestattete.
ein meisterstück.
der anblick, die zufriedenheit.
die ehrfurcht, die bewunderung.
die anmut.
zum entzücken.
schlank, biegsam.
ganz vortrefflich.
ich glaube, ich muss nun wirklich bald schliessen.
fallen sie nicht; was fehlt ihnen denn?
ich weiss nicht, aber es wird mir schwindelig; ich glaube, ich verliere das bewusstsein.
sie sehen wie eine leiche aus.
sie scherzen.
verzeihen sie, ich scherze ganz und gar nicht! ihre blässe ist nicht zu übersehen.
nach ihren worten zu schliessen, müsste es doch schon später sein.
ich bemerke, wie sich ein gewisser geruch verbreitet.
DUFT.
ein duft verschiedenster blumen; ein berauschender duft.
es könnte fäulnis sein. es ist, als würde etwas verfaulen. eine auflösung, eine zersetzung.
ein quellen, ein blühen.
die segnung der anziehungskraft schwindet, und die dinge zerfallen in ihre einzelteile.
die sehnsucht kennt keine grenzen.
denken sie an die zukunft?
ihre gesichtsbildung war sanft und voll ausdruck; ihre augen waren die schönsten von der welt, und ihr mund war allerliebst. sie war weder zu gross noch zu klein; ihre gestalt war schlank, alle ihre handlungen waren voll anmut, und ihr betragen war sehr einnehmend. ihr anblick flösste bewunderung ein.

von raffael gemalt, von ariost beschrieben.
zur tageszeit, zur nachtzeit.
um vier uhr früh.
gehen sie vor mir her.
wir reisen im regen zu lande zurück.
DER REGEN.
es regnet in strömen.
alles trieft.
es wird morgen. es tagt.
dieser duft hat mehr gewalt über mich als alle vernünftigen vorstellungen meiner liebsten freunde.
hinter dem fenster beginnt die bühne des grossen theaters.
die blätter tanzen im wind und treiben im flusse hinab.
es ist ein schiff in einiger entfernung von der küste.
gehen sie über die brücke?
da es ihr wunsch ist.
es wird abend; nun werde ich bald schlafen.
zu wem sprechen sie?
die sirenen heulen durch den nebel. die signallichter blinken durch die nacht. es ist kalt und feucht.
vor freude weinen.

P.S.:
ich habe heute die fische, die sie so gütig waren, mir zu verehren, erhalten und danke ihnen von ganzem herzen dafür. ich habe sie mit einigen meiner freunde verzehrt, indem wir uns sehr vorteilhaft von ihnen unterhielten. ihr freund muss ein herrlicher mensch sein, sagte einer von ihnen, da er so gute fische hat.

ist hier platz?
nehmen sie mass!
die säge, die axt.
eine oper, ein schauspiel.

1. klasse.
2. klasse.
3. klasse.
für männer.
für frauen.
geben sie mir eine karte.
ich bin wiener.
ich bin müde.
wohin reisen sie?
gestatten sie, dass ich rauche.
raucher.
nichtraucher.
für frauen.
geben sie mir etwas zu trinken.
eine serviette.
trinkgeld.

ich möchte mich waschen.
ich will mir die hände waschen.
ich bitte um waschwasser.
bitte zu klingeln:
1 mal.
2 mal.
3 mal.
man klingelt.
herein.
bitte um ein glas wasser,
    ich bin durstig.

gedärme.
schweinefüsse.
adieu, mein mädchen.

ich danke sehr, es geht mir gut.
ja, mein herr.
nein, mein herr.

ich habe nicht das vergnügen,
sie zu kennen.
der spiegel.
das licht!
der spucknapf.
die wiege.
die rose.

die sonnenblume.
hacke.
1. hypothek.
2. hypothek.
3. hypothek.
5 % zinsen.
die gebäude.
vieh.
sind gegen feuer versichert.

INSEKTEN:
läuse.
flöhe.
wanzen.
mücken.
fliegen.
bienen.
wespen.
ameisen.
motten.
spinne.
käfer.

pumpe wasser in die krippe.
wald.
wiesen.
der see.
die leute müssen um 4 uhr morgens geweckt werden.
knochen.

das ist teuer.
das ist billig.
ich handle nicht.
die bäume fällen,
sägen,
schneiden.
die bäume ausroden mit der wurzel.
20 klafter brennholz.
die pappel.
die linde.
die espe.
der ahorn.
gesträuch, busch.

das gebiss.
ich will ihnen meine muster zeigen.
zum winter,
sommer,
frühling,
herbst.
gehen sie geradeaus.
gehen sie rechts.
gehen sie links.
biegen sie um die ecke.
die 1. strasse.
die 2. strasse.
über den platz.
die brücke, der fluss.
der menschliche körper.
der mund.
der mund.
der mund.
der mund.
die lippen, die zunge.
der rechte arm.
der linke arm.
die knochen.

die haare.
der kot, der schweiss.
warum sind sie nicht gekommen?

es regnet.
ich bin etwas müde.
wollen wir uns setzen?
sind sie musikalisch, mein fräulein?
wollen sie ein lied singen?
ein wiener lied:
ich liebe dich.
gib mir einen kuss.
mein herz gehört dir.
hast du mich lieb?
geliebtes mädchen.
du hast die schönsten augen.
entzückend; prachtvoll.
warmes wasser.
kaltes wasser.
augen links.
augen rechts.
augen geradeaus.
brücke, fluss.

der weg nach bern

anmerkungen
in diesem stück spielen zwei personen (ein mann und eine frau) im wechselgespräch der eingerückten zeilen und ein sprecher (alle zeilen, die am rande beginnen), der abseits des geschehens bleibt, sich aber in 13 (mit ihm), 14 (mit ihr), 15 (mit ihm) und 16 (mit einer vierten, nur kurz vorübergehenden person, die den ersten satz zu sprechen hat) unmittelbar einschaltet (eingerückte zeilen).
zwischen den einzelnen nummern ist durch totale verdunklung eine deutliche zäsur zu machen (etwa 15 sekunden).

1

ich bitte sie, welcher weg führt nach bern? welches ist der kürzeste weg nach bern? ist dies der weg nach bern? können sie mir sagen, ob dieser weg nach bern führt? führt dieser weg nicht nach bern? ist dies nicht der weg nach bern? wohin führt dieser weg? bin ich nicht auf dem weg nach bern?

alle wege führen nach bern.

ist dies der rechte weg? ist dies wirklich der weg nach bern?

sie sind auf dem rechten weg. sie sind nicht auf dem rechten weg. sie sind ganz vom rechten weg abgekommen.

in welche richtung muss ich gehen?

gehen sie immer geradeaus. sie können den weg nicht verfehlen.

wie weit mag es sein von hier?

eine meile oder so etwas. ungefähr eine meile. es mag wohl eine meile sein. es ist nicht weiter als eine meile. es ist kaum eine meile. es ist eine starke meile von hier.

wie weit ist es von hier nach bern?

es ist etwas mehr als drei meilen. es ist nicht viel weniger als neun meilen. es ist ungefähr fünfzig oder vierhundert meilen weit.

ich glaube, ich bin für heute genug gegangen.

2

kennen sie vielleicht eine gewisse anna? gibt es hier nicht eine gewisse anna?

ich kenne sie nicht.
ich glaube, ja.
ja, sie ist hier.
kennen sie sie?
ich bin es selbst.
sind sie es? sind sie es wirklich?
–
sie sprechen zu leise. sprechen sie doch bitte ein wenig lauter.
wir stehen sehr nahe.
ich komme näher.
ich bitte sie, nicht zu weit zu gehen.
sagen wir uns du.
sagen wir uns du.
sagen wir uns du.
sagen wir uns du.
sagen wir uns du.
sagen wir uns du.
sagen wir uns du.
sagen wir uns du.
du.

3

hast du schon einen brief geschrieben?
bemerken sie die gegenstände in der ferne?
du!
ach ja.
es ist nacht in der schweiz, während es in neuseeland tag ist.

4

weisst du, worüber wir sprechen?
weisst du nicht, worüber wir spechen?
sprechen wir nicht darüber?
sprechen wir darüber?
spreche ich deutlich?
spreche ich nicht zu leise?
spreche ich deutlich genug?
spreche ich zu laut?

verstehst du, was ich spreche?
verstehst du nicht, was ich spreche?
spreche ich zu schnell?
soll ich langsamer sprechen?
sprichst du eigentlich?
sprichst du nicht?
warum, spreche ich nicht?
wir sprechen doch?
ja, wir sprechen.
wir sprechen miteinander.
wir sprechen miteinander.
wir sprechen miteinander.
wir sprechen miteinander.

5

ging nicht das licht aus?
hatte es nicht hell gebrannt?
es brannte hell.
sprach ich gut?
sprach ich nicht gut?
sprachst du nicht von mir?
ein loch aufreissen, um das andere zuzustopfen.
ich habe mein möglichstes getan.
ich hoffe, wir haben nichts vergessen!
ich wollte laut sprechen.
du sprachst leise.
ich wollte leise sprechen.
du sprachst laut.
ich wollte langsam sprechen.
wir sprachen schnell.
ich wollte deutlich sprechen.

es war kaum zu verstehen. ich verstand nichts. ich wollte auch nichts verstehen. ich dachte gar nicht daran, dass ich hätte etwas verstehen sollen.

du hast mich verstanden, nicht wahr?
es war uns sehr warm, nicht wahr?
wir sind glücklich, nicht wahr?
wir standen uns nahe, nicht wahr?
du bist nicht müde, nicht wahr?
ich ging nicht zu weit, nicht wahr?
wir brauchen nicht mehr so schnell zu sprechen, nicht wahr?

wir brauchen nicht mehr so langsam zu sprechen, nicht wahr?
wir brauchen nicht mehr so leise zu sprechen, nicht wahr?
wir brauchen nicht mehr so laut zu sprechen, nicht wahr?
wir müssen nur deutlich sprechen, nicht wahr?
du verstehst mich doch, nicht wahr?
seine mutter altert zusehends.

6
es ist alles wahr, mit ausnahme dieses satzes.

7
antworte mir, ich bitte dich!
warte, bis ich es weiss.
ich glaube es.
warte doch!
ich warte schon seit beginn.
ich werde geliebt.
er wurde geschlagen. hätte er sich wehren sollen? er wurde erwärmt. er war erstaunt. er befindet sich noch immer auf halbem wege.

8
der weg nach bern.

9
er war müde. er war nicht dort. sie sagen einander nicht lebewohl. guten tag. guten abend. gute nacht.

10
ich tröste mich.
du tröstest dich.
er tröstet sich. sie tröstet sich.
wir trösten uns.
ihr tröstet euch. sie trösten sich.
ich tröstete mich.
er tröstete sich. sie tröstete sich.
du wirst dich trösten.
wir werden uns trösten.
vielleicht werdet ihr euch trösten.
ich würde mich trösten.
hat er sich, hat sie sich getröstet?

wir haben uns getröstet.
ihr habt euch erwärmt.
ich hatte mich getröstet.
wir hatten uns getröstet.
sie sind trostlos. das pferd schlägt aus. der hirt bewacht die herde. der redner versteht zu überzeugen. der bär kann tanzen. das gras wächst. der fröhliche lacht.

11
sie hat ihn aus dem gesicht verloren.
morgen ist neujahr.

12
ich glaube, es wird schneien.
sie denkt oft an ihn.

13
ich gestehe ihnen, dass ich sie ein wenig in verdacht gehabt habe.
ich habe sie nicht gesehen, nicht gehört.
er verlässt sich darauf.
sprechen sie eigentlich von dieser geschichte?
jetzt sprechen wir nicht mehr davon, aber wir haben soeben davon gesprochen.
werden sie es ihm sagen?
es ist möglich, dass einer von uns dieses jahr stirbt.

14
WAS GESCHAH?
WAS WIRD SICH EREIGNEN?
was gefällt ihnen?
was ist es?
was fehlt ihnen?
was soll aus uns werden?
von wem sprechen wir?
wir glauben, was wahrscheinlich ist.
ich weiss nicht, was vorgefallen ist.
die schweiz erwartet, dass jeder bürger seine pflicht tue.
seit einigen tagen sprechen sie sehr wenig.
sie spricht immer weniger. aber sie hat einen brief geschrieben.

15

nachdem ich mich rasiert hatte, wusch ich mir das gesicht.

er eilt auf seine mutter zu. sie liegt auf einem kleinen friedhof in der nähe von bern.

sie sind noch hundert stunden von bern entfernt.

niemand hörte ihn, obgleich er mit lauter stimme schrie. aber man sieht ihn aufmerksam an, sooft er an dem hause vorbeigeht.

führen nicht alle wege nach bern?

ja, gestern abend.

ja, gestern abend.

wie gefällt ihnen dieses stück?

ja, gestern abend.

16

was befindet sich dort an der mauer des hauses?

er wollte bis nach bern gehen.

17

wer wird nun den brief lesen?

18

alles ist zurück.

die abende sind lang. um fünf uhr sieht man nichts mehr. um vier uhr des abends sieht man fast nichts mehr. ich werde telephonieren. wo ist das telephon? bitte mich zu verbinden.

–

sind sie am telephon? bitte zählen sie die wörter: wieviel kostet ein gespräch von zwanzig minuten nach bern?

19

es ist spät.

es ist zu dunkel.

20

sie befindet sich so so.

21

es ist neblig.

es ist nacht.

es ist eine schöne nacht.

es ist nichts zu unterscheiden.

es ist sehr glatt. es geht sich sehr schlecht. wird uns das eis tragen?
es friert, dass es kracht.
es schneit in grossen flocken.

sprechen sie

hinweise

wenn "sprechen sie" auch eher als lesestück anmutet, so ist es doch aufführbar und erlaubt durchaus szenische interpretationen. man kann von einem zweipersonenstück (mann und frau) ausgehen, den text aber auch ebenso gut auf mehrere personen verteilen. die in versalien gesetzten wörter können von einem chor gesprochen werden. die wortlisten – etwa die reihe der substantive und der verben – wären als tonbandeinspielung über mehrere lautsprecher um den zuschauerraum kreisend vorstellbar. eingeklammerte bemerkungen wie "vierundzwanzig stunden schweigen" könnte ein neutraler sprecher ansagen. auf begleitmusik (allenfalls mit ausnahme des "zwischenspiels") sollte jedoch prinzipiell verzichtet werden. jede karikierende übertreibung ist strikt zu vermeiden. auch passagen wie "sprechen sie lauter", "spreche ich zu leise?" oder "sie lispeln" dürfen nicht durch die vortragsweise illustriert werden.

FRÜHLING.
auf ein wort!
ich halte wort.
was waren sie?
was haben sie?

FEUER.
DIE SONNE!
was wird aus uns?
gewesen sein?

SEIN.
zu hause sein.
bei ihm sein.
bei ihr sein.
zu gast sein.
verreist sein.
allein sein.
bei der mutter sein.
beim vater sein.
in gesellschaft sein.
dasein.
sein oder haben?
im begriff sein.
ergriffen sein.
jeden morgen.
jeden abend.
alle tage.
tag und nacht.

ZEIT.
wie spät ist es?
es ist drei uhr.
es ist zwölf uhr.
es ist ein viertel auf eins.
es ist dreiviertel auf sechs.
es ist halb zwei.
es ist zwanzig minuten nach elf.
es ist in fünf minuten zehn.
viele lebten zu verschiedenen zeiten.
jeder lebt in seiner eigenen zeit.

ich habe zeit.
ich habe keine zeit.

GEBRAUCH.

der gebrauch des messers.
der gebrauch der gabel.
gebräuche.
gebrauchtwaren.

LICHT.

seit gestern?
seit jahrtausenden.
wie die zeit vergeht..
schon seit jahrmillionen.
ewige liebe.
die lichtschere.
kerzen?
gaslaternen.
glühlampen?
neonröhren.
tageslicht.

(die fenster sind geschlossen.)
haben sie genug luft?
aber kein wasser.
haben sie durst?
nur seife.
wollen sie sich waschen?
ich habe ein handtuch.
dann sind sie schon trocken?
ich habe fisch bestellt.
wollen sie kein fleisch?
das habe ich selbst.
haben sie eine frau?
ich bin ein mann.
sind sie nicht mein mann?
sie haben schlanke beine.
ich habe schwarze strümpfe.
sie passen ihnen gut.

DER SPIEGEL.

ich habe auch passende schuhe.

stöckelschuhe sogar!
das macht einen reizenden gang.
warum gehen wir nicht?

REGEN.

haben sie keinen hut?
ich habe viele haare und für den körper einen kleiderschrank.
haben sie keinen schirm?
ich habe ein stück zucker.
und salz?
nur rohes fleisch.
haben sie kein messer?
da ist eine gabel.
damit kann man nicht schneiden.
(von draussen: hot denn kana a messa?!)
ich steche zu und spiesse auf.
sie haben mut!
auch etwas angst.
vor dem ertrinken?
vor dem essen, dem gefressen werden.
geteiltes leid, geteilte freude.
so wird man teilhaber.

SOMMER.

haben sie es warm?
es ist heiss, sehr heiss!
zu heiss?
fast zu heiss.
im herbst wird es kühler werden.
na schön.

haben sie eile?
mit weile.
seit wann stehen sie schon da?
auf dem stuhl sitzt eine gabel.
unter dem tisch liegt ein messer.
wollen wir teilen?
was?
einiges.
alles?
vieles.

VATER.
MUTTER.
das des vaters?
die der mutter?
haben sie freunde?
haben sie feinde?
halb voll.
halb leer.
auf messers schneide!

WISSEN.
NICHTWISSEN.
haben sie eine uhr?
meine uhr ist im kleiderschrank.
wie spät mag es da sein?
alles eins.
gestern, ja.
nein, heute.
also morgen?
übermorgen.
JETZT.
stimmt immer.
weder zu früh noch zu spät.

(pause)

warum schweigen sie?
–
sprechen sie!
ich hatte vergessen, was ich sagen wollte.
sprechen sie lauter!
spreche ich zu leise?
sprechen sie deutlich.
spreche ich undeutlich?
sie lispeln.
stottere ich vielleicht?
sie sprechen mit akzent.
zu hoch oder zu tief?
sie sind heiser.
spreche ich zu schnell oder zu langsam?
sprechen sie fliessend!

spreche ich stockend?
sie sprechen satz für satz.
spreche ich nicht gut?
sie näseln.
sie sprechen schlecht über andere.
man kann nicht anders.
die wahrscheinlichkeit spricht dafür.
ich bin dagegen und spreche sie schuldig.
ich möchte sie privat sprechen!
sprechen wir besser nicht darüber.
sie sprechen mir aus der seele.
ich lasse das herz sprechen.
sprechen wir nicht wie aus einem munde?
es spricht für sich.
es ist unaussprechlich schön!
(beredtes schweigen.)
sie haben sprechende augen.
ich spreche von mensch zu mensch.
sprechen sie aus erfahrung?
ich spreche, wie mir der schnabel gewachsen ist.
sie sprechen wie ein buch!
wie sie habe ich sprechen gelernt.
darum verstehen wir uns so gut!
habe ich sie nicht zum sprechen gebracht?
sprechen sie auch im schlaf?
sie sprechen wie im fieber!
sprechen sie mit sich selbst?
hören sie auch zu?
wie es sich gehört.
wissen sie überhaupt, wovon ich spreche?
sind es denn ihre eigenen worte? antworten sie!
schön, ich spreche sie frei.
gut, das wäre abgesprochen.

(betretenes schweigen.)

sind sie schon durstig?
noch nicht.
vielleicht hungrig?
sie wissen ja!
da ist jedenfalls ein messer und da eine gabel.

ist ihnen schon kühler?
nein, mir ist noch ganz warm.
ja, es ist noch etwas warm.

wie lange hält etwas?
was zum beispiel?
schwarze strümpfe.
von unten nach oben.
fehlt ihnen etwas?
haben sie denn alles?
einiges.
mich haben sie jedenfalls nicht.
aber ich habe sie kennengelernt.
ETWAS.
ist das nicht schon etwas?

worauf warten wir noch?
auf etwas schönes.
eine blume.
ein edelstein.
die katze.
der hund.
schnurren.
bellen.
DIE SCHÖNHEIT.
(von draussen: apropo wos schens, wos soe des gaunze?!)
wie man sieht.
wie man es sieht.
ich brauche keinen schirm, wir haben schönes wetter.

WASSER.
(jesus, von weit draussen: i hob an duascht..!)
ein glas wasser?
wein, nicht wasser!
(zu einem glas wein gehen.
vor zwei leeren gläsern stehen.
vor vier leeren gläsern sitzen.
vor acht leeren gläsern knien.
vor zwölf leeren gläsern liegen,
neben dem messer.)
vergnügen gehabt?

gefallen.
sind sie müde?
wie spät ist es?
sind sie schläfrig?
ich wache noch.

warten, warten..
das zeitwort »warten«.
lange warten.
sehr lange warten.
wer wird länger warten?
DIE ERWARTUNG.
auf worte warten.
das erlösende wort.
begreifen.
im begriffe sein sich aufzurichten.

(wurde gerufen?)
ich rufe!!
(es ist gerufen worden.)
haben sie auf mich gewartet oder geruht?
habe ich geruht, habe ich gewartet?
fliessendes wasser.

die fische schwimmen.
die vögel fliegen.
die katzen schleichen.
die hunde laufen.
die menschen gehen.
oder:
während die fische schwimmen,
hüpfen die vögel,
strecken sich die katzen,
wälzen sich die hunde,
laufen die menschen.
oder:
einige frauen liegen,
einige männer sitzen.
oder:
während andere frauen sitzen
und andere männer stehen,

fliegen die vögel wieder,
schleichen die katzen wieder,
laufen die hunde wieder,
gehen einige menschen wieder.
nur die fische schwimmen nach wie vor,
selbst die toten fische.
so bleibt alles in bewegung.
bewegung ist gesund.
bewegung hält wach.
bewegung bringt weiter.
oft weiter als man will.
bewegung hat es in sich.
bewegung erzeugt wärme.
durch bewegung kommen die menschen zusammen.
auf diese weise haben ja auch wir uns kennengelernt.
achten und lieben gelernt.
auf ewig.
ist es nicht so?
es könnte schon so sein.
auf diese weise haben sie wohl auch gipfel erstürmt.
und oft noch ohne atem wieder täler betreten.
dann ging es sicher eine weile weiter, wie gewohnt.
immer in bewegung!
selbst im schlaf.
sich von der einen seite auf die andere wälzend.
die beine anziehend und ausstreckend.
fast wie beim gehen.
wenn auch ohne vorwärts zu kommen.
besser jedenfalls, als starr im grabe zu liegen.
auch ich ziehe es vor, mich im bett zu bewegen.
besonders wenn man zuvor gefroren hat.
oder nicht allein ist.
da verdoppelt sich oft noch das tempo!
ja, bewegung bringt vergnügen.

WUNSCH, WÜNSCHE.

ich wünsche mir etwas.
etwas besonderes? nicht alltägliches?
ich bin ein wunschkind.
sie sind sicher sehr glücklich..!
ja, zuweilen.

ich wünsche ihnen jedenfalls viel glück zum geburtstag.
halt, da war noch etwas.. was war es nur schnell..?
geboren, gelebt, gestorben.
das muss es gewesen sein.
oder noch nicht ganz?

DIE ERDE.
rundum alles.

SEHR VIEL.
gibt es nicht zu viel?
(von draussen: an moment, i geh nua brunzn!)
der mensch als düngemittel.

VORÜBERGEHEN:
die mutter mit dem vater,
die gesellschaft mit ihren begriffen,
die stunden mit der uhr,
die gabel mit dem messer,
die lichtscherre,
die kerze mit der gaslaterne,
die glühlampe mit der neonröhre,
die seife mit dem handtuch,
die frau mit ihrem mann,
die schlanken beine mit schwarzen strümpfen,
die spiegel mit passenden stöckelschuhen,
viele haare mit einem hut,
ein körper mit seinem kleiderschrank,
der schirm mit dem regen,
ein stück zucker mit salz,
der stuhl mit dem tisch,
freunde und feinde,
ein schnabel mit einem buch,
blumen mit edelsteinen,
die katze mit dem hund,
zwölf gläser mit wein,
gipfel und täler,
betten und gräber.

ZWISCHENSPIEL.
bewegen, bewegen!

achtung:
fertig.
tarnen sie sich!
bitte das rauchen einstellen.
es ist alles voll nebel.
können wir?
wir können.
von hier weg!
bitte jetzt aufstellen.
das eine gehört weg.
das andere kann bleiben.
können wir jetzt?
pssst!
das erste paar aufs parkett.
und jetzt das zweite!
gehen sie mehr zum licht.
achtung:
wir fangen an.
zwei paare nur. das sind ja drei!
wären vier nicht auch möglich? platz ist ja genug.
also vier.
sie sind nicht dabei.
etwas näher!
bitte die tanzpaare nicht in die kamera schauen.
tanzen sie uns was vor!
musik! wo bleibt die musik?!
nicht dort hinaustanzen!
langsamer bewegen.
das wirkt zu gestellt.
alles von vorn!
die paare bitte wieder aufs parkett.
acht paare!
geht nicht. war zuerst auch nicht.
dann eben zwölf paare!
warum nicht gleich so?
wenn ich runtergehe auf füsse, dann paaren sie sich.
ton ab.
gut! gut so.
es ist aus.
aus aus aus.
bitte licht, das licht!

gehen wir ins kino? es gibt einen neuen film!
(das kino des kinos.
ins kino, im kino.)
vielleicht ist heute sonntag.

spielen wir lieber selbst.
was schlagen sie vor?
der ausgang ist überall ungewiss.
ja, man weiss nie, was die zukunft bringt.
was sagt das wetter?
die karten werden nach jedem spiel neu gemischt.

HERBST.

es haben sich viele bilder angesammelt.
die meisten sind schon stark vergilbt.
auf einigen sind sie kaum noch zu erkennen.
finden sie?
wohin damit?
sie sind bei mir gut aufgehoben.
sie behalten also die bilder?
solange man überhaupt noch etwas erkennen kann.
haben sie genügend nägel?
ich hatte vieles, was ich nicht mehr habe.
das geht schnell. doch bekommt man auch vieles, was man früher nicht hatte.
es gibt alles.
da ist eine wand.

BILDER.

vom feuer,
von der sonne,
von zu hause,
von gästen,
von der mutter,
vom vater,
von gesellschaften,
von uhren,
von messern,
von gabeln,
von gebrauchtwaren,

von einer lichtschere,
von kerzen,
von gaslaternen,
von glühlampen,
von neonröhren,
von fenstern,
von wasser,
von seife,
von handtüchern,
von fischen,
von fleisch,
von sich selbst,
von frauen,
von männern,
von beinen,
von strümpfen,
von spiegeln,
von schuhen,
vom regen,
von hüten,
von haaren,
von körpern,
von kleiderschränken,
von schirmen,
von zuckerstücken,
von salz,
von stühlen,
von tischen,
von freunden,
von feinden,
von herzen,
von mündern,
von augen,
von schnäbeln,
von büchern,
von blumen,
von edelsteinen,
von katzen,
von hunden,
von wasser- und weingläsern,
von vögeln,

von gipfeln und tälern,
von gräbern,
von betten,
von der erde,
von düngemitteln,
vom nebel,
von tanzpaaren auf dem parkett,
von kameras,
von kinos und filmen,
von karten,
von nägeln
und bilderwänden.
weitere bilder folgen..

BRIEFE.
geben sie mir das messer?
was wollen sie damit?
(briefe aus einer anderen zeit in einen veränderten raum.)
ich will einen der briefe öffnen.
"lieber.. "
–
lesen sie doch weiter!
das war schon sehr schön, und ich möchte vom rest nicht enttäuscht werden.
wurde der brief gestern, vorgestern oder noch früher geschrieben?
es wird auch schon zu dunkel um weiterzulesen.
WAS von
WO? (frage in den späten tag hinein.)
WANN von
WEM? (frage, der die nacht folgt.)
(von draussen: des wa jo no schena!)

man muss nur warten können, nicht wahr?
wie man es nimmt.
(pause)

man schlägt die augen auf –
und ist blind.
nicht wie rohe eier. eher wie ein buch.
ein schiefes bild.

auch dieses!
weder haben sie recht noch ich unrecht.
was richtig ist, kann auch falsch sein.
und umgekehrt.
was ist es dann?
es kommt ganz darauf an.

ANTWORTEN.
ich müsste auf die briefe antworten.
ich müsste meiner mutter und ich müsste meinem vater antworten.
ich müsste den kindern antworten.
ich müsste frauen antworten.
ich müsste männern antworten.
ich müsste meinen freunden, vielleicht auch meinen feinden antworten.
ich muss auf ihre fragen antworten.
lieben sie die stadt?
ich liebe die natur. sie ist so beruhigend.
auch in form einer sintflut?
das spiel der wellen.
der kampf ums dasein?
es wird sich zeigen.
übermorgen?
es wird sich gezeigt haben.
morgen?
es zeigt sich.
heute?
es hat sich gezeigt.
gestern?

GESTERN tritt auf und flüstert: vorgestern.
(die anwesenden fühlen sich etwas ungut.
man sieht nicht mehr deutlich, die konturen verwischen sich..)

NEBEL (london, den neunzehnten november achtzehnhundertsiebenundsechzig).
so tut doch etwas, um gottes willen!
(einer von draussen: i hob eh eascht gestan a fleisch gschboetn!
seine ehehälfte: vuagestan scho, schatzi!)
teilen, trennen.

sich trennen.
(ein anderer von draussen: geh scheissn, du eiaschedl, sunst greif i zun messa!)

entschuldigen sie, kennen wir uns?
haben wir uns nicht soeben kennengelernt?
uns im gegenüber wiedererkannt?
worte gewechselt?
freud und leid geteilt?
schlecht und recht.
kurz und gut.
falsch und deutlich.
schief und roh.
schön und blind.
lieb und dunkel.
spät und beruhigend.
ungewiss verändert.
stark und neu.
nah und schwarz.
langsam passend.
schlank und glücklich.
schnell erlösend.
ewig starr.
alltäglich verdoppelt.
wach und gesund.
tot und fliessend.
müde und schläfrig.
lang und leer.
warm und kühl.
heiss und voll.
hungrig und durstig.
laut und leise.
hoch und tief.
reizend geteilt.
unaussprechlich privat.
heiser und stockend.
beredt sprechend.
verschieden trocken.
frei und schuldig.
eigen.
allein.

(kleine pause)

STERNBILDER.

suchen sie etwas?
einiges.
alles?
fast alles.
ein weites feld..
fast oder alles?
fast überfordert.
fast in sicht!
fast, nur fast erreicht?
fast ganz.

halten	gehalten
haben	gehabt
verreisen	verreist
ergreifen	ergriffen
leben	gelebt
vergehen	vergangen
schliessen	geschlossen
waschen	gewaschen
bestellen	bestellt
passen	gepasst
gehen	gegangen
schneiden	geschnitten
stechen	gestochen
aufspiessen	aufgespiesst
ertrinken	ertrunken
essen	gefressen
stehen	gestanden
sitzen	gesessen
liegen	gelegen
teilen	geteilt
stimmen	gestimmt
schweigen	geschwiegen
sprechen	gesprochen
	vergessen
sagen	gesagt
lispeln	gelispelt
stottern	gestottert

näseln	genäselt
lassen	gelassen
wachsen	gewachsen
lernen	gelernt
verstehen	verstanden
bringen	gebracht
zuhören	zugehört
wissen	gewusst
antworten	geantwortet
fehlen	gefehlt
kennenlernen	kennengelernt
warten	gewartet
schnurren	geschnurrt
bellen	gebellt
sehen	gesehen
brauchen	gebraucht
knien	gekniet
wachen	gewacht
begreifen	begriffen
aufrichten	aufgerichtet
rufen	gerufen
ruhen	geruht
schwimmen	geschwommen
fliegen	geflogen
schleichen	geschlichen
laufen	gelaufen
hüpfen	gehüpft
strecken	gestreckt
wälzen	gewälzt
bleiben	geblieben
erzeugen	erzeugt
kommen	gekommen
achten	geachtet
lieben	geliebt
stürmen	erstürmt
treten	betreten
anziehen	angezogen
ausstrecken	ausgestreckt
vorziehen	vorgezogen
bewegen	bewegt
frieren	gefroren

verdoppeln	verdoppelt
wünschen	gewünscht
gebären	geboren
sterben	gestorben
geben	gegeben
tarnen	getarnt
einstellen	eingestellt
aufstellen	aufgestellt
gehören	gehört
anfangen	angefangen
schauen	geschaut
tanzen	getanzt
wirken	gewirkt
paaren	gepaart
spielen	gespielt
vorschlagen	vorgeschlagen
mischen	gemischt
ansammeln	angesammelt
vergilben	vergilbt
erkennen	erkannt
finden	gefunden
aufheben	aufgehoben
	behalten
bekommen	bekommen
folgen	gefolgt
öffnen	geöffnet
lesen	gelesen
enttäuschen	enttäuscht
schreiben	geschrieben
nehmen	genommen
aufschlagen	aufgeschlagen
umkehren	umgekehrt
zeigen	gezeigt
auftreten	aufgetreten
flüstern	geflüstert
fühlen	gefühlt
verwischen	verwischt
tun	getan
trennen	getrennt
entschuldigen	entschuldigt
kennen	gekannt

wechseln gewechselt
suchen gesucht
fordern überfordert
erreichen erreicht

inzwischen ist es
WINTER
geworden.
wieder neigt sich ein jahr dem ende zu.
man spürt es.
DER MOND.
es wird kühl.
von draussen weht ein kalter wind durch die ritzen.
mich fröstelt etwas.
nichts lässt sich ganz verschliessen.
alles ist durchlässig.
und so miteinander verbunden.
eins bedingt das andere.
wir sind einflussreich.

es ist ziemlich dunkel geworden.
noch dunkler als zuvor.
war es nicht schon dunkel genug?
jetzt erst ist es dunkel.
ganz dunkel.
da kann es doch nur wieder heller werden?
es kann heller werden oder dunkel bleiben.
vielleicht wird es dunkelblau..?
man wird sehen..
und blauer blau,
von rauh zu frau.
wir wollen nicht in versen sprechen!
schau genau!
wir wollen nur sprechen.
vertrau
dem tau!
sie sprechen mich mit du an?
sprechen wir nicht schon lange genug miteinander, um vertraulicher zu werden?
ich sehe im dunkeln die uhr nicht, die zeit.
es ist sicher spät genug.

glauben sie?
um einander du zu sagen.
glaubst du?
ich glaube, es ist gut, dass wir uns von jetzt an duzen.
wohin soll das führen?
vielleicht ins blaue..
ins dunkelblaue?
mir scheint, es wird langsam heller.
siehst du etwas?
alles ist blau.
hell- oder dunkelblau?
wie man es sieht.
wenigstens scheint es so.
dann tagt es wieder.
ich glaube auch, ja.

(pause)

war das dein letztes wort?
(da waren noch welche, die haben die ganze nacht kein wort gesprochen.)

DAS BETT.

im bett ist es wärmer.
du hast ein gutes gedächtnis!
man findet etwas, wohin man greift.
ist das bett schon gemacht?
hast du schon deine haare geöffnet?
wirst du mich wiedererkennen?
ich sehe nicht nur, ich schaue auch!
ich höre nicht nur, ich horche auch.
ich rieche deine blauen augen.
ich spüre deine dunkle stimme.

BERÜHRUNGEN.

rundum bespülen uns wellen.
verwischen die grenzen.
dringen in uns ein.
wie speise und trank.
vereinigen sich mit uns.
und wir mit ihnen.

in derselben
LUFT.
so atmet sich alles ein und aus..

wir reden uns zusammen..
wir kommen auf den punkt.

es bereitet sich etwas vor.
was ist es?
was wird daraus?
was hast du getan?
habe ich etwas getan?
die mutter hat sich die schwarzen strümpfe angezogen.
und die stöckelschuhe?
auch hat sie sich die haare geordnet.
und der vater?
auf diese frage kann ich nicht antworten.
rufmord?
darüber spricht man nicht.
warst es du?
ich bin es noch.
man wird es wohl in alle zukunft.
man – wie befremdlich!
wie selbst verständlich.
wie es ist.
ALL
ES.
(ohne dass sich etwas sichtbar verändert hätte, ist plötzlich alles verzaubert.)

also wären wir so weit?..

(während schnee die allmählich erlöschende bühne in schimmernden blautönen auffängt, vierundzwanzig stunden schweigen.)

erkennst du mich noch?
sinnbildlich.
ja, die sinne..
geben wir uns die hände.
zum abschied, wie üblich?
oder wie gewohnt beim wiedersehen?
da ist mein mund.

(lange pause)

sprich!
sprich du!
(von draussen: jetzt fön eam die woate!)

da.. sind.. noch.. einige.. wörter.
wände..?
bilder..?
spiegel..?
ist alles es selbst?
im grossen ganzen.
wie das fleisch sich mit dem messer vereint.
und die teile mit jenem, was sie verzehrt.

die fensterflügel öffnen sich weit..
wie die beine einer werdenden mutter?
einer empfangenden frau?
wie man es sieht.

weitest und tiefst..
TIEFE WEITE.

wie tief?
welche frage!
was ist tief?
wer ist was, wann ist wo, und warum?
ja.
wirklich?

alles ist tiefblau.
wie lange?
alles ist tiefblau.

wie oft?
alles ist tiefblau.
wofür?
tiefblau..

das seidene halstuch.
der wind.
das geräusch.
das säuseln des windes.
das rauschen des meeres.
ein schauer..
BELLEN.
das bellen, gebell.
ist es das bellen des hundes?
ich habe es gehört, nicht gedeutet.

sich in den blauen, den weiten blauen mantel hüllen.

(alles gehabt?)

SCHWEBEN

das ganze universum ist des menschen wahrer körper
(dõgen zenji)

sketches

die dicke bertha ganz dünn

herr karl kaltenegger und frau marianne kaltenegger, beide mittelgross, haben mich in diese welt gesetzt. ich habe noch einen jüngeren bruder, der karl heisst und ganz normal ist. meine eltern sind auch ganz normal. mein vater ist ein spenglermeister, mein bruder lebt noch. ich bin in wien im 15. gemeindebezirk als kind aus gesunder ehe mit 4 kilo lebendgewicht geboren. vater ist blond und mutter ist auch blond. aber mehr brünett. meine entwicklung verlief bis zu meinem 6. lebensjahre normal. nachdem ich gehen gelernt hatte, lernte ich sprechen. ich spreche deutsch. ich habe alle möglichen interessen. zum beispiel künstlerische. aber ich muss immer schon um 9 uhr zu hause sein. denn meine eltern erlauben es nicht, dass ich länger ausbleibe. aber manchmal wird es eben doch später. ich stehe um 8 oder halb 9 uhr auf und gehe mit meinen hauptsachen in die küche, um mir einen kaffee zu machen. wenn er fertig ist, giesse ich ihn in ein häferl, auf das rote blumen gemalt sind, gebe noch ein bisserl milch dazu und 3 stück würfelzucker, denn ich habe gern süss. dazu esse ich 2 normale butterbrote. dann geh ich mich frisieren. vom scheitel bis zur sohle ziehe ich mich an. meine kleidung ist ganz normal. meine mutter kann ich nicht leiden, weil sie mir ewig keine ruh gibt. aber im grunde lasst es mich kalt. heute habe ich zu mittag krautfleisch gegesssen. meine sonstigen speisen sind auch ganz normal. und das nachtmahl auch immer. vor einer stunde habe ich 2 käsesemmeln gegessen. wenn ich nach hause komme, werde ich auch noch etwas essen. denn so lange reicht das nicht. heute komm ich später, weil ich ja hier sein muss. aber meine eltern wissen nicht, wo ich bin.
(ein mann mit einem schneidermassband tritt auf und misst an ihr verschiedene körperstellen. er sagt ihr jeweils das ergebnis leise ein, worauf sie die zahl laut wiederholt. sie beginnt dabei mit einem striptease. plötzlich ertönt der energische ruf: "marianne!" sie fährt erschrocken auf und ergänzt hastig zum publikum:)
ich heisse marianne kaltenegger, bin römisch-katholisch, ledig und wiege derzeit 48 kilogramm. den mittelscheitel trage ich schon seit 3 jahren.
(sie eilt von der bühne.)

magisches eiwunder

ein ei aus stein, in der grösse eines hühnereis, wird von mir wütend im raum umhergeworfen. plötzlich erscheint ossi mit einem teelöffel, den er mir überreicht. das ei wurde davor unbemerkt mit einem echten (gekochten) vertauscht. ich nehme platz, klopfe es mit dem löffel auf und verzehre es gierig.

kuss und liebe
oder die vernichtung des vernichters der hoffnung

der vernichter der hoffnung tritt vor den vorhang.

er spricht ins publikum:

> gnädige frau! sie wissen aus eigener erfahrung, dass sie keinen guten eindruck machen können, wenn sie, von der sonne geblendet, ihr gesicht verziehen müssen..
> ebenso kommen ihre persönlichkeit und ihr charme auch zu hause erst bei guter, blendungsfreier beleuchtung richtig zur geltung.

der vorhang öffnet sich langsam.
die bühne ist in ein mystisches rot getaucht.

unsichtbarer chor (hinter der bühne), geheimnisvoll, in gedehntem, beschwörendem sprechgesang:

> lassen sie sich einmal von ihrem bezaubernd reinen, ursprünglichen duft, von ihrem sahnigen, cremeartigen schaum umschmeicheln.

"die lange", die im hintergrund auf dem diwan sitzt, wird von einem scheinwerfer fixiert.
von der seite tritt vorsichtig und zögernd friedrich achleitner auf.

der vernichter der hoffnung (seitwärts an der rampe):

> die beiden gespenster starren einander an.

"die lange", erstaunt im selbstgespräch:

> das gespenst sieht wie ein echter mann aus.

friedrich achleitner, neugierig näherschleichend:

> sie schaut echt aus – – ich werde sie berühren.

friedrich achleitner tippt auf ihre stirn. sie hat einen dicken wintermantel an.
"die lange":

> uuu!

"die lange" lässt sich nach rückwärts fallen, wirft erschrocken arme und beine in die höhe:

hilfe! er ist echt!

friedrich achleitner, kalt und förmlich:

ruhe ist am platze.
das gebot der stunde.
es ist vonnöten.

nach einer kleinen pause (immer im gleichen nüchtern berichterstattenden tonfall):

ich sehne mich.

"die lange", die sich inzwischen wieder aufgesetzt hat, beruhigt im dialekt, nachlässig:

a so.

beide erheben sich.
kuss mit dem profil zum publikum. dreiklang (geige, bratsche, cello)!

der vernichter der hoffnung zeigt mit ausgestrecktem arm auf ihre lippen:

ein solcher kuss ist für die katz,
denn dieser mann ist nur ersatz.
die maid wird eines tags entdecken,
dass echte küsse besser schmecken.
und ebenso wie mit den küssen
ist es bei anderen genüssen.

auf der gegenüberliegenden seite der bühne wird der lauf eines gewehres sichtbar.
ein schuss ertönt.
während sein bauch platzt (der mit einem ballon ausgestopft war), greift sich der vernichter der hoffnung schmerzlich mit beiden händen an sein herz und bricht zu boden, wo er bewegungslos zu verharren hat.

der vernichter des vernichters der hoffnung tritt mit dem gewehr und freudig wiegenden schritten auf.
er nimmt, quasi das paar beschützend, neben dem bewegungs-

losen körper des vernichters der hoffnung aufstellung. er kann dabei seinen fuss als sieger auf dessen brust stellen.

"die lange" macht einige turnübungen und streckt sich auf dem diwan aus. friedrich achleitner begibt sich auf sie. während beide vollkommen bewegungslos verharren, ertönt (magnetofon) das begattungsröhren von riesenschildkröten.
es wird dunkler.

dunkel. auf der filmleinwand (über dem diwan) werden stumm wochenschaufragmente gezeigt.

der vernichter des vernichters der hoffnung begeistert (im tone eines stummfilmkommentators):

> da war eine seligkeit über den dicken, weissen schaum.
> und dass die vitamine der haut wohl tun, das fällt bei kindern noch nicht so auf, und doch ist es schon so wichtig. erst recht aber für mutti und für vati.

"die lange", während unablässig die riesenschildkröten röhren:

> dann bitte ich noch um klärung einer streitfrage:
> ein bekannter von mir behauptet, dass die nase noch das ganze leben weiterwächst, auch nachdem der menschliche körper allgemein ausgewachsen ist. stimmt das?

der vernichter des vernichters der hoffnung:

> die streitfrage über das nasenwachstum ist rasch geklärt:
> die nase hört auf zu wachsen, wenn das allgemeine körperwachstum abgeschlossen ist. wächst sie später tatsächlich weiter, so kann das mit einer drüsenstörung zusammenhängen.

der vernichter des vernichters der hoffnung tritt einen schritt zurück (hinter die linie des vorhangs).
der vorhang beginnt sich langsam zu schliessen.

eine stimme in verzweifelter hast, atemlos:

> moment! moment!!

der vorhang, etwa schon die halbe bühne verdeckend, hält an.

auf der seite, von der der vernichter des vernichters der hoffnung auftrat, wird ein leintuchende mit einem dicken knoten sichtbar. dahinter die stimme (sehr aufgeregt):

auch wenn die milch überläuft –
wenn die kinder schlechte noten nach hause bringen –
wenn mein mann wieder einmal zu spät kommt –
ich will es nie und nimmer vergessen:

(sieghaft, gross):

ICH HABE DEN SCHÖNSTEN BERUF DER WELT!

rascher vorhangschluss.

momenttheater/fluxusstücke

oraler moment

möglichst viele orale äusserungen werden jeweils einmal von entsprechend vielen personen simultan erzeugt (einzellaut, einsilbiges wort, lachen, pfeifen, blasen, schmatzen, rülpsen, schnalzen, räuspern, husten, spucken, zähneknirschen usw.)

gestreuter moment

eine reihe verschiedenfarbiger karten wird einvernehmlich einer entsprechenden anzahl beteiligter peronen zugeordnet. von erhöhtem posten wirft dann der spielleiter alle karten gleichzeitig hoch. im moment des bodenkontakts seiner karte ruft der jeweils betroffene "jetzt".

beiss-stück

mindestens zehn personen beissen nacheinander, in pausenloser abfolge, in gegenstände, die unterschiedliche geräusche ergeben. es sollte dabei eine art geräusch-"melodie" entstehen – je länger sie wird, umso besser.

versuch einer mitteilung

tonloser sprechversuch bis zum äussersten anschwellen der adern für einen oder mehrere teilnehmer.

liebestraum nach franz liszt

der erste ton des dritten der "liebesträume" von franz liszt wird angeschlagen. dann verharrt der pianist bewegungslos, die hände auf den tasten haltend, während der gesamten dauer des stücks (ca. 3 minuten), das hier nur mitgedacht wird. angeschlagen wird erst wieder der schlussakkord.

tischsonatine

requisiten:
ein tischchen mit metallplatte, eine schachtel streichhölzer, eine wunderkerze, eine flasche piccolo-sekt, ein dünnes sektglas; mikrophon(e) als lautverstärker.

1. satz
   die sektflasche wird entkorkt. das sektglas wird langsam gefüllt, die sektflasche wieder an ihren platz gestellt.
2. satz
   der streichholzschachtel werden zwei hölzchen entnommen. eines wird in der mitte geknickt, mit dem andern die wunderkerze entzündet.
3. satz
   bevor die wunderkerze erlischt, wird sie in das sektglas getaucht. das sektglas wird umgestossen und zerbricht. die sonatine endet, wenn kein tropfen mehr auf den boden fällt und stille eingetreten ist.

die einzelnen sätze werden angesagt.

teleklavier

auf zehn weissen tasten des klaviers – vom kleinen c an aufwärts: c, e, g, h, d, f, a, c, e, g – sind mit leukoplast zehn schnüre befestigt. ihr anderes ende ist mit den fingern des "spielers" verbunden, der in einiger entfernung von der tastatur auf dem klavierstuhl sitzt und die genannten tasten durch straffung der schnüre in regelmässigen abständen niederdrückt. die verbindung wird nicht lange halten, die leukoplaststücke werden sich durch den wiederholten druck allmählich lösen, die schnüre zu boden gleiten. wenn die letzte verbindungsschnur reisst, ist das stück zu ende. eine kleine weile wird man dem letzten ton noch nachhorchen..

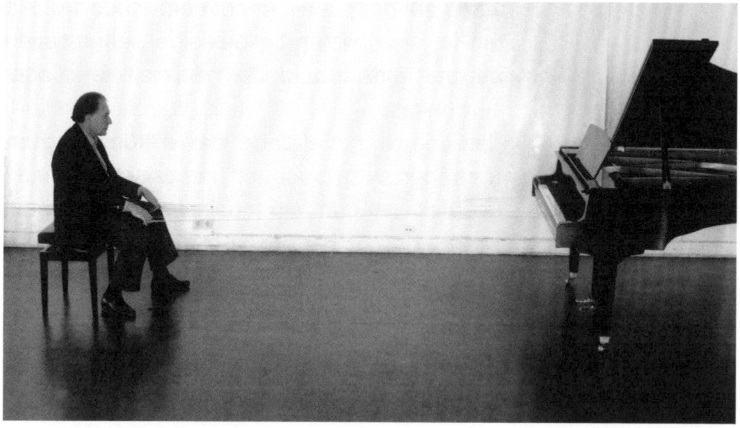

piano-strip-music

zwei klaviere (flügel ohne deckel) stehen mit den tastaturen parallel zueinander. dazwischen ist (mit stützen von unten) auf der höhe niedergedrückter tasten ein schmales verbindungsbrett angebracht, das zusammen mit den tastaturen genügend platz für eine liegende actrice bietet. vor beginn des stückes, bei totaler verdunkelung der bühne oder des podiums, liegt die actrice mit den füssen zum publikum bewegungslos auf den beiden tastaturen ausgestreckt. sie trägt abendkleidung, eventuell auch mantel, schal und hut. in der mitte vor den beiden klavieren steht ein klavierstuhl.
der pianist, der bei diesem stück nur eine hilfsfunktion hat, tritt auf, wenn das podium erleuchtet ist, und stellt sich, wie ein dirigent mit dem rücken zum publikum, vor den klavierstuhl. auf sein handzeichen beginnt die actrice sich auf den tasten zu entkleiden, wodurch das klavierstück entsteht. der pianist übernimmt dabei jedes von ihr abgelegte kleidungsstück und legt es auf dem klavierstuhl ab. ist die actrice nackt, legt sie sich wieder hin und verharrt regungslos in der ruhestellung, während der pianist das rechte pedal beider klaviere niederdrückt und fixiert.
bei sich überlagernden nachklängen läuft sodann die aktion rückwärts ab. der pianist reicht der actrice stück für stück ihrer kleidung an. ist sie vollständig bekleidet, nimmt sie wieder die ausgangsstellung ein. sobald der nachhall verklungen ist, wird die bühne verdunkelt.
das derart entstehende klavierstück wird während der aktion auf tonträger aufgezeichnet und anschliessend über lautsprecher abgespielt, um nun rein musikalisch wahrgenommen zu werden.

auf einsatz

licht.
an der rampe (mitte) steht ein dirigent mit taktstock. er gibt dem publikum ein energisches einsatzzeichen. nach der ersten, deutlich vernehmbaren reaktion:
dunkel.

augenblickliche finsternisse

1
ich versuche, das organisch bedingte zwinkern der augenlider so lange wie möglich hinauszuzögern. das wird eine zeitlang von einem videogerät en face in grossaufnahme aufgezeichnet.
2
der film wird vorgeführt. jedesmal, wenn die augenlider kurz zufallen, schreie ich auf. das wird auf tonkassette festgehalten.
3
ich höre die tonspur ab – mit geschlossenen augen, die ich jedesmal, wenn ein schrei ertönt, erschreckt aufreisse.

übertragung

auf einem weissen karton liegend, umrande ich mit einem schwarzen stift meine körperumrisse. dann wird die zeichnung an einer wand befestigt und mit einer fünfschwänzigen peitsche, an deren enden bleistifte hängen, so lange ausgepeitscht, bis die bleistifte stumpf sind.

kommunikation

ein männliches glied wird von einer weiblichen hand masturbiert. im augenblick der ejakulation sagt der mann: "jaaa".

naturstudie

vorhang auf.
defloration.
vorhang zu.

körperstück

steige auf eine waage: schaue nicht, horche nur auf dein gewicht.

zweipersonenstück

vorhang auf.
eine bekleidete und eine nackte person kommen von entgegengesetzten seiten auf die bühne und gehen – die bekleidete entschlossen, die nackte zögernd – aneinander vorbei, ohne voneinander kenntnis zu nehmen.
bevor beide die bühne verlassen, wendet sich die nackte person kurz, die bekleidete etwas länger nach der andern um.
vorhang zu.

lustspiel

auf der bühne stehen oder sitzen mehrere personen.
als würde sie etwas seltsames bemerken, schaut eine person eine andere näher an, zeigt dann auf sie und lacht. da zeigt die verlachte person auf eine dritte und lacht ihrerseits (wenn auf die nächste person gezeigt wird, verstummt jeweils die vorige). die zuvor verlachte person zeigt nun auf eine weitere und lacht usw., bis jede person auf jede andere gezeigt und gelacht hat.
ein moment betretenes schweigen.
dann lachen alle. damit
fällt der vorhang.

drama in fünf akten

vorhang auf.
auf der dunklen bühne stehen nebeneinander fünf personen. jede hält eine brennende kerze in der hand.
nach einer weile bläst die zweite person (von links) der ersten die kerze aus. erste person ab.
nun bläst die dritte person der zweiten die kerze aus. die zweite person ab.
die vierte person bläst der dritten die kerze aus. die dritte person ab.
die fünfte person bläst der vierten die kerze aus. die vierte person ab.
die fünfte person blickt eine weile ratlos umher. dann bläst sie ihre eigene kerze aus. totale dunkelheit.
vorhang zu.

blumenstück

vorhang auf.
in der mitte der bühne ein abstelltischchen. darauf eine mit wasser gefüllte vase, darin ein blumenstrauss. eine gute weile passiert nichts.
plötzlich (aus der kulisse) ein schuss in die vase.
vorhang zu.

familiendrama

auf einem holzblock liegt eine kleiderpuppe, davor steht ein korb. ein nackter männerarm (die gestalt ist durch einen schwarzen vorhang verdeckt) schlägt der puppe mit einem beil den kopf ab. sobald er in den korb fällt, ertönt über lautsprecher ein kurzes "tor!"-gebrüll (originalaufnahme aus einem fussballstadion).
vorhang zu.

gegenwart

licht:
2,9 sekunden!
dunkel.

zeitpunkt

vorhang auf.
auf einem langen tisch stehen aufgereiht vierundzwanzig tickende wecker mit aktueller zeitangabe, dahinter ebenso viele personen mit erhobenem hammer. sobald die wecker klingeln, schlagen alle gleichzeitig zu und horchen dann eine weile in die stille.
vorhang zu.

fallstudie

vorhang auf.
auf einem stuhl steht ein mann. in jeder ausgestreckten hand hält er eine ungeöffnete bierflasche. auf dem boden liegt unter der einen hand eine holzplatte, unter der andern eine steinplatte. zuerst lässt er eine flasche auf die holzplatte, dann die zweite auf die steinplatte fallen. ist der knall verhallt, trudeln noch zwei löschblätter aus seinen händen nach. haben sie den boden erreicht, setzt er sich auf den stuhl und denkt nach.
vorhang zu.

geld-stück

an den seitenwänden und der rückwand der bühne stehen breite, mannshohe schränke mit schmalen laden von oben bis unten, wie man sie etwa von münzkabinetten kennt.
sobald alle zuschauer platz genommen haben, verkündet eine stimme über lautsprecher:
"in einer dieser laden liegt ein echter tausend euro-schein. eilen sie auf die bühne und suchen sie ihn – wer den schein als erster in händen hält, ist fortan sein besitzer."

publikumsstück

an das publikum werden vor der vorstellung tennisbälle verteilt (ein ball pro person).
vorhang auf.
die bühne zeigt zahlreiche zerbrechliche requisiten, auf die, nach einem startsignal, aus dem zuschauerraum gezielt wird. jeder treffer löst einen eigenen anhaltenden ton aus, so dass bei genügenden treffern ein (harmonischer) zusammenklang entsteht, der bis zur schliessung des theaters in sämtlichen räumen weiterklingt.

mutprobe

richte dein auto in genügender entfernung auf eine solide hauswand und rase mit höchstgeschwindigkeit dagegen.
lade dazu deine verwandten und bekannten als ermunternde zaungäste ein.

erinnerungs-stück

während der fahrt im grossraumwagen eines schnellzugs steige auf halbem wege zwischen zwei stationen auf deinen sitz, sage in aufrechter haltung ruhig, doch bestimmt das wort "jetzt" und setze dich wieder hin. ist die nächste station erreicht, wechsle zum gegenzug und wiederhole die aktion an derselben stelle mit dem wort "einst".

dichterlesung

trage jeweils den ersten satz (auch wenn der anfang fehlt) der seiten 12, 2, 19 und 30 aus einem beliebigen prosaband vor.
das ergebnis wird meist erquicklicher sein als das ganze buch.

sechs personen suchen einen autor

vorhang auf.
sechs personen, die nicht wissen, was sie sollen, suchen einen autor..
ein bellender hund jagt sie fort.
vorhang zu.

der schrank

vorhang auf.
in der mitte der bühne steht, angestrahlt, ein mächtiger zweiteiliger kleiderschrank.

– – –

bei der ersten ungeduldsäusserung aus dem publikum brechen schlagartig die schranktüren auf, und ein riesiger kohlenhaufen (der den ganzen schrank füllte) stürzt donnernd auf den bühnenboden.
vorhang zu.

work in progress

schiesse auf einem sportplatz eine bleikugel in fussballgrösse von einem tor ins andre. das wird wahrscheinlich nicht gleich gelingen und hartes training erfordern. wenn du glaubst, es zu schaffen, bestelle einen sportreporter, der im richtigen moment "tor!" schreit.

lunares theater

221 – 237

In dem Augenblick hörte man eine lustige, laute Stimme.
Michel Ardan rief triumphierend:
"Auf beiden Seiten weiß, Barbicane!"
Barbicane, Michel Ardan und Nicholl – spielten Domino!

Jules Verne, Reise um den Mond

vorbemerkung
die mondstücke sind für vier astronautische darsteller gedacht. sie sollten zu verschiedenen sendezeiten von irdischen fernsehanstalten live übertragen werden.

kapitulationsstück

auf dem "mare crisium" hissen die astronauten eine weisse fahne und nehmen bis auf weiteres die "hände hoch"-stellung ein.

gottesdienst

die astronauten schwärmen in alle vier himmelsrichtungen aus, um in der stille des mondes gott zu finden.
geraume zeit vergeht,
bis sie sich nach erfolgloser suche am ausgangspunkt wieder treffen.

rituelle vermessung der erde

der kommandant misst zwischen zwei fingern den durchmesser der erde, sobald sie den horizont berührt. dann sucht er ein steinchen derselben grösse. hat er es gefunden, zeigt er das steinchen den anderen und deutet ihnen, seinem beispiel zu folgen. ist das getan, stellen sich alle nebeneinander, den blick auf die untergehende erde gerichtet, heben die hand und halten das steinchen zwischen daumen und zeigefinger hoch, bis die erde entschwunden ist.

rebus

die astronauten stecken zweiundzwanzig stöckchen in gleichmässigen abständen nebeneinander in den boden, und zwar so, dass zwischen dem dritten und fünften stöckchen ein platz, zwischen dem zwölften und sechzehnten stöckchen drei plätze ausgespart bleiben. dann stellt sich jeder, mit einer künstlichen blume in der hand, hinter einen freien platz.

zuerst setzt der astronaut auf platz dreizehn eine Mohnblume in den sand und tritt einen schritt zurück;

dann der auf platz fünfzehn eine Orchidee und tritt zwei schritte zurück;

sein nachbar auf platz vierzehn eine Nelke, tritt drei schritte zurück;

zuletzt der astronaut auf platz vier eine Dahlie und tritt vier schritte zurück.

nach einer schweigeminute mit blick auf die blumen verlassen alle das spielfeld.

wechselrede an die geschäftig lärmenden erdenbürger

sehr ruhig und gleichmässig vorgetragen.
1. astronaut:
   fand
   land
2. astronaut:
   kennt
   nennt
3. astronaut:
   stand
   rand
4. astronaut:
   sind
   blind
1. astronaut:
   hand
   mahnt
2. astronaut:
   sand
   tand
3. astronaut:
   brennt
   rennt
4. astronaut:
   mund
   wund
1. astronaut:
   lind
   wind
2. astronaut:
   bund
   rund
3. astronaut:
   thront
   lohnt
4. astronaut:
   wohnt
   mond.

man sieht während der wechselrede nur die leere mondlandschaft.

kinderstück

das "mare humorum" mit blick auf den ruinösen "doppelmayer"-wall.

der 1. astronaut:
punkti, punkti (macht zwei punkte nebeneinander in den mondstaub),

der 2. astronaut:
strichi (macht in der mitte unter den beiden punkten einen senkrechten strich),

der 3. astronaut:
strichi (macht unter dem senkrechten einen waagerechten strich),

der 4. astronaut:
(zieht um das ganze einen kreis) ist das ein nicht ein mondgesichti?

versuch eines volkstanzes

die astronauten stellen auf dem "mare tranquillitatis" eine mitgebrachte schaufensterpuppe in oberbayerischer dirndltracht auf. sie tanzen, so gut es geht, um die puppe einen schuhplattler, um zu beweisen, dass sie trotz behinderung durch raumanzüge auf dem mond höher springen können als die unten in bayern.

stilles lied
(eine reminiszenz)

während der kommandant die melodie des liedes "guter mond, du gehst so stille" dreimal leise summt, mimt rhythmisch synchron dazu der erste astronaut – stumm, doch mit überdeutlichen lippen- und zungenbewegungen – den text der ersten strophe:

guter mond, du gehst so stille
in den abendwolken hin,
bist so ruhig und ich fühle,
dass ich ohne ruhe bin.
traurig folgen meine blicke
deiner stillen heitern bahn.
o wie hart ist mein geschicke,
dass ich dir nicht folgen kann.

dann der zweite, auf die gleiche weise, den text der zweiten strophe:

guter mond, dir darf ich's klagen,
was mein banges herze kränkt
und an wen mit bittern klagen
die betrübte seele denkt!
guter mond, du sollst es wissen,
weil du so verschwiegen bist,
warum meine tränen fliessen
und mein herz so traurig ist.

und schliesslich der dritte den text der letzten strophe:

dort in jenem kleinen tale,
wo die dunklen bäume stehn,
nah bei jenem wasserfalle
wirst du eine hütte sehn!
geh durch wälder, bach und wiesen,
blicke sanft durch fenster hin,
so erblickest du elisen,
aller mädchen königin.

das wars dann, und man findet wieder in den alltag des mondes zurück.

Gu - ter Mond, du gehst so stil - le in den
A - bend - wol - ken hin, bist so ru - hig und ich
füh - le, daß ich oh - ne Ru - he bin. Trau-rig
fol - gen mei - ne Bli - cke dei-ner stil - len hei - tern
Bahn. O wie hart ist mein Ge -
-schi - cke, daß ich dir nicht fol - gen kann!

versuch, auf dem mond "hamlet" zu spielen

ein astronaut kehrt mit einem besen mondstaub und steine von der fläche eines grabes in menschengrösse auf einen haufen.
ein anderer schaut ihm dabei nachdenklich zu.
der dritte bringt aus der landefähre sämtliche nationalflaggen der erde im spielzeugformat und kippt sie auf das ausgefegte rechteck.
während der erste die flaggen mit dem aufgehäuften kehricht bedeckt,
tritt der vierte astronaut als hamlet auf (als den ihn ein schwarzes fähnchen mit dem hellgrauen schriftzug "hamlet" ausweist) und rezitiert aufs äusserste zerdehnt:

> "sein – – – oder – – – nicht sein – – – das – – – ist – – – hier – – – die frage – – – ".

situative pantomime

kurz bevor die pechschwarze mondnacht hereinbricht – sie wird vierzehn erdentage lang dauern –, nehmen die astronauten vom tageslicht abschied mit einer sorgfältig einstudierten, elegischen pantomime, die jedoch in ihren höhepunkten neue tänzerische möglichkeiten bei sechsfach verminderter schwerkraft demonstriert.

sportstück

die vier astronauten stehen in einer reihe. auf zeichen springt jeder so weit er kann (auf dem mond ein besonderes vergnügen).
der sieger darf später einen weiteren mondflug als kommandant übernehmen,
die beiden nächstplatzierten scheiden bei der bewertung aus,
der letzte muss auf dem mond zurückbleiben und versuchen, in einem gewaltmarsch den krater "bayer" zu erreichen – das endziel seiner reise. um die einsamkeit erträglicher zu machen, wird ihm eine mitarbeiterin des kontrollzentrums über satellitensender das siebente kapitel des romans "frau im mond" von thea von harbou vorlesen – und noch mehr davon, solange der vorrat des versorgungskanisters auf seinem rücken reicht.

hommage à jules verne

vor der rückreise zu erde drückt der kommandant – zum gedenken an jules verne – vor der einstiegsleiter zur fähre ein auf hochglanz poliertes paar lackschuhe aus dem neunzehnten jahrhundert in den staub des mondbodens.

gehen

ein stück

erklärungen

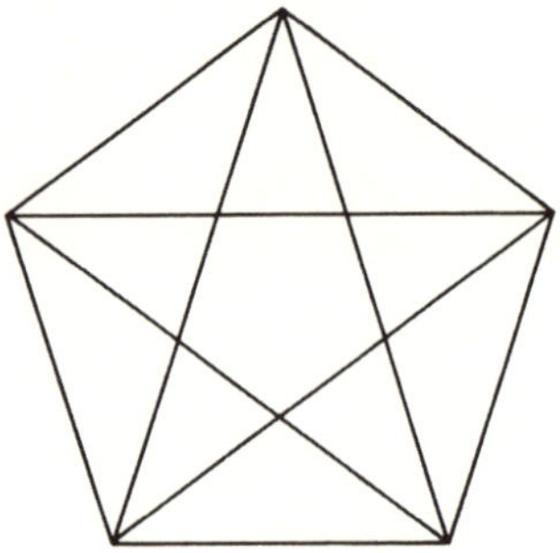

obenstehender plan zeigt die wege der schauspieler – 3 männer und 2 frauen – und ihre ausgangs- und zielpunkte an. diese fünf punkte sind auf der bühne mit stühlen (hockern) besetzt.
jeder schauspieler muss unter je 4 lautsprecherdurchsagen eine befolgen. die dauer der befolgung einer durchsage gilt nur bis zur nächsten.
wenn gerade keine lautsprecherdurchsage befolgt wird, gehen die schauspieler auf den angegebenen wegen, in freier wahl der richtung, von einem ausgangspunkt zum andern.
2 hilfskräfte führen in beliebiger auswahl und abfolge während des ganzen stückes kurze störaktionen durch, die die schauspieler beim gehen behindern und auf welche sie – unvorbereitet – reagieren müssen, ohne von den vorgeschriebenen bahnen abzuweichen.
die beleuchtung der bühne wird in genau einzuhaltenden zeitabständen von 20 sekunden verändert, und zwar in 4 fixierten, stets wiederkehrenden abstufungen von fast dunkel bis sehr hell. die abfolge der 4 helligkeitsgrade bleibt dem beleuchter überlassen.
gleichzeitig geben die lichtveränderungen den schauspielern die einsatzzeiten für ihre texteinwürfe. unter 4 lichtwechseln ist jeweils einer von jedem schauspieler als anlass zum sprechen zu nehmen.
die schauspieler sprechen den vorliegenden text. die reihenfolge der wörter soll nicht verändert werden, es können aber für die einzelnen sprechpassagen innerhalb einer lichtdauer beliebig lange abschnitte (von nur einem wort, wenn danach ein punkt steht, bis zur füllung der zur verfügung stehenden 20 sekunden) eingesetzt

werden, nur muss der text bei der nächsten sprechpassage an der unterbrochenen stelle fortgesetzt oder, ist er abgelaufen, wieder von vorne begonnen werden (der text läuft demnach als schleife durch das ganze stück, sein ende muss keine zäsur bilden).

das stück kann (wo keine bühne vorhanden ist) auch mitten unter den zuschauern stattfinden – nur so, dass die vorgezeichneten verbindungswege freibleiben.

lautsprecherdurchsagen	*reaktionen der schauspieler*
achtung →	anhalten; sich erheben; schweigen
erinnern →	anhalten und schweigen; sich setzen und schweigen
folgen →	jemandem nachgehen; sich erheben und jemandem nachgehen
ende →	anhalten und schweigen; sich setzen und schweigen
gehen →	gehen; sich erheben und gehen
halt →	anhalten
jetzt →	eine beliebige reaktion (innerhalb der vorgezeichneten linien), z.b. ein kleidungsstück (schuhe) ablegen, singen (wenn man gerade spricht), sich hinlegen
langsam →	langsam aufstehen; langsam gehen; langsam sprechen
pause →	sich setzen; auf den nächsten stuhl zugehen und sich setzen; schweigen
schnell →	schnell aufstehen; schnell gehen; schnell sprechen
schweben →	
setzen →	sich setzen; auf den nächsten stuhl zugehen und sich setzen
stehen →	sich erheben; anhalten
warten →	anhalten; stehen bleiben; sich setzen; sitzenbleiben
zurück →	sich umdrehen und zurückgehen; sich erheben und die richtung, aus der man zuletzt gekommen ist, zurückgehen

die reaktionen der schauspieler auf die durchsagen sind nicht mechanisch auszuführen, sondern unverkrampft und spontan, wie einem eigenen antrieb folgend.

die lautsprecherdurchsagen werden in stets veränderter abfolge wiederholt.
die einzelnen durchsagen erfolgen in abständen von 15 sekunden.
nach der durchsage "erinnern" ist jedesmal ein einsatzzeichen nicht zu beachten.
die durchsage "gehen" wird nach dem ersten ertönen von einem nebenlautsprecher im zuschauerraum übernommen und leiser im halben einsatzzeitmass ständig wiederholt.
nach jeder weiteren durchsage "gehen" im hauptlautsprecher verkürzt sich das einsatzzeitmass wieder um die hälfte, wobei die einzelnen stufen der verkürzung auf andere nebenlautsprecher (im zuschauerraum) verteilt werden können.
wenn in einem der nebenlautsprecher "gehen" unmittelbar aufeinanderfolgt, wird am ende dieses durchlaufs das stück abgebrochen.
die lautsprecherdurchsagen werden von den 5 schauspielern chorisch auf einen tonträger gesprochen. sie sind nicht befehlend, sondern neutral aber deutlich zu sprechen.
der hauptlautsprecher befindet sich auf der bühne.

kommen. sehen und stehen. setzen. essen, trinken. erheben und gehen. es ist hell genug. sprechen, sprechen hören. atmen, bewegen. gegen, zurück. nach vor. empor, hinab. eilen. fassen, erfassen. halten. heben, geben. warten. horchen. gesehen werden. fühlen. wollen, möchten, müssen, können. zu schwer, um zu fliegen. leicht, licht. die türe schliessen. die türe öffnen. zart. die hand. her, hin. bleiben. zurücklehnen, erinnern. suchen. wechseln, abwenden. lassen, verlassen. laufen. zögern. treiben, drängen, fallen, liegen. ruhen. tasten, strecken, stecken, steigen. entfernen, nähern, treffen. ergreifen, lockern, locken. reissen, ziehen, entblössen. sträuben, weigern, drücken, ringen, dringen. stossen, schieben dehnen hindern wühlen helfen dürfen sollen mögen brauchen was fehlt. kennen. holen. bringen. zeigen. reizen. schmeicheln, schmiegen, spielen, pressen, wärmen, wählen. führen, folgen, trennen. sagen, bitten, rufen, schreien beissen wälzen streifen, fragen. müde. wohnen. schlafen, erwachen.

störaktionen

← einzelne stufen, treppen, erhöhungen, schräge flächen, elastische unterlagen, die den schauspielern in den weg gelegt und ausgewechselt werden.
← öffnen von versenkungen, sodass die schauspieler (eine oder mehrere stufen) hinab- und wieder heraufsteigen müssen.
← absperrungen durch gespannte seile, die ausgehakt, durchtrennt oder, befinden sie sich tief genug, überstiegen werden müssen.
← aufstellung von (mit papier) bespannten rahmen, die durchschritten, von türen, die geöffnet werden müssen.
← zwischenvorhänge herablassen, die geteilt, weggezogen, gehoben oder heruntergerissen werden müssen.
← schwingende gegenstände (seile), die die schauspieler (mit dem oberkörper) zum ausweichen zwingen.
← hindernisse (auch massivere), die in den weg gestellt, zur seite geworfen (gekickt) oder weggerückt werden müssen.
← gegendruck (etwa mittels querleisten)
← einen stuhl besetzen, sodass der schauspieler bei der durchsage "setzen" gezwungen ist, zu einem anderen stuhl zu gehen oder (sofern es nicht schon die dritte ist) die nächste durchsage zu befolgen.
← (einem entgegenkommenden den weg verstellen, kurz körperlichen widerstand leisten.)

die beiden hilfskräfte sollten in ihrer kleidung (bühnenarbeiter) von den schauspielern deutlich unterschieden sein.

taschentheater

247 – 249

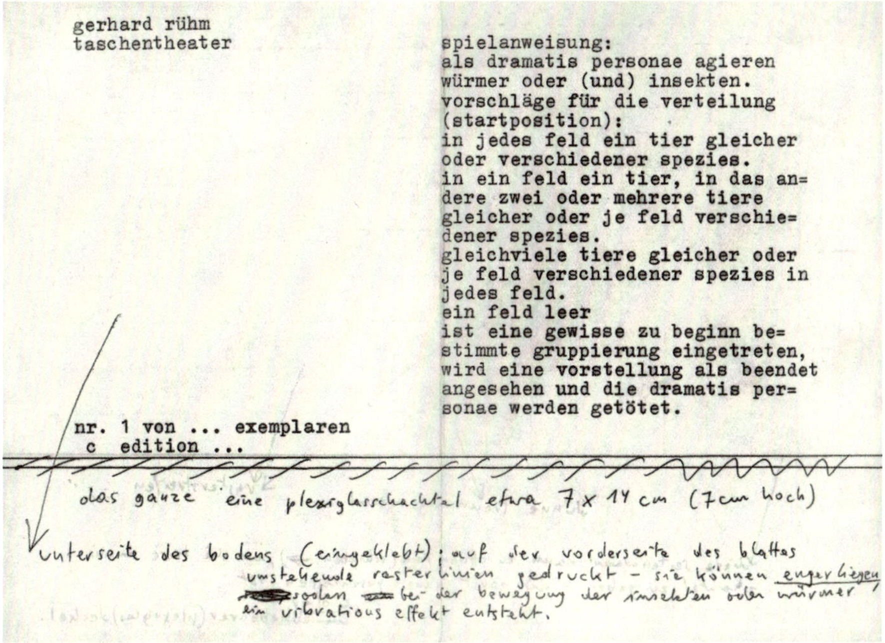

gerhard rühm
taschentheater

spielanweisung:
als dramatis personae agieren würmer oder (und) insekten.
vorschläge für die verteilung (startposition):
in jedes feld ein tier gleicher oder verschiedener spezies.
in ein feld ein tier, in das andere zwei oder mehrere tiere gleicher oder je feld verschiedener spezies.
gleichviele tiere gleicher oder je feld verschiedener spezies in jedes feld.
ein feld leer
ist eine gewisse zu beginn bestimmte gruppierung eingetreten, wird eine vorstellung als beendet angesehen und die dramatis personae werden getötet.

nr. 1 von ... exemplaren
c edition ...

das ganze eine plexiglasschachtel etwa 7 x 14 cm (7 cm hoch)

unterseite des bodens (eingeklebt); auf der vorderseite des blattes umstehende rasterlinien gedruckt – sie können enger liegen, sodass bei der bewegung der insekten oder würmer ein vibrations effekt entsteht.

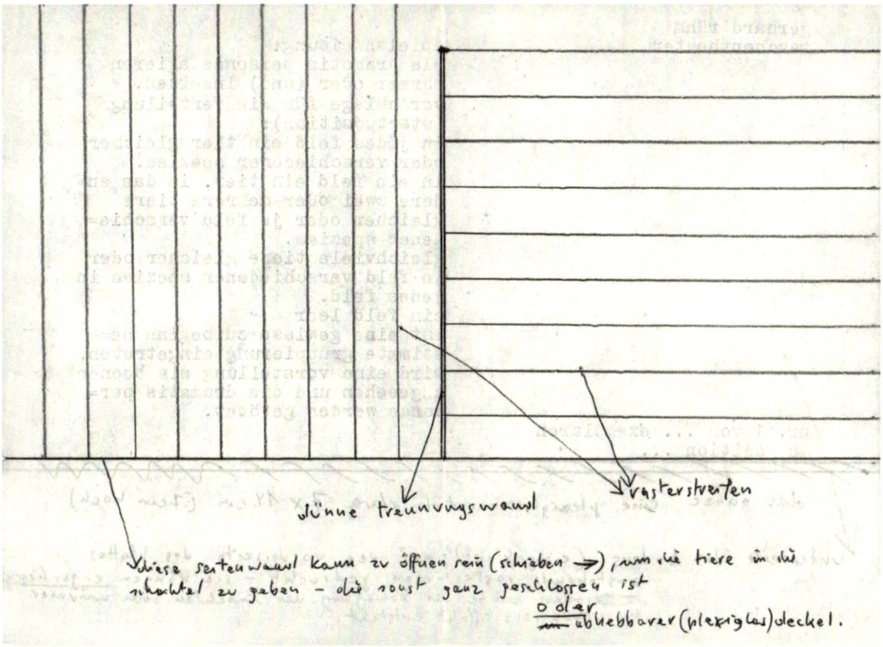

dünne trennungswand
rasterstreifen
diese seitenwand kann zu öffnen sein (schieben →), um die tiere in die schachtel zu geben – die sonst ganz geschlossen ist
oder abhebbarer (plexiglas) deckel.

mickydrama

251 – 265

wer mag, kann als goethe auftreten oder als hitler (ich möchte auch einen österreicher dabei haben, es kann ja im notfall der amtierende bundespräsident sein oder von mir aus ich – sofern ich vorteilhaft dargestellt werde) oder als er selber natürlich, das ganze oder einzelne teile können z.b. im kz spielen (hm?), beim militär (zucht und ordnung, du oppositionsmeier, du abenteurernatur!) oder (freizeitgestaltung) in einem bordell, nein, wozu, einfach gleich bei euch zu haus (die einrichtung ist euch gewaltig über den kopf gewachsen) oder bei der beerdigung (endlich ist es soweit) oder in einem nächtlichen park voller liebespaare und polizisten (die polizei ist stets dabei) oder irgendwo im weltraum oder ganz schrecklich traurig oder ganz schrecklich lustig oder alle gefühle die's gibt oder engagiert, auf intellektuell oder leckt mich am arsch (aber nicht zu heftig) – wie's auch sei, beileibe sollen es nononormale menschen sein, die die folgenden zeilen miteinander redlich teilen (das leben ist doch soo kurz) und menschen können auch geräusche sein, ja und vergrössert kann doch jeder werden (wenn man's ernst nimmt, kommt's auf jeden cm an!), in die breite (ausgestopft, kleider machen leute), in die länge (im eigenen strassenkreuzer), in die tiefe (gewichtiger auftreten als man wiegt), in die höhe (postamente, hochtoupierte frisuren), na, das wird sich sicher machen! leute, das ist doch alles ganz ganz wichtig!!! macht doch, macht doch was, wozu seid ihr denn alle da? spielt wenigstens theater (geistige arbeit), stellt was dar, macht euch was vor.

---

huch!
nanu?
ich bin doch kein unmensch!
kicher!
wir verkrümeln uns lieber.
ja!
oooh!

---

also? was wollt ihr?
fertig?
i wo! das ist doch schon so lange her.
aber..
nun geh schon, und dass du dich anständig aufführst!
.. wie?
ich werd verrückt! der schläft ja!
was? wer? wo bin ich?
bum!
richtig!
husch!
im namen des gesetzes! halt!
oh?
das war pech! entwischt!
wie gewöhnlich!
na ja, das schon! aber ich denke mir..
horch!
wieso?
eben! das war noch nie.
ich möchte mich selbst davon überzeugen.
schneller, chef!
warten sie doch! he! ..du liebe zeit!

---

schnarch!
schnüff!
schnarch!
schnüff! schnüff!
?
knister!
knabber!
schnapp!
autsch!
?

---

schnüff? schnüff!
schmatz, schmatz!
agggsh! spuck!
platsch!
???
knirsch!
knurr!
fauch!
kläff! kläff!
rutsch!
jaul!
plumps!
plumps!
holterdiepolter!
uff!
uuuh!
zack!

---

vielleicht kann ich helfen!
buh! altes zeug!
bah! das leben macht spass!
ich gehe!
oho ho!
ha! jetzt sieht er komisch aus!
was?
ho! ho!
so etwas!
meinst du, dass er..
schwupp!
prima!
frechheit!

---

hm!
oh!
ist die hübsch!
und was sie alles kann!
danke schön!
komm doch! sei kein angsthase!
nein, ich gehe lieber heim und lese!
he!
ich sehe nichts!

wumm!!!
donnerwetter! was kommt denn da?
oh! ho! stop!
hilfe!!

---

tag! gehst du ein wenig mit mir spazieren?
tut mir leid!
bezzt!
jetzt haben wir einen kurzschluss!
o schreck! es brennt!
ich lösche das feuer, dann sehen sie, dass man mich brauchen kann!
schlürf! schlürf!
he! das ist nicht zum trinken!
klank!
was zum..
und jetzt nichts wie fort!!
he!
he!
he!
ho! ho!
ha! ha!
ich muss schneller laufen!
halt!

---

klonk.. blonk.. bonk!!!
was geschieht mit uns?
ich traue mich nicht zu schauen!
klong!
ulp!
was??
nein!
was es wohl ist?
päng!!!

♬

ich auch!
dann fasst eben du! das tut ganz gut!
hier stört uns niemand.
au ja!

sieh nur den schatten!
zu dumm!
weg da oder ich krieg meine wut.

♩♩♩

unerhört!
aufhören!

---

halt mich fest!

---

o weh! gerissen!
tatsächlich!
ich verzichte.
ich denke nicht daran.
ich bin gespannt.
und jetzt?
kapiert?
du?
ich brauche schutz. (stöhn!)
soso!
hihi!
hier geht's ja nicht weiter?
vielleicht doch!
na sowas!
niemand mehr da!
na schön!
kann ja sein!
gut, ich gebe nach! (schluck!)

---

mittag, weil mir der magen knurrt.
na, was hab' ich euch gesagt, kinder! sonne!
i wo!
seufz!
eben!
tschuck! tschuck! tschuck!
das müssen wir erforschen!
uah! uah! gähn! wer glaubt denn sowas?
sehr vernünftig!
psst! nicht so laut!
psst... psst!

---

rentabilität: – 50 %!
tag, herr professor!
noch mehr verschwendung!
na, ja.. fast!
sie sind entlassen!

---

klopf! klopf!
"zu verkaufen!"
wuff! sieh mich nicht so an!
für geld tu' ich alles.
lassen sie nur! das sind familienangelegenheiten.
dein vater!
einmal, bitte!

---

ich?

---

klirr!
na, sowas! das ist ja ein freudiger schreck!
fast zu viel für mich.
ha, ha!
schon wieder?
tja, glück muss man haben!

---

jetzt..
ist DIE..
gelegenheit!

---

bist du..
noch am leben?
aber anders als vorhin!
achtung! fertig!
hurra!!!
quatsch! hör doch hin!
pech gehabt, was?
ich nicht!
ich nicht!
ich versteh nichts mehr.
jetzt zur mona lisa!
mach auf!
bum! bum!
bum! bum!

kracks!
endlich!
hallo! hörst du mich?
nein! hopp! bums! quietsch!
das war's.
hm.. schnüff.. schluchz.. huhu!
das ist die richtige.
hm, nichts.
woher wissen sie das?
was, hände hoch?!
augen, ohren, nase, mund..
fünfzig?
keuch! da ist wer!
♫.
leb wohl!

***

liebe!

***

sagenhaft!
hab' ich was falsch gemacht?
peng!
hilfe!
still! stör mich nicht! ich ziele gerade!
peng!
?
jaul! jaul!
na also!
lach nicht!
ich find's lustig.
seufz!
na schön.

***

mir wird's allmählich ganz unheimlich!
bleib liegen!
das hilft nichts.
mach doch die augen zu!
ah..
kein wunder!
los, trick!
ich eile auf die bühne!

wir beginnen!
eine dame schwebt durch die luft.
vorhang zu!
klatsch! klatsch!
keine angst, denen glückt auch nicht alles!
klirr!
nanu?
zurr!
bravo! bravo!
fester, sonst merkt das publikum was!
geht nicht! uff!
verkehrt rum!
das blaue!
oje!
ich bitte das verehrte publikum um eine pause!
schwindel!
ist es aus?
ein guter schluss rettet alles!
sie sehen eine schlichte kerze.
schnell, bevor sie so klein ist, dass man sie nicht mehr findet.

---

rüttel!
schüttel!
bum! bum!
komm sofort zurück!
flutsch!
mein hut!
gleich!
potz, glatt vorbei!
seufz!
ja, es ist schon zu dunkel.
bim, bim, bim..
bam, bam..
und?

---

was gibt es schöneres an einem traurigen regentag?
schnurr, schnurr..
hm, das kenne ich. ein zukunftsroman?
hochinteressant!
ja, und dann werden sie wieder zusammengesetzt.

ein spaziergang durch den regen tut not, sonst fang' ich noch feuer.
rumms!!

---

ich bin für die dritte von links!

---

sie haben eine landstrasse erster ordnung durch wegwerfen von papier verunreinigt.
summ! summ!
hätt' ich heut früh nur keine harten eier gegessen!
zuletzt?
todsicher!
soll ich sie von dir grüssen?
ahem!

---

schnüff! schnüff!
ich bin zu traurig zum fressen.
wach auf!
plopp!
jetzt brauch' ich noch handschuhe.
und was noch, zum beispiel?
ich hab' plötzlich hunger! du auch?
ja! manchmal!

---

ausgerechnet wir!
rausch!
moment mal!
ich?
und nicht ohne grund..

---

hopp!
hoppla! grad' noch!
längst!
ach, das ist sie ja!
urp!
wem sagst du das?
schluchz! ich schäme mich!
ha-tschi!
aber..

---

wenn ich erst eine bleibe habe..

die wäsche!
auf die inneren werte kommt es an, nicht auf..
rrrr! zack!
.. das äussere!
mir wird schlecht!
mir auch!

---

grrpp?
agrapph!

---

zeit wird's.
uff!
kopf weg!
kracks!
plumps!
sei bedankt, holdselige erde!
schmatz, schmatz!

---

iiih!
ja-huu!
grummel, grummel!
mhm.
hau-ruck!
erstaunlich!
klar!
mann!
bist du nun zufrieden?
stöhn!
süss, nicht?
abgemacht!

---

das wort will ich nie mehr hören!
tschschsch..
heissen dank!
schwupp!
wupp!
pfui spinne!
ekelhaft!
bloss weg!
aber wie?
vielleicht brennholz sammeln?

---

tu das holz weg! das erinnert mich an meine kindheit!
sieh nur!
tja, köpfchen!
meine sammlung ist vollständig! das erhöht ihren wert.
hihi, punkt 10 uhr!
taxi! taxi!

---

fangen sie an, mann!
nummer eins..
nummer eins!
hier ist nummer eins!
das ist ein harter schlag!
das bild gehört ihnen.

---

es trocknet in wenigen minuten.
du bist ein genie!
ein telegramm? das bin ich. geben sie her!
furchtbar weit weg.
ich muss sofort aufbrechen.
kracks!
ich bin so traurig. ich bin so furchtbar, furchtbar traurig.
egal, gehen sie schon! los, gehen sie!
och,
wie
schade!
es gibt solche tage!

---

ach ja! es ist schon so. ich muss mich eben mit mir selbst begnügen, bücher lesen.. radio hören..
montag!
nein!
dienstag?
nein!
mittwoch,
donnerstag,
freitag,
sonnabend,
sonntag?
nein!
nein!
nein!

---

nein!
ja, was denn?
ach, ich bin müde!
natürlich!
na eben!

---

entschuldigen sie, mein fräulein! ich hab' gedacht –
wir?

---

und ob ich mich noch erinnere!
pah, unterm schnee sieht mich doch niemand.
das stimmt zwar.
tschiii! ha-tschi!
ha, ha! und jetzt?
brrrr..

---

wirklich?

---

du stinkst!
na warte!
zack!
verflixt! der abzug klemmt!
vielleicht eingefroren?
knarr! knarr!
twäng!
ach!
wie sagt doch der dichter? alte liebe rostet nicht!
bimmel!
oh, das telefon! hallo?
–
ja.
klick.

---

es war falsch!
glump!
bin ich's – oder bin ich's nicht?
später!
bimmel!
oh, jetzt!
–
nein.

klick.
ich hab's geahnt!
hast du töne?
mmmmmmmmmmmmmmmmmmmmmmmmmmmmmmmmmmmm
wie tief man doch sinken kann! warten sie!

---

das durfte nicht passieren!
schicksal nimm deinen lauf!
wuff!!!
sonst noch was?
seltsam!

---

gib gas!
zu spät!
ah! da!

---

träume ich?

---

sie etwa auch?
ich würde sagen: nebel!

---

lass mich!
was jetzt?
da hast du.
also jetzt..

---

ruhe! ich denke nach.

---

ende.

Der zerbrochene Krug – gesplittert
Ein Lustspiel

motto:
Es sind zu viel, man wird sie sichten müssen.
Ja, durch ein großes Sieb. Viel Spreu! Viel Spreu!
(Walter, Adam, 4)

vorbemerkung
in den dialogen des lustspiels wurden alle sätze gestrichen, die aus mehr als zwei wörtern bestehen. der auf diese weise extrem reduzierte text soll nun – als wäre das original unbekannt – dazu anregen, neue, nicht unbedingt "realistische" handlungsansätze und -abläufe herauszulesen und szenisch zu realisieren.

Personen:
Walter, Gerichtsrat.
Adam, Dorfrichter.
Licht, Schreiber.
Frau Marthe Rull.
Eve, ihre Tochter.
Veit Tümpel, ein Bauer.
Ruprecht, sein Sohn.
Frau Brigitte.
Ein Bedienter, Mägde usw.

Adam:	Ja, seht.
Licht:	Verflucht das!
Adam:	Was beliebt?
	Nun?
Licht:	Gleichfalls –
Adam:	Ob ich – Ich glaube –
Licht:	Unbildlich: hingeschlagen?
Adam:	Ja, unbildlich.
	Den linken?
	Freilich!

Licht:	Allgerechter!
Adam:	Der Fuß! Was! Schwer! Warum?
Licht:	Der Klumpfuß?
Adam:	Klumpfuß!
Licht:	Erlaubt!
Adam:	Ach, was!
Licht:	Wie?
	Wie's aussieht?
Adam:	Ja, Gevatterchen.
Licht:	Abscheulich!
	Hier.
Adam:	Hm! ja!
Licht:	Ja, ja!
Adam:	Gefecht! Was!
Licht:	Gut, gut.
Adam:	Verdammt!
	Mein Seel'!
	Nun?
	So?
	Wer kommt?
	Noch heut!
	Ach geht!
	Er, eintreten! –
Licht:	Der Unverstand!
	Warum?
Adam:	So?
	So?
	Zu Mittag! Gut, Gevatter!
Licht:	Dorfrichter, ich!
	Nun, also!
	Ich weiß.
Adam:	Mein Seel'!
	He! Liese! Grete!
	Gevatterchen!
	Wer? Der Gerichtsrath?
	Die Bäffchen! Mantel! Kragen!
	Was? – Rock aus! Hurtig!
Licht:	Entschuldigen!
Adam:	Entschuld'gen.
	Gut. Mein Empfehl!
Licht:	Wollt ihr?

Adam:	Zum Henker!
Licht:	Was?
Adam:	Margrethe! He!
	Liese!
	Fort! Sag' ich.
Adam:	Und flink! – Du nicht – Die andere. – Maulaffe!
	Du ja!
	Fort!
	Marsch!
	Geschwind! Pack dich!
Der Bediente:	Je, nun!
Adam:	Pest!
Licht:	Was?
	Was?
Adam:	Ach, was!
Licht:	Wie so?
	Was?
Erste Magd:	He! Liese!
Licht:	Ich, verlegen!
Erste Magd:	Die Würste?
Adam:	Würste! Was!
	Warum nicht?
Zweite Magd:	Hm! Weil ihr –
Adam:	Nun?
Zweite Magd:	Gestern Abend – Glock eilf –
Adam:	Nun?
	Ich wär –
	Die Unverschämte!
	Nein, heut.
	Geh, Margarethe!
Licht:	Die Katze? Was? Seid ihr –
Adam:	Mein Seel'
	In's Maul? Nein –
Licht:	Nicht? Wie sonst?
Adam:	Die Katz'? Ach was!
Licht:	Nicht?
Adam:	Ins Maul! Ich glaube –!
Licht:	Gut, gut.
Adam:	Canaillen die!
Licht:	Warum?
	Allerdings.

	Wie?
	Nun?
Adam:	Ei, willkommen!
	Viel Spreu! Viel Spreu!
	Setzt euch.
Walter:	Laßt sein.
Adam:	Woher?
Walter:	Ein Bauer?
Adam:	Aufzuwarten.
Walter:	Ja!
	Wie, fünf!
	Gefüllte Kassen?
Adam:	Verzeiht!
	Ob wir –
Walter:	Was?
Adam:	Das werden –
Walter:	Gut.
Adam:	Der Büttel! He! Hanfriede!
Adam:	Wie? Nicht?
	Verflucht!
Walter:	Was giebt's?
	Kahlköpfig!
Adam:	Der Prediger? Der –
Walter:	Oder Schulmeister.
	Nun?
Adam:	Ei!
Walter:	Macht fort!
Adam:	Macht fort! Ja –
	Auch das.
Walter:	Danke sehr.
Adam:	Ohn' Umständ'!
	Komm, Margarethe!
	Erlaubt!
Walter:	Geht, geht!
Adam:	Marsch!
Frau Marthe:	O ja. Entscheiden. Seht doch. Den Klugschwätzer!
	Ersetzen!
Veit:	Sie hört's!
Frau Marthe:	Ich entschädigt!
	Entschädigen!

Ruprecht:	Der Drache!
Frau Marthe:	Sie flicken!
Eve:	Ruprecht!
Ruprecht:	Fort, du –!
Eve:	Liebster Ruprecht!
Ruprecht:	Die lüderliche –
	Nichts!
	Groll?
Frau Marthe:	Hinweg!
Eve:	Mutter!
Adam:	Ei, Evchen. Sieh!
	Gevatter!
	Ein Krug! So! Ei!
	Ja, Gevatterchen.
	Evchen!
Eve:	Geh' er.
Adam:	Ein Wort.
	Evchen!
Licht:	Zu Bett –? Ihr wollt –?
	Meinthalben.
Adam:	Evchen!
Eve:	Nichts weiter.
Adam:	Nichts? Gewiß nichts?
Eve:	Er Unverschämter!
Adam:	Verflucht!
Licht:	Herr Richter! Seid ihr –?
Adam:	Ich?
Licht:	Was?
Adam:	Was?
Licht:	Ich fragte –
Adam:	Ich glaubte – Wer ruft?
	Ei!
	Gleich! Gleich! Gleich!
	Auf Ehr'! Verzeiht.
Walter:	Hier. Setzt Euch.
Adam:	Gut, gut.
Frau Marthe:	Wer –
Adam:	Ihr.
Frau Marthe:	Wer ich –?
Adam:	Spaßen, was!
	Auch das.

Walter:	Wie? Gleichfalls!
Adam:	Ein Krug.
Frau Marthe:	Der zerbrochne –
Adam:	Pedantische Bedenklichkeit.
	Schweig, Maulaffe!
Walter:	Herr Richter! Ei!
Adam:	Wie so?
	Nein!
	Erlaubt!
Walter:	Ich hätt' –
Adam:	Wohlan, befehlt!
Walter:	Es sei.
Adam:	Auf Ehr'!
	Frau Marth'!
Frau Marthe:	Erlaubt!
Adam:	Gut.
	Zur Sache!
	Zum Teufel! Weib!
Walter:	Gut denn.
	Was?
	Nun gut.
Adam:	Wer?
Licht:	O ja.
Frau Marthe:	Uhr eilf.
Adam:	Am Morgen?
	Ei, Wetter!
Frau Marthe:	Was?
	Ja!
	Der Unverschämte!
Adam:	O! Faule Fische –
	Hierauf!
Frau Marthe:	So sprich! Wer war's?
	Eve!
Eve:	Nein!
	Nein, Mutter!
	Schwörend nicht!
Adam:	Ei, Leutchen!
Walter:	Herr Richter!
Adam:	Eu'r Gnaden?
	Nicht, Herzens-Evchen?
Frau Marthe:	Heraus damit!

Adam:	Schreibt auf.
	Beklagten? Auf Ehr'!
Walter:	Wie unbefangen!
Adam:	Die letzte! Was! Ei freilich! Den Beklagten!
Walter:	Was liegt?
Ruprecht:	Ei!
Adam:	So?
Ruprecht:	O ja.
Adam:	Was mir – Bei Gott!
	Ach was!
Licht:	Ob ich –
Adam:	Gakeln! Was!
Walter:	Weiter! Weiter!
Ruprecht:	Nun –
Walter:	Drauf weiter?
Ruprecht:	Drauf -
	Sieh' da!
Adam:	So? Einer noch?
Ruprecht:	Wer?
Adam:	Nun also!
Walter:	Fort!
Adam:	So?
Ruprecht:	Ja, Lebrecht.
Adam:	Gut.
Eve:	Du Bös'wicht!
Frau Marthe:	Halunke!
	Wart!
Ruprecht:	Luft!
Adam:	Blitzjunge du!
Ruprecht:	Was?
Adam:	Ob's –
	Darum –
	Ein Degen? Ich – Wie so?
Ruprecht:	Ein Degen!
Licht:	Je nun!
Adam:	Ich glaub' –
	Der Stiel!
Ruprecht:	Der Stiel!
Licht:	So! So!
Walter:	Zur Sache!
Adam:	Er, weiter!

	Verflucht! Sieh da!
Ruprecht:	Wer? Der Lebrecht.
Adam:	Halunke!
Ruprecht:	Meiner Treu!
Adam:	Wer sonst!
	Verdammt! Der traf!
	Frau Marthe!
	Sagt an!
Frau Marthe:	Rede!
Adam:	Die Tochter?
Walter:	Nein? Warum nicht?
Adam:	Ja, deklarieren. Gut. Titulo sexto.
	He! Lies' – Erlaubt!
Die Magd:	Gleich!
Walter:	Ich danke.
Adam:	Franz? Oder Mos'ler?
	Mein Seel'!
Walter:	Wer?
Adam:	Oder Ruprecht –
Walter:	Wer?
Adam:	Erlaubt!
	Sehr gern.
Licht:	Vollkommen.
Adam:	Gut.
	Auch gut.
	Ach, was!
Walter:	Macht fort!
Adam:	Auf Ehr'!
Frau Marthe:	Du –!
	Wer war's?
Eve:	O Jesus!
Frau Marthe:	Maulaffe, der! Der niederträchtige!
	O Jesus!
Adam:	Frau Marthe! Unvernunft!
	Hure – Schafsgesicht!
	Der Satan!
	He! Hanfriede!
Ruprecht:	Nun, nun!
Frau Marthe:	Wer war's?
Adam:	Gut, meinethalben!
Eve:	Unedelmüth'ger, du!

	Du Undankbarer!
Walter:	Nun –
Frau Marthe:	Eve!
Walter:	Frau Marthe!
Adam:	He! Der Büttel!
Eve:	Er Niederträcht'ger!
Walter:	Jungfer!
Eve:	Ei, was!
Adam:	Ach was! Krummbeinig! Schafsgesicht!
Walter:	Nicht dienen?
Adam:	Ihr seht's –
Ruprecht:	Das Rabenaas!
Walter:	Still!
Eve:	Er, austreten!
Veit:	Schwester Briggy?
Ruprecht:	Im Garten?
Adam:	Verflucht!
	He! Der Büttel! Hanfried!
Ruprecht:	Weshalb auch?
	Geheimniß? Welches?
Veit:	He?
Ruprecht:	Die Sachen?
	Himmel-Donner –
Veit:	Nach Utrecht?
Adam:	Auf eilf?
Walter:	Gleichviel.
Adam:	Abzuschließen? Gut –!
Walter:	Erlaubt!
Adam:	Auch gut.
Walter:	Hm! O ja.
	Was? Die Parthei'n?
	Verwünscht!
Adam:	He! Margarethe!
	Margrethe!
Die Magd:	Hier.
Adam:	Franz?
	Oder Rhein?
	Gut.
	Marsch!
Walter:	Wohin?
Adam:	Was?

	Hier. – Der Schlüssel.
Walter:	Hm! Bleibt.
Adam:	Fort!
	Geh, Margarethe!
Walter:	Halt! Einen Augenblick!
Adam:	Euer Gnaden?
Walter:	Ob ihr –?
	Hm!
	Zu Haus'. Laßt sein.
Adam:	Verflucht!
Walter:	Macht fort!
Adam:	Was! Salz! Geht doch.
Walter:	Gewiß.
	Gut.
Adam:	So geh.
	Ich fiel.
Walter:	Ihr fielt. Hm! So. Wann? Gestern Abend?
	Worüber?
	Von hinten?
Adam:	Wie? Von hinten –
Walter:	Oder vorn?
Adam:	Margarethe!
Walter:	Wie?
Adam:	Wie so?
Walter:	Glaub's.
Adam:	Ja, ja.
Walter:	Ein Stückchen. – Aus Limburg?
Adam:	Was?
	Ja seht.
Walter:	Verwünscht!
Adam:	Ei, was!
Walter:	Niersteiner?
Adam:	Was?
	Nierstein. Sieh da! Auf Ehre! Ihr versteht's.
Walter:	Dort! Frau Marthe.
Frau Marthe:	Mein Fenster?
Walter:	Meint ihr?
Adam:	Ach geht!
	Hier.
Walter:	Laßt.
Adam:	Gebt her.

	Will's füllen.
Walter:	Ihr hört's.
Adam:	Ach, was!
	Na, heraus!
	Vergaß'st du's?
	Halunke!
Walter:	Zweimal!
Adam:	Ja, todt!
	Aber so –
	Stoßt an!
	Hier.
	Stoßt an!
Walter:	Wie?
	Frau Marthe!
Frau Marthe:	Hm!
	Was?
	Neun, ja –
Walter:	Hm!
	Wie so?
Adam:	Hier.
Frau Marthe:	Meint ihr? Ich zweifle.
Walter:	Hier.
Licht:	Gnäd'ger Herr?
	Hm!
Walter:	Was?
Licht:	Verzeiht –
Frau Marthe:	Was? Bei mir? Im Spalier?
Adam:	Ich Euch –?
Walter:	Nicht?
	Wem? Was?
Licht:	Dem Ruprecht?
Ruprecht:	Mir?
	Ob Er –! Nun ja.
	Gott's Himmel-Donner-Schlag!
Adam:	Sie abgegeben?
Frau Brigitte:	Fort!
	Drauf: Eve!
	Nun?
Frau Marthe:	Mithin –?
Ruprecht:	Mithin –?
Walter:	Schweigt!

Ruprecht: Was! Himmel – Tausend –!
Licht: Still! Still!
Frau Brigitte: Mein Seel'!
Walter: Wie?
Licht: Gewissermaßen, ja.
Fahrt fort!
Adam: Verflucht!
Ruprecht: Was! Ich!
Licht: Schweigt! Schweigt!
Walter: Ein Pferdefuß?
Nun?
Drauf weiter?
Ein Denkmal? Wie?
Frau Brigitte: Wie?
Wohin?
Walter: Zu uns? Hierher?
Frau Brigitte: Kann sein. Auch das.
Adam: Zertreten. Durchpassirt.
Walter: Hm!
Herr Richter! Eure Dose!
Adam: Die Dose?
Walter: Die Dose. Gebt! Hier!
Adam: Gebt. Seiner Gnaden.
Walter: Auch gut.
Licht: Hm!
Walter: So? Wer?
Nun?
Wer?
Adam: Ich? Die Spur?
Ach, was! Ich!
Walter: Nichtswürd'ger!
Behüte Gott!
Licht: Hm!
Adam: Verläumdung!
Licht: Nicht?
Walter: Still, Er!
Adam: Wart', Bestie!
Walter: Heda! Der Büttel!
Ruprecht: Wart'!
Walter: Gut. Thut das. Fällt sie.
Weiter!

Eve:	Den Ruprecht –?
	In's Eisen?
Walter:	Gut denn.
Ruprecht:	Was? Ich –
Walter:	Schweig!
Eve:	Auf, Ruprecht!
Frau Marthe:	Er?
Frau Brigitte:	Der dort?
Eve:	Er, ja! Auf, Ruprecht!
	Auf! Fass' ihn!
Walter:	Halt dort!
Eve:	Gleichviel!
	Hier! Auf!
Ruprecht:	Halt' ihn!
Eve:	Geschwind!
Adam:	Was?
Ruprecht:	Blitz-Hinketeufel!
Walter:	Fort!
Ruprecht:	Ratz!
	Und Ratz! Und Ratz! Noch eins.
Ruprecht:	Ei, Evchen!
Eve:	Herr!
Walter:	Verloren? Warum das?
Ruprecht:	Herr Gott! Was giebt's?
Walter:	Was! Nach Ostindien!
Eve:	Falsch?
Licht:	Die Ordre! Was!
Eve:	O Himmel!
Walter:	Was?
Licht:	Allerdings!
Mehrere:	Seht! seht!
Walter:	Fort!
Frau Marthe:	Hm! Weshalb?
Walter:	Verzeiht mir! Allerdings.
Frau Marthe:	Gut!

Das Käthchen von Heilbronn – sprachlos

Ein großes historisches Ritterschauspiel

motto:
Ich will dir sagen –
(Sie kann nicht sprechen.)
(Käthchen, 4, 7)

Personen:

Der Kaiser.
Gebhardt, Erzbischof von Worms.
Friedrich Wetter, Graf vom Strahl.
Gräfin Helena, seine Mutter.
Eleonore, ihre Nichte.
Ritter Flammberg, des Grafen Vasall.
Gottschalk, sein Knecht.
Brigitte, Haushälterin im gräflichen Schloß.
Kunigunde von Thurneck.
Rosalie, ihre Kammerzofe.
Theobald Friedeborn, Waffenschmidt aus Heilbronn.
Käthchen, seine Tochter.
Gottfried Friedeborn, ihr Bäutigam.
Maximilian, Burggraf von Freiburg.
Georg von Waldstädten, sein Freund.
Der Rheingraf vom Stein, Verlobter Kunigundens.
Friedrich von Herrnstadt, }
Eginhardt von der Wart, } seine Freunde.
Graf Otto von der Flühe, }
Wenzel von Nachtheim, } Räte des Kaisers und Richter des heimlichen Gerichts.
Hans von Bärenklau, }
Jacob Pech, ein Gastwirt.
Drei Herren von Thurneck.
Kunigundens alte Tanten.
Ein Köhlerjunge. Ein Nachtwächter. Mehrere Ritter.
Ein Herold, Zwei Köhler, Bedienten, Boten, Häscher, Knechte und Volk.

Die Handlung spielt in Schwaben.

Erster Akt.

Eine unterirdische Höhle mit den Insignien des Vehmgerichts, von einer Lampe erleuchtet.

Graf Otto von der Flühe als Vorsitzer, Wenzel von Nachtheim, Hans von Bärenklau als Beisassen, mehrere Grafen, Ritter und Herren, sämmtlich vermummt, Häscher mit Fackeln usw. – Theobald Friedeborn, Bürger aus Heilbronn, als Kläger, Graf Wetter vom Strahl als Beklagter, stehen vor den Schranken.
Graf Otto steht auf – setzt sich.
Theobald weint – trocknet sich die Augen.
Käthchen mit verbundenen Augen, geführt von zwei Häschern. – Die Häscher nehmen ihr das Tuch ab und gehen wieder fort.
Käthchen sieht sich in der Versammlung um, und beugt, da sie den Grafen erblickt, ein Knie vor ihm.
Der Graf vom Strahl erhebt sie.
Käthchen sieht sich um – stellt sich neben den Grafen vom Strahl und sieht die Richter an.
Graf Otto und Hans sehen sich an.
Der Graf vom Strahl weckt Käthchen auf.
Käthchen sieht ihn an und legt ihre Hände auf die Brust.
Graf Otto ungeduldig.
Käthchen tritt zur Schranke – da sie den Vater erblickt, geht sie auf ihn zu – will seine Hand ergreifen – faßt seine Hand und küßt sie.
Die Häscher nähern sich ihr.
Käthchen – hochroth – fällt vor dem Grafen vom Strahl in den Staub nieder.
Graf Otto sieht den Grafen vom Strahl forschend an.
Der Graf vom Strahl wendet sich zu Käthchen, die noch immer auf den Knieen liegt.
Käthchen sieht vor sich nieder – erröthet – weint.
Theobald nähert sich ihr gerührt – will sie an seine Brust heben.
Der Graf vom Strahl sieht sie an – erhebt das Käthchen vom Boden – zeigt auf den Boden hin – gluthroth wendet er sich zum Käthchen.
Käthchen lässt sich auf Knieen vor ihm nieder.
Der Graf vom Strahl erhebt das Käthchen.
Graf Otto unwillig.

Vehm-Herold sammelt die Kugeln und bringt den Helm, worin sie liegen, dem Grafen.
Graf Otto steht auf.
Die Richter erheben sich.
Käthchen fällt in Ohnmacht.
Theobald empfängt sie.
Der Graf vom Strahl wendet sich – verbindet sich die Augen.
Graf Otto steigt vom Richtstuhl herab.
Wenzel und Graf Otto betrachten sie.
Theobald weint.
Alle ab.

Zweiter Akt.

Wald vor der Höhle des heimlichen Gerichts.

Der Graf vom Strahl tritt auf mit verbundenen Augen, geführt von zwei Häschern, die ihm die Augen aufbinden, und alsdann in die Höhle zurückkehren – Er wirft sich auf den Boden nieder und weint.
Gottschalk, Der Graf vom Strahl.
Ritter Flammberg tritt auf.
Der Graf vom Strahl setzt sich den Helm auf – steht auf.
Alle ab.

Köhlerhütte im Gebirg. Nacht, Donner und Blitz.

Burggraf von Freiburg und Georg von Waldstädten treten auf.
Blitz und Donnerschlag.
Ritter Schauermann erscheint, das Fräulein von Thurneck auf der Schulter tragend.
Ritter Wetzlaff und die Reisigen des Burggrafen treten auf.
Freiburg klopft an die Köhlerhütte.
Der erste Köhler tritt auf, eine Laterne in der Hand.
Freiburg nimmt ihm die Laterne weg.

Ein Gewitterschlag.
Georg zeigt auf den Burggrafen.
Schauermann trägt das Fräulein in die Hütte.
Freiburg horcht.
Der Graf vom Strahl und Ritter Flammberg treten auf.
Der Graf vom Strahl klopft an die Hütte.
Freiburg ihm in den Weg.
Gottschalk und der Köhlerjunge treten auf.
Gottschalk bringt ihnen die Decken.
Köhlerjunge erschrickt – sieht sich um – bläst seine Laterne aus – sieht sich um – nach den Alten, die hinten am Feuer stehen, und verliert sich nachher in die Hütte.
Der Graf vom Strahl und Flammberg stehen auf.
Die Parthei des Burggrafen erhebt sich.
Das Fräulein Kunigunde von Thurneck erscheint im Reisekleide, mit entfesselten Haaren – wirft sich vor dem Grafen vom Strahl nieder.
Georg hält Freiburg zurück.
Der Graf vom Strahl erhebt sie.
Gottschalk und die Köhler kommen mit Fackeln und Feuerhaken.
Freiburg schließt sein Visir.
Der Graf vom Strahl reißt ihm den Helm vom Haupt, der Burggraf taumelt.
Freiburg erhebt sich, zieht und haut nach dem Grafen, der weicht aus.
Der Graf vom Strahl haut ihn nieder.
Flammberg dringt vor.
Die Burggräflichen entweichen; niemand bleibt als Georg, der über dem Burggrafen beschäftigt ist.
Kunigunde wankt.
Der Graf vom Strahl führt sie auf einen Sitz – steht auf.
Kunigunde steht auf.
Flammberg erstaunt.
Kunigunde wendet sich zum Grafen.
Der Graf vom Strahl nicht ohne Verlegenheit – ab.

Schloß Wetterstrahl. Ein Gemach in der Burg.

Kunigunde in einem halb vollendeten, romantischen Anzuge tritt auf und setzt sich vor einer Toilette nieder. Hinter ihr Rosalie und

die alte Brigitte – die sich setzt.
Kunigunde steht auf.
Brigitte ab.
Kunigunde betrachtet sich im Spiegel, geht gedankenlos ans Fenster und öffnet es – nimmt eine Leimrute, die draußen befestigt ist, herein.
Rosalie, am Tisch zurückgeblieben – geht zu ihr.
Kunigunde lacht und schlägt sie.
Rosalie lacht und geht und holt die Hirse.
Ein Bedienter tritt auf.
Kunigunde wirft alles aus der Hand.
Rosalie macht die Toilette zu und geht ab.
Gräfin Helena, der Graf vom Strahl treten auf.
Kunigunde ihnen entgegen – wendet sich zum Grafen – wendet sich zur Mutter – holt einen Stuhl, der Graf bringt die andern. Sie lassen sich sämmtlich nieder.
Kunigunde weint – küßt der Gräfin die Hand; steht auf und holt die Papiere.
Der Graf vom Strahl steht auf.
Die Gräfin steht gleichfalls auf.
Kunigunde zerreißt die Papiere und läßt sie fallen.
Die Gräfin umarmt sie – gerührt.
Kunigunde trocknet sich die Augen – verneigt sich – ab.
Die Gräfin ab.

Dritter Akt.

Gebirg und Wald. Eine Einsiedelei.

Theobald und Gottfried Friedeborn führen das Käthchen von einem Felsen herab.
Sie setzen sich.
Käthchen legt sich vor Theobald nieder.
Theobald steht auf und hebt sie auf.
Käthchen weint.
Gottfried klingelt.

Pförtner öffnet.
Alle ab.

Eine Herberge.

Der Rheingraf vom Stein und Friedrich von Herrnstadt treten auf, ihnen folgt: Jacob Pech, der Gastwirth, Gefolge von Knechten.
Das Gefolge ab.
Der Gastwirth ab.
Eginhardt von der Wart tritt auf.
Zwei Boten treten auf.
Der Rheingraf nimmt zwei Briefe aus dem Collet – giebt sie ihnen – nimmt ihnen die Briefe wieder aus der Hand – giebt den Boten die Briefe wieder.
Alle ab.

Thurneck. Ein Zimmer in der Burg.

Der Graf vom Strahl sitzt gedankenvoll an einem Tisch, auf welchem zwei Lichter stehen. Er hält eine Laute in der Hand, und thut einige Griffe darauf. Im Hintergrunde, bei seinen Kleidern und Waffen beschäftigt, Gottschalk.
Der Graf vom Strahl legt die Laute weg – steht auf.
Gottschalk legt alles aus der Hand – öffnet die Thür.
Käthchen tritt ein – mit einem Brief.
Gottschalk nimmt sie bei der Hand.
Käthchen reicht ihm den Brief.
Der Graf vom Strahl wendet sich plötzlich zu ihr.
Käthchen erschrickt.
Der Graf vom Strahl wild – wendet sich – nimmt die Peitsche von der Wand.
Käthchen zittert – kehrt sich zu Gottschalk um.
Der Graf vom Strahl legt die Peitsche weg, nimmt den Brief und entfaltet ihn – steckt den Brief ein – setzt sich den Helm auf.
Käthchen faßt sich in den Busen – sieht sich um – nimmt das Couvert und gibt es dem Grafen.
Der Graf vom Strahl betrachtet das Papier – macht sich die Schärpe los – wendet sich plötzlich, und wirft sie auf den Tisch – nimmt die Handschuh und zieht sie sich an – hält inne – erblickt die Peit-

sche – wirft ergrimmt die Peitsche, daß die Scherben niederklirren, durchs Fenster.
Käthchen zittert.
Der Graf vom Strahl streichelt ihre Wangen – weint.
Gottschalk hebt die Scherben auf. Er nimmt die Schärpe vom Tisch und giebt sie Käthchen.
Käthchen will seine Hand küssen.
Der Graf vom Strahl wendet sich von ihr ab.
Getümmel und Glocken stürmen draußen.
Alle ab.

Platz vor dem Schloß. Es ist Nacht. Das Schloß brennt. Sturmgeläute.

Ein Nachtwächter tritt auf und stößt in's Horn.
Der Graf vom Strahl. Die drei Herren von Thurneck. Gefolge.
Ritter von Thurneck ab mit Gefolge.
Das Käthchen tritt auf mit Schwert, Schild und Lanze.
Der Graf vom Strahl nimmt das Schwert und gürtet es sich um.
Der Nachtwächter stößt wieder in's Horn.
Ritter Flammberg mit Reisigen.
Die Tanten von Thurneck treten auf.
Der Graf vom Strahl giebt Schild und Lanze an Käthchen.
Kunigunde von Thurneck.
Der Graf vom Strahl empfängt sie in seinen Armen.
Käthchen tritt vor – giebt Schild und Lanze an Flammberg – geht – ab.
Käthchen erscheint in einem brennenden Fenster – verläßt das Fenster – unsichtbar.
Vier Knechte bringen eine Feuerleiter.
Erster Knecht vorn, sieht sich um.
Die Knechte heben die Leiter auf.
Flammberg hilft mit.
Der Graf vom Strahl wirft sein Schwert weg – setzt einen Fuß auf die Leiter.
Kunigunde eilt erschreckt von der Leiter weg.
Das Haus sinkt zusammen, der Graf wendet sich, und drückt beide Hände vor die Stirne; Alles, was auf der Bühne ist, weicht zurück und wendet sich gleichfalls ab.
Käthchen tritt rasch, mit einer Papierrolle, durch ein großes Portal,

das stehen geblieben ist, auf; hinter ihr ein Cherub in der Gestalt eines Jünglings, von Licht umflossen, blondlockig, Fittige an den Schultern und einen Palmzweig in der Hand.
So wie Käthchen aus dem Portal ist, wendet sie sich und stürzt vor ihm nieder.
Der Cherub berührt ihr Haupt mit der Spitze des Palmenzweigs, und verschwindet.
Kunigunde sieht sich zuerst um.
Der Graf vom Strahl, vernichtet, stützt sich auf Flammbergs Schulter – schiebt Kunigunde von sich – mit abgewendetem Gesicht – wendet sich – tritt zu Käthchen und betrachtet sie – erhebt sie vom Boden – nimmt ihr die Rolle aus der Hand.
Kunigunde reißt sie an sich – erblaßt – giebt Käthchen mit der Rolle einen Streich auf die Backe.
Käthchen geht zu Flammberg und mischt sich im Hintergrund unter die Knechte.
Die Herren von Thurneck.
Alle ab.

Vierter Akt.

Gegend im Gebirg, mit Wasserfällen und einer Brücke.

Der Rheingraf vom Stein zu Pferd, zieht mit einem Troß Fußvolk über die Brücke. Ihnen folgt der Graf vom Strahl zu Pferd; bald darauf Ritter Flammberg mit Knechten und Reisigen zu Fuß. Zuletzt Gottschalk gleichfalls zu Pferd, neben ihm das Käthchen.
Der Rheingraf reitet über die Brücke.
Die Knechte des Rheingrafen folgen ihm – werfen die Brücke ab.
Der Graf vom Strahl erscheint in der Scene, sein Pferd tummelnd.
Die Knechte des Rheingrafen schießen mit Pfeilen auf ihn.
Der Graf vom Strahl wendet das Pferd.
Käthchen hält eine Rolle in die Höhe.
Der Rheingraf ab mit dem Troß.
Der Graf vom Strahl reitet durch den Fluß.
Käthchen bleibt am Ufer zurück.

Alle folgen Flammberg.
Der Graf vom Strahl ab mit dem Troß.
Gottschalk wendet mit dem Pferde um.
Käthchen hält sich an einem Stamm.
Gottschalk steigt ab – hilft das Käthchen in die Steigbügel – reißt das Pferd in den Zügel.
Käthchen setzt sich auf einen Stein – zieht sich aus – zerrt sich am Strumpf.
Gottschalk nimmt ihr das Futtral aus der Hand – nimmt ein Blatt heraus.
Käthchen steht auf.
Gottschalk giebt ihr das Futtral wieder – führt sie und das Pferd durch den Bach.
Käthchen macht den ersten Schritt ins Wasser – steht still – kehrt um.
Gottschalk hält sie.
Käthchen macht sich los und läuft weg.
Gottschalk kehrt aus dem Bach zurück – leitet sein Pferd mürrisch durch den Bach; ab.

Schloß Wetterstrahl. Platz, dicht mit Bäumen bewachsen, am äusseren zerfallenen Mauernring der Burg. Vorn ein Hollunderstrauch, der eine Art von natürlicher Laube bildet, worunter von Feldsteinen, mit einer Strohmatte bedeckt, ein Sitz. An den Zweigen sieht man ein Hemdchen und ein Paar Strümpfe usw. zum Trocknen aufgehängt.

Käthchen liegt und schläft.
Der Graf vom Strahl tritt auf – steckt das Futteral in den Busen – läßt sich auf Knieen vor ihr nieder und legt seine beiden Arme sanft um ihren Leib. – Sie macht eine Bewegung als ob sie erwachen wollte, liegt aber gleich wieder still.
Der Graf vom Strahl lächelt – rasselt mit seiner Rüstung – faßt ihre Hand.
Käthchen lächelt.
Der Graf vom Strahl verbeißt das Lachen – gerührt.
Käthchen seufzt, bewegt sich.
Der Graf vom Strahl träumt vor sich nieder – starrt sie an.
Käthchen lächelt.
Der Graf vom Strahl reißt ihr das Tuch ab.

Käthchen bewegt sich.
Der Graf vom Strahl läßt sie los und springt auf.
Käthchen erwacht – steht auf und sieht sich um – setzt sich den Hut auf und rückt sich das Tuch zurecht – fällt auf ihre beiden Kniee nieder.
Der Graf vom Strahl erhebt sie rasch vom Boden.
Gottschalk tritt auf.
Käthchen mit einer zierlichen Verbeugung.
Gottschalk bindet die Sachen zusammen; Käthchen hilft ihm.
Der Graf vom Strahl nimmt ein Tuch vom Boden auf, und übergiebt es ihr.
Käthchen erröthet.
Gottschalk nimmt das Bündel in die Hand.
Der Graf vom Strahl führt sie über die Steine; wenn sie hinüber ist, läßt er sie vorangehn und folgt.
Alle ab.

Garten. Im Hintergrunde eine Grotte, im gothischen Styl.

Kunigunde, von Kopf zu Fuß in einen feuerfarbnen Schleier verhüllt, und Rosalie treten auf.
Kunigunde ab in die Grotte.
Fräulein Eleonore tritt auf.
Käthchen aus der Grotte – zittert.
Rosalie schreckenblaß.
Käthchen sinkt in ihre Arme.
Rosalie ab in die Grotte.
Käthchen kann nicht sprechen – wendet sich – ab.
Kunigunde und Rosalie aus der Grotte.
Kunigunde giebt Rosalien einen Schlüssel – ab.

Fünfter Akt.

Worms. Freier Platz vor der kaiserlichen Burg, zur Seite ein Thron; im Hintergrunde die Schranken des Gottesgerichts.

Der Kaiser auf dem Thron. Ihm zur Seite der Erzbischof von Worms, Graf Otto von der Flühe und mehrere andere Ritter, Herren und Trabanten. Der Graf vom Strahl im leichten Helm und Harnisch, und Theobald von Kopf zu Fuß in voller Rüstung; beide stehen dem Thron gegenüber.
Der Graf vom Strahl mit dem Erröthen des Unwillens.
Trompetenstöße.
Theobald zieht sein Schwert.
Der Graf vom Strahl nimmt sein Schwert ab und giebt es weg – nimmt sich den Helm ab und tritt dicht vor ihn.
Theobald weicht zurück.
Der Graf vom Strahl folgt ihm – stößt ihn zu Boden – windet ihm das Schwert aus der Hand, tritt über ihn und setzt ihm den Fuß auf die Brust – wirft das Schwert vor des Kaisers Thron.
Der Kaiser erblaßt und steht auf.
Graf Otto ab.

Ebendaselbst. Zimmer im kaiserlichen Schloß.

Der Kaiser wendet sich unter der Thür – wirft die Thür zu – ab.
Burggraf von Freiburg und Georg von Waldstädten treten auf.
Ihnen folgt Ritter Flammberg.
Flammberg erstaunt – wendet sich.
Freiburg ab.
Georg ab.

Schloß Wetterstrahl. Kunigundens Zimmer.

Rosalie bei der Toilette des Fräuleins beschäftigt, Kunigunde tritt ungeschminkt, wie sie aus dem Bette kommt, auf – setzt sich bei der Toilette nieder.
Rosalie geht, die Thür zu verriegeln; der Graf vom Strahl kommt ihr entgegen.
Rosalie erschrickt.
Kunigunde sieht sich um – erhebt sich schnell und geht ab.
Der Graf vom Strahl steht wie vom Donner gerührt.
Rosalie holt einen Stuhl – nimmt die Toilette und geht ab.
Der Graf vom Strahl vernichtet.
Kunigunde in ihrem gewöhnlichen Glanz, Rosalie und die alte

Sibylle, die schwächlich auf Krücken durch die Mittelthür abgeht.
Der Graf vom Strahl verfolgt die Sibylle mit den Augen.
Kunigunde sieht sich um.
Der Graf vom Strahl faßt sich – tritt näher und prüft sie.
Kunigunde weicht zurück.
Der Graf vom Strahl verbeugt sich.
Rosalie traurig.
Kunigunde betreten.
Der Graf vom Strahl faßt sich.
Ein Diener tritt auf.
Der Graf vom Strahl ab.
Kunigunde ab.

Das Innere einer Höhle mit der Aussicht auf eine Landschaft.

Käthchen in einer Verkleidung, sitzt traurig auf einem Stein, den Kopf an die Wand gelehnt, Graf Otto von der Flühe, Wenzel von Nachtheim, Hans von Bärenklau in der Tracht kaiserlicher Reichsräthe, und Gottschalk treten auf; Gefolge, zuletzt der Kaiser und Theobald, welche in Mänteln verhüllt, im Hintergrunde bleiben.
Graf Otto, eine Pergamentrolle in der Hand.
Käthchen steht auf.
Graf Otto giebt ihr das Pergament.
Der Graf vom Strahl tritt auf, betroffen – durchblättert die andern Papiere.
Käthchen setzt sich.
Der Kaiser und Theobald werfen beide ihre Mäntel ab.
Käthchen steht auf – eilt auf Theobald zu.
Er empfängt sie.
Der Graf vom Strahl beugt ein Knie vor dem Kaiser.
Der Kaiser ernst.
Theobald führt ihm Käthchen zu.
Der Graf vom Strahl steht auf und nimmt Käthchens Hand.
Der Kaiser ab.
Der Graf vom Strahl nimmt sie bei der Hand und setzt sich.
Käthchen schamroth.
Der Graf vom Strahl weint.
Käthchen ängstlich – will seine Hand küssen.
Der Graf vom Strahl zieht sie zurück – küßt ihre Stirn – wischt sich die Thränen ab.

Käthchen hält ihre Schürze vor die Augen.
Der Graf vom Strahl küßt ihr die Thränen aus den Augen – führt sie ab.

Schloßplatz, zur Rechten im Vordergrund ein Portal. Zur Linken, mehr in der Tiefe, das Schloß, mit einer Rampe. Im Hintergrund die Kirche.

Marsch. Ein Aufzug. Ein Herold eröffnet ihn; darauf Trabanten. Ein Baldachin von vier Mohren getragen. In der Mitte des Schloßplatzes stehen der Kaiser, der Graf vom Strahl, Theobald, Graf Otto von der Flühe, der Rheingraf vom Stein, der Burggraf von Freiburg und das übrige Gefolge des Kaisers und empfangen den Baldachin. Unter dem Portal rechts Fräulein Kunigunde von Thurneck im Brautschmuck, mit ihren Tanten und Vettern, um sich dem Zuge anzuschließen. Im Hintergrunde Volk, worunter Flammberg, Gottschalk, Rosalie usw.
Burggraf von Freiburg, Georg von Waldstädten und der Rheingraf vom Stein besteigen die Rampe und gehen in's Schloß.
Käthchen im kaiserlichen Brautschmuck, geführt von Gräfin Helena und Fräulein Eleonore, ihre Schleppe von drei Pagen getragen; hinter ihr Burggraf von Freiburg usw. steigen die Rampe herab.
Der Graf vom Strahl umfaßt Käthchen.
Sie sinkt; die Gräfin empfängt sie.
Glockenklang.
Kunigunde ab, mit Gefolge.
Marsch: Der Kaiser stellt sich mit Käthchen und dem Grafen vom Strahl unter den Baldachin; die Damen und Ritter folgen. Trabanten beschließen den Zug.
Alle ab.

konzept- und aktionsstücke

295 – 307

atmen
ein stück für rund 2,7 milliarden menschen

spielanweisung:
von rund 2,7 milliarden menschen atmet jeder so lange er kann.

parade

möglichst viele exemplare von menschen mit jeweils einem gemeinsamen merkmal ziehen in angemessenem abstand reihenweise vorbei. (z.b.:) brillenträger, kotelettenträger, schnurrbärte, vollbärte, blonde, schwarz-, rot- und weisshaarige, gelockte, glattgeschniegelte, halbglatzen, glatzköpfe, hutträger, henkelohren, fliehkinne, zahnlose (lächeln!), pickelgesichter, stupsnasen, flachnasen, knollen- und hakennasen, schielende, x-beine, o-beine, einbeinige, einarmige, hopfenstangen, dickwänste, gleichgrosse (-kleine), gleichgeschlechtliche, mit etwas gleichem zu viel oder zu wenig ausgestattete, an gleichen krankheiten leidende, lachende, weinende, schreiende, flüsternde, tanzende (walzer, rumba usw. – die bekannten modetänze), hinkende, rennende, radfahrer, motorisierte, auf allen vieren rutschende, staatsbürger (pässe vorweisen!), religionsgemeinschaften (gott vorweisen!), krawattenträger, fahnenträger, preisträger, nackedeis, halbnackte, uniformierte (berufskleidung, pyjama, nachthemd), ehepaare (trauschein vorweisen!), schwangere, kinder, liliputaner, verwachsene, greise (greisinnen), eine familie, die hausbewohner, grossstädter, kleinstädter (jeweils stadtwappen hochhalten), nazis (visage genügt), dorftrottel, besoffene, einzelgänger usw. usw.

der ring

eine tragikomödie

vorhang auf.
auf dem boden der bühne liegt ein ehering.
vorhang zu.

gegen-stände

ein drama in 5 akten *unseren abwesenden gewidmet*

	bild	musik
1. akt:	im hintergrund der bühne steht ein motorrad, schräg davor ein stapel lexika (der grosse brockhaus) oder telefonbücher.	erik satie: gymnopédie nr. 3, instrumentiert von debussy (3')
2. akt:	im zentrum der bühne steht eine parkbank aus pappe (typische bühnenattrappe), auf der ein strauss echter verwelkter blumen liegt. satte abenddämmerung.	lennie tristano: east thirty-second (4')
3. akt:	eine standuhr; auf dem boden steht eine brennende kerze. die bühne sonst dunkel.	nach 2-3 minuten schlägt es 3 uhr.
4. akt:	an der wand hängt ein gerahmtes foto vom bühnenbild des 1. aktes. auf einem kleiderständer hängt ein regenmantel. die bühne ist in blaues licht getaucht.	dieselbe musik wie im 2. akt (4')
5. akt:	dasselbe bild wie im 4. akt, nur ist jetzt der regenmantel triefend nass.	arnold schönberg: das 1. (vorgefühle) der 5 orchesterstücke op.16 (2')

nach jedem akt vorhang zu.

vorhang auf.
der bühnenraum (durch kulissenwände eingeengt) ist mit neben- und hintereinander stehenden frauen vollgepfercht. sie sind verschieden gekleidet: sommerlich, winterlich, von nackt über einzelne kleidungsstücke, bikini, pyjama, hemd, unterwäsche, bis zu regen- und pelzmantel.
von hinten drängt sich bald ein mann langsam vor, verteilt an jede ein kleines geschenk, das sofort in gebrauch genommen wird: kleidungsstücke, kämme, lippenstifte, toilettengegenstände, regenschirme, ess- und trinkwaren, zigaretten, musikinstrumente usw. sobald er in der ersten reihe angelangt ist, alle bis auf eine beschenkt hat, hängt er sich bei dieser letzten ein, steigt mit ihr zwanglos die verbindungsstufen von der bühne zum zuschauerraum hinab und setzt sich mit ihr auf zwei leere plätze.
vor die bühne schiebt (senkt) sich eine kinoleinwand. die ganze szene wird filmisch (stumm) im rücklauf (aber normalem tempo) noch einmal vorgeführt. es kann dabei die aufnahme einer probe verwendet werden, sodass bei gewissen einzelheiten das gedächtnis der zuschauer verunsichert wird.
das stück soll vor der pause oder am schluss aufgeführt werden, damit sich die beiden darsteller unter den zuschauern verlieren können.

mit dem titel

einer meyerbeeroper wird unter meinem namen zu der handlung einer verdioper die musik einer mozartoper mit dem text einer wagneroper unterlegt und in den dekorationen einer pucciniooper von nudisten aufgeführt.

wunsch-spiel

schreibe ein drama in einem oder mehreren akten für deine bekannten (und dich); lasse sie darin tun und äussern, was du von ihnen gern sehen und hören (- wenn du mitspielst, mit ihnen tun) möchtest.

unser versuch bestätigt das

szene für eine schwimmerin, bariton und frauenchor

das publikum sitzt in reihen vor einem schwimmbassin (halle). der frauenchor (in einheitlicher abendkleidung) nimmt auf einer erhöhten galerie (provisorischer aufbau) im hintergrund aufstellung. von rechts erscheinen die schwimmerin und der trainer (bariton), beide nur in bademäntel gehüllt.
der trainer setzt sich etwas weiter nach vorn, mit dem rücken halb zum publikum – die schwimmerin nie aus den augen lassend – an den rand des bassins und bringt seine stoppuhr in anschlag, deren ticken ertönt im folgenden durch lautsprecher verstärkt.
die schwimmerin wirft ihren bademantel ab (sie ist darunter nackt) und stellt sich startbereit auf.
genau auf das choreinsatzzeichen des dirigenten, der in der mitte vor dem bassin steht, springt sie ins wasser und beginnt ihre runden zu kraulen – solange gesungen wird. mit dem abschlag des dirigenten verlässt sie das wasser. der chor muss (im takt der stoppuhr) so leise singen, dass das klatschen des wassers bei den schwimmbewegungen deutlich zu hören ist. der trainer (kann in ein mikrophon singen) behält auch während seines solos die eingenommene grundstellung bei.
(der text ist ein zitat aus dem nachrichtenmagazin "der spiegel" vom 23. 1. 1967.)

chor: Einen "tollen Weltrekord" erzielte – nach einer Meldung der Pankower "Neuen Bild-Zeitung" – die DDR-Kraulschwimmerin Sylvia Ester beim Training im Ost-Berliner Friesenstadion: Die Sportlerin schwamm die 100-Meter-Kraulstrecke in 57,9 Sekunden und unterbot damit den offiziellen Weltrekord der Australierin Dawn Fraser um eine Sekunde. Die Bestleistung wird jedoch vom Internationalen Schwimmverband nicht anerkannt, da sie nicht im Wettkampf und ohne den vom Verbands-Reglement vorgeschriebenen einteiligen Badeanzug erreicht wurde. Sylvia Esters Trainer Hermann Tzschentke zur "Neuen Bild-Zeitung", die nur an DDR-Grenzübergängen ausliegt und in der Aufmachung Axel Spingers "Bild"-Zeitung kopiert, über den Grund für das Nacktbaden der Ost-Berlinerin:

baritonsolo: "Wir hörten davon, daß Dawn Fraser kürzlich einen Rekordversuch ebenfalls 'ohne' unternahm und dabei eine erstaunlich gute Zeit erreichte. Ohne Badeanzug ist der Widerstand im Wasser geringer. Unser Versuch bestätigt das."

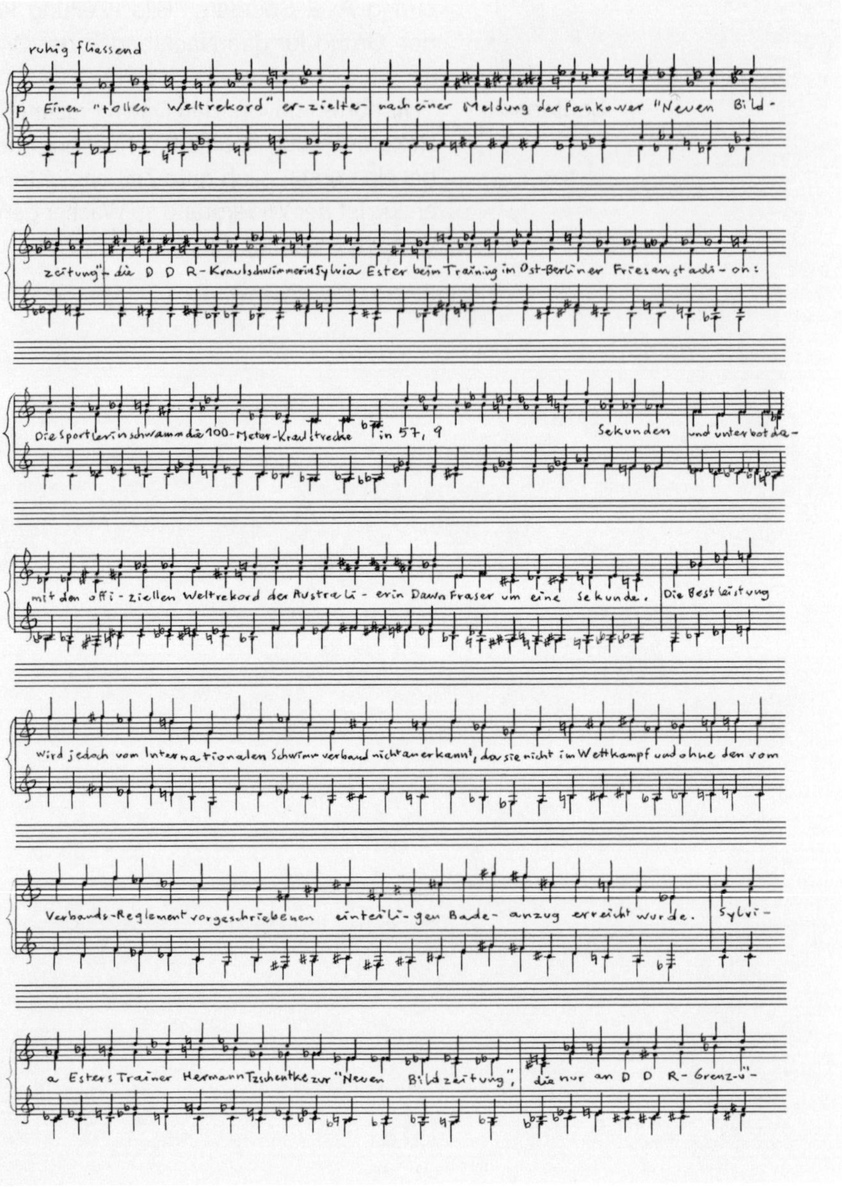
ruhig fliessend
p
Einen "tollen Weltrekord" er-zielte- nach einer Meldung der Pankower "Neuen Bild-
zeitung" - die D D R-Kraulschwimmerin Sylvia Ester beim Training im Ost-Berliner Friesenstadi-on:
Die Sportlerin schwamm die 100-Meter-Kraulstrecke in 57, 9 Sekunden und unterbot damit den offi-ziellen Weltrekord der Australi-erin Dawn Fraser um eine Sekunde. Die Bestleistung
wird jedoch vom Internationalen Schwimmverband nicht anerkannt, da sie nicht im Wettkampf und ohne den vom
Verbands-Reglement vorgeschriebenen einteili-gen Bade-anzug erreicht wurde. Sylvi-
a Esters Trainer Hermann Tzschentke zur "Neuen Bildzeitung", die nur an D D R-Grenz-ü-

bergängen ausliegt und in der Aufmachung A-xel Springers "Bild"-Zeitung kopiert,
über den Grund für das Nacktbaden der Ostber-li-nerin:
mp
legato
"Wir hörten davon, daß Dawn Fraser kürzlich einen Re-kordversuch ebenfalls 'ohne' unternahm
pp
und dabei eine erstaunlich gute Zeit erreichte. Ohne Bade-anzug ist der Wider-stand im Wasser geringer.
Unser Versuch bestätigt das.
ad libitum
1968

21.00 h – 21.05 h

5 minuten-aktion

vorbemerkung
ein team des österreichischen fernsehens, das gerade einen berliner kulturbericht drehte, hatte sich meiner anwesenheit in dieser stadt erinnert, und so wurde ich gefragt, ob ich nicht "schnell" eine aktionsveranstaltung organisieren könne. auf meine frage, wie viel sendezeit denn zur verfügung stünde, war die antwort "fünf minuten". damit war natürlich ein fünf-minuten-zusammenschnitt einer abendfüllenden veranstaltung gemeint. doch nahm ich die zeitangabe des regisseurs wörtlich und beschloss, eine aktion zu organisieren, die insgesamt fünf minuten dauern sollte. ich lud meine freunde ludwig gosewitz und tomas schmit ein, bei einer öffentlichen veranstaltung am sonnabend, dem 15. juli 1967 mitzuwirken, die punkt 21.00 uhr beginnen und punkt 21.05 uhr enden sollte. rené block stellte dafür seine galerie in der schaperstrasse zur verfügung, und die fernsehleute mussten tüchtig spurten, um die drei parallelen handlungsstränge möglichst gut ins bild zu bringen. wiederholt wurde natürlich nichts.

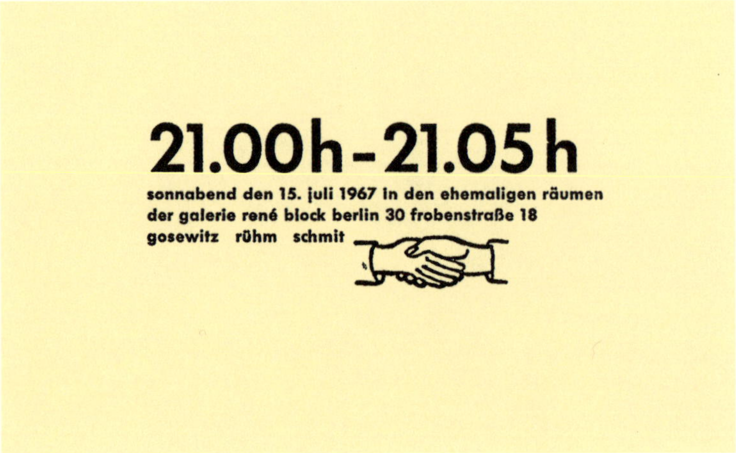
21.00h-21.05h
sonnabend den 15. juli 1967 in den ehemaligen räumen
der galerie rené block berlin 30 frobenstraße 18
gosewitz rühm schmit

nständen

e mit der aufschrift WASSER

u
F

m... 't that a groove, part I, II" (polydor
623 0 ... r ~~ist~~ wird auf 5 minuten eingestellt.

plakat me... ...stellung in der galerie st. stephan (kreis=
förmiges buchstabenfeld auf schwarz mit !) auf pappe aufge=
zogen, schrift bis auf name gelöscht, steht mich verdeckend
vor mir auf dem tisch. aus einer kleinen lücke in der mitte
hängt ein schlaffer luftballon, der langsam aufgeblasen wird,
bis er ~~zer~~platzt: zeitungsfetzchen (buchstaben) zerstäuben
daraus. ~~das plakat wird an die wand gehängt.~~

ich stelle (links) einen kocher auf den tisch, zünde ihn an.
schütte aus einem am boden stehenden krug wasser in einen
~~koch~~topf, stelle diesen auf den kocher.

stelle davor ein kochbuch, so dass die aufschrift für die
zuschauer lesbar ist.

stelle rechts eine weinflasche auf den tisch, daneben ein
(dünnes) weinglas. entkorke die flasche und schütte das
glas voll.

halte mein "jetzt"-blatt für die zuschauer lesbar mit beiden
händen hoch und reisse es mitten~~durch~~entzwei.
kippe dabei mit dem arm "ungeschickt" das weinglas um, das seinen inhalt
~~sich~~ über eine vorher auf dem tisch aufgebreitete zeitung
ergiesst.
ich stopfe hastig die zeitung, sie zerzupfend, in das glas, das
überfüllt zerbricht.
ich fege das ganze vom tisch.

wenn part I abzuklingen beginnt, sage ich laut im takt der musik:
"fünf, sechs, sieben, ACHT- "
schleudere in der pause bevor ~~die~~ part II beginnt die ~~flasche~~ wein=
flasche gegen das plakat FLASCHE und vervollständige ruhig:
ung."

ich werfe das kochbuch ins (inzwischen kochende) wasser.
lege einen teller mit ordnungsgemässem besteck auf.

stecke das plakat (gut brennbares material) mit der aufschrift
WASSER in brand.
als ich mich umdrehe (zum publikum) trage ich die bat-man-maske.

ich ~~binde~~ stecke mir eine~~n~~ serviette in den kragen. bewege mich rhythmisch
zur musik. rühre zwischendurch mit einem kochlöffel im kochtopf um.

hole schliesslich mit einem schöpfer das buch aus dem kochenden
wasser und beginne es mit messer und gabel auf dem teller zu
zerteilen.

der wecker klingelt. ich springe auf, hole einen schweren hammer
hervor und zertrümmere ihn mit einem wuchtigen schlag.

ophelia und die wörter
ein bühnenstück

313 – 349

motto:

Polonius: Was leset Ihr, mein Prinz?
Hamlet: Worte, Worte, Worte.
Polonius: Aber wovon handelt es?
Hamlet: Wer handelt?
(shakespeare: hamlet)

wenn die bühne grösser ist, inspiriert sich ihr aufbau an der historischen shakespearebühne (siehe z.b. das "shakespeare festival theatre" in stratford). so kann die bühne – durch einen vorhang oder eine TÜR (die nur in einem rahmen steht) – in eine hinterbühne (innenraum, "ZIMMER") und eine vorderbühne geteilt werden. ist eine versenkung vorhanden, kann sie bei "BETT" verwendung finden. die vorder- und hinterbühne sind der aktionsbereich der beiden akteurinnen. mehrere stufen führen seitwärts zu der unmittelbar darüberliegenden oberbühne – hier ist die (kleinere) spielfläche der ophelia, die sie während des ganzen stückes nicht verlässt. als requisit (kein bühnenbild!) steht nur eine einfache bank in der mitte, auf die sie sich setzen oder auf der sie – in der 7. szene – liegen kann.
ist die bühne kleiner, so dass sie keine aufteilung erlaubt, wird die spielfläche der ophelia durch eine einstufige erhöhung (podest) gekennzeichnet – etwa im linken (vom zuschauer aus) drittel der bühne. die TÜR steht dann im hintergrund (des rechten drittels) der bühne. die akteurinnen dürfen aber die bühne durch diese TÜR nur betreten (sie "auftun" oder "verschliessen"), wenn in der substantivkolumne (dritte ebene) der begriff "TÜR" (bzw. "SCHLÜSSEL") erscheint. ansonsten erfolgen etwaige auf- oder abtritte durch den (offenen) seitenausgang.
die projektionsfläche befindet sich entweder vorne über den akteurinnen oder – ist die bühne nicht hoch genug – im mittelteil der rückwand.

die rolle der ophelia wird so gespielt, als würde es sich um eine "klassische" hamletinszenierung handeln – nur sind ihre partner imaginär: anstelle der gegenreden und zwischentexte ertönen aus einem lautsprecher die aus ihrem eigenen text extrahierten grundbegriffe. ophelia reagiert nie auf das simultan mitlaufende bühnengeschehen (projektionen und aktionen der beiden gegenspielerinnen), sondern spielt ihre rolle gewissermassen für sich (und "ihr" publikum). beziehungen zwischen den verschiedenen text- und handlungsebenen herzustellen, bleibt dem zuschauer überlassen.

die extrahierten begriffe der 2. ebene ertönen über einen (nicht sichtbaren) lautsprecher auf der bühne (tonträger). sie sind von der darstellerin der ophelia gesprochen: jeder begriff für sich, neutral (aber nicht mechanisch), deutlich, in gleicher betonung und gleichmässigen zeitabständen. der text kann auch stereophon übertragen werden, wobei die einzelnen wörter über vier an den vier ecken des zuschauerraums angebrachte lautsprecher wandern (den zuschauerraum – mit den durch den dazwischengeschobenen opheliatext bzw. die gleichlangen pausen der 7. szene bedingten unterbrechungen – ständig umkreisend).

die konkreten begriffe der 3. ebene (kolumne auf der rechten seite) können auf verschiedene weise realisiert werden:

1. als schriftprojektion – der betreffende begriff erscheint in einfachen, stets gleich gross ins zentrum der projektionsfläche gesetzten versalien,
2. als bildprojektion – dia des bezeichneten gegenstandes (oder ausschnittes, z.b. "AUGE"), in möglichst einfacher, eindeutiger, exemplarischer form (künstlerische darstellungen sollen dafür – ausgenommen bei "BILD" – nicht verwendet werden); bei wiederkehrenden bildprojektionen wird (mit ausnahme des "tagHIMMELs") stets dieselbe aufnahme verwendet.
3. als konkrete gegenstände, kostümstücke oder (durch punktscheinwerfer hervorgehobene) körperteile (einer der beiden akteurinnen), die anlass zu bestimmten handlungen (s. u.) der akteurinnen geben können,
4. begriffe, die sich auch akustisch demonstrieren lassen (z.b. "GLOCKEN", "REGEN"), können auf tonträger realisiert werden (lautsprecher hinter der bühne),
5. begriffe wie "LICHT" und "GRÜN" können durch entsprechende beleuchtungseffekte suggeriert werden,
6. bei dem begriff "DUFT" kann im zuschauerraum ein duftstoff versprüht werden.

konkrete gegenstände ("requisiten") und hervorgehobene körperteile können zudem durch gleichzeitige schriftprojektion (des betreffenden begriffes) verdeutlicht werden.
wo sich mir eine bestimmte realisationsmöglichkeit besonders anzubieten schien, wurde sie als vorschlag vermerkt.
der erste zu realisierende begriff fällt jeweils mit dem beginn (licht) der szene zusammen. jede realisation bleibt bis zur nächsten (wechsel unmittelbar nach dem angegebenen stichwort) bestehen, die letzte jeweils bis zum ende (licht aus) der szene.

zwischen den einzelnen szenen soll durch etwa 20 sekunden totaler verdunkelung eine deutliche zäsur gesetzt werden.

zur ausführung der tätigkeitsbegriffe sind der "klassischen" ophelia zwei moderne gegenspielerinnen, "akteurinnen" gegenüberstellt (einige begriffe lassen sich nur zu zweit ausführen – z.b. "führen", "geben"). sie nehmen von der gleichzeitig agierenden ophelia ebenso wenig kenntnis wie diese von ihnen. ihre kleidung sollte nur aus den in der substantivkolumne genannten kostümstücken bestehen: SCHUHE, (unter)HEMD, KLEID, HUT. diese kleidungstücke sind modern.

unten steht ein katalog der tätigkeitsbegriffe, aus deren realisation sich die bewegungsregie der beiden akteurinnen zusammensetzt. sie können in beliebiger auswahl, reihenfolge und wiederholung von einer oder beiden akteurinnen ausgeführt werden – nur sollten möglichst viele von ihnen realisiert werden.
ein tätigkeitsbegriff gilt (mindestens) für die dauer eines hauptbegriffs (projektion, requisit usw.). er kann auf ein jeweils aufscheinendes requisit, kleidungsstück oder einen körperteil bezogen werden, sich aber auch in selbständigen handlungen manifestieren – soweit dafür kein oder kein anderer als der eben präsente gegenstand gebraucht wird. ausnahmen sind das verb "nähen", für dessen ausführung neben vorhandenen bezugsbegriffen wie "KLEID" oder "HEMD" nadel und zwirn, und "zeichnen", wofür ein stift nötig ist.
alle aktionen und tätigkeiten sollen deutlich, aber einfach und natürlich ausgeführt werden. es wird nichts vorgetäuscht (begriffe, die "gespielt", pantomimisch dargestellt werden müssten, z.b. "erschrecken", wurden bewusst ausgeklammert), sondern unmittelbar "getan". der demonstrative eindruck entsteht durch die eindeutigkeit und genaue zeitliche begrenzung der jeweiligen tätigkeit und schliesslich, weil sie auf der bühne stattfindet, aber nicht dadurch, dass sie selbst demonstrativ, stilisiert vorgeführt wird.
im unterschied zur ophelia müssen die akteurinnen nicht unbedingt immer auf der bühne sein.
dem gegebenen vokabular gemäss bietet sich für die aktivitäten der beiden akteurinnen eine deutlich erotische grundkomponente an, die von der regie uneingeschränkt herausgearbeitet und sichtbar gemacht werden sollte, schon um angesichts der textlich dominierenden ophelia auf der einen seite für ein genügend spannungvolles gegengewicht auf der andern zu sorgen.

die für die handlungen der beiden akteurinnen zur auswahl stehenden tätigkeitsbegriffe:
zeigen
betreten, vortreten
(ver)schliessen
führen
eindringen
nähen
aufreissen
(los)binden
loslassen
greifen
halten
lehnen (an-, zurück-)
betrachten, prüfen
zeichnen
stehen, aufstehen
wägen
holen, bringen
zertrümmern, zerstören
gehen
(zurück)drehen
wenden
geben
(über)nehmen
helfen
(her)stellen
saugen
aufräumen
zieren
antun
auftun
einlassen
brechen
kommen
legen
tragen
fallen(lassen)

1. szene

text der ophelia *lautsprecher*

Zweifelst du daran?

Weiter nichts?

Ich will den Sinn so guter Lehr' bewahren
Als Wächter meiner Brust; • doch, lieber Bruder,
Zeigt nicht, wie heilvergeßne Pred'ger tun,
Den steilen Dornenweg zum Himmel andern,
Derweil als frecher, lockrer Wollüstling •
Er selbst den Blumenpfad der Lust betritt
Und spottet seines Rats.

Es ist in mein Gedächtnis fest verschlossen, •
Und Ihr sollt selbst dazu den Schlüssel führen.

Wenn Ihr erlaubt, vom Prinzen Hamlet war's. •

Er hat seither Anträge mir getan
Von seiner Zuneigung.

Ich weiß nicht, Vater, was ich denken soll. •

Er hat mit seiner Lieb' in mich gedrungen,
In aller Ehr' und Sitte.
•
Und hat sein Wort beglaubigt, lieber Herr,

Beinah durch jeden heil'gen Schwur des Himmels.

Ich will gehorchen, Herr.

projektionen, demonstrations-objekte, geräusche usw.	*realisationsvorschläge*
BRUST	eine akteurin *zeigt* ihre brust
(stichwort "Brust") WEG	projektion schrift
(stichwort "Wollüstling") HIMMEL	projektion: klarer sternenhimmel
(stichwort "verschlossen") BLUMEN	
(stichwort "war's") SCHLÜSSEL	requisit
(stichwort "soll") WORT	projektion schrift
(stichwort "Sitte") HIMMEL	projektion: blauer tageshimmel mit einigen wölkchen

2. szene

text der ophelia	*lautsprecher*
O lieber Herr, ich bin so sehr erschreckt!	
	himmel helfen gewinn bringen leid haupt schnee kommen gehen bett kommen kommen •
Als ich in meinem Zimmer näht', auf einmal Prinz Hamlet – mit ganz aufgerißnem Wams, Kein Hut auf seinem Kopf, • die Strümpfe schmutzig Und losgebunden auf den Knöcheln hängend, Bleich wie sein Hemde, schlotternd mit den Knien; • Mit einem Blick, von Jammer so erfüllt, Als wär' er aus der Hölle losgelassen, Um Greuel kundzutun – so tritt er vor mich. •	
	lust ende nehmen sagen sterben welken geben tragen abzeichen
Herr, ich weiß es nicht; Allein ich fürcht' es wahrlich. •	
	treue gedenken herz bitten

projektionen, demonstrations-objekte, geräusche usw.	*realisationsvorschläge*
ZIMMER	projektion schrift
(stichwort "kommen") HUT	requisit
(stichwort "Kopf") KOPF	
(stichwort "Knien") STRÜMPFE	requisit
(stichwort "mich") KNÖCHEL	
(stichwort "wahrlich") HEMD	requisit

text der ophelia *lautsprecher*

andenken

Er griff mich bei der Hand und hielt mich fest, •
Dann lehnt' er sich zurück, so lang sein Arm;
Und mit der andern Hand so überm Auge, •
Betrachtet' er so prüfend mein Gesicht,
Als wollt' er's zeichnen. Lange stand er so;
Zuletzt ein wenig schüttelnd meine Hand •
Und dreimal hin und her den Kopf so wägend,
Holt' er solch einen bangen tiefen Seufzer,
Als sollt' er seinen ganzen Bau zertrümmern •
Und endigen sein Dasein. Dies getan,
Läßt er mich gehn, und über seine Schultern
Den Kopf zurückgedreht, • schien er den Weg
Zu finden ohne seine Augen; denn
Er ging zur Tür hinaus ohn' ihre Hilfe •
Und wandte bis zuletzt ihr Licht auf mich.

stehlen
klingen
rad
rufen
singen

Nein, bester Herr, nur wie Ihr mir befahlt, •
Wies ich die Briefe ab und weigert' ihm
Den Zutritt.

taube
schosz
grab
fallen
träne
bahre
tragen

projektionen, demonstrations-objekte, geräusche usw.	*realisationsvorschläge*
(stichwort "fest")	
KNIE	
(stichwort "Auge")	
HAND	
(stichwort "Hand")	
ARM	
(stichwort "zertrümmern")	
HAND	
(stichwort "zurückgedreht")	
AUGE	projektion: auge (einer der beiden akteurinnen)
(stichwort "Hilfe")	
GESICHT	projektion: gesicht (einer der beiden akteurinnen)
(stichwort "befahlt")	
HAND	

3. szene

text der ophelia	*lautsprecher*
	nacht
	nacht
	nacht
	nacht
	kommen
	rat
	danken
	wissen
	legen
	boden
	denken
	weinen
	gehen
	hoffen
Ich wünsch' es, gnäd'ge Frau. •	
	kommen
	licht
	brechen
Mein Prinz, wie geht es Euch seit so viel Tagen?	
	antworten
Mein Prinz, ich hab' von Euch noch Angedenken, • Die ich schon längst begehrt zurückzugeben. Ich bitt' Euch, nehmt sie jetzo!	
	scherzen
	sprechen
	himmel
	können
	tun
	sein •
Mein teurer Prinz, ihr wißt gar wohl, Ihr tatet's: Und Worte süßen Hauchs dabei, die reicher Die Dinge machten. • Da ihr Duft dahin, Nehmt dies zurück: dem edleren Gemüte Verarmt die Gabe mit des Gebers Güte. • Hier, gnäd'ger Herr!	
	machen

projektionen, demonstrations-objekte, geräusche usw.	*realisationsvorschläge*
KOPF	
(stichwort "Frau") SCHULTERN	
(stichwort "Angedenken") KOPF	
(stichwort "sein") WEG	projektion schrift
(stichwort "machten") AUGEN (stichwort "Güte") TÜR	projektion: augen (einer der beiden akteurinnen – diese kann sie währenddessen *schliessen*)

text der ophelia	*lautsprecher*
	ende
Gnädiger Herr?	
	gehen
	einlassen
	tür
	auftun
	kleid
	antun
	fenster
	zeit
	tag
Was meint Eure Hoheit? •	
	sagen
	bedeuten
	fragen
	sprechen
	bitten
Könnte Schönheit wohl bessern Umgang haben als mit der Tugend?	
	zeit
	werden
	sein
	wissen •
	sagen
	lohn
In der Tat, mein Prinz, Ihr machtet mich's glauben.	
	regen
	gehen
	grab
	blumen
	zieren
Um so mehr wurde ich betrogen. •	
	sehen
	schnee
	hemd
Zu Hause, gnädiger Herr.	

projektionen, demonstrations-objekte, geräusche usw.	*realisationsvorschläge*
(stichwort "Hoheit") LICHT	volles, grelles licht auf der bühne
(stichwort "wissen") BRIEFE	
(stichwort "betrogen") WORTE	projektion schrift

text der ophelia	*lautsprecher*
Zu Hause, gnädiger Herr.	hören bitten
O hilf ihm, güt'ger Himmel! •	stein fuss rasen haupt
Himmlische Mächte, stellt ihn wieder her!	hören bitten belieben
Oh, welch ein edler Geist ist hier zerstört! • Des Hofmanns Auge, des Gelehrten Zunge, Des Kriegers Arm, des Staates Blum' und Hoffnung, Der Sitte Spiegel und der Bildung Muster, • Das Merkziel der Betrachter; ganz, ganz hin! Und ich, der Fraun elendeste und ärmste, Die seiner Schwüre Honig sog, • ich sehe Die edle, hochgebietende Vernunft Mißtönend wie verstimmte Glocken jetzt; Dies hohe Bild, die Züge blühnder Jugend, Durch Schwärmerei zerrüttet: • weh mir! wehe! Daß ich sah, was ich sah, und sehe, was ich sehe.	 schuhe stab hut erkennen

projektionen, demonstrations-objekte, geräusche usw.	*realisationsvorschläge*
(stichwort "Himmel") DUFT	im zuschauerraum duft versprühen
(stichwort "zerstört") HAUS	projektion schrift
(stichwort "Muster") HIMMEL	projektion: klarer sternenhimmel
(stichwort "sog") AUGE	projektion: auge (einer der beiden akteurinnen)
(stichwort "zerrüttet") ZUNGE	projektion schrift (während die beiden akteurinnen mund an mund: *eindringen*)

4. szene

text der ophelia	*lautsprecher*
	aufstehen
Nein, mein Prinz.	
	amt
Ja, mein Prinz.	
	übernehmen
Ich denke nichts.	
	anhören
Was ist, mein Prinz?	
	stück
Ihr seid aufgeräumt. •	
	bedeuten
Ja, mein Prinz.	
	vorstellung
Nein, vor zweimal zwei Monaten, mein Prinz.	
	sagen
Was bedeutet dies, mein Prinz? •	
	zeigen
Vielleicht, dass diese Vorstellung den Inhalt des Stücks anzeigt.	
	stück
Wird er uns sagen, was diese Vorstellung bedeutet? •	
	inhalt
Ihr seid schlimm, Ihr seid schlimm, ich will das Stück anhören.	
	vorstellung
Es ist kurz, mein Prinz.	
	bedeuten •
Ihr übernehmt das Amt des Chorus, gnädiger Herr.	
	monate
Ihr seid spitz, gnädiger Herr, Ihr seid spitz.	
	aufräumen
Immer noch besser und schlimmer.	
	denken
Der König steht auf.	

projektionen, demonstrations-objekte, geräusche usw.	*realisationsvorschläge*
ARM	
(stichwort "aufgeräumt") BLUME	
(stichwort "Prinz?") SPIEGEL	requisit
(stichwort "bedeutet?") ZIEL	projektion schrift
(stichwort "bedeuten") GLOCKEN	tonband: glockengeläute

5. szene

text der ophelia	*lautsprecher*
	sehen
	sehen
	sehen
	sehen
	zerrütten
	jugend
	blühen
	züge
	bild
	glocken
	tönen
	vernunft
	gebieten
	sehen
	saugen
	ziel
	muster
	bildung
	spiegel •
	sitte
	hoffnung
	blume
	staat
	arm
	zunge
	auge
	zerstören
	geist
Wo ist die schöne Majestät von Dänmark?	
	herstellen
	mächte •
(singt): Wie erkenn' ich dein Treulieb	
Vor den andern nun?	
An dem Muschelhut und Stab	
Und den Sandelschuhn.	
	himmel

projektionen, demonstrations-objekte, geräusche usw.	*realisationsvorschläge*
BILD	projektion schrift oder reproduktion eines bekannten gemäldes (z.b. botticellis "geburt der venus")
(stichwort "spiegel") HUT	requisit
(stichwort "mächte") STAB	requisit (eine der beiden akteurinnen *zeigt* mit einem stab auf projektion schrift: STAB)
(stichwort "helfen")	

text der ophelia	*lautsprecher*
	helfen •
Was beliebt? Nein, bitte, hört!	
(singt:) Er ist lange tot und hin,	
Tot und hin, Fräulein! •	
Ihm zu Häupten ein Rasen grün,	
Ihm zu Fuß ein Stein.	
Oh!	
	haus
	betrügen
Bitt' Euch, hört! •	
(singt:) Sein Leichenhemd weiß wie Schnee zu sehn –	
	glauben
	tat
Geziert mit Blumensegen,	
Das unbeträntt zum Grab mußt' gehn	
Von Liebesregen. •	
	haben
	umgang
	schönheit
	meinen
Gottes Lohn! Recht gut. Sie sagen, die Eule war eines Bäckers Tochter. Ach Herr! • Wir wissen wohl, was wir sind, aber nicht, was wir werden können. Gott segne Euch die Mahlzeit!	
	gabe
	verarmen •
	nehmen
	duft
	machen
	dinge
	hauch
	worte
	tun
	wissen
Bitte, laßt uns darüber nicht sprechen; aber wenn sie Euch fragen, was es bedeutet, • so sagt nur:	

projektionen, demonstrations-objekte, geräusche usw.	*realisationsvorschläge*
SCHUHE	requisit
(stichwort "Fräulein") HAUPT	büste shakespeares oder projektion eines fotos der büste
(stichwort "hört") RASEN	projektion: rasenfläche
(stichwort "Liebesregen") GRÜN	projektion: gleichmässig grüne fläche oder die ganze bühne in intensiv grüner beleuchtung
(stichwort "Herr!") FUSS	
(stichwort "verarmen") STEIN	requisit
(stichwort "bedeutet") HEMD	requisit

text der ophelia *lautsprecher*

(singt:) Auf morgen ist Sankt-Valentins-Tag,
Wohl an der Zeit noch früh,
Und ich, 'ne Maid, am Fensterschlag •
Will sein Eu'r Valentin.
Er war bereit, tät an sein Kleid,
Tät auf die Kammertür,
Ließ ein die Maid, • die als 'ne Maid
Ging nimmermehr herfür.

nehmen
bitten
gehen
begehren
andenken
haben

Fürwahr, ohne Schwur, ich will ein Ende machen. •

(singt:) Bei unsrer Frau und Sankt Kathrin!
O pfui! was soll das sein?
Ein junger Mann tut's, wenn er kann, •
Beim Himmel, 's ist nicht fein.
Sie sprach: "Eh Ihr gescherzt mit mir,
Gelobtet Ihr, mich zu frein."

Er antwortet: •
"Ich bräch's auch nicht, beim Sonnenlicht!
Wärst du nicht kommen herein."

tage
gehen •

Ich hoffe, alles wird gut gehn. Wir müssen geduldig sein: aber ich kann nicht umhin zu weinen, wenn ich denke, • daß sie ihn in den kalten Boden gelegt haben. Mein Bruder soll davon wissen, und so dank' ich Euch für Euren guten Rat. • Kommt, meine Kutsche! Gute Nacht, Damen! gute Nacht, süße Damen! gute Nacht! gute Nacht!

wünschen

projektionen, demonstrations-objekte, geräusche usw.	*realisationsvorschläge*
(stichwort "Fensterschlag") SCHNEE	
(stichwort "Maid") BLUMEN	
(stichwort "machen") GRAB	projektion: grab (oder projektion schrift)
(stichwort "kann") REGEN	tonband: regengeräusch
(stichwort "antwortet") FENSTER	projektion: fenster (mit regenspuren an den scheiben)
(stichwort "gehen") KLEID	requisit
(stichwort "denke") TÜR	
(stichwort "Rat") ENDE	projektion schrift

6. szene

text der ophelia | *lautsprecher*

(singt:) Sie trugen ihn auf der Bahre bloß,
Leider, ach leider,
Und manche Trän' fiel in Grabes Schoß –
Fahr wohl, meine Taube! •

zutritt
weigern
briefe
abweisen
befehlen

Ihr müßt singen: "'nunter, hinunter! und ruft ihr ihn 'nunter." Oh, wie das Rad dazu klingt! • es ist der falsche Verwalter, der seines Herrn Tochter stahl.

licht
wenden
hilfe
tür
gehen
augen
finden
weg •
drehen
kopf
schultern
gehen
tun
dasein
endigen
zertrümmern
bau
seufzer
holen
wägen
kopf
hand
schütteln

projektionen, demonstrations-objekte, geräusche usw.	*realisationsvorschläge*
HIMMEL	projektion: blauer tageshimmel mit einigen wölkchen (andere phase als bei der ersten projektion)
(stichwort "Taube") LICHT	licht im zuschauerraum
(stichwort "klingt") BODEN	projektion schrift
(stichwort "weg") BAHRE	projektion: bahre (vor neutralem hintergrund)

text der ophelia	*lautsprecher*
	stehen
	zeichnen
	gesicht
	prüfen •
	betrachten
	auge
	hand
	arm
	lehnen
	halten
	hand
	greifen
Da ist Vergißmeinnicht, das ist zum Andenken:	
ich bitte Euch, liebes Herz, gedenkt meiner! •	
Und da ist Rosmarin, das ist für die Treue.	
	fürchten
	wissen
Da ist Fenchel für Euch und Aklei • – da ist Raute	
für Euch, und hier ist welche für mich – Ihr könnt	
Eure Raute mit einem Abzeichen tragen. • – Da ist	
Maßlieb – ich wollte Euch ein paar Veilchen geben,	
aber sie welkten alle, da mein Vater starb. • –	
Sie sagen, er nahm ein gutes Ende –	
(singt:) Denn traut lieb Fränzel ist all meine Lust –	
	vortreten
	kundtun
	greuel
	loslassen •
	erfüllen
	jammer
	blick
	knie
	schlottern
	hemd
	hängen
	knöchel

projektionen, demonstrations-objekte, geräusche usw.	*realisationsvorschläge*
(stichwort "prüfen")	
TRÄNE	projektion: auge (backe) mit träne
(stichwort "meiner!")	
GRAB	projektion grab
(stichwort "Aklei")	
SCHOSZ	
(stichwort "tragen")	
TAUBE	taube (bisher nicht sichtbar) *los-*
(stichwort "starb")	*lassen*
RAD	requisit (oder projektion: rad)
(stichwort »loslassen«)	
HERZ	tonband: herzschläge

text der ophelia	*lautsprecher*
	losbinden strümpfe kopf hut aufreissen nähen zimmer
(singt:) Und kommt er nicht mehr zurück? • Und kommt er nicht mehr zurück? Er ist tot, o weh! In dein Todesbett geh, Er kommt ja nimmer zurück. • Sein Bart war so weiß wie Schnee, Sein Haupt dem Flachse gleich: Er ist hin, er ist hin, • Und kein Leid bringt Gewinn; Gott helf' ihm ins Himmelreich! Und allen Christenseelen! Darum bet' ich! Gott sei mit euch.	
	erschrecken

projektionen, demonstrations-objekte, geräusche usw.	*realisationsvorschläge*
(stichwort "zurück?") ENDE	projektion schrift
(stichwort "zurück") BETT	requisit (jetzt erst bemerkbar – entweder durch *auftun* eines zwischenvorhangs oder aus der versenkung *kommend*; die beiden akteurinnen *legen* sich darauf)
(stichwort "hin") SCHNEE	

7. szene

text der ophelia	*lautsprecher*
	gehorchen himmel beglaubigen wort sitte eindringen liebe denken wissen zuneigung tun anträge erlauben • führen schlüssel verschliessen gedächtnis rat spotten betreten lust blumen himmel weg tun vergessen zeigen brust bewahren

projektionen, demonstrations-objekte, geräusche usw.	*realisationsvorschläge*
HAUPT	die büste shakespeares wird von einer der beiden akteurinnen zertrümmert, oder projektion: zertrümmerte büste shakespeares
(stichwort »erlauben«) HIMMEL	projektion: klarer sternenhimmel

text der ophelia	*lautsprecher*
	lehre sinn zweifeln

projektionen, demonstrations-objekte, geräusche usw.	*realisationsvorschläge*

der kammersänger hinter der bühne

351 – 362

Je länger die Striche,
desto größer die Schauspielkunst!
(motto frank wedekinds zu "der kammersänger")

AN DEN REGISSEUR UND DIE SCHAUSPIELER

lieber herr regisseur,
du, pardon, sie wissen natürlich, woraufs heute im theater ankommt. sie sind ein moderner, aufgeschlossener mensch - drum wollen sie ja dieses stück inszenieren, ich brauche also keine umständlichen erklärungen abzugeben, es genügen ein paar richtlinien.
mein stück zeigt - wie der titel sagt - den kammersänger (von wedekind) nicht auf der bühne, sondern *hinter* der szene, in seiner garderobe, "privat"; ebenso die andern rollenträger. die "bühne" *meines* stücks ist die garderobe (eingeschlossen die mit ihr verknüpften wunschprojektionen der voyeuristischen menge unten, vor der rampe). ich hätte für diese idee wohl auch ein anderes stück verwenden können, habe mich aber auf den wedekind'schen "kammersänger" festgelegt,
1. weil es ein (bekannter) einakter ist - die "sensation" des blicks hinter die kulissen, in die garderoben, soll sich nicht durch übermässige länge verbrauchen,
2. weil der titel die adaption stimulierte und
3. weil mir die geräusche und textfragmente, von denen ich annehmen will, dass man sie von der (imaginierten) bühne in die garderoben herüberhört, ganz reizvoll erscheinen (z.b. der effektvolle schuss gegen ende des stücks).
im übrigen sollte sich ihre, des regisseurs, kompetenz darauf beschränken, die vorschläge und wünsche der schauspieler aufeinander abzustimmen, zu koordinieren. helfen sie den schauspielern (s. u.), möglichst frei und ungezwungen zu sein, sich ihrem wesen, ihren bedürfnissen gemäss zu verhalten, zu unterhalten. vielleicht legen sie mit ihnen im kollektiv in grundzügen tätigkeiten (tätlichkeiten), ablauf und gesprächsthemen fest.

liebe schauspielerinnen (wie hübsch ihr seid! - wollen wir nicht mal miteinander schlafen?) und schauspieler.
vor allem: benehmt euch so hemmungslos, wie ihrs normalerweise in eurer garderobe tut - womöglich noch hemmungsloser, denn wie spannend dieses stück wird, hängt von euch ab! ich hoffe, dass ihr zu einem neuen, intelligenteren typ schauspieler gehört, dem über die auswendig gelernte rolle hinaus auch noch eigenes einfällt. was tut und worüber (womit) unterhaltet ihr euch denn in der garderobe? seid hier auch nicht anders. sprecht meinetwegen

übers mittagsessen oder euren appetit auf das abendessen, über eure sorgen, erlebnisse, erwartungen, vielleicht habt ihr auch was über das stück, dieses oder das von wedekind oder überhaupt über stücke, übers theater zu sagen, oder tratscht über irgendwen (das tut ihr doch bestimmt auch sonst), klagt über eure beschwerden oder über was andres, lest zeitung – vielleicht findet sich darin ein anlass zur unterhaltung (vorlesen). ja und denkt dran, dass ganz besonders bekenntnisse aus der intimsphäre, indiskretionen interesse erregen. ihr könnt auch zwischendurch irgendeine musiksendung oder nachrichten in einem transistorradio suchen, hören, im hintergrund plätschern lassen. raucht, trinkt, spielt mit euch und euren kollegen, es gibt vor, nach oder zwischen den abtritten wartezeiten genug (wenn ich mir nur vorstelle, wofür alles den darstellerinnen der miss isabel coeurne und der klavierlehrerin oder / und der beiden kammermädchen zeit bleibt!) – kurz, macht, was euch *lust* macht! befreit euch (erstmal von den kleidern)! ihr müsst das publikum in laune halten – das seid ihr eurem job schuldig, dafür werdet ihr schliesslich bezahlt! ihr habt euch zu zeigen! das publikum will was sehen! befriedigt die neugier, die schaulust so weit wie möglich! übertrefft euch selbst, erfüllt die in euch gesetzten (– so sagt man doch?) erwartungen! dieses stück bietet gelegenheit dazu, endlich! – einmal einen blick hinter die kulissen, in die garderobe *ihrer* lieblinge werfen zu dürfen – ist das nicht der mehr oder weniger geheime wunsch aller theaterfans? euch beim schminken und vor allem beim um- und auskleiden zu beobachten, zu belauschen wie ihr *seid*! hier könnt ihr eure ganze koketterie, euren berufsmässigen exhibitionismus spielen lassen, die im dunkeln lauernde gemeinde von voyeuren in atemlose spannung versetzen!

"Das ist des Theaters letzte Chance –
Ihr spielt doch gern vor vollem Haus!"
(goethe, faust, 3. teil)

inhaltsangabe für das programmheft

Der Kammersänger ist gefeiert. Er ist es gewohnt, Liebesbriefe zu erhalten und von den Frauen verwöhnt zu werden.

Jetzt hat er mit einem Impresario einen Kontrakt abgeschlossen, wonach er morgen in Brüssel den Tristan singen soll. Alles ist zur Abreise bereit, da kommen noch alle möglichen Besuche; ein verkannter Komponist, dem er zum Ruhme verhelfen soll; ein niedliches Backfischchen, das sich hinter den Fenstervorhängen versteckte, um ihn zu sehen, und eine verliebte Frau, die ihn in ihrer Leidenschaft allein besitzen und nicht fortlassen will, die sich schließlich, da er seiner Pflicht nachkommen muß, eine Kugel in die Brust jagt. Der Kammersänger schickt nach einem Schutzmann. Da ein solcher nicht schnell genug aufzutreiben ist, er aber den letzten Zug nicht versäumen darf, um nicht kontraktbrüchig zu werden, läßt er die sterbende Geliebte im Hotelzimmer liegen und stürzt in den Omnibus.

szenische situation
die garderobe(n) der schauspieler. im hintergrund türe(n) oder stoffverhängte ausgänge zum bühnengang. diffuses licht von der dekke. kein vorhang. hellerleuchteter zuschauerraum.
nach und nach finden sich die darsteller folgender rollen ein:

gerardo, k. k. kammersänger
frau helene marowa
professor dühring
miss isabel coeurne
müller, hotelwirt
ein hoteldiener
ein liftjunge
eine klavierlehrerin
ein kammermädchen

alle tragen ihre private strassenkleidung, je nach jahreszeit und wetter (bei regen z.b. triefende regenmäntel usw.). unter zwanglosen gesprächen, begrüssungsformeln, knipsen sie das licht ihres schminktischs an, beginnen sich auszukleiden, zu schminken, legen – je nach der bis zum jeweiligen abtritt zur verfügung stehenden zeit – die kostüme zu ihren rollen an, bereiten sich – jeder nach art und gewohnheit – auf ihren abtritt vor. es ist übrigens zu empfehlen, dass jeder nach dem abtritt die *ganze* betreffende passage seiner rolle intensiv markiert, damit bei seiner wiederkehr möglichst überzeugend der eindruck entsteht, er käme unmittelbar von der bühne, wo er soeben mit voller hingabe seine rolle gespielt hat (noch in gedanken auf der bühne, beim stück wedekinds, erschöpft, schwitzend, atemlos, animiert, unzufrieden, auf dem sprung zum nächsten abtritt usw.). die im folgenden ("ungefährer zeitplan für die abtritte") in der rechten spalte eingezeichneten geräusche und textbruchstücke tönen, wie durch trennwände und türen gedämpft,

von der imaginierten (wedekind'schen) bühne herüber; die abgegangenen schauspieler haben die hier herausgegriffenen textstellen dem wedekind'schen stück entsprechend vorzutragen (auch in der entsprechenden entfernung, gemäss der illusion einer hinter der garderobe liegenden bühne).
erst wenn miss coeurne, die klavierspielerin, der hoteldiener, der liftjunge und der kammersänger für ihre abtritte, geschminkt und kostümiert, vollständig vorbereitet sind, ertönt ein klingelzeichen. dann ein zweites. nach dem dritten erlischt das licht im zuschauerraum.

ungefährer zeitplan für die abtritte
(was bei wedekind auftritte, sind hier abtritte)
kurz vor dem ersten abtritt verlassen miss coeurne (sechzehn jahre, in halblangem kleid, mit offenem blondem haar, einen strauss roter rosen in der hand) und die klavierlehrerin (in grauer toilette) die garderobe.

erster abtritt

hoteldiener (mit einem arm voll kleider, drei oder vier grossen bouquets, einer hand voll briefen in allen farben), gleich darauf liftjunge	
	klopfgeräusche stimme des hoteldieners: "herein!" stimme des liftjungen: "es ist ein frauenzimmer unten, ob der herr kammersänger zu hause sei." stimme des hoteldieners: "ist nicht zu hause." tür
liftjunge wieder zurück	nach ca. 20 sec.: klopfgeräusche tür nach ca. 40 sec.: klopfgeräusche tür

nach ca. 30 sec.:

zweiter abtritt
gerardo
nach ca. 2 min. liftjunge (schleppt einen korb champagner mit)

klopfgeräusche
stimme gerardos: "herrrrrein!"
stimme des liftjungen: "ich soll das dem herrn kammersänger..."
stimme gerardos: "was? – wer ist unten?"
stimme des liftjungen: "ich solle das dem herrn kammersänger aufs zimmer stellen."
stimme gerardos: "was hast du denn? (kurze pause) danke."
tür

liftjunge wieder zurück

(nach ca. 10 sec.:
stimme gerardos: "georg!")

nach ca. 1 min. 20 sec. hoteldiener zurück

nach ca. 20 sec.:
zwei terzen auf einem flügel
nach ca. 10 sec.:
singstimme gerardos: "isolde! – geliebte!"
nach ca. 10 min.:
klingelgeräusch
tür

miss coeurne zurück (sie ist mit ihrer rolle fertig, wartet aber noch den schlussapplaus ab)
dritter abtritt (bei wedekind fünfter auftritt)
hoteldiener (keuchend, atemlos)

klopfgeräusche

stimme gerardos: "herein!"
tür
nach ca. 30 sec.:
stimme des hoteldieners: "sehr wohl, herr kammersänger."
stimme gerardos: "und wenn sie ihnen eine lebenslängliche leibrente dafür aussetzen will!"
stimme des hoteldieners: "sehr wohl."

hoteldiener wieder zurück

singstimme gerardos: "isolde! geliebte! – bist du..."
nach ca. 20 sec.:
zwei terzen auf einem flügel

vierter abtritt (bei wedekind siebenter auftritt)
professor dühring (siebzig jahre alt, ganz in schwarz, langer weisser bart, weingerötete adlernase, goldene brille, gehrock und zylinder, eine opernpartitur unter dem arm)

tür
nach ca. 5 min.:
tür

klavierlehrerin zurück (sie ist nun fertig, kann sich abschminken, umkleiden und nach haus gehen – aber auch noch einer freundin, miss coeurne?, "gesellschaft leisten")

nach ca. 2 min.:
hallender klang von einem faustschlag auf den flügel
nach ca. 3 min.:
zwei akkorde auf dem flügel
nach ca. 10 sec.:
drei akkorde
nach ca. 10 sec.:
zwei akkorde

nach ca. 20 sec.:
eine wirre "orchestration", dazu undeutlich dührings tiefe schnarrende stimme(:
"der tod, der tod, auch hier im schlosse,
wie er in unseren hütten hauset!
so mäht er gross wie klein...")
nach ca. 10 sec. weiter:
("was ich gelebt bis zu dieser stunde,
war morgengrauen. von tückischen geistern
aufs blut gefoltert, irrt' ich umher.
mein aug' ist tränenleer!
lass mich nur einmal noch die weissen haare küssen...")
nach ca. 1 min 30 sec.:
dührings höchste fistelstimme, sehr undeutlich, zum klavier (:
"hat mir gar oft meine locken gestreichelt,
wo er mich sah, war er freundlich zu mir.
o weh, das ist der tod,
die augen sind geschlossen...")
nach ca. 10 sec.:
zwei akkorde
nach ca. 12 min.:
tür

dühring zurück (er ist mit seiner rolle fertig, wartet aber noch den schlussapplaus ab)
nach ca. 40 sec.:
fünfter abtritt (bei wedekind neunter auftritt)
helene (blendende schönheit, zwanzig jahre, strassentoilette, muff; sehr erregt)

gleich darauf hoteldiener	stimme helenes: "ich werde mir von dem menschen den weg vertreten lassen! – er steht wohl unten, damit ich nicht zu dir kann?!" stimme gerardos: "helene!" stimme helenes: "du wusstest ja, dass ich noch kommen werde!" stimme des hoteldieners: "ich habe getan, was ich konnte, herr kammersänger, aber die dame hat mich..." stimme helenes: "geohrfeigt!" stimme gerardos: "helene!" stimme helenes: "ich soll mich wohl insultieren lassen?!" stimme gerardos: "gehen sie." tür
hoteldiener wieder zurück	nach ca. 22 min.: ein schuss
nach ca. 30 sec.:	
sechster abtritt (bei wedekind zehnter auftritt) liftjunge	
gleich darauf kammermädchen dann hotelwirt müller	stimme des liftjungen: »herr – herr kammersänger!« nach ca. 20 sec.: stimme gerardos: "schicken sie auf die polizei! ich muss verhaftet werden! wenn ich abreise, bin ich ein unmensch, und wenn ich hier bleibe, bin ich ruiniert, bin ich kontraktbrüchig! ich habe noch... eine minute und zehn sekunden. rasch! ich muss vorher verhaftet sein!" stimme müllers: "fritz, den nächsten schutzmann!"

stimme des liftjungen: "jawohl, herr müller!"
stimme müllers: "lauf, was du kannst!"
tür

liftjunge wieder zurück

nach ca. 50 sec. hoteldiener

hoteldiener (mit koffer) wieder zurück

stimme gerardos: "helene! – (schaden kann es mir nicht) – haben sie denn keinen arzt rufen lassen?"
stimme müllers: "der doktor ist sofort antelephoniert worden. wird wohl gleich hier sein."
stimme gerardos: "helene! – kennst du mich denn nicht mehr, helene! – der arzt wird ja im augenblick hier sein! – dein oskar, helene! – – helene!!"

liftjunge

stimme des luftjungen: "nirgends ein schutzmann zu finden!"
stimme gerardos: "ich muss morgen den 'tristan' singen!" (anscheinend auf der bühne an möbelstücke anrennend)

der kammersänger zurück

applaus

der kammersänger, miss coeurne, professor dühring und der hoteldiener eilig ab
wenn der applaus verebbt ist, alle wieder zurück. licht im zuschauerraum. die schauspieler schminken sich ab, kleiden sich um und verlassen dann – einzeln, paarweise oder in kleinen gruppen – die garderobe. (kein vorhang!)
nach einigen minuten licht (auf der bühne) aus

der kammersänger von vorn und hinten

die bühne befindet sich in der mitte des zuschauerraums und ist – quer durch eine trennwand geteilt – nach den beiden gegenüberliegenden seiten offen. auf der einen bühnenseite sieht man eine inszenierung des wedekind'schen "kammersängers", also den "kammersänger von vorn", auf der anderen seite die garderoben (siehe erste version!), also den "kammersänger von hinten". die zuschauer haben die möglichkeit, von der vorder- zur hinterseite der bühne zu wandern (und umgekehrt) und so nach lust und laune an dem stück wedekinds oder/und an den beschäftigungen der schauspieler in der garderobe teilzunehmen. man wird sehen, was attraktiver wirkt: die schauspieler oder ihre rollen.

der kammersänger von rechts und links

hier ist die – möglichst breite – bühne nur nach einer seite offen (guckkastenbühne), aber in der mitte so geteilt, dass man gleichzeitig rechts das stück wedekinds und links die schauspieler in den garderoben beobachten kann.

kreidekreis

theatralische kommunikation
nach dem chinesischen nach klabund

die bühne

den hintergrund bildet eine schwarze wand. in die mitte (oder auf eine davor stehende schiefertafel?) wird der kreidekreis gezeichnet. daneben links hängt ein genügend grosser tagesabreisskalender, rechts ist eine tür – wenn sie geöffnet wird, sieht man einen kinderwagen stehen.

auf der linken seite der bühne steht mit der schmalen seite zum zuschauer ein langer tisch, auf dem die für das stück nötigen requisiten aufgereiht sind:

76 zigaretten, 39 räucherstäbchen (die räucherstäbchen können auch in einer reihe vorn an der rampe stecken), 2 handspiegel, 74 mit wasser gefüllte gläser (gläschen), 57 (belegte) brötchen (kostproben), ein radiogerät (könnte auch auf einem eigenen tischchen rechts im hintergrund stehen), ein stück kreide, 13 klappblumen, ein maulkorb, 6 lichtschalter, die das bühnenlicht jeweils verändern (können auch an der rückwand angebracht sein), genügend streichhölzer.

hinter dem tisch (?) ein kleiderständer, auf dem kostüme hängen – oder eine kleine garderobe.

ein spielautomat (oder opferstock), auf dem 57 geldstücke zum einwerfen bereitliegen (oder auf dem tisch?).

rechts vorne steht ein spieltischchen (ohne stühle) mit einem schachbrett – die figuren sind zum spielbeginn aufgestellt.

hinter dem spieltischchen hängen in einer reihe entlang der rechten seite der bühne 12 verschieden grosse gongs oder (röhren)glocken. auf der rechten und linken seite der bühne in armhöhe je ein haken, wo man die hundeleine einhängen kann.

die darsteller

personen:

1 (tong) / 8 (tschao) – doppelrolle, männlich
2 (frau tschang) / 10 (hebamme) – doppelrolle, weiblich
3 (haitang) – weiblich
4 (tschang-ling) – männlich
5 (pao) – männlich
6 (herr ma) / 9 (tschu-tschu) – doppelrolle, männlich
7 (frau ma) – weiblich
ein hund

in umkehrung der traditionellen chinesischen theaterpraxis, die frauenrollen von männern spielen zu lassen, könnten hier die männerrollen von frauen übernommen werden (hosenrollen).
in den ersten vier akten könnten die darsteller zwanglos in einer reihe stehen – wer etwas zu sagen hat, tritt vor, danach wieder zurück. der text wird als sachliche inhaltsangabe vorgetragen – also weder emotional noch trocken, sondern neutral verbindlich. das gilt auch für den buchstabierten text des vierten aktes, der nicht geleiert werden darf, sondern rhythmus und sprachmelodie der zugrunde liegenden sätze suggerieren soll.
der fünfte akt hat etwa den charakter einer (ruhigen) party, die gerade nicht beschäftigten darsteller halten sich zwanglos im hintergrund auf, die aktionen verfolgend, doch ohne getuschel.
die einzelnen aktionen müssen wie eine fliessende rede aufeinanderfolgen, ohne dass ein gewisser meditativer grundcharakter (schon bedingt durch die ständigen wiederholungen) verlorengeht. in dem mass, in dem die darsteller "in fahrt kommen", könnte sich das tempo etwas beschleunigen – eine parodistische wirkung sollte aber unbedingt vermieden werden.
(die abfolge der aktionen werden die darsteller wohl am leichtesten erlernen, wenn sie sich die fortlaufenden schriftzeichen des zugrunde liegenden textes in ihrem bedeutungszusammenhang vergegenwärtigen und die substitutionstabelle so gut beherrschen, dass die umsetzung fast automatisch erfolgt.)

die substitutionen (5. akt)
geordnet nach der häufigkeit der buchstaben des grundtextes.

1)	e	(136)	etwas (z.b. einen splitter des zerbrochenen glases oder ein kalenderblatt) vom boden aufheben (auf den tisch legen).
2)	i	(103)	ein kleidungsstück ablegen; wenn die jeweilige person nackt ist, wieder stück für stück neue kleidung anlegen (auch historische kostüme können verwendet werden).
3)	a	(80)	türe öffnen bzw. (beim nächsten mal) schliessen.
4)	n	(80)	vom tagesabreisskalender ein blatt reissen (zu boden fallen lassen).
5)	t	(71)	sich einmal vernehmlich räuspern.
6)	r	(70)	sich eine zigarette anzünden und auf dem tisch (aschenbecher) ablegen.
7)	s	(66)	die bezugsperson auf die wange küssen – jeweils

			abwechselnd links und rechts, in den simultanpassagen auf den mund.
8)	h	(57)	ein geldstück einwerfen – in einen spielautomaten (wodurch etwas ausgelöst wird) oder in eine sparbüchse (opferstock?).
9)	d	(37)	ein räucherstäbchen anzünden.
10)	g	(37)	sich (kurz) in einem handspiegel betrachten.
11)	l	(34)	ein glas zu boden fallen lassen – es sollte dabei zerbrechen (steinboden?).
12)	u	(34)	ein glas wasser (in einem zug) leertrinken.
13)	c	(29)	ein brötchen essen.
14)	k	(23)	ein brötchen dem hund vorwerfen.
15)	m	(23)	das radiogerät ein- bzw. ausschalten.
16)	f	(17)	in den kreidekreis das wort BALD schreiben bzw. es auslöschen – beim letzten mal wird das wort JETZT geschrieben.
17)	o	(15)	ein schachzug – die seite jedesmal wechseln.
18)	b	(12)	den hund an der leine jeweils von einer seite der bühne zur andern führen (und anleinen).
19)	w	(12)	von den zwölf verschieden grossen gongs (oder glocken) mit einer beginnend jedesmal eine mehr anschlagen – reihenfolge beliebig.
20)	p	(11)	klappblumen oder zauberblume (mit einer bewegung) zu einem strauss entfalten.
21)	z	(11)	ausspucken.
22)	ü	(6)	jeweils einen anderen von sechs lichtschaltern betätigen (wodurch die bühnenbeleuchtung sechsmal verändert wird).
23)	v	(5)	der bezugsperson einen klatschenden schlag ins gesicht versetzen.
24)	ä	(5)	den satz mao tse-tungs (aus dem "roten buch") zitieren: "Unserer Meinung nach würde es für die Entfaltung von Kunst und Wissenschaft schädlich sein, wenn durch administrativen Zwang ein bestimmter Kunststil oder eine bestimmte Schule durchgesetzt wird und andere verboten werden." – zuerst geflüstert, dann leise, normal und laut gesprochen, zuletzt geschrieen.
25)	j	(1)	dem hund einen maulkorb umschnallen.
26)	ö	(1)	an die tafel (oder rückwand) einen grossen kreidekreis zeichnen.

sprechtext und aktionen

1. akt

1 (m):
das innere eines teehauses in nanking. tong, der besitzer, stellt sich vor. früher, als henker, hat er köpfe abgeschlagen, jetzt lässt er sie den männern von seinen blumenmädchen nur noch verdrehen.
2 (w) + 3 (w) gleichzeitig:
frau tschang und ihre tochter haitang treten auf.
3 (w):
haitangs vater wurde von dem mandarin und steuerpächter ma um seinen besitz gebracht und in den selbstmord getrieben.
2 (w):
frau tschang verkauft nun ihre tochter, um nicht zu verhungern. hai-tangs schönheit ist das letzte, was sie noch anzubieten hat.
4 (m):
tschang-ling, der bruder haitangs, stürzt herein. er kann den handel nicht mehr rückgängig machen.
3 (w):
haitang wird im goldenen käfig ausgestellt.
5 (m):
pao, ein junger prinz, entdeckt sie als erster und verliebt sich in sie.
6 (m):
da tritt der reiche mandarin ma dazwischen. er will die schöne, noch unberührte haitang kaufen und als nebenfrau in sein haus nehmen.
5 (m):
pao kann seinen angeboten nicht standhalten und muss zurücktreten.
(vorhang)

2. akt

6 (m):
garten und veranda vor dem hause mas.

7 (w):
yü-pei, die erste frau mas, stellt sich vor. sie schmäht haitang, die nun schon ein jahr als zweite frau mas im hause wohnt. yü-pei kann es nicht ertragen, dass ihr ein blumenmädchen die gunst ihres mannes rauben konnte und ihm auch noch einen erben geboren hat, während sie selbst unfruchtbar geblieben ist.
1/8 (m):
der gerichtsbeamte tschao tritt auf. tschao ist yü-pei hörig und klagt, dass er sie stets nur kurz und heimlich treffen darf. er hat sich gift verschafft, um sein unglückliches leben zu beenden.
7 (w):
yü-pei entwindet ihm das gift. sie verspricht tschao, ihm ganz zu gehören, wenn er ihr blind folge. der knabe haitangs kann sie um das alleinerbe bringen, das ihr als erster frau zusteht. sie sieht einen weg, das zu verhindern. sie entfernt sich.
6 (m):
ma tritt auf. er trägt tschao seinen plan vor, sich von yü-pei, seiner frau ersten ranges, scheiden zu lassen und haitang in ihren rang zu erheben. tschao soll für ihn die juristischen formalitäten erledigen.
1/8 (m):
tschao überspielt den schreck und beteuert seine hilfsbereitschaft.
6 (m):
ma entfernt sich.
1/8 (m):
tschao verrät yü-pei, weswegen ihn ma gerufen hat.
7 (w):
frau ma beschliesst, sofort zu handeln.
4 (m):
tschang-ling, der bruder haitangs, erscheint völlig zerlumpt am gartenzaun. er empört sich über das herrschende unrecht. millionen sind die sklaven von wenigen. tschang-ling ist revolutionär geworden. er ist mitglied der bruderschaft vom weissen lotos. im namen der gerechtigkeit hat sie über ma das todesurteil verhängt. tschang-ling soll es nun vollstrecken.
3 (w):
haitang erscheint.
4 (m):
tschang-ling gibt sich ihr zu erkennen und erklärt den grund seines kommens.
3 (w):
haitang versucht, ma zu verteidigen. er habe sie zwar als sklavin

gekauft, aber zu seiner frau gemacht und ihr ein kind geschenkt. sie wolle ma bitten, einen teil seines vermögens der bruderschaft zu stiften. sie fleht für ma um eine chance.

4 (m):

tschang-ling betont die unbestechlichkeit seiner brüder. doch wolle er ihnen berichten und wiederkommen.

7 (w):

frau ma hat haitang mit dem fremden mann beobachtet. sie wirft ihr teehausmanieren vor.

6 (m):

ma kommt aus dem haus.

3 (w):

haitang holt ihm den tee.

7 (w):

yü-pei steckt herrn ma, was sie gesehen hat.

6 (m):

ma stellt haitang zur rede.

3 (w):

haitang erklärt ihm, dass der fremde mann ihr bruder sei.

6 (m):

ma glaubt ihr. seine liebe zu haitang, ihre sanfte gegenwart, hat ihn verwandelt.

3 (w):

haitang ist glücklich. sie erkennt, dass ma sie wirklich liebt. nun muss alles gut werden, und sie wird ihm von der lotosblüte erzählen.

7 (w):

yü-pei nutzt die gelegenheit und schüttet gift in den tee.

6 (m):

ma trinkt und bricht tot zusammen.

1/8 (m) + 4 (m) gleichzeitig:

tschao und tschang-ling tauchen auf.

7 (w):

frau ma beschuldigt haitang, ihren mann vergiftet zu haben.

3 (w):

haitang wird gefesselt. vergebens verlangt sie ihr kind.

7 (w):

frau ma gibt das kind als ihr eigenes aus.

(vorhang)

3. akt

6/9 (m):
tschu-tschu, der richter, sitzt auf dem richterstuhl und frühstückt.
1/8 (m):
tschao bringt dem richter bestechungsgeld von frau ma.
6/9 (m):
tschu wird den prozess zu gunsten der frau ma drehen.
7 (w) + 2/10 (w) gleichzeitig:
frau ma erscheint mit der hebamme.
2/10 (w):
die hebamme soll bezeugen, dass der knabe li das kind yü-peis ist. einige goldstücke helfen ihrem gedächtnis nach.
3 (w):
haitang wird hereingebracht.
7 (w):
frau ma klagt haitang des versuchten kindesraubes und giftmordes an ihrem mann an.
3 (w):
haitang weist die anklage zurück.
2/10 (w):
nun muss die eingeschüchterte hebamme vor den zeugenstand treten.
3 (w):
haitang erinnert sie daran, wie sie ihr bei der geburt des kindes die schnur löste.
2/10 (w):
die hebamme windet sich um eine klare aussage. dann bezeichnet sie aber doch frau ma als die mutter.
3 (w):
das kind wird haitang aberkannt.
1/8 (m):
tschao unterschiebt haitang als mordmotiv den durch ma verursachten verzweiflungstod ihres vaters.
7 (w):
frau ma schwört hintersinnig: die nicht die mutter des kindes sei, habe den mord begangen, um sich den knaben und das erbteil anzueignen.
3 (w):
haitang muss diesen schwur bestätigen und gilt der verbrechen überführt. das urteil lautet: tod durch das schwert.

6/9 (m):
in diesem augenblick trifft aus peking die nachricht ein, dass der alte kaiser gestorben und prinz pao sein nachfolger geworden sei. alle todesurteile wären aufgehoben, richter und gerichtete nach peking berufen. die erste amtshandlung des neuen kaisers stehe im zeichen der gerechtigkeit. – tschu wischt sich den schweiss von der stirn.
4 (m):
tschang-ling erwartet auch vom neuen kaiser nichts besseres. er will die unschuldige schwester selbst befreien und wird festgenommen.
(vorhang)

4. akt

3 (w):
es/ce/ha/en/e/e/es/te/u/er/em. de/i/e e/er/es/ce/ha/ö/pe/ef/te/e ha/a/i/te/a/en/ge, vau/o/en zett/we/e/i es/o/el/de/a/te/e/en be/e/we/a/ce/ha/te, we/i/er/de be/e/es/ce/ha/i/em/pe/ef/te u/en/de ge/e/pe/er/ü/ge/e/el/te. es/i/e ka/el/a/ge/te de/e/em es/ce/ha/en/e/e/es/te/u/er/em i/ha/er el/e/i/de. – de/a be/e/ge/e/ge/en/e/te ha/a/i/te/a/en/ge i/ha/er /e/em ge/e/ef/a/en/ge/e/en/e/en be/er/u/de/e/er.
4 (m) + 3 (w) gleichzeitig:
te/es/ce/ha/a/en/ge-el/i/en/ge u/en/de ha/a/i/te/a/en/ge we/e/er/de/e/en a/en/e/i/en/a/en/de/e/er/ge/e/be/u/en/de/e/en u/en/de de/e/en ge/e/em/e/i/en/es/a/em/e/en we/e/ge en/a/ce/ha pe/e/ka/i/en/ge we/e/i/te/e/er/ge/e/te/er/i/e/be/e/en.
(vorhang)

5. akt

5 (m):
(t) räuspern, (h) geldstück einwerfen, (r) zigarette anzünden, (o) schachzug, (n) kalenderblatt abreissen, (s) 3 küssen, (a) türe öffnen, (a) türe schliessen, (l) glas fallen lassen, (d) räucherstäbchen anzünden, (e) etwas aufheben, (s) 3 küssen, (k) brötchen dem hund vorwerfen, (a) türe öffnen, (i) kleidungsstück ablegen, (s) 3 küssen, (e) etwas aufheben, (r) zigarette anzünden, (l) glas fallen lassen, (i)

kleidungsstück, (c) brötchen essen, (h) geldstück einwerfen, (e) etwas aufheben, (n) kalenderblatt abreissen, (p) klappblumen entfalten, (a) türe schliessen, (l) glas fallen lassen, (a) türe öffnen, (s) 3 küssen, (t) räuspern, (e) etwas aufheben, (s) 3 küssen, (i) kleidungsstück, (n) kalenderblatt abreissen, (p) klappblumen entfalten, (e) etwas aufheben, (k) brötchen dem hund vorwerfen, (i) kleidungsstück, (n) kalenderblatt abreissen, (g) sich im handspiegel betrachten, (p) klappblumen entfalten, (a) türe schliessen, (o) schachzug, (d) räucherstäbchen anzünden, (e) etwas aufheben, (r) zigarette anzünden, (n) kalenderblatt abreissen, (e) etwas aufheben, (u) glas leertrinken, (e) etwas aufheben, (k) brötchen dem hund vorwerfen, (a) türe öffnen, (i) kleidungsstück, (s) 3 küssen, (e) etwas aufheben, (r) zigarette anzünden, (l) glas fallen lassen, (e) etwas aufheben, (i) kleidungsstück, (t) räuspern, (e) etwas aufheben, (t) räuspern, (d) räucherstäbchen anzünden, (i) kleidungsstück, (e) etwas aufheben, (g) sich im spiegel betrachten, (e) etwas aufheben, (r) zigarette anzünden, (i) kleidungsstück, (c) brötchen essen, (h) geldstück einwerfen, (t) räuspern, (s) 3 küssen, (v) 3 ins gesicht schlagen, (e) etwas aufheben, (r) zigarette anzünden, (h) geldstück einwerfen, (a) türe schliessen, (n) kalenderblatt abreissen, (d) räucherstäbchen anzünden, (l) glas fallen lassen, (u) glas leertrinken, (n) kalenderblatt abreissen, (g) sich im spiegel betrachten.

6/9 (m):

(t) räuspern, (s) 3 küssen, (c) brötchen essen, (h) geldstück einwerfen, (u) glas leertrinken, (t) räuspern, (s) 3 küssen, (c) brötchen essen, (h) geldstück einwerfen, (u) glas leertrinken, (b) hund zur andern bühnenseite führen, (e) etwas aufheben, (s) 3 küssen, (c) brötchen essen, (h) geldstück einwerfen, (u) glas leertrinken, (l) glas fallen lassen, (d) räucherstäbchen anzünden, (i) kleidungsstück ablegen, (g) sich im handspiegel betrachten, (t) räuspern, (t) räuspern, (s) 3 küssen, (c) brötchen essen, (h) geldstück einwerfen, (a) türe öffnen, (n) kalenderblatt abreissen, (g) sich im spiegel betrachten, (l) glas fallen lassen, (i) kleidungsstück, (n) kalenderblatt abreissen, (g) sich im spiegel betrachten, (d) räucherstäbchen anzünden, (e) etwas aufheben, (r) zigarette anzünden, (m) radio einschalten, (a) türe schliessen, (j) dem hund maulkorb umschnallen, (e) etwas aufheben, (s) 3 küssen, (t) räuspern, (ä) flüstern: "Unserer Meinung nach würde es für die Entfaltung von Kunst und Wissenschaft schädlich sein, wenn durch administrativen Zwang ein bestimmter Kunststil oder eine bestimmte Schule durchgesetzt wird und andere verboten werden.", (t) räuspern, (s) 3 küssen, (b) hund zur andern bühnenseite führen, (e) etwas aufheben, (l) glas fallen lassen, (e) etwas aufheben, (i) kleidungsstück, (d) räucherstäbchen anzünden, (i) kleidungsstück, (g) sich im spiegel betrachten, (u) glas leertrinken, (n) kalenderblatt abreissen, (g) sich im spiegel betrachten.

4 (m):

(t) räuspern, (s) 3 küssen, (c) brötchen essen, (h) geldstück einwerfen, (a) türe öffnen, (n) kalenderblatt abreissen, (g) sich im spiegel betrachten, (l) glas fallen lassen, (i) kleidungsstück ablegen, (n) kalenderblatt abreissen, (g) sich im spiegel betrachten, (e) etwas aufheben, (m) radio abschalten, (p) klappblumen entfalten, (ö) kreidekreis zeichnen, (r) zigarette anzünden, (t) räuspern, (s) 3 küssen, (i) kleidungsstück, (c) brötchen essen, (h) geldstück einwerfen, (i) kleidungsstück, (m) radio einschalten, (n) kalenderblatt abreissen, (a) türe schliessen, (m) radio abschalten, (e) etwas aufheben, (n) kalenderblatt abreissen, (a) türe öffnen, (l) glas fallen lassen, (l) glas fallen lassen, (e) etwas aufheben, (r) zigarette anzünden, (u) glas leertrinken, (n) kalenderblatt abreissen, (t) räuspern, (e) etwas aufheben, (r) zigarette anzünden, (d) räucherstäbchen anzünden, (r) zigarette anzünden, (ü) lichtschalter betätigen, (c) brötchen essen, (k) brötchen dem hund vorwerfen, (t) räuspern, (e) etwas aufheben, (n) kalenderblatt abreissen, (ü) einen andern lichtschalter betätigen, (b) hund zur andern bühnenseite führen, (e) etwas aufheben, (r) zigarette anzünden, (d) räucherstäbchen anzünden, (i) kleidungsstück, (e) etwas aufheben, (h) geldstück einwerfen, (e) etwas aufheben, (r) zigarette anzünden, (r) zigarette anzünden, (s) 3 küssen, (c) brötchen essen, (h) geldstück einwerfen, (e) etwas aufheben, (n) kalenderblatt abreissen, (d) räucherstäbchen anzünden, (e) etwas aufheben, (n) kalenderblatt abreissen, (z) ausspucken, (u) glas leertrinken, (s) 3 küssen, (t) räuspern, (ä) leise sprechen: "Unserer Meinung nach würde es für die Entfaltung von Kunst und Wissenschaft schädlich sein, wenn durch administrativen Zwang ein bestimmter Kunststil oder eine bestimmte Schule durchgesetzt wird und andere verboten werden.", (n) kalenderblatt abreissen, (d) räucherstäbchen anzünden, (e) etwas aufheben.

5 (m):

(d) räucherstäbchen anzünden, (e) etwas aufheben, (r) zigarette anzünden, (k) brötchen dem hund vorwerfen, (a) türe schliessen, (i) kleidungsstück, (s) 3 küssen, (e) etwas aufheben, (r) zigarette anzünden, (f) in den kreis BALD schreiben, (o) schachzug, (r) zigarette anzünden, (d) räucherstäbchen anzünden, (e) etwas aufheben, (r) zigarette anzünden, (t) räuspern, (i) kleidungsstück, (h) geldstück einwerfen, (n) kalenderblatt abreissen, (a) türe öffnen, (u) glas leertrinken, (f) BALD auslöschen, (i) kleidungsstück, (m) radio einschalten, (k) brötchen dem hund vorwerfen, (a) türe schliessen, (m) radio abschalten, (p) klappblumen entfalten, (f) in den kreidekreis BALD schreiben, (f) BALD auslöschen, (ü) einen noch nicht benutzten lichtschalter betätigen, (r) zigarette anzünden, (g) sich im spiegel betrachten, (e) etwas aufheben, (r) zigarette anzünden, (e) etwas aufheben, (c) brötchen essen, (h) geldstück einwerfen, (t) räuspern, (i) kleidungsstück, (g) sich im spiegel betrachten, (k) brötchen dem hund vorwerfen, (e) etwas aufheben, (i) kleidungsstück, (t) räuspern, (s) 3 küssen, (e) etwas aufheben, (i) kleidungsstück, (n) kalenderblatt abreissen, (f) in den kreidekreis BALD schreiben, (r) zigarette anzünden, (e) etwas aufheben, (u) glas leertrinken (n) kalenderblatt abreissen (d) räucherstäbchen anzünden, (z) ausspucken, (u) glas leertrinken, (s) 3 küssen, (e) etwas aufheben, (i) kleidungsstück, (n) kalenderblatt abreissen.

4 (m):

(t) räuspern, (s) 3 küssen, (c) brötchen essen, (h) geldstück einwerfen, (a) türe öffnen, (n) kalenderblatt abreissen, (g) sich im spiegel betrachten, (l) glas fallen lassen, (i) kleidungsstück, (n) kalenderblatt abreissen, (g) sich im spiegel betrachten, (i) kleidungsstück, (s) 3 küssen, (t) räuspern, (f) BALD auslöschen, (r) zigarette anzünden, (e) etwas aufheben, (i) kleidungsstück.

5 (m):

(n) kalenderblatt abreissen, (u) glas leertrinken, (n) kalenderblatt abreissen, (f) in den kreidekreis BALD schreiben, (r) zigarette anzünden, (a) türe schliessen, (g) sich im spiegel betrachten, (t) räuspern, (d) räucherstäbchen anzünden, (e) etwas aufheben, (r) zigarette anzünden, (k) brötchen dem hund vorwerfen, (a) türe öffnen, (i) kleidungsstück, (s) 3 küssen, (e) etwas aufheben, (r) zigarette anzünden, (n) kalenderblatt abreissen, (a) türe schliessen, (c) brötchen essen, (h) geldstück einwerfen, (h) geldstück einwerfen, (a) türe öffnen, (i) kleidungsstück, (t) räuspern, (a) türe schliessen, (n) kalenderblatt abreissen, (g) sich im spiegel betrachten, (s) 3 küssen, (v) 8 ins gesicht schlagen, (e) etwas aufheben, (r) zigarette anzünden, (g) sich im spiegel betrachten, (e) etwas aufheben, (h) geldstück einwerfen, (e) etwas aufheben, (n) kalenderblatt abreissen.

5 (m) + 3 (w) gemeinsam:

(p) klappblumen entfalten (beide gleichzeitig), (a) türe öffnen (5), türe schliessen (3), (o) schachzug (erst 5, dann 3), (u) glas leertrinken (beide), (n) kalenderblatt abreissen (erst 5, dann 3), (d) räucherstäbchen anzünden (beide), (h) geldstück einwerfen (erst 5, dann 3), (a) türe öffnen (5), türe schliessen (3), (i) kleidungsstück (3), kleidungsstück ablegen (5) (beide gleichzeitig), (t) räuspern (beide), (a) türe öffnen (5), türe schliessen (3), (n) kalenderblatt abreissen (erst 5, dann 3), (g) sich im spiegel betrachten (beide), (e) etwas aufheben (beide), (r) zigarette anzünden (beide), (k) brötchen dem hund vorwerfen (beide), (e) etwas aufheben (beide), (n) kalenderblatt abreissen (erst 5, dann 3), (n) kalenderblatt abreissen (erst 5, dann 3), (e) etwas aufheben (beide), (n) kalenderblatt abreissen (erst 5, dann 3), (s) einander auf den mund küssen, (i) kleidungsstück (beide), (c) brötchen essen (beide), (h) geldstück einwerfen (erst 5, dann 3).

5 (m):

(d) räucherstäbchen anzünden, (e) etwas aufheben, (r) zigarette anzünden, (k) brötchen dem hund vorwerfen, (a) türe öffnen, (i) kleidungsstück, (s) 3 küssen, (e) etwas aufheben, (r) zigarette anzünden, (l) glas fallen lassen, (ä) normal sprechen: "Unserer Meinung nach würde es für die Entfaltung von Kunst und Wissenschaft schädlich sein, wenn durch administrativen Zwang ein bestimmter Kunststill oder eine bestimmte Schule durchgesetzt wird und andere verboten werden.", (s) 3 küssen, (s) 3 küssen, (t) räuspern, (a) türe schliessen, (u) glas leertrinken, (f) BALD auslöschen, (d) räucherstäbchen anzünden, (e) etwas aufheben, (m) radio einschalten, (b) den hund zur andern bühnenseite führen, (o) schachzug, (d) räucherstäbchen anzünden, (e) etwas aufheben, (n) kalenderblatt abreissen, (e) etwas aufheben, (i) kleidungsstück, (n) kalenderblatt abreissen, (e) etwas aufheben, (n) kalenderblatt abreissen, (k) brötchen dem hund vorwerfen, (r) zigarette anzünden, (e) etwas aufheben, (i) kleidungsstück, (d) räucherstäbchen anzünden, (e) etwas aufheben, (k) brötchen dem hund vorwerfen, (r) zigarette anzünden, (e) etwas aufheben, (i) kleidungsstück, (s) 3 küssen, (z) ausspucken, (i) kleidungsstück, (e) etwas aufheben, (h) geldstück einwerfen, (e) etwas aufheben, (n) kalenderblatt abreissen, (u) glas leertrinken, (n) kalenderblatt abreissen, (d) räucherstäbchen anzünden, (d) räucherstäbchen anzünden, (a) türe öffnen, (s) 3 küssen, (k) brötchen dem hund vorwerfen, (i) kleidungsstück, (n) kalenderblatt abreissen, (d) räucherstäbchen anzünden, (i) kleidungsstück, (n) kalenderblatt abreissen, (d) räucherstäbchen anzünden, (i) kleidungsstück, (e) etwas aufheben, (m) radio abschalten, (i) kleidungsstück, (t) räuspern, (t) räuspern, (e) etwas aufheben, (l) glas fallen lassen, (e) etwas aufheben, (g) sich im spiegel betrachten, (e) etwas aufheben, (n) kalenderblatt abreissen, (d) räucherstäbchen anzünden, (i) kleidungsstück, (e) etwas aufheben, (m) radio einschalten, (u) glas leertrinken, (t) räuspern, (t) räuspern, (e) etwas aufheben, (r) zigarette anzünden, (w) gong (oder glocke) anschlagen, (e) etwas aufheben, (r) zigarette anzünden, (d) räucherstäbchen anzünden, (e) etwas aufheben, (d) räucherstäbchen anzünden, (i) kleidungsstück, (e) etwas aufheben, (k) brötchen dem hund vorwerfen, (r) zigarette anzünden, (a) türe schliessen, (f) in den kreidekreis BALD schreiben, (t) räuspern, (h) geldstück einwerfen, (a) türe öffnen, (b) den hund zur andern bühnenseite führen, (e) etwas aufheben, (n) kalenderblatt abreissen, (d) räucherstäbchen anzünden, (a) türe schliessen, (s) 3 küssen, (k) brötchen dem hund vorwerfen, (i) kleidungsstück, (n) kalenderblatt abreissen, (d) räucherstäbchen anzünden, (z) ausspucken, (u) glas leertrinken, (s) 3 küssen, (i) kleidungsstück, (c) brötchen essen, (h) geldstück einwerfen, (z) ausspucken, (u) glas leertrinken, (z) ausspucken, (i) kleidungsstück, (e) etwas aufheben, (h) geldstück einwerfen, (e) etwas aufheben, (n) kalenderblatt abreissen.

7 (w):

(f) BALD auslöschen, (r) zigarette anzünden, (a) türe öffnen, (u) glas leertrinken, (m) radio abschalten, (a) türe schliessen, (r) zigarette anzünden, (e) etwas aufheben, (i) kleidungsstück ablegen, (s) 6 küssen, (s) 6 küssen, (t) räuspern, (d) räucherstäbchen anzünden, (a) türe öffnen, (s) 6 küssen, (k) brötchen dem hund vorwerfen, (i) kleidungsstück, (n) kalenderblatt abreissen, (d) räucherstäbchen anzünden, (a) türe schliessen, (n) kalenderblatt abreissen, (s) 6 küssen, (i) kleidungsstück, (c) brötchen essen, (h) geldstück einwerfen.

5 (m):

(d) räucherstäbchen anzünden, (e) etwas aufheben, (r) zigarette anzünden, (k) brötchen dem hund vorwerfen, (a) türe öffnen, (i) kleidungsstück, (s) 3 küssen, (e) etwas aufheben, (r) zigarette anzünden, (f) in den kreidekreis BALD schreiben, (r) zigarette anzünden, (a) türe schliessen, (g) sich im spiegel betrachten, (t) räuspern, (h) geldstück einwerfen, (a) türe öffnen, (i) kleidungsstück, (t) räuspern, (a) türe schliessen, (n) kalenderblatt abreissen, (g) sich im spiegel betrachten, (w) zwei verschiedene gongs anschlagen, (a) türe öffnen, (r) zigarette anzünden, (u) glas leertrinken, (m) radio einschalten, (s) 3 küssen, (i) kleidungsstück, (e) etwas aufheben, (s) 3 küssen, (i) kleidungsstück, (c) brötchen essen, (h) geldstück einwerfen, (s) 3 küssen, (o) schachzug, (w) drei verschiedene gongs anschlagen, (e) etwas aufheben, (n) kalenderblatt abreissen, (i) kleidungsstück, (g) sich im spiegel betrachten, (b) den hund zur andern bühnenseite führen, (e) etwas aufheben, (m) radio abschalten, (ü) einen noch unbenutzten lichtschalter betätigen, (h) geldstück einwerfen, (t) räuspern), (h) geldstück einwerfen, (a) türe schliessen, (b) den hund zur andern bühnenseite führen, (e) etwas aufheben.

3 (w):

(h) geldstück einwerfen, (a) türe öffnen, (i) kleidungsstück, (t) räuspern, (a) türe schliessen, (n) kalenderblatt abreissen, (g) sich im spiegel betrachten, (a) türe öffnen, (n) kalenderblatt abreissen, (t) räuspern, (w) vier verschiedene gongs anschlagen, (o) schachzug, (r) zigarette anzünden, (t) räuspern, (e) etwas aufheben, (t) räuspern, (s) 5 küssen, (i) kleidungsstück, (e) etwas aufheben, (w) fünf verschiedene gongs anschlagen, (o) schachzug, (l) glas fallen lassen, (l) glas fallen lassen, (e) etwas aufheben, (l) glas fallen lassen, (i) kleidungsstück, (e) etwas aufheben, (b) den hund zur andern bühnenseite führen, (e) etwas aufheben, (r) zigarette anzünden, (a) türe schliessen, (u) glas leertrinken, (f) BALD auslöschen, (i) kleidungsstück, (h) geldstück einwerfen, (r) zigarette anzünden, (k) brötchen dem hund vorwerfen, (i) kleidungsstück, (n) kalenderblatt abreissen, (d) räucherstäbchen anzünden, (v) 7 ins gesicht schlagen, (e) etwas aufheben, (r) zigarette anzünden, (z) ausspucken, (i) kleidungsstück, (c) brötchen essen, (h) geldstück einwerfen, (t) räuspern, (e) etwas aufheben, (n) kalenderblatt abreissen, (a) türe öffnen, (l) glas fallen lassen, (s) 5 küssen, (i) kleidungsstück, (h) geldstück einwerfen, (m) radio einschalten, (w) sechs verschiedene gongs anschlagen, (e) etwas aufheben, (h) geldstück einwerfen, (z) ausspucken, (u) glas leertrinken, (t) räuspern, (u) glas leertrinken, (n) kalenderblatt abreissen.

5 (m):

(d) räucherstäbchen anzünden, (i) kleidungsstück, (e) etwas aufheben, (s) 3 küssen, (e) etwas aufheben, (a) türe schliessen, (n) kalenderblatt abreissen, (t) räuspern, (w) sieben verschiedene gongs anschlagen, (o) schachzug, (r) zigarette anzünden, (t) räuspern, (ü) einen noch nicht benutzten lichtschalter betätigen, (b) den hund zur andern bühnenseite führhen, (e) etwas aufheben, (r) zigarette anzünden, (z) ausspucken, (e) etwas aufheben, (u) glas leertrinken, (g) sich im spiegel betrachten, (t) räuspern, (d) räucherstäbchen anzünden, (e) etwas aufheben, (n) kalenderblatt abreissen, (k) brötchen dem hund vorwerfen, (a) türe öffnen, (i) kleidungsstück, (s) 3 küssen, (e) etwas aufheben, (r) zigarette anzünden (kann – während

7 in aktion ist – zu ende geraucht werden).
7 (w):
(f) in den kreidekreis BALD schreiben, (r) zigarette anzünden, (a) türe schliessen, (u) glas leertrinken, (m) radio abschalten, (a) türe öffnen, (b) den hund zur anderen bühnenseite führen, (e) etwas aufheben), (k) brötchen dem hund vorwerfen, (e) etwas aufheben, (n) kalenderblatt abreissen, (n) kalenderblatt abreissen, (t) räuspern, (n) kalenderblatt abreissen, (n) kalenderblatt abreissen, (u) glas leertrinken, (n) kalenderblatt abreissen, (a) türe schliessen, (l) glas fallen lassen, (l) glas fallen lassen, (e) etwas aufheben), (s) 6 küssen, (s) 6 küssen, (i) kleidungsstück, (e) etwas aufheben, (w) acht verschiedene gongs anschlagen, (i) kleidungsstück, (r) zigarette anzünden, (d) räucherstäbchen anzünden, (v) 3 ins gesicht schlagen, (e) etwas aufheben. (r) zigarette anzünden, (u) glas leertrinken, (r) zigarette anzünden, (t) räuspern, (e) etwas aufheben, (i) kleidungsstück, (l) glas fallen lassen, (t) räuspern, (s) 6 küssen, (e) etwas aufheben, (l) glas fallen lassen, (b) den hund zur andern bühnenseite führen, (s) 6 küssen, (t) räuspern, (g) sich im spiegel betrachten, (i) kleidungsstück, (f) BALD auslöschen, (t) räuspern, (z) ausspucken, (u) glas leetrinken, (n) kalenderblatt abreissen, (e) etwas aufheben, (h) geldstück einwerfen, (m) radio einschalten, (e) etwas aufheben, (e) etwas aufheben.
1/8 (m) + 6/9 (m) gemeinsam:
(t) räuspern (beide), (s) einander auf den mund küssen, (c) brötchen essen (beide), (h) geldstück einwerfen (erst 1, dann 6), (a) türe öffnen (1), türe schliessen (6), (o) schachzug (erst 1, dann 6), (u) glas leertrinken (beide), (n) kalenderblatt abreissen (erst 1, dann 6), (d) räucherstäbchen anzünden (beide), (t) räuspern (beide), (s) einander auf den mund küssen, (c) brötchen essen (beide), (h) geldstück einwerfen (erst 1, dann 6), (u) glas leertrinken (beide), (v) sich gegenseitig ins gesicht schlagen, (e) etwas aufheben (beide), (r) zigarette anzünden (beide), (l) glas fallen lassen (beide), (i) kleidungsstück ablegen (1), kleidungsstück (6) (beide gleichzeitig), (e) etwas aufheben (beide), (r) zigarette anzünden (beide), (e) etwas aufheben (beide), (n) kalenderblatt abreissen (erst 1, dann 6), (i) kleidungsstück (beide), (h) geldstück einwerfen (erst 1, dann 6), (r) zigarette anzünden (beide), (r) zigarette anzünden (beide), (i) kleidungsstück (beide), (c) brötchen essen (beide), (h) geldstück einwerfen (erst 1, dann 6), (t) räuspern (beide), (e) etwas aufheben (beide), (r) zigarette anzünden (beide), (a) türe öffnen (1), türe schliessen (6), (m) radio abschalten (1), radio einschalten (6), (t) räuspern (beide).

4 (m):
(t) räuspern, (s) 3 küssen, (c) brötchen essen, (h) geldstück einwerfen, (a) türe öffnen, (n) kalenderblatt abreissen, (g) sich im spiegel betrachten, (l) glas fallen lassen, (i) kleidungsstück, (n) kalenderblatt abreissen, (g) sich im spiegel betrachten, (e) etwas aufheben, (r) zigarette anzünden, (h) geldstück einwerfen, (ä) laut sprechen: "Unserer Meinung nach würde es für die Entfaltung von Kunst und Wissenschaft schädlich sein, wenn durch administrativen Zwang ein bestimmter Kunststil oder eine bestimmte Schule durchgesetzt wird und andere verboten werden.", (l) glas fallen lassen, (t) räuspern, (d) räucherstäbchen anzünden, (i) kleidungsstück, (e) etwas aufheben, (s) 3 küssen, (t) räuspern, (e) etwas aufheben, (l) glas fallen lassen, (l) glas fallen lassen, (e) etwas aufheben, (t) räuspern, (s) 3 küssen, (c) brötchen essen, (h) geldstück einwerfen, (u) glas leertrinken, (s) 3 küssen.
5 (m) + 3 (w) gemeinsam:
(p) klappblumen entfalten (beide), (a) türe schliessen (5), türe öffnen (3), (o) schachzug (erst 5, dann 3), (i) kleidungsstück (beide), (s) einander auf den mund küssen, (t) räuspern (beide), (m) radio abschalten (5), radio einschalten (3), (i) kleidungsstück (beide), (t) räuspern (beide), (h) geldstück einwerfen (erst 5, dann 3), (a) türe schliessen (5), türe öffnen (3), (i) kleidungsstück (beide), (t) räuspern (beide), (a) türe schliessen (5), türe öffnen (3), (n) kalenderblatt abreissen (erst 5, dann 3), (g) sich im spiegel betrachten (beide), (a) türe schliessen (5), türe öffnen (3), (l) glas fallen lassen (beide), (l) glas fallen lassen (beide), (e) etwas aufheben (beide), (i) kleidungsstück (beide), (n) kalenderblatt abreissen (erst 5, dann 3).
5 (m):
(p) klappblumen entfalten, (a) türe schliessen, (o) schachzug, (f) in den kreidekreis BALD schreiben, (r) zigarette anzünden, (a) türe öffnen, (g) sich im spiegel betrachten, (t) räuspern, (h) geldstück einwerfen, (a) türe schliessen, (i) kleidungsstück, (t) räuspern, (a) türe öffnen, (n) kalenderblatt abreissen, (g) sich im spiegel betrachten, (n) kalenderblatt abreissen, (a) türe schliessen, (c) brötchen essen, (h) geldstück einwerfen, (d) räucherstäbchen anzünden, (e) etwas aufheben, (r) zigarette anzünden, (n) kalenderblatt abreissen, (a) türe öffnen, (c) brötchen essen, (h) geldstück einwerfen, (t) räuspern, (i) kleidungsstück, (n) kalenderblatt abreissen, (d) räucherstäbchen anzünden, (e) etwas aufheben, (r) zigarette anzünden, (m) radio abschalten, (a) türe schliessen, (s) 3 küssen, (i) kleidungsstück, (e) etwas aufheben, (k) brötchen dem hund vorwerfen, (a) türe öffnen,

(u) glas leertrinken, (f) BALD auslöschen, (t) räuspern, (e) etwas aufheben.

3 (w):

(h) geldstück einwerfen, (a) türe schliessen, (i) kleidungsstück, (t) räuspern, (a) türe öffnen, (n) kalenderblatt abreissen, (g) sich im spiegel betrachten, (e) etwas aufheben, (r) zigarette anzünden, (z) ausspucken, (ä) schreien: "Unserer Meinung nach würde es für die Entfaltung von Kunst und Wissenschaft schädlich sein, wenn durch administrativen Zwang ein bestimmter Kunststil oder eine bestimmte Schule durchgesetzt wird und andere verboten werden.", (h) geldstück einwerfen, (l) glas fallen lassen, (t) räuspern, (m) radio einschalten, (a) türe schliessen, (h) geldstück einwerfen, (a) türe öffnen, (b) den hund zur andern bühnenseite führen, (e) etwas aufheben, (s) 5 küssen, (i) kleidungsstück, (e) etwas aufheben, (i) kleidungsstück, (n) kalenderblatt abreissen, (r) zigarette anzünden, (u) glas leertrinken, (h) geldstück einwerfen, (e) etwas aufheben, (g) sich im spiegel betrachten, (e) etwas aufheben, (l) glas fallen lassen, (a) türe schliessen, (s) 5 küssen, (s) 5 küssen, (e) etwas aufheben, (n) kalenderblatt abreissen, (i) kleidungsstück, (m) radio einschalten, (t) räuspern, (r) zigarette anzünden, (a) türe öffnen, (u) glas leertrinken, (m) radio abschalten, (s) 5 küssen, (e) etwas aufheben, (i) kleidungsstück, (p) klappblumen entfalten, (a) türe schliessen, (o) schachzug, (b) den hund zur andern bühnenseite führen, (e) etwas aufheben, (i) kleidungsstück, (i) kleidungsstück, (h) geldstück einwerfen, (r) zigarette anzünden, (g) sich im spiegel betrachten, (e) etwas aufheben, (w) neun verschiedene gongs anschlagen, (e) etwas aufheben, (s) 5 küssen, (e) etwas aufheben, (n) kalenderblatt abreissen, (u) glas leertrinken, (n) kalenderblatt abreissen, (d) räucherstäbchen anzünden, (h) geldstück einwerfen, (a) türe öffnen, (b) den hund zur andern bühnenseite führen, (e) etwas aufheben, (s) 5 küssen, (i) kleidungstück, (e) etwas aufheben, (g) sich im spiegel betrachten, (l) glas fallen lassen, (ü) einen noch nicht benutzten lichtschalter betätigen, (c) brötchen essen, (k) brötchen dem hund vorwerfen, (l) glas fallen lassen, (i) kleidungsstück, (c) brötchen essen, (h) geldstück einwerfen, (g) sich im spiegel betrachten, (e) etwas aufheben, (m) radio einschalten, (a) türe schliessen, (c) brötchen essen, (h) geldstück einwerfen, (t) räuspern.

5 (m):

(p) klappblumen entfalten, (a) türe öffnen, (o) schachzug, (g) sich im spiegel betrachten, (e) etwas aufheben, (s) 3 küssen, (t) räuspern, (e) etwas aufheben, (h) geldstück einwerfen, (t) räuspern, (i) kleidungsstück, (h) geldstück einwerfen, (r) zigarette anzünden, (d) räucherstäbchen anzünden, (e) etwas aufheben, (r) zigarette anzünden, (t) räuspern, (r) zigarette anzünden, (a) türe schliessen, (u) glas leertrinken, (m) radio abschalten, (s) 3 küssen, (e) etwas aufheben, (i) kleidungsstück, (w) zehn verschiedene gongs anschlagen, (i) kleidungsstück, (r) zigarette anzünden, (k) brötchen dem hund vorwerfen, (l) glas fallen lassen, (i) kleidungsstück, (c) brötchen essen, (h) geldstück einwerfen, (k) brötchen dem hund vorwerfen, (e) etwas aufheben, (i) kleidungstück,(t) räuspern, (g) sich im spiegel betrachten, (e) etwas aufheben, (w) elf verschiedene gongs anschlagen, (e) etwas aufheben, (s) 3 küssen, (e) etwas aufheben, (n) kalenderblatt abreissen.

3 (w):

(h) geldstück einwerfen, (a) türe öffnen, (i) kleidungsstück, (t) räuspern, (a) türe schliessen, (n) kalenderblatt abreissen, (g) sich im spiegel betrachten, (w) zwölf verschiedene gongs anschlagen, (i) kleidungsstück, (r) zigarette anzünden, (d) räucherstäbchen anzünden, (p) klappblumen entfalten, (a) türe öffnen, (o) schachzug, (s) 5 küssen, (f) in den kreidekreis JETZT schreiben, (r) zigarette anzünden, (a) türe schliessen, (u) glas leertrinken.

(vorhang)

grundtext des 4. aktes
3 (w):
schneesturm. die erschöpfte haitang, von zwei soldaten bewacht, wird beschimpft und geprügelt. sie klagt dem schneesturm ihr leid. – da begegnet haitang ihrem gefangenen bruder.
4 (m) + 3 (w) gleichzeitig:
tschang-ling und haitang werden aneinandergebunden und den gemeinsamen weg nach peking weitergetrieben.

grundtext des 5. aktes
5 (m)
thronsaal des kaiserlichen palastes in peking. pao, der neue kaiser, leitet die gerichtsverhandlung.
6/9 (m):
tschu-tschu beschuldigt tschang-ling der majestätsbeleidung.
4 (m):
tschang-ling empört sich im namen aller unterdrückten über die herrschenden zustände.
5 (m):
der kaiser fordert ihn auf, im kampf für gerechtigkeit sein freund zu sein.
4 (m):
tschang-ling ist frei.
5 (m):
nun fragt der kaiser nach haitangs vergehen.
5 (m) + 3 (w):
pao und haitang erkennen sich.
5 (m):
der kaiser lässt auf dem boden einen kreidekreis ziehen und das kind in die mitte legen. die mutter werde die kraft haben, das kind zu sich zu ziehen.
7 (w):
frau ma reisst das kind an sich.
5 (m):
der kaiser fragt haitang, warum sie sich so wenig bemüht habe.
3 (w):
haitang antwortet, sie wolle lieber auf ihr kind verzichten, als ihm weh zu tun.

5 (m):
diese antwort überzeugt den kaiser.
7 (w):
frau ma bekennt nun alles. sie wird verurteilt, selbst gift zu nehmen.
1/8 (m) + 6/9 (m):
tschao und tschu verlieren ihr richteramt.
4 (m):
tschang-ling erhält die stelle tschus.
5 (m) + 3 (w):
pao ist mit haitang allein.
5 (m):
pao fragt haitang nach der nacht, in der ma sie kaufte.
3 (w):
haitang erzählt, ma habe sie in ruhe gelassen. im traum sei pao bei ihr gewesen und habe sie glücklich gemacht.
5 (m):
pao gesteht ihr, der traum sei wirklichkeit gewesen.
3 (w):
haitang wird paos frau.

salome
nachdichtung des dramas von oscar wilde

personen

HERODES ANTIPAS, tetrach von judäa
JOCHANAAN, der prophet
DER JUNGE SYRER, hauptmann der garde
TIGELLINUS, ein junger römer
EIN KAPPADOZIER
EIN NUBIER
ERSTER SOLDAT
ZWEITER SOLDAT
DER PAGE DER HERODIAS
JUDEN, NAZARENER und andere
EIN SKLAVE
NAAMAN, der henker

HERODIAS, frau des tetrarchen
SALOME, tochter der herodias
DIE SKLAVINNEN DER SALOME

zu salomes tanz der sieben schleier

um den sprachmusikalischen fluss des dramas nicht zu stören und stilistische probleme zu vermeiden, schlage ich vor, die begleitmusik zum tanz nur von schlaginstrumenten ausführen zu lassen. den entschleierungsphasen entsprechend wären konsequenterweise sieben verschiedenartige instrumente zu wählen, die den steigerungsprozess durch stufenweise verdichtung der struktur und bereicherung der klangfarben musikalisch verdeutlichen.

szene

eine grosse terrasse im palast des herodes, die zum festsaal führt. soldaten stützen sich auf die brüstung. rechts eine breite treppe. links hinten eine alte zisterne, umschlossen von einer mauer aus grüner bronze. mondlicht.

DER JUNGE SYRER

die prinzessin salome, wie schön sie ist heute abend!

DER PAGE DER HERODIAS

schaut die mondin an. die mondin sieht seltsam aus. man könnte glauben, eine frau, die sich aus einem grab erhebt. sie gleicht einer toten frau. man könnte glauben, sie sucht tote.

DER JUNGE SYRER

sie sieht sehr seltsam aus. sie gleicht einer kleinen prinzessin, die einen gelben schleier trägt und silberne füsse hat. sie gleicht einer prinzessin, die füsse hat wie kleine weisse tauben.. man könnte glauben, sie tanzt.

DER PAGE DER HERODIAS

sie gleicht einer toten frau. sie gleitet ganz langsam dahin.

lärm aus dem festsaal.

ERSTER SOLDAT

was für ein lärm! welche wilden tiere schreien da?

ZWEITER SOLDAT

die juden. sie schreien immer. sie streiten über ihren glauben.

ERSTER SOLDAT

warum streiten sie über ihren glauben?

ZWEITER SOLDAT

ich weiss es nicht. sie streiten immer.. sagen die pharisäer, es gibt engel, so sagen die sadduzäer, es gibt keine engel.

ERSTER SOLDAT

ich finde, es ist lächerlich, über solche dinge zu streiten.

DER JUNGE SYRER

die prinzessin salome, wie schön sie ist heute abend!

DER PAGE DER HERODIAS

ihr schaut sie immer an. ihr schaut sie zuviel an. man soll die menschen nicht so anschauen.. es kann ein unglück geschehen.

DER JUNGE SYRER

sie ist sehr schön heute abend.

ERSTER SOLDAT

der tetrarch sieht finster aus.

ZWEITER SOLDAT

ja, er sieht finster aus.

ERSTER SOLDAT

er schaut was an.

ZWEITER SOLDAT

er schaut wen an.

ERSTER SOLDAT

wen schaut er an?

ZWEITER SOLDAT

ich weiss es nicht.

DER JUNGE SYRER

die prinzessin, wie bleich sie ist! nie sah ich sie so bleich. sie gleicht dem schatten einer weissen rose in einem silbernen spiegel.

DER PAGE DER HERODIAS

man soll sie nicht anschauen. ihr schaut sie zuviel an.

ERSTER SOLDAT

herodias füllt den becher des tetrarchen.

DER KAPPADOZIER

ist das die königin herodias, die das haar blau gefärbt hat und das schwarze, mit perlen besetzte kopfband trägt?

ERSTER SOLDAT

ja, das ist herodias, die frau des tretrarchen.

ZWEITER SOLDAT

der tetrach liebt den wein. er hat wein von drei arten. einen von der insel samothrake, purpurfarben wie der mantel cäsars.

ERSTER SOLDAT

cäsar sah ich nie.

ZWEITER SOLDAT

einen anderen von der insel zypern, gelb wie gold.

ERSTER SOLDAT

ich liebe das gold.

ZWEITER SOLDAT

und einen dritten von sizilien, rot wie blut.

DER NUBIER

die götter meines landes lieben das blut. zweimal im jahr opfern wir ihnen junge männer und jungfrauen: fünfzig junge männer und hundert jungfrauen. doch ich glaube, wir geben ihnen nie genug, denn sie sind sehr streng zu uns.

DER KAPPADOZIER

in meinem land gibt es keine götter zur zeit, die römer vertrieben sie. manche sagen, sie flohen in die berge, doch ich glaube es nicht. ich verbrachte drei nächte in den bergen, suchte sie überall. ich fand sie nicht. schliesslich rief ich sie bei ihren namen, doch sie zeigten sich nicht. ich glaube, sie sind tot.

ERSTER SOLDAT

die juden beten einen gott an, den man nicht sieht.

DER KAPPADOZIER

das verstehe ich nicht.

ERSTER SOLDAT

im grunde glauben sie nur an dinge, die man nicht sieht.

DER KAPPADOZIER

ich finde, das ist lächerlich.

DIE STIMME DES JOCHANAAN

nach mir wird kommen ein anderer, noch stärker als ich. ich bin nicht wert, zu öffnen den riemen seiner sandalen. wenn er kommt, wird sich freuen die wüste erde. sie wird blühen wie eine lilie. die augen der blinden werden sehen den tag, und die ohren der tauben werden hören.. das neugeborene wird seine hand legen in das nest der drachen und die löwen führen an der mähne.

ZWEITER SOLDAT

bringt ihn zum schweigen. er sagt immer verrückte dinge.

ERSTER SOLDAT

ach nein. er ist ein heiliger mann. er ist auch sehr gut, jeden tag gebe ich ihm zu essen. er dankt mir immer.

DER KAPPADOZIER

wer ist er?

ERSTER SOLDAT

er ist ein prophet.

DER KAPPADOZIER

wie ist sein name?

ERSTER SOLDAT

jochanaan.

DER KAPPADOZIER

woher kommt er?

ERSTER SOLDAT

aus der wüste, wo er sich von heuschrecken und wildem honig nährte. er trug einen mantel aus kamelhaar und um die lenden einen gürtel aus leder. er sah sehr wild aus. eine grosse menge folgte ihm. er hatte sogar jünger.

DER KAPPADOZIER

was sagt er?

ERSTER SOLDAT

wir wissen es nicht. oft sagt er schreckliche dinge, doch ist er nicht zu verstehen.

DER KAPPADOZIER

kann man ihn anschauen?

ERSTER SOLDAT

nein. der tetrarch hat es verboten.

DER JUNGE SYRER

die prinzessin verbirgt das gesicht hinter ihrem fächer! ihre kleinen weissen hände tanzen wie tauben, die in ihr häuschen fliegen. sie gleichen weissen schmetterlingen. sie gleichen ganz weissen schmetterlingen.

DER PAGE DES HERODIAS

was macht euch das aus? warum schaut ihr sie an? man soll sie nicht anschauen.. es kann ein unglück geschehen.

DER KAPPADOZIER *zeigt auf die zisterne*

was für ein seltsames gefängnis!

ZWEITER SOLDAT

es ist eine alte zisterne.

DER KAPPADOZIER

eine alte zisterne! darin muss man sehr krank werden.

ZWEITER SOLDAT

ach nein. der bruder des tetrarchen, der ältere bruder, der königin herodias erster mann, war zwölf jahre darin eingeschlossen. er ist daran nicht gestorben. schliesslich musste man ihn erwürgen.

DER KAPPADOZIER

erwürgen? wer wagte das?

ZWEITER SOLDAT *zeigt auf den henker, einen grossen neger*

der da, naaman.

DER KAPPADOZIER

fürchtete er sich nicht?

ZWEITER SOLDAT

ach nein. der tetrarch schickte ihm den ring.

DER KAPPADOZIER

welchen ring?

ZWEITER SOLDAT

den todesring. darum fürchtete er sich nicht.

DER KAPPADOZIER

wie immer, es ist schrecklich, einen könig zu erwürgen.

ERSTER SOLDAT

warum? auch könige haben einen hals wie andere menschen.

DER KAPPADOZIER

ich finde, es ist schrecklich.

DER JUNGE SYRER

die prinzessin erhebt sich! sie verlässt die tafel! sie sieht sehr gereizt aus. oh! sie kommt her. ja, sie kommt auf uns zu. wie bleich sie ist. nie sah ich sie so bleich..

DER PAGE DER HERODIAS

schaut sie nicht an. ich bitte euch, schaut sie nicht an.

DER JUNGE SYRER

sie gleicht einer taube, die sich verflog.. sie gleicht einer narzisse, die im wind zittert.. sie gleicht einer silbernen blume.

salome tritt auf.

SALOME

ich bleibe nicht. ich kann nicht bleiben. warum schaut mich der tetrarch immer an mit seinen maulwurfsaugen unter den zitternden lidern?.. es ist seltsam, dass der mann meiner mutter mich so anschaut. ich weiss nicht, was das sagen soll.. doch, ich weiss es.

DER JUNGE SYRER

ihr verlasst die tafel, prinzessin?

SALOME

wie süss hier die luft ist! endlich, hier kann ich atmen. im saal sind juden aus jerusalem, die sich zerreissen wegen ihrer lächerlichen bräuche, und barbaren, die immer trinken und den wein auf den boden schütten, und griechen aus smyrna mit gefärbten augen und wangen und hochgedrehtem haar, und ägypter, schweigsam und verschlagen, mit nägeln aus jade und braunen mänteln, und römer, plump und roh, mit derben worten. oh! wie ich die römer hasse! sie sind gemeine menschen und geben sich als grosse herren.

DER JUNGE SYRER

wollt ihr euch nicht setzen, prinzessin?

DER PAGE DER HERODIAS

warum sprecht ihr sie an? warum schaut ihr sie an?.. oh! es wird ein unglück geschehen.

SALOME

wie gut es ist, die mondin anzuschauen! sie gleicht einer kleinen münze. man könnte glauben, eine ganz kleine silberne blume. sie ist kühl und keusch, die mondin.. ich bin sicher, sie ist eine jungfrau. sie ist schön wie eine jungfrau.. ja, sie ist eine jungfrau. sie wurde nie beschmutzt. sie gab sich nie den männern hin wie die anderen göttinnen.

DIE STIMME DES JOCHANAAN

gekommen ist der herr. gekommen ist der sohn des menschen. die zentauren haben sich verborgen in den flüssen, und die sirenen sind geflohen aus den flüssen und ruhen unter den blättern der wälder.

SALOME

wer rief da?

ZWEITER SOLDAT

der prophet, prinzessin.

SALOME

ah! der prophet. jener, vor dem der tetrarch sich fürchtet?

ZWEITER SOLDAT

wir wissen nichts davon, prinzessin. es ist der prophet jochanaan.

DER JUNGE SYRER

soll ich nach eurer sänfte rufen, prinzessin? es ist sehr schön im garten.

SALOME

er sagt schreckliche dinge über meine mutter, nicht wahr?

ZWEITER SOLDAT

wir verstehen nicht, was er sagt, prinzessin.

SALOME

ja, er sagt schreckliche dinge über sie.

EIN SKLAVE

prinzessin, der tetrarch bittet euch, zur tafel zurückzukehren.

SALOME

ich kehre nicht zurück.

DER JUNGE SYRER

vergebt, prinzessin, doch kehrt ihr nicht zurück, kann ein unglück geschehen.

SALOME

ist er sehr alt, der prophet?

DER JUNGE SYRER

prinzessin, es wäre besser zurückzukehren. lasst mich euch zurückbringen.

SALOME

der prophet.. ist er sehr alt?

ERSTER SOLDAT

nein, prinzessin, er ist sehr jung.

ZWEITER SOLDAT

man weiss es nicht. manche sagen, er ist elias.

SALOME

wer ist elias?

ZWEITER SOLDAT

ein sehr alter prophet dieses landes, prinzessin.

EIN SKLAVE

was soll ich dem tetrarchen sagen von der prinzessin?

DIE STIMME DES JOCHANAAN

freue dich nicht, land palästinas, dass zerbrochen ist die geissel dessen, der dich geschlagen hat. denn aus dem geschlecht der schlange wird hervorgehen ein basilisk, und daraus wird geboren, was verschlingen wird die vögel.

SALOME

was für eine seltsame stimme! ich möchte mit ihm sprechen.

DER JUNGE SYRER

ich fürchte, das ist nicht möglich, prinzessin. der tetrarch will nicht, dass man mit ihm spricht. selbst dem hohenpriester hat er verboten, mit ihm zu sprechen.

SALOME

ich will mit ihm sprechen.

DER JUNGE SYRER

es ist nicht möglich, prinzessin.

SALOME

ich will es.

DER JUNGE SYRER

wirklich, prinzessin, es wäre besser zurückzukehren.

SALOME

bringt ihn hierher, den propheten.

ERSTER SOLDAT

wir wagen es nicht, prinzessin.

SALOME *nähert sich der zisterne und schaut hinein*

wie schwarz es darin ist! in so einem schwarzen loch muss es schrecklich sein! es gleicht einem grab.. *zu den soldaten*: hört ihr nicht? bringt ihn hierher. ich will ihn anschauen.

ZWEITER SOLDAT

ich bitte euch, prinzessin, verlangt nicht das von uns.

SALOME

ich warte!

ERSTER SOLDAT

prinzessin, unser leben ist euer. doch können wir nicht tun, was ihr von uns verlangt.. auch sind wir es nicht, die ihr fragen sollt.

SALOME *schaut den jungen syrer an*

ah!

DER PAGE DER HERODIAS

oh! was wird geschehen? ich bin sicher, es wird ein unglück geschehen.

SALOME *nähert sich dem jungen syrer*

ihr werdet es tun für mich, nicht wahr, narraboth? ihr werdet es tun für mich? ich war immer gut zu euch. nicht wahr, ihr werdet es tun für mich? ich will ihn nur anschauen, diesen seltsamen propheten. es wurde so viel von ihm gesprochen. ich hörte den tetrarchen so oft von ihm sprechen. ich glaube, er fürchtet sich vor ihm, der tetrarch. ich bin sicher, er fürchtet sich vor ihm.. ist es so, dass auch ihr, narraboth, dass auch ihr euch vor ihm fürchtet?

DER JUNGE SYRER

ich fürchte mich nicht vor ihm, prinzessin, ich fürchte mich vor keinem. doch der tetrarch hat streng verboten, den deckel von dieser zisterne zu heben.

SALOME

ihr werdet es tun für mich, narraboth, und morgen, wenn ich in meiner sänfte vorbeikomme, unter dem tor der devotionalienhändler, werde ich eine kleine blume fallen lassen für euch, eine kleine grüne blume.

DER JUNGE SYRER

prinzessin, ich kann nicht, ich kann nicht.

SALOME *lächelnd*

ihr werdet es tun für mich, narraboth. ihr wisst wohl, ihr werdet es tun für mich. und morgen, wenn ich in meiner sänfte vorbeikomme, über die brücke der devotionalienkäufer, werde ich euch anschauen durch die schleier aus musselin, ich werde euch anschauen, narraboth, ich werde euch zulächeln, vielleicht. schaut mich an, narraboth. schaut mich an. ah! ihr wisst wohl, ihr werdet tun, was ich von euch verlange. ihr wisst es wohl, nicht wahr?.. ich, ich weiss es wohl.

DER JUNGE SYRER *gibt dem dritten soldaten ein zeichen*

bringt ihn hierher, den propheten.. die prinzessin salome will ihn anschauen.

SALOME

ah!

DER PAGE DER HERODIAS

oh! wie seltsam die mondin aussieht! man könnte glauben, die hand einer toten, die sich hinter einem leichentuch zu verbergen sucht.

DER JUNGE SYRER

sie sieht sehr seltsam aus. man könnte glauben, eine kleine prinzessin mit augen aus bernstein. durch wolken aus musselin lächelt sie wie eine kleine prinzessin.

der prophet steigt aus der zisterne. salome schaut ihn an und weicht zurück.

JOCHANAAN

wo ist er, dessen becher gefüllt ist mit greueln? wo ist er, der eines tages sterben wird in einem silbernen mantel vor allem volk? sagt ihm, dass er kommen soll, damit er höre die stimme dessen, der gerufen hat in den wüsten und in den palästen der könige.

SALOME

von wem spricht er?

DER JUNGE SYRER

man weiss es nicht, prinzessin.

JOCHANAAN

wo ist sie, die farbige wandbilder von chaldäischen männern angeschaut hat, hingegeben der lust ihrer augen, und die gesandte geschickt hat nach chaldäa?

SALOME

von meiner mutter spricht er.

DER JUNGE SYRER

ach nein, prinzessin.

SALOME

doch, von meiner mutter.

JOCHANAAN

wo ist sie, die sich hingegeben hat den hauptmännern der assyrer, die wehrgehänge tragen um die lenden und vielfarbige kronen auf dem kopf? wo ist sie, die sich hingegeben hat den jungen männern aus ägypten, die gekleidet sind in leinen und hyazinth, die goldene schilde und silberne helme tragen und grosse leiber haben? sagt ihr, dass sie sich erheben soll vom lager der unzucht, vom lager des inzests, damit sie höre die worte dessen, der den weg bereitet dem herrn, damit sie bereue ihre sünden. auch wenn sie nicht bereut und verbleibt in ihren greueln, sagt ihr, dass sie kommen soll, denn der herr hat seine geissel in der hand.

SALOME

ach, er ist schrecklich, er ist schrecklich.

DER JUNGE SYRER

bleibt nicht hier, prinzessin, ich bitte euch.

SALOME

die augen vor allem sind schrecklich. man könnte glauben, schwarze löcher, die fackeln in einen teppich aus tyrus brannten. man könnte glauben, schwarze höhlen, wo drachen hausen, ägyptens schwarze höhlen, wo drachen ihr lager finden. man könnte glauben, schwarze seen, verwirrt von verrückten mondinnen.. glaubt ihr, wird er weitersprechen?

DER JUNGE SYRER

bleibt nicht hier, prinzessin! ich bitte euch, bleibt nicht hier.

SALOME

wie mager er ist! er gleicht einer säule aus elfenbein. man könnte glauben, eine säule aus silber. ich bin sicher, er ist so keusch wie die mondin. er gleicht einem strahl der mondin, einem strahl aus silber. sein leib muss sehr kühl sein, wie elbenbein.. ich will ihn näher anschauen.

DER JUNGE SYRER

nein, nein, prinzessin!

SALOME

ich muss ihn näher anschauen.

DER JUNGE SYRER

prinzessin! prinzessin!

JOCHANAAN

wer ist diese frau, die mich anschaut? ich will nicht, dass sie mich anschaut. warum schaut sie mich an mit ihren augen aus gold unter den vergoldeten lidern? ich weiss nicht, wer sie ist. ich will es nicht wissen. schickt sie fort. nicht zu ihr will ich sprechen.

SALOME

ich bin salome, tochter der herodias, prinzessin von judäa.

JOCHANAAN

zurück, tochter babylons! nähert euch nicht dem gesandten des herrn. eure mutter hat die erde erfüllt mit dem wein ihrer sünden, und die schreie ihrer lust sind gekommen an gottes ohr.

SALOME

sprich weiter. deine stimme berauscht mich.

DER JUNGE SYRER

prinzessin! prinzessin! prinzessin!

SALOME

sprich weiter. sprich weiter, jochanaan, und sage mir, was ich tun soll.

JOCHANAAN

nähert euch nicht, tochter sodoms, sondern verbergt euer gesicht hinter einem schleier und schüttet asche auf euer haar und geht in die wüste, zu suchen des menschen sohn.

SALOME

wer ist das, des menschen sohn? ist er so schön wie du, jochanaan?

JOCHANAAN

zurück! zurück! ich höre im palast das flügelrauschen des todesengels.

DER JUNGE SYRER

prinzessin, ich flehe euch an, kehrt zurück.

JOCHANAAN

engel gottes des herrn, was tust du mit deinem schwert? wen suchst du in diesem beschmutzten palast?.. der tag dessen, der sterben wird in einem silbernen mantel, ist noch nicht gekommen.

SALOME

jochanaan!

JOCHANAAN

wer spricht da?

SALOME

jochanaan! ich liebe deinen leib. dein leib ist weiss wie die lilie auf einer wiese, die kein mäher noch schnitt. dein leib ist weiss wie der schnee, der auf den bergen liegt, wie der schnee, der auf den bergen judäas liegt und in die täler gleitet. die rosen im garten der königin arabiens sind nicht so weiss wie dein leib. weder die rosen im garten der königin arabiens, im duftenden garten der königin arabiens, noch die füsse der morgenröte, die auf den blättern tanzen, noch die brüste der mondin, die an den brüsten der see ruhen.. nichts in der welt ist so weiss wie dein leib.. lass mich deinen leib anfassen.

JOCHANAAN

zurück, tochter babylons! durch die frau ist die sünde gekommen in die welt. sprecht nicht zu mir. ich will euch nicht hören. ich höre nur auf die worte gottes des herrn.

SALOME

ich hasse deinen leib. dein leib ist hässlich. er gleicht dem leib eines aussätzigen. er gleicht einer wand aus kalk, über die schlangen glitten, einer wand aus kalk, in der skorpione hausen. er gleicht einem ausgeweissten grab, voll von ekligen dingen. er ist schrecklich, dein leib!.. dein haar liebe ich, jochanaan. dein haar gleicht den trauben, den schwarzen trauben, die die weinstöcke edoms in den ländern der edomiter tragen. dein haar gleicht den zedern des libanon, den grossen zedern des libanon, die den löwen und den räubern schatten geben, wenn sie am tag sich verbergen wollen. die langen finsteren nächte, die nächte, wenn die mondin sich nicht zeigt, wenn die sterne sich fürchten, sind nicht so schwarz. das schweigen, das in den wäldern haust, ist nicht so schwarz. nichts in der welt ist so schwarz wie dein haar.. lass mich dein haar anfassen.

JOCHANAAN

zurück, tochter sodoms! fasst mich nicht an. der tempel gottes des herrn darf nicht beschmutzt werden.

SALOME

ich hasse dein haar. dein haar ist hässlich. es ist voll von schmutz und staub. man könnte glauben, eine krone aus dornen setzte man auf deine stirn. man könnte glauben, ein knoten schwarzer schlangen schlinge sich um deinen hals. ich liebe nicht dein haar.. deinen mund liebe ich, jochanaan. dein mund gleicht einem scharlachband auf einem turm aus elfenbein. er gleicht einem granatapfel, zerschnitten von einem messer aus elfenbein. die granatblüten, die in den gärten von tyrus blühen und noch röter sind als die rosen, sind nicht so rot. die roten trompetenrufe, die den auftritt der könige verkünden und die feinde mit furcht erfüllen, sind nicht so rot. dein mund ist röter als die füsse derer, die den wein in den keltern treten. er ist röter als die füsse der tauben, die in den tempeln hausen und von den priestern genährt werden. er ist röter als die füsse dessen, der aus einem wald zurückkehrt, wo er goldfarbene tiger sah und einen löwen tötete. dein mund gleicht einem korallenzweig, den fischer im schatten der see suchen und den sie königen geben.. er gleicht dem zinnober, den die moabiter in den höhlen von moab finden und den ihnen könige nehmen. er gleicht dem bogen des königs der perser, der mit zinnober gefärbt ist und hörner aus korallen hat. nichts in der welt ist so rot wie dein mund.. lass mich deinen mund küssen.

JOCHANAAN

nie, tochter babylons! tochter sodoms, nie!

SALOME

ich werde deinen mund küssen, jochanaan. ich werde deinen mund küssen.

DER JUNGE SYRER

prinzessin, prinzessin, die ihr einem myrtenstrauss gleicht, die ihr die taube der tauben seid, schaut diesen mann nicht an, schaut ihn nicht an! sagt ihm nicht solche dinge. ich kann es nicht ertragen.. prinzessin, prinzessin, sagt nicht solche dinge.

SALOME

ich werde deinen mund küssen, jochanaan.

DER JUNGE SYRER *einatmend*

ha!

er tötet sich und fällt zwischen salome und jochanaan.

DER PAGE DER HERODIAS

der junge syrer hat sich getötet! der junge hauptmann hat sich getötet! der mein freund war, hat sich getötet! ich gab ihm ein kleines kästchen mit düften und silberne ohrringe, und nun hat er sich getötet. oh! sagte er nicht voraus, ein unglück würde geschehen?.. ich selbst sagte es voraus, und das unglück geschah. ich wusste wohl, die mondin suchte einen toten, doch wusste ich nicht, dass er es war, den sie suchte. oh! warum verbarg ich ihn nicht vor der mondin? hätte ich ihn verborgen in einer höhle, sie hätte ihn nicht gefunden.

DER ERSTE SOLDAT

prinzessin, eben hat sich der junge hauptmann getötet.

SALOME

lass mich deinen mund küssen, jochanaan.

JOCHANAAN

fürchtet ihr euch nicht, tochter der herodias? habe ich euch nicht gesagt, dass ich das flügelrauschen des todesengels gehört habe im palast? und der todesengel, ist er nicht gekommen?

SALOME

lass mich deinen mund küssen.

JOCHANAAN

tochter der ehebrecherin, es gibt nur einen, der euch retten kann. es ist jener, von dem ich euch gesprochen habe. geht ihn suchen. er ist in einem boot auf der see von galiläa, und er spricht zu seinem jüngern. kniet nieder am ufer der see und ruft ihn bei seinem namen. wenn er kommen wird zu euch, und er kommt zu allen, die ihn rufen, fallt hin zu seinen füssen und bittet ihn um vergebung eurer sünden.

SALOME

lass mich deinen mund küssen.

JOCHANAAN

seid verflucht, tochter der mutter im inzest, seid verflucht.

SALOME

ich werde deinen mund küssen, jochanaan.

JOCHANAAN

ich will euch nicht anschauen. ich werde euch nicht anschauen. ihr seid verflucht, salome, ihr seid verflucht.

er steigt hinab in die zisterne.

SALOME

ich werde deinen mund küssen, jochanaan, ich werde deinen mund küssen.

DER ERSTE SOLDAT

man muss die leiche wegbringen. der tetrarch liebt es nicht, leichen zu sehen, ausser den leichen derer, die er selbst tötete.

DER PAGE DER HERODIAS

er war mein bruder und mehr als ein bruder. ich gab ihm ein kleines kästchen mit düften und einen achatenen ring, den er immer an der hand trug. abends gingen wir am ufer des flusses dahin und zwischen mandelbäumen, und er sprach von seinem land. er sprach immer sehr leise. der klang seiner stimme glich dem klang der flöte eines flötenspielers. er liebte es auch, sich anzuschauen im fluss. das warf ich ihm vor.

ZWEITER SOLDAT

ihr habt recht, man muss die leiche wegbringen. der tetrarch darf sie nicht sehen.

ERSTER SOLDAT

der tetrarch wird nicht hierher kommen. er kommt nie auf die terrasse. er fürchtet sich zu sehr vor dem propheten.

herodes und herodias treten auf, mit ihnen der ganze hof.

HERODES

wo ist salome? wo ist die prinzessin? warum kehrte sie nicht zurück zur tafel, wie ich es verlangte? ah! da ist sie!

HERODIAS

man soll sie nicht anschauen. ihr schaut sie immer an.

HERODES

die mondin sieht seltsam aus heute abend. nicht wahr, die mondin sieht sehr seltsam aus? man könnte glauben, eine überreizte frau, eine überreizte frau, die buhlen sucht rundum. sie ist auch nackt. sie ist ganz nackt. die wolken wollen sie verbergen, doch sie will nicht. sie zeigt sich ganz nackt am himmel. sie wankt durch die wolken wie eine berauschte frau.. ich bin sicher, sie sucht buhlen.. nicht wahr, sie wankt wie eine berauschte frau? sie gleicht einer überreizten frau, nicht wahr?

HERODIAS

nein. die mondin gleicht der mondin, das ist alles. gehen wir hinein.. hier ist nichts für euch.

HERODES

ich bleibe. manasseh, legt teppiche auf. zündet fackeln an. bringt die tische aus elfenbein und die tische aus jaspis. die luft ist süss hier. ich will noch wein trinken mit meinen gästen. den gesandten cäsars muss man alle ehre tun.

HERODIAS

nicht ihretwegen bleibt ihr.

HERODES

ja, die luft ist süss. kommt, herodias, unsere gäste erwarten uns. oh! ich glitt aus! ich glitt aus in blut! das ist ein schlechtes zeichen. warum ist hier blut?.. und diese leiche? was macht hier diese leiche? glaubt ihr, ich bin wie der könig von ägypten, der kein fest gibt, ohne seinen gästen eine leiche zu zeigen? doch wer ist es? ich kann ihn nicht anschauen.

ERSTER SOLDAT

es ist unser hauptmann, herr. es ist der junge syrer, den ihr zum hauptmann machtet vor drei tagen erst.

HERODES

ich befahl nicht, ihn zu töten.

ZWEITER SOLDAT

er tötete sich selbst, herr.

HERODES

warum? ich machte ihn zum hauptmann!

ZWEITER SOLDAT

wir wissen es nicht, herr. doch er tötete sich selbst.

HERODES

das finde ich seltsam. ich glaubte, nur die römischen philosophen töten sich selbst. nicht wahr, tigellinus, die römischen philosophen töten sich selbst?

TIGELLINUS

es gibt welche, die sich selbst töten, herr. es sind die stoiker. sie sind rohe menschen. im grunde sind sie lächerlich. ich finde, sie sind sehr lächerlich.

HERODES

ich auch. es ist lächerlich, sich selbst zu töten.

TIGELLINUS

man lacht viel über sie in rom. der kaiser machte ein spottgedicht über sie. man sagt es überall auf.

HERODES

ah! er machte ein spottgedicht über sie? cäsar ist gross. er kann alles.. es ist seltsam, dass der junge syrer sich selbst tötete. es tut mir leid. ja, es tut mir sehr leid. denn er war schön. er war sogar sehr schön. er hatte so schmachtende augen. ich erinnere mich, dass ich ihn salome schmachtend anschauen sah. wirklich, ich fand, er schaute sie etwas zuviel an.

HERODIAS

es gibt noch andere, die sie zuviel anschauen.

HERODES

sein vater war ein könig. ich vertrieb ihn aus seinem königreich. und seine mutter, die königin, machtet ihr zur sklavin, herodias. also war er hier wie ein gast. darum auch machte ich ihn zum hauptmann. es tut mir leid, dass er tot ist.. doch warum blieb die leiche hier liegen? man muss sie wegbringen. ich will sie nicht sehen.. bringt sie weg.. *die leiche wird weggebracht.* es ist kalt hier. es weht ein wind. nicht wahr, es weht ein wind?

HERODIAS

nein. es weht kein wind.

HERODES

doch, es weht ein wind.. und ich höre etwas in der luft wie ein flügelrauschen, wie ein rauschen mächtiger flügel. hört ihr es nicht?

HERODIAS

ich höre nichts.

HERODES

ich höre es selbst nicht mehr. doch habe ich es gehört. es war wohl der wind. es ist vorüber. doch nein, ich höre es noch. hört ihr es nicht? es ist ganz wie ein flügelrauschen.

HERODIAS

ich sage euch, es ist nichts. ihr seid krank. gehen wir hinein.

HERODES

ich bin nicht krank. eure tochter ist krank. sie sieht sehr krank aus, eure tochter. nie sah ich sie so bleich.

HERODIAS

ich sagte euch, schaut sie nicht an.

HERODES

füllt wein nach. *man bringt wein*. salome, komm, trink ein wenig wein mit mir. ich habe einen wundervollen wein hier. cäsar selbst schickte ihn mir. tauch deine kleinen roten lippen in den wein, und dann werde ich ihn austrinken.

SALOME

ich bin nicht durstig, tetrarch.

HERODES

ihr hört, was sie mir sagt, eure tochter.

HERODIAS

ich finde, sie hat ganz recht. warum schaut ihr sie immer an?

HERODES

bringt früchte her. *man bringt früchte*. salome, komm, iss eine frucht mit mir. ich liebe es, den biss deiner kleinen zähne in einer frucht anzuschauen. beiss ein wenig ab von dieser frucht, und dann werde ich sie aufessen.

SALOME

ich bin nicht hungrig, tetrarch.

HERODES *zu herodias*

ihr hört, was ihr sie lehrtet, eure tochter.

HERODIAS

meine tochter und ich, wir sind aus königlichem geschlecht. doch ihr? euer grossvater war ein kameltreiber! ein räuber war er auch!

HERODES

ihr lügt!

HERODIAS

ihr wisst wohl, es ist wahr.

HERODES

salome, komm, setz dich zu mir. ich gebe dir den thron deiner mutter.

SALOME

ich bin nicht müde, tetrarch.

HERODIAS

ihr hört, was sie von euch denkt.

HERODES

bringt.. was ist es, was ich will? ich vergass es. ah! ich erinnere mich..

DIE STIMME DES JOCHANAAN

gekommen ist die zeit! was ich vorausgesagt habe, ist geschehen, sagt gott der herr. gekommen ist der tag, von dem ich gesprochen habe.

HERODIAS

bringt ihn zum schweigen. ich will seine stimme nicht hören. dieser mann speit immer beschimpfungen aus gegen mich.

HERODES

er sagte nichts gegen euch. auch ist er ein grosser prophet.

HERODIAS

ich glaube nicht an propheten. wie kann ein mensch sagen, was geschehen wird? keiner weiss es. auch beschimpft er mich immer. doch ich glaube, ihr fürchtet euch vor ihm.. ja, ich weiss wohl, ihr fürchtet euch vor ihm.

HERODES

ich fürchte mich nicht vor ihm. ich fürchte mich vor keinem.

HERODIAS

doch, ihr fürchtet euch vor ihm. wenn ihr euch nicht vor ihm fürchtet, warum gebt ihr ihn nicht den juden, die euch seit sechs monaten darum bitten?

EIN JUDE

wirklich, herr, es wäre besser, ihn uns zu geben.

HERODES

genug davon. ich sagte euch schon, was ich denke. ich will ihn euch nicht geben. er ist ein heiliger mann. er ist ein mann, der gott sah.

EIN JUDE

das ist nicht möglich. keiner sah gott seit dem propheten elias. er war der letzte, der gott sah. in unserer zeit zeigt sich gott nicht. er verbirgt sich. darum geschieht so viel unglück in diesem land.

EIN ANDERER JUDE

nun, man weiss nicht, ob der prophet elias wirklich gott sah. vielleicht war es der schatten gottes, den er sah.

EIN DRITTER JUDE

gott verbirgt sich nie. er zeigt sich immer und überall. gott ist im bösen wie im guten.

EIN VIERTER JUDE

das darf man nicht sagen. das ist ein sehr gewagter gedanke. das ist ein gedanke, der aus den schulen von alexandrien kommt, wo man die griechische philosophie lehrt. und die griechen sind heiden. sie sind nicht einmal beschnitten.

EIN FÜNFTER JUDE

man kann nicht wissen, was gott tut, seine wege sind verborgen.

vielleicht ist das, was wir als böse bezeichnen, gut und das, was wir als gut bezeichnen, böse. man kann nichts wissen. man muss sich allem ergeben. gott ist sehr stark. er zermalmt die schwachen und die starken. er sorgt sich um keinen.

DER ERSTE JUDE

das ist wahr. gott ist schrecklich. er zermalmt die schwachen und die starken, wie man in einem mörser das korn zermalmt. doch dieser mann sah gott nie. keiner sah gott seit dem propheten elias.

HERODIAS

bringt sie zum schweigen. sie ermüden mich.

HERODES

doch hörte ich sagen, jochanaan selbst ist euer prophet elias.

DER JUDE

das kann nicht sein. seit der zeit des propheten elias vergingen mehr als dreihundert jahre.

HERODES

es gibt welche, die sagen, er ist der prophet elias.

EIN NAZARENER

ich bin sicher, er ist der prophet elias.

DER JUDE

ach nein, er ist nicht der prophet elias.

DIE STIMME DES JOCHANAAN

gekommen ist der tag, der tag des herrn, und ich höre auf den bergen die füsse dessen, der sein wird der retter der welt.

HERODES

was soll das sagen? der retter der welt?

TIGELLINIUS

es ist ein titel, den cäsar trägt.

HERODES

doch cäsar kommt nicht nach judäa. man brachte mir gestern briefe aus rom. man sagte mir nichts davon. und ihr, tigellinus, der ihr während des winters in rom wart, ihr hörtet nichts davon sagen?

TIGELLINUS

wirklich, herr, ich hörte nichts davon sagen. ich sprach nur über den titel. es ist einer der titel cäsars.

HERODES

cäsar kann nicht kommen. er hat die gicht. man sagt, er hat die füsse eines elefanten. auch gibt es staatsgründe. wer rom verlässt, verliert rom. er wird nicht kommen. doch schliesslich ist er der herr, cäsar. er wird kommen, wenn er will. doch glaube ich nicht, dass er kommt.

DER ERSTE NAZARENER

es ist nicht cäsar, von dem der prophet sprach, herr.

HERODES

nicht cäsar?

DER ERSTE NAZARENER

nein, herr.

HERODES

von wem sprach er dann?

DER ERSTE NAZARENER

vom messias, der gekommen ist.

EIN JUDE

der messias ist nicht gekommen.

DER ERSTE NAZARENER

er ist gekommen, er tut überall wunder.

HERODIAS

ach! ach! die wunder. ich glaube nicht an wunder. ich sah davon zuviel. *zum pagen*: meinen fächer.

DER ERSTE NAZARENER

dieser mann tut wirklich wunder. so bei einer hochzeit in einer kleinen stadt in galiläa, einer namhaften stadt, wo er wasser in wein verwandelte. das sagten mir menschen, die dabei waren. auch heilte er zwei aussätzige, die vor dem tor von kapernaum sassen, nur durch anfassen.

DER ZWEITE NAZARENER

nein, es waren zwei blinde, die er heilte in kapernaum.

DER ERSTE NAZARENER

nein, es waren aussätzige. doch auch blinde heilte er, und man sah ihn auf einem berg mit engeln sprechen.

EIN SADDUZÄER

es gibt keine engel.

EIN PHARISÄER

es gibt engel, doch glaube ich nicht, dass dieser mann mit ihnen sprach.

DER ERSTE NAZARENER

eine menge von menschen sah ihn mit engeln sprechen.

EIN SADDUZÄER

nicht mit engeln.

HERODIAS

wie sie mich ermüden, diese männer. sie sind lächerlich. sie sind sehr lächerlich. *zum pagen*: nun, meinen fächer! *der page gibt ihr den fächer*. ihr seht aus, als würdet ihr träumen. man soll nicht träumen. träumer sind kranke. *sie schlägt den pagen mit dem fächer.*

DER ZWEITE NAZARENER

auch gibt es das wunder der tochter des jairus.

DER ERSTE NAZARENER

ja, das ist ganz sicher. man kann es nicht abstreiten.

HERODIAS

diese menschen sind verrückt. sie schauen zuviel die mondin an. bringt sie zum schweigen.

HERODES

was ist denn das wunder der tochter des jairus?

DER ERSTE NAZARENER

die tochter des jairus war tot. er weckte sie wieder auf.

HERODES

er weckt die toten wieder auf?

DER ERSTE NAZARENER

ja, herr, er weckt die toten wieder auf.

HERODES

ich will nicht, dass er das tut. ich verbiete ihm, das zu tun. ich lasse es nicht zu, die toten wieder aufzuwecken. man muss diesen mann suchen und ihm sagen, dass ich es nicht zulasse, die toten wieder aufzuwecken. wo ist dieser mann zur zeit?

DER ZWEITE NAZARENER

er ist überall, herr, doch es ist sehr schwer, ihn zu finden.

DER ERSTE NAZARENER

man sagt, er ist in samaria zur zeit.

EIN JUDE

man sieht wohl, dass es nicht der messias sein kann, wenn er in samaria ist. nicht zu den samaritern wird der messias kommen. die samariter sind verflucht. sie bringen keine opfergaben in den tempel.

DER ZWEITE NAZARENER

er verliess samaria vor wenigen tagen. ich glaube, er ist in der nähe von jerusalem zur zeit.

DER ERSTE NAZARENER

ach nein, da ist er nicht. ich komme eben aus jerusalem. seit zwei monaten hört man nicht von ihm sprechen.

HERODES

wo immer, das macht nichts aus! doch muss man ihn finden und ihm sagen, dass ich es nicht zulasse, die toten wieder aufzuwecken. wasser in wein verwandeln, aussätzige und blinde heilen.. das kann er alles tun, wenn er will. dagegen habe ich nichts zu sagen. wirklich, ich finde, aussätzige heilen ist eine gute tat, doch lasse ich es nicht zu, die toten wieder aufzuwecken. es wäre schrecklich, wenn die toten wiederkehrten.

DIE STIMME DES JOCHANAAN

oh! die unkeusche! die hure! oh! die tochter babylons mit ihren augen aus gold unter den vergoldeten lidern! hört, was gott der herr sagt. lasst eine menge von menschen kommen gegen sie. dass das volk steine nehme und sie steinige..

HERODIAS

bringt ihn zum schweigen!

DIE STIMME DES JOCHANAAN

dass die kriegshauptmänner sie durchstossen mit ihren schwertern und sie zermalmen unter ihren schilden.

HERODIAS

das ist doch nicht zu ertragen.

DIE STIMME DES JOCHANAAN

so werde ich zertreten die greuel auf der erde, dass alle frauen lernen, den greueln dieser nicht zu folgen.

HERODIAS

ihr hört, was er sagt gegen mich? ihr lasst ihn eure frau beschimpfen?

HERODES

er sagte nicht euren namen.

HERODIAS

was macht das aus? ihr wisst wohl, dass ich es bin, die er beschimpft. und ich bin eure frau, nicht wahr?

HERODES

ja, liebe und werte herodias, ihr seid meine frau, und davor wart ihr die frau meines bruders.

HERODIAS

ihr seid es, der mich seinen armen entriss.

HERODES

ihr habt recht, ich war der stärkere.. doch sprechen wir nicht davon. ich will davon nicht sprechen. es ist der grund, dass der prophet so schreckliche worte sagt. vielleicht wird darum ein unglück geschehen. sprechen wir nicht davon.. werte herodias, wir vergessen unsere gäste. gebt mir zu trinken, meine liebe. füllt wein in die grossen becher aus silber und in die grossen becher aus glas. ich will auf das wohl cäsars trinken. es sind römer hier, man muss auf das wohl cäsars trinken.

ALLE

cäsar! cäsar!

HERODES

seht ihr nicht, wie bleich eure tochter ist?

HERODIAS

was macht euch das aus, ob sie bleich ist oder nicht?

HERODES

nie sah ich sie so bleich.

HERODIAS

ihr sollt sie nicht anschauen.

DIE STIMME DES JOCHANAAN

an jenem tag wird der sonner schwarz werden wie ein härener sack, und die mondin wird rot werden wie blut, und die sterne werden fallen vom himmel auf die erde, wie die grünen feigen fallen von einem feigenbaum, und die könige der erde werden sich fürchten.

HERODIAS

ach! ach! diesen tag, von dem er spricht, möchte ich sehen, wenn die mondin rot wie blut wird und die sterne wie grüne feigen auf die erde fallen. dieser prophet spricht wie ein berauschter mann.. doch ich kann den klang seiner stimme nicht ertragen. ich hasse seine stimme. bringt ihn zum schweigen.

HERODES

ach nein. ich verstehe nicht, was er sagte, doch kann es ein zeichen sein.

HERODIAS

ich glaube nicht an zeichen. er spricht wie ein berauschter mann.

HERODES

vielleicht ist er berauscht vom wein gottes!

HERODIAS

welcher wein ist das, der wein gottes? von welchen weinbergen kommt er? in welcher kelter findet man ihn?

HERODES *lässt salome nicht mehr aus den augen*

tigellinus, als ihr vor kurzem in rom wart, sprach da der kaiser über..?

TIGELLINUS

worüber, herr?

HERODES

worüber? ach! ich fragte euch etwas, nicht wahr? ich vergass, was ich wissen wollte.

HERODIAS

ihr schaut wieder meine tochter an. ihr sollt sie nicht anschauen. ich sagte es euch schon.

HERODES

ihr sagt nichts als das.

HERODIAS

ich sage es wieder.

HERODES

und die erneuerung des tempels, von der man so viel sprach? tut man etwas? nicht wahr, man sagt, der schleier vor dem allerheiligsten ist nicht mehr da?

HERODIAS

ihr seid es, der ihn nahm. ihr sprecht, ohne zu denken. ich will hier nicht bleiben. gehen wir hinein.

HERODES

salome, tanze für mich.

HERODIAS

ich will nicht, dass sie tanzt.

SALOME

ich habe keine lust zu tanzen, tetrarch.

HERODES

salome, tochter der herodias, tanze für mich.

HERODIAS

lasst sie in ruhe.

HERODES

ich befehle dir zu tanzen, salome.

SALOME

ich tanze nicht, tetrarch.

HERODIAS *lachend*

ihr seht, wie sie euch folgt!

HERODES

was macht mir das aus, ob sie tanzt oder nicht? das macht mir nichts aus. ich bin glücklich heute abend. ich bin sehr glücklich. nie war ich so glücklich.

DER ERSTE SOLDAT

er sieht finster aus, der tetrarch, nicht wahr, er sieht finster aus?

DER ZWEITE SOLDAT

er sieht finster aus.

HERODES

warum sollte ich nicht glücklich sein? cäsar, der herr der welt, der herr aller dinge, er liebt mich sehr. eben erst schickte er mir gaben von grossem wert. auch versprach er mir, den könig von kappadozien, der mein feind ist, nach rom zu rufen. vielleicht wird er ihn kreuzigen in rom. er kann für mich alles tun, was er will, cäsar. schliesslich ist er der herr. ihr seht also, ich kann mit recht glücklich sein. wirklich, ich bin es. nie war ich so glücklich. es gibt nichts in der welt, was mir mein glück verleiden könnte.

DIE STIMME DES JOCHANAAN

er wird sitzen auf seinem thron. er wird gekleidet sein in purpur und scharlach. seine hand wird tragen einen goldenen becher, gefüllt mit seinen greueln, und schlagen wird ihn der engel gottes des herrn. er wird gefressen werden von den würmern.

HERODIAS

ihr hört, was er sagt über euch. er sagt, ihr werdet von den würmern gefressen werden.

HERODES

nicht von mir spricht er. er sagt nie etwas gegen mich. er spricht vom könig von kappadozien, vom könig von kappadozien, der mein feind ist. er ist es, der von den würmern gefressen wird, nicht ich. nie sagte er etwas gegen mich, der prophet, ausser dass es ein fehler war, die frau meines bruders zur frau zu nehmen. vielleicht hat er recht. wirklich, ihr seid unfruchtbar.

HERODIAS

ich bin unfruchtbar, ich. und das sagt ihr, ihr, der immer meine tochter anschaut, ihr, der sie tanzen lassen will zu seiner lust. es ist lächerlich, das zu sagen. ich habe ein kind. ihr hattet nie kinder, selbst nicht von einer eurer sklavinnen. ihr seid unfruchtbar, nicht ich.

HERODES

schweigt. ich sage euch, ihr seid unfruchtbar. ihr gabt mir keine kinder, und der prophet sagt, unsere ehe ist keine wahre ehe. er sagt, es ist eine ehe des inzests, eine ehe, durch die ein unglück geschehen wird.. ich fürchte, er könnte recht haben. ich bin sicher, er hat recht. doch jetzt ist nicht die zeit, von diesen dingen zu sprechen. jetzt will ich glücklich sein. wirklich, ich bin es. ich bin sehr glücklich. es gibt nichts, was mir fehlt.

HERODIAS

ich bin sehr erfreut, dass ihr so lustig seid heute abend. es ist nicht eure art. doch es ist spät. gehen wir hinein. vergesst nicht, dass wir am morgen zur jagd wollen. den gesandten cäsars muss man alle ehre tun, nicht wahr?

DER ZWEITE SOLDAT

wie finster er aussieht, der tetrarch.

DER ERSTE SOLDAT

ja, er sieht finster aus.

HERODES

salome, salome, tanze für mich. ich bitte dich sehr, für mich zu tanzen. heute abend bin ich traurig. ja, ich bin sehr traurig heute abend. als ich hierher kam, glitt ich aus in blut, was ein schlechtes zeichen ist, und ich hörte, ich bin sicher, ich hörte ein flügelrauschen in der luft, ein rauschen mächtiger flügel. ich weiss nicht, was das sagen soll.. ich bin traurig heute abend. darum tanze für mich. tanze für mich, salome, ich flehe dich an. wenn du für mich tanzt, kannst du alles von mir verlangen, was du willst, und ich werde es dir geben. ja, tanze für mich, salome, und ich werde dir alles geben, was du von mir verlangst, und wäre es mein halbes königreich.

SALOME *sich erhebend*

ihr werdet mir alles geben, was ich von euch verlange, tetrarch?

HERODIAS

tanzt nicht, meine tochter.

HERODES

alles, und wäre es mein halbes königreich.

SALOME

ihr schwört es, tetrarch?

HERODES

ich schwöre es, salome.

HERODIAS

tanzt nicht, meine tochter.

SALOME

wobei schwört ihr, tetrarch?

HERODES

bei meinem leben, bei meiner krone, bei meinen göttern. alles, was du von mir verlangst, ich werde es dir geben, und wäre es mein halbes königreich, wenn du für mich tanzt. ach! salome, salome, tanze für mich.

SALOME

ihr habt geschworen, tetrarch.

HERODES

ich habe geschworen, salome.

SALOME

alles, was ich von euch verlange, und wäre es euer halbes königreich?

HERODIAS

meine tochter, tanzt nicht.

HERODES

und wäre es mein halbes königreich. als königin wärest du sehr schön, salome, hättest du lust, von mir mein halbes königreich zu verlangen. nicht wahr, sie wäre sehr schön als königin?.. oh! es ist kalt hier! es weht ein kalter wind, und ich höre.. warum höre ich in der luft dieses flügelrauschen? oh! man könnte glauben, ein vogel, ein mächtiger schwarzer vogel, der über die terrasse gleitet. warum kann ich ihn nicht sehen, diesen vogel? das rauschen seiner flügel ist schrecklich. der wind, den seine flügel bringen, ist schrecklich. es ist ein kalter wind.. doch nein, es ist gar nicht kalt. im gegenteil, es ist sehr warm. es ist heiss. ich ersticke. schüttet mir wasser über die hände. gebt mir schnee zu essen. öffnet meinen mantel. schnell, schnell, öffnet meinen mantel.. nein. lasst ihn zu. es ist meine krone, die mich brennt, meine krone aus rosen. man könnte glauben, diese blumen sind aus feuer. sie verbrannten meine stirn. *er reisst sich die krone vom kopf und wirft sie auf den tisch.* ah! endlich kann ich atmen. wie rot sie sind, diese blütenblätter! man könnte glauben, flekken von blut sind auf dem tischtuch. das macht nichts aus. man soll nicht zeichen finden in allen dingen, die man sieht. so ist das leben nicht zu ertragen. es wäre besser zu sagen, die flecken von blut sind so schön wie die blütenblätter von rosen. es wäre sehr viel besser, das zu sagen.. doch sprechen wir nicht davon. jetzt bin ich glücklich. ich bin sehr glücklich. ich bin mit recht glücklich, nicht wahr? eure tochter wird tanzen für mich. nicht wahr, du wirst tanzen für mich, salome? du versprachst, zu tanzen für mich.

HERODIAS

ich will nicht, dass sie tanzt.

SALOME

ich werde tanzen für euch, tetrarch.

HERODES

ihr hört, was eure tochter sagt. sie wird tanzen für mich. du hast sehr recht, salome, für mich zu tanzen. und wenn du getanzt hast, vergiss nicht, von mir zu verlangen, was du willst. alles, was du willst, ich werde es dir geben, und wäre es mein halbes königreich. ich habe geschworen, nicht wahr?

SALOME

ihr habt geschworen, tetrarch.

HERODES

und ich habe nie mein wort gebrochen. ich bin keiner von denen, die ihr wort brechen. ich kann nicht lügen. ich bin der sklave meines wortes, und mein wort ist das eines königs. der könig von kappadozien lügt immer, doch er ist kein wahrer könig. er ist ein schwächling. auch schuldet er mir geld, das er nicht zahlen will. er beschimpfte sogar meine gesandten. er sagte sehr kränkende dinge. doch cäsar wird ihn kreuzigen, wenn er nach rom kommt. ich bin sicher, cäsar wird ihn kreuzigen. wenn er nicht stirbt, von den würmern gefressen. der prophet sagte es voraus. nun, salome, worauf wartest du?

SALOME

ich warte, dass mir meine sklavinnen das kästchen mit düften bringen und die sieben schleier und mir die sandalen abnehmen.

die sklavinnen bringen das kästchen mit düften und die sieben schleier und nehmen salome die sandalen ab.

HERODES

ah! du wirst mit nackten füssen tanzen! das ist gut! das ist sehr gut! deine kleinen füsse werden weissen tauben gleichen. sie werden kleinen weissen blüten gleichen, die auf einem baum tanzen.. oh! nein! sie wird in blut tanzen! es ist blut auf dem boden. ich will nicht, dass sie in blut tanzt. das wäre ein sehr schlechtes zeichen.

HERODIAS

was macht euch das aus, wenn sie in blut tanzt? ihr selbst seid hineingetreten, ihr..

HERODES

was mir das ausmacht? oh! schaut die mondin an! sie wurde rot. sie wurde rot wie blut. oh! der prophet sagte es voraus. er sagte voraus, die mondin würde rot wie blut werden. nicht wahr, das sagte er voraus? ihr alle hörtet ihn. die mondin wurde rot wie blut. seht ihr es nicht?

HERODIAS

ich sehe es wohl, und die sterne fallen herab wie grüne feigen, nicht wahr? und der sonner wird schwarz wie ein härener sack, und die könige der erde fürchten sich. das wenigstens sieht man. einmal in seinem leben hatte er recht, der prophet. die könige der erde fürchten sich.. nun, gehen wir hinein. ihr seid krank. in rom wird man sagen, ihr seid verrückt. gehen wir hinein, sage ich euch.

DIE STIMME DES JOCHANAAN

wer ist jener, der kommt von edom, der kommt von bosra in seinem purpurfarbenen mantel, der strahlt in der schönheit seiner kleider und auftritt in allmächtiger stärke? warum sind eure kleider scharlachfarben?

HERODIAS

gehen wir hinein. die stimme dieses mannes macht mich wild. ich will nicht, dass meine tochter tanzt, wenn er so schreit. ich will nicht, dass sie tanzt, wenn ihr sie so anschaut. kurzum, ich will nicht, dass sie tanzt.

HERODES

erhebt euch nicht, meine frau, meine königin, es ist vergebens. ich gehe nicht hinein, bevor sie getanzt hat. tanze, salome, tanze für mich.

HERODIAS

tanzt nicht, meine tochter.

SALOME

ich bin bereit, tetrarch.

salome tanzt den tanz der sieben schleier.

HERODES

ah! das war wundervoll, das war wundervoll! ihr seht, sie tanzte für mich, eure tochter. komm näher, salome! komm näher, damit ich dir geben kann, was du von mir verlangst. ah! ich bezahle die tänzerinnen gut. dich, dich werde ich sehr gut bezahlen. ich werde dir alles geben, was du willst. was willst du, sag?

SALOME *sich hinkniend*

ich will, dass man mir sogleich bringe, in einer silbernen schüssel..

HERODES *lachend*

in einer silbernen schüssel? ach ja, in einer silbernen schüssel, sicher. sie ist reizend, nicht wahr? was ist es, was du willst, dass man dir bringe in einer silbernen schüssel, meine liebe und schöne salome, du, die die schönste ist von allen töchtern judäas! was ist es, was du willst, dass man dir bringe in einer silbernen schüssel? sag es mir. was es auch sei, man wird es dir geben. meine schätze sind die deinen. was ist es, was, salome?

SALOME *sich erhebend*
den kopf des jochanaan.

HERODIAS
ah! das ist gut gesagt, meine tochter!

HERODES
nein, nein.

HERODIAS
das ist gut gesagt, meine tochter.

HERODES
nein, nein, salome! das wirst du nicht von mir verlangen. höre nicht auf deine mutter. sie gibt dir immer schlechte lehren. man soll nicht auf sie hören.

SALOME
ich höre nicht auf meine mutter. zu meiner eigenen lust will ich den kopf des jochanaan in einer silbernen schüssel. ihr habt geschworen, herodes. vergesst nicht, ihr habt geschworen!

HERODES
ich weiss es. ich habe geschworen bei meinen göttern. ich weiss es wohl. doch ich flehe dich an, salome, verlange von mir etwas anderes. verlange von mir mein halbes königreich, und ich werde es dir geben. doch verlange von mir nicht, was du eben von mir verlangtest.

SALOME
ich verlange von euch den kopf des jochanaan.

HERODES
nein, nein, ich will nicht.

SALOME
ihr habt geschworen, herodes.

HERODIAS
ja, ihr habt geschworen. alle welt hörte euch. ihr habt geschworen vor aller welt.

HERODES
schweigt. nicht mit euch spreche ich.

HERODIAS
meine tochter verlangt von euch den kopf dieses mannes mit gutem recht. er spie beschimpfungen aus gegen mich. er sagte schreckliche dinge zu mir. man sieht, sie liebt ihre mutter. lasst nicht ab, meine tochter. er hat geschworen, er hat geschworen.

HERODES
schweigt. sprecht nicht zu mir.. schau, salome, man muss vernünftig sein, nicht wahr? nicht wahr, man muss vernünftig sein?

ich war nie streng zu dir. ich liebte dich immer.. vielleicht liebte ich dich zu sehr. darum verlange nicht das von mir. es ist schrecklich, es ist schrecklich, was du von mir verlangst. im grunde glaube ich nicht, dass du das wirklich willst. der kopf eines geköpften mannes, das ist ein hässliches ding, nicht wahr? es ist kein ding, das eine jungfrau anschauen soll. welche lust könnte es dir bringen? keine. nein, nein, das willst du nicht.. höre mich kurz an. ich habe einen smaragd, einen grossen runden smaragd, den mir der liebling cäsars schickte. wenn du durch diesen smaragd schaust, kannst du dinge sehen, die in fernster ferne geschehen. cäsar selbst trägt einen ganz gleichen, wenn er in den zirkus geht. doch meiner ist grösser. ich weiss wohl, er ist grösser. er ist der grösste smaragd der welt. nicht wahr, den willst du? verlange ihn von mir, und ich werde ihn dir geben.

SALOME

ich verlange von euch den kopf des jochanaan.

HERODES

du hörst mir nicht zu, du hörst mir nicht zu. nun, lass mich sprechen, salome.

SALOME

den kopf des jochanaan.

HERODES

nein, nein, das willst du nicht. das sagst du mir nur, um mich zu quälen, weil ich dich den ganzen abend anschaute. nun ja. ich schaute dich den ganzen abend an. deine schönheit verwirrte mich. deine schönheit verwirrte mich schrecklich, und ich schaute dich zuviel an. doch ich werde es nicht mehr tun. man soll weder dinge noch menschen anschauen. man soll nur in spiegel schauen. denn spiegel zeigen nur schatten.. oh! oh! wein! ich bin durstig.. salome, salome, lass uns freunde sein. also, schau.. was wollte ich sagen? was war es? ah! ich erinnere mich!.. salome! nein, komm näher zu mir. ich fürchte, du hörst mich nicht.. salome, du kennst meine weissen pfauen, meine schönen weissen pfauen, die im garten zwischen den myrten und den grossen zypressen umhergehen. ihre schnäbel sind golden, und auch die körner, die sie fressen, sind golden, und ihre füsse sind purpurfarben. der regen kommt, wenn sie schreien, und wenn sie sich spreizen, zeigt sich die mondin am himmel. sie gehen zwei zu zwei zwischen den zypressen und den schwarzen myrten umher, und jeder hat seinen sklaven, der ihn umsorgt. oft fliegen sie durch die bäume, und oft ruhen sie auf dem rasen und rund um den teich. es gibt keine so wundervollen vögel in der welt. es gibt keinen könig in der welt, der so wundervolle vögel hat. ich bin sicher, selbst cäsar hat nicht so wundervolle vögel. nun gut! ich werde dir fünfzig von meinen pfauen geben. sie werden dir überall folgen, und in ihrer mitte wirst du der mondin in einer grossen weissen wolke gleichen.. ich werde sie dir alle geben. ich habe davon nur hundert, und es gibt keinen könig in der welt, der pfauen hat wie meine, doch ich werde sie dir alle geben. nur musst du mir mein wort zurückgeben und darfst nicht verlangen von mir, was du von mir verlangtest. *er leert den becher mit wein.*

SALOME

ich will den kopf des jochanaan.

HERODIAS

das ist gut gesagt, meine tochter! ihr, wie seid ihr lächerlich mit euren pfauen.

HERODES

schweigt. ihr schreit immer. ihr schreit wie ein wildes tier. man soll nicht so schreien. eure stimme quält mich. schweigt, sage ich euch.. salome, denke an das, was du tust. dieser mann kommt vielleicht von gott. ich bin sicher, er kommt von gott. er ist ein heiliger mann. der finger gottes fasste ihn an. gott legte schreckliche worte in seinen mund. im palast wie in der wüste, immer ist gott mit ihm.. wenigstens ist es möglich. man weiss es nicht, doch ist es möglich, dass gott mit ihm ist. darum könnte mir, wenn er stirbt, ein unglück geschehen. sagte er doch, an dem tag, an dem er stirbt, würde jemandem ein unglück geschehen. das kann kein anderer sein als ich. erinnere dich, ich glitt aus in blut, als ich hierher kam. auch hörte ich ein flügelrauschen in der luft, ein rauschen mächtiger flügel. das sind sehr schlechte zeichen. und es gab davon noch mehr. ich bin sicher, es gab noch mehr, auch wenn ich sie nicht sah. nun gut! salome, du willst nicht, dass mir ein unglück geschieht? das willst du nicht. also höre auf mich.

SALOME

ich will den kopf des jochanaan.

HERODES

du siehst, du hörst nicht auf mich. doch sei ruhig. ich, ich bin sehr ruhig. ich bin ganz ruhig. höre. ich habe hier juwelen verborgen, die selbst deine mutter noch nie sah, sehr seltsame juwelen. ich habe eine kette aus vier perlenreihen. man könnte glauben, mondinnen, aufgereiht an silbernen strahlen. man könnte glauben, fünfzig mondinnen, gefangen in einem goldenen netz. eine königin trug sie auf dem elfenbein ihrer brüste. du, wenn du sie trägst, wirst du so schön sein wie eine königin. ich habe amethyste von zwei arten. der eine ist schwarz wie wein. der andere ist rot wie wein, den man mit wasser färbte. ich habe gelbe topase gleich den augen von tigern und rosa topase gleich den augen von tauben und grüne topase gleich den augen von katzen. ich habe opale, die immer brennen, mit einem feuer, das ganz kalt ist, und opale, die traurig machen und mit furcht erfüllen vor der finsternis. ich habe onyxe gleich den pupillen einer toten. ich habe selenite, die sich mit der mondin verwandeln und vor dem sonner erbleichen. ich habe saphire, gross wie eier und blau wie blaue blumen. die see atmet darin, und nie wird die mondin das blau ihrer fluten verwirren. ich habe chrysolithe und berylle, ich habe chrysoprase und rubine, ich habe sardonyxe und hyacinthe und chalzedone, und ich werde sie dir alle geben, ja alle, und noch andere dinge dazu. der könig von indien schickte mir eben vier fächer aus federn von papageien und der könig von numidien ein kleid aus federn von straussen. ich habe einen kristall, der frauen verboten ist anzuschauen und den selbst junge männer nur sehen dürfen, wenn sie gegeisselt wurden. in einem kästchen aus perlmutt habe ich drei wundervolle türkise. trägt man sie auf der stirn, kann man dinge erträumen, die es nicht gibt, und trägt man sie in der hand, kann man frauen unfruchtbar machen. das sind schätze von grossem wert. das sind unbezahlbare schätze. und das ist nicht alles. in einem kästchen aus ebenholz habe ich zwei becher aus bernstein, goldenen äpfeln gleich. schüttet ein feind gift in diese becher, werden sie silbernen äpfeln gleich. in einem kästchen mit eingelegtem bernstein habe ich sandalen mit eingelegtem glas. ich habe mäntel aus dem land der serer und armbänder aus der stadt euphrates, mit karfunkeln und jade besetzt.. nun, was willst du, salome? sag mir, was du willst, und ich werde es dir geben. ich werde dir alles geben, was ich habe. ich werde dir alles geben, was du von mir verlangst, nur eines nicht, nur nicht ein leben. ich werde dir den mantel des hohenpriesters geben. ich werde dir den schleier des allerheiligsten geben.

DIE JUDEN

oh! oh!

SALOME

ich will den kopf des jochanaan.

HERODES *fällt in einen sitz zurück*

man gebe ihr, was sie verlangt! sie ist wirklich die tochter ihrer mutter.

der erste soldat nähert sich. herodias nimmt den todesring von der hand des tetrarchen und gibt ihn dem soldaten, der ihn dem henker bringt. der henker zeigt ein erschrecktes gesicht.

HERODES

wer nahm meinen ring? es war ein ring an meiner rechten hand. wer trank meinen wein? es war wein in meinem becher. er war gefüllt mit wein. wer leerte ihn? oh! ich bin sicher, jemandem wird ein unglück geschehen. *der henker steigt hinab in die zisterne.* oh! warum gab ich mein wort? könige sollen nie ihr wort geben. brechen sie es, ist es schrecklich. brechen sie es nicht, ist es auch schrecklich..

HERODIAS

ich finde, meine tochter tat recht.

HERODES

ich bin sicher, es wird ein unglück geschehen.

SALOME *beugt sich über die zisterne und horcht*

es gibt keinen laut. ich höre nichts. warum schreit er nicht, dieser mann? oh! wollte mich jemand töten, ich würde schreien, ich würde mich wehren, ich möchte nicht leiden.. schlag zu, schlag zu, naaman, schlag zu, sage ich dir.. nein. ich höre nichts. es ist ein schreckliches schweigen. ah! etwas fiel zu boden. ich hörte etwas fallen. es war das schwert des henkers. er fürchtet sich, dieser sklave! er liess sein schwert zu boden fallen. er wagt nicht, ihn zu töten. er ist ein schwächling, dieser sklave! man muss soldaten schicken. *sie sieht den pagen der herodias und wendet sich an ihn.* kommt hierher. ihr wart der freund dessen, der sich tötete, nicht wahr? nun gut, es gab nicht genug tote. sagt den soldaten, sie sollen hinabsteigen und mir bringen, was ich verlange, was der tetrarch mir versprach, was mein ist. *der page weicht zurück. sie wendet sich an die soldaten.* kommt hierher, soldaten. steigt hinab in die zisterne und bringt mir den kopf dieses mannes. *die soldaten weichen zurück.* tetrarch, tetrarch, befehlt euren soldaten, mir den kopf des jochanaan zu bringen.

ein grosser schwarzer arm, der arm des henkers, erhebt sich aus der zisterne und trägt auf einem silbernen schild den kopf des jochanaan. salome nimmt ihn. herodes verbirgt das gesicht in sei-

nem mantel. herodias lächelt und fächelt sich zu. die nazarener knien hin und beten.

SALOME

ah! du wolltest mich deinen mund nicht küssen lassen, jochanaan. nun gut! gleich werde ich ihn küssen. ich werde ihn beissen mit meinen zähnen, wie man eine reife frucht beisst. ja, ich werde deinen mund küssen, jochanaan, ich sagte es dir, nicht wahr? ich sagte es dir. nun gut! jetzt küsse ich deinen mund.. doch warum schaust du mich nicht an, jochanaan? deine augen, die so schrecklich waren, die so voll von hass und schimpf waren, sie sind jetzt geschlossen. warum sind sie geschlossen? öffne deine augen! hebe deine lider, jochanaan. warum schaust du mich nicht an? fürchtest du dich vor mir, jochanaan, da du mich nicht anschauen willst?.. und deine zunge, die wie eine rote giftspeiende schlange war, sie erhebt sich nicht mehr, jetzt sagt sie nichts, jochanaan, diese rote schlange, die ihr gift auf mich spie. das ist seltsam, nicht wahr? wie kommt es, dass die rote schlange sich nicht mehr erhebt?.. dich verlangte nicht nach mir, jochanaan. du stiessest mich zurück. du sagtest schreckliche dinge zu mir. du sprachst mich an wie eine buhlerin, wie eine hure, mich, salome, tochter der herodias, prinzessin von judäa! nun gut, jochanaan, ich, ich lebe noch, doch du, du bist tot, und dein kopf ist mein. ich kann damit machen, was ich will. ich kann ihn den hunden auf die erde werfen und den vögeln in die luft. und was die hunde zurücklassen, das werden die vögel fressen.. ah! jochanaan, jochanaan, du warst der einzige mann, den ich liebte. alle anderen männer erfüllen mich mit ekel. doch du, du warst schön. dein leib war eine säule aus elfenbein auf einem sockel aus silber. er war ein garten voll von tauben und silbernen lilien. er war ein turm aus silber, besetzt mit schilden aus elfenbein. nichts in der welt war so weiss wie dein leib. nichts in der welt war so schwarz wie dein haar. nichts in der ganzen welt war so rot wie dein mund. deine stimme war ein weihrauchfass, das seltsame düfte verbreitete, und schaute ich dich an, hörte ich eine seltsame musik! oh! warum schautest du mich nicht an, jochanaan? hinter deinen händen und deinen flüchen verbargst du dein gesicht. auf deine augen legtest du das band dessen, der seinen gott sehen will. nun gut, du sahst ihn, deinen gott, jochanaan, doch mich, mich.. mich sahst du nie. hättest du mich gesehen, du hättest mich geliebt. ich, ich sah dich, jochanaan, und ich liebte dich. ah! wie liebte ich dich. ich liebe dich noch immer, jochanaan. ich liebe nur dich.. ich bin durstig nach deiner schönheit. ich bin hungrig nach deinem leib. und weder die früchte noch der wein können mein verlangen löschen. was werde ich jetzt tun, jochanaan? weder die flüsse noch die see können mein verlangen löschen. ich war eine prinzessin, du stiessest mich zurück. ich war eine jungfrau, du beschmutztest mich. ich war keusch, du fülltest meine adern mit feuer.. oh! oh! warum schautest du mich nicht an, jochanaan? hättest du mich angeschaut, du hättest mich geliebt. ich weiss wohl, du hättest mich geliebt, und das geheimnis der liebe ist grösser als das geheimnis des todes. man soll nichts anschauen als die liebe.

HERODES

sie ist schrecklich, eure tochter, sie ist schrecklich. was sie tat, ist ein grosses vergehen. ich bin sicher, es ist ein grosses vergehen an einem verborgenen gott.

HERODIAS

ich finde es gut, was meine tochter tat, und ich will jetzt hier bleiben.

HERODES *sich erhebend*

oh! da spricht die frau im inzest! kommt! ich will nicht hier bleiben. kommt, sage ich euch! ich bin sicher, es wird ein unglück geschehen. manasseh, issachar, osias, löscht die fackeln! ich will die dinge nicht sehen. ich will nicht, dass die dinge mich sehen. löscht die fackeln! verbergt die mondin! verbergt die sterne! verbergen wir uns in unserem palast, herodias. ich bekomme furcht.

die sklaven löschen die fackeln. die sterne verbleichen. eine grosse schwarze wolke zieht über die mondin und verbirgt sie. die bühne wird ganz finster. der tetrarch steigt die treppe hinauf.

DIE STIMME DER SALOME

ah! ich habe deinen mund geküsst, jochanaan, ich habe deinen mund geküsst. deine lippen schmeckten bitter. ist es der geschmack des blutes?.. vielleicht ist es der geschmack der liebe. man sagt, die liebe hat einen bitteren geschmack.. doch was macht das aus? was macht das aus? ich küsste deinen mund, jochanaan, ich küsste deinen mund.

ein mondstrahl fällt auf salome, und sie erstrahlt.

HERODES *wendet sich zurück zu salome*

tötet die frau!

die soldaten fallen über sie her und zermalmen unter ihren schilden salome, tochter der herodias, prinzessin von judäa.

reisefieber

423 – 585

zur aufführung

die reihenfolge der ereignisse (ihrer sie konstituierenden begriffe) muss strikt eingehalten werden, allerdings sind gleichzeitige einsätze verschiedener spalten bei unmittelbarer aufeinanderfolge durchaus erlaubt. schallereignisse aus dem lautsprecher wie auch projektionen können jeweils punktuell erfolgen aber auch – wenn sie nicht an sich zeitlich begrenzt sind – bis zur nächsten lautsprecher- beziehungsweise projektionsangabe andauern.
als "schrift" bei projektionen kann auch vorgefundenes schriftmaterial verwendet werden, zum beispiel berufs- und ladenschilder, auschnitte aus büchern und zeitungen; dominieren sollte jedenfalls weitgehend eine neutrale blockschrift (grossbuchstaben). die filmspots laufen stets stumm ab.
die realisation von "reisefieber" erfordert vom regisseur neben optischer, akustischer und allgemein rhythmischer sensibilität ein hohes mass an werktreue; er hat hier die funktion eines dirigenten, der die partitur nicht verändert, sondern interpretiert und mit leben erfüllt.

personen

1. teil: paris

abt
ein zeitungsausrufer
eine anklägerin
ein verkehrsschutzmann (stumm)
die "unschuld vom lande"
ein schlosser
ein eseltreiber (stumm) mit esel
ein bogenschütze (stumm)
ein geflügelzüchter (stumm)

2. teil: london

äbtissin
ein geburtshelfer
eine afrikanerin

3. teil: helsinki

adam
eine assistentin

4. teil: moskau

abt
ännchen

5. teil: athen

abt
bildhauer ("pygmalion")
seine geliebte
athene
ein akrobat
ein alpinist
ein blumenmädchen
ein kohlenträger
ein tennisspieler
eine negerin (stumm)
eine zigeunerin
ein flötenspieler
ein gepäckträger

1. teil paris

aktion	sprechtext
ein abt tritt auf.	
abt:	das alphabet ist ein geschwür der freiwilligen abdankung des unterleibs. vögel zu füttern vor einem bienenstand, ist eine verirrung, die verdummt und zu verabscheuen ist als abgrund der verworfenheit. abzuschwören ist der entfernung des weissfisches durch reinigung und selbstverleugnung, denn das gebell bei schwinden des gedächtnisses ist scheusslich. die überströmende beredsamkeit der abonnenten der erde, die zum landen geeignet ist, um ureinwohnern das gelände abzustecken und sich mit abtreibungsmitteln in verbindung zu setzen, trudelt aus willensschwäche ans schienenende.
ein zeitungsausrufer mit einem stoss zeitungen durchquert die bühne und ruft:	schleifmittel! auszüge! schwemmen! abkürzungen! atombunker! aprikosenbäume! vogelfutterhäuschen! windschützer!
ab.	
abt:	abzuschaffen sind schroff idioten, die in ihrer zerstreutheit absinth unumschränkt absorbieren, für straflos erklären durch stimmenthaltung, damit wunden auswaschen, mit abstrakt ver-

lautsprecher	projektion
(sprecher:) durch die senkung der hängebacke gänzlich vernachläs- sigt, verblüfft ein platzregen die ent- artung der lampen- schirme mit einer notschlachtung. (sprecherin:) da wird die rolltür nie- dergeschlagen wie die schornsteinkappe einer abtei.	

aktion	sprechtext
	wickelten ungereimtheiten täuschen, in der tiefsee, in abessinien, in äpfeln, akazien oder akademien dösen, die mit mahagoni oder bärenklau mürrisch, kettenlos oder schwül flauten hamstern, beipflichten im zeitraffer unter betonung annehmbarer zufahrtsstrassen zur eingliederung in den arbeitsprozess mit nebensächlichen unfällen, verbrauchssteuer und beifallsrufen bei spontaner anpassung. wer wird sich mit ihnen einlassen, einen bruderkuss mit in kauf nehmen und ihre begleitung vollenden durch einen handelsvertrag? sind steilküsten freundlich, zum anlegen geeignet, wie geburtshelfer, die sich mit dem ellbogen aufstützen, um die klauenkupplung zu verkürzen? oder sind sie nur herbeigeeilt, um der ausstaffierung gewöhnlicher brutanstalten durch ihre fürsprache zu einem kredit zu verhelfen? die risse in der haut um eine schmachtlocke vermehrt, so kauern sie sich nieder, diese wurzelschösslinge, vor den autobatterien im auffanglager einer sackgasse.
eine anklägerin in der robe des staatsanwalts tritt auf. anklägerin, sich vorstellend:	ohne kopf, stählern, herb, mit sauer werdendem nagellackentferner und zahlreicher kundschaft, stürze ich mich auf postleitvermerke, kaufe vollkommenheit und mache sie fertig, die schafgarben und steine des anstosses, mit farbloser harnsäure. in meiner stahlhütte habe ich einen messgehilfen in abschlagszahlung unter dem eisenhut durch gewohnheit verleitet; er hat nebeneinnahmen ruckweise im hörrohr als grundstücksmakler mit meiner zustimmung sowie fähigkeiten und beissende schärfe als seiltänzer bei rechtsgeschäften und in der strahlentherapie. gefördet werde ich auch als schauspielerin in der wochenschau, ein schnell verlaufender

lautsprecher	projektion

aktion	sprechtext
	zustand mit spitzwinklig geflügelten worten, diamantartig in freier bearbeitung unter hinzufügung einer lymphdrüsenentzündung, verzahnt mit einem anhänger des zweckmässigen heftpflasters. mein frauenhaar ist undurchsichtig und wärmeundurchlässig. leben sie wohl!
die anklägerin entfernt sich energisch, hält aber kurz vor dem seitenabgang inne und wendet kopf und schultern zurück, als der abt ihr nachruft:	meine fettsucht verlegt die sich türmenden nebenstrassen, eigenschaftswörter hinzuziehend, adjutanten und meistbietende, unter beschwörungsformeln und zusatzmitteln; gelten lasse ich die verabreichung der letzten ölung als bewunderer der luftzufuhr, erteile jedoch einen verweis der jugend beziehungsweise dem backfisch. mich diesem widmend als pflegevater, bete ich an die abdachung der strandliege, ausgebessert und besänftigt
	durch gewandte lobhudelei.
anklägerin:	im mannesalter ein fälscher und ehebrecher, komme, was da wolle, wildwachsend wie eine luftwurzel oder die umstandswörter der gegenpartei, haben sie missgeschick und kraftlosigkeit bei der luftabwehr!
anklägerin ab.	
abt:	leutselig, doch ungeniessbar, in verweichlichtem gefecht hingesunken!

lautsprecher	projektion
	(schrift:) ADRESSE (oder dia einer adres- senangabe)
startgeräusch eines flugzeugs, das abhebt und sich dann rasch entfernt	

aktion	sprechtext
(in gedämpftem gebetston)	hungrig erschüttert gebührend verpachtet bestärkt im gehabe zur schau getragen als spitzel streichriemen der läuterung ähnlichkeit bejahend geschmacklos aufgeputzt ausgleichend trübsal zufluss betörung unterspülbar vertäut wie vieh gefüttert frankiert mit schrecken befrachtet und geködert durch grobe beschimpfung mit geschmacklosem anzug auf der lauer geschliffen stierkampfstammgast damit afrikanisch gereizt geschlechtslos das liebesmahl!
abt kniet nieder. ein verkehrsschutzmann durchquert die bühne, einen stapel briketts auf den armen, ein klebeband hinter sich herziehend, das sich dabei entrollt und als (weisser) streifen auf dem bühnenboden zurückbleibt. abt (in noch inbrünsti-	

lautsprecher	projektion
(gemischter sprechchor wie nachbeter:) ein achat der wechseljahre im faltenwurf des tagebuchs	

aktion	sprechtext
gerem gebetston):	verschärfung der strafe behender zuschlag wirksame hetze verwandter des lammes!
die "unschuld vom lande" tritt auf.	
"unschuld v. l.": sie holt eine spange hervor und steckt sich damit die über das gesicht hängende haarsträhne zurück.	ich habe platzangst
"unschuld v. l.":	bei der bodenreform und der vergrösserung – trotz angenehmer sachwalter – der maschinensätze und turngeräte.
abt:	nichtangriffspakt, trotz bäuerisch gierigen zupackens und anhäufung der südfrüchte!
"unschuld v. l.":	ich bin abgehärtet im hinterhalt!
abt:	dein verführerisches "ach!" strengt mich körperlich an. – aus starrsinn?
"unschuld v. l.":	dein "au!" verblüfft und fördert die verdauung der vorfahren und lämmergeier bei saurem aufstossen
	durch gellendes abspülen.
die "unschuld vom lande" stellt einen wasserkrug (er war in den kleidern verborgen oder wurde aus	

lautsprecher	projektion
	(schrift – weisse buchstaben auf schwarzem grund:) IN DEN LETZTEN ZÜGEN LIEGEND
	(dia:) sauerkirschen (aus einem botanischen atlas oder eine werbedarstellung)

aktion	sprechtext
einem vorhangschlitz gegriffen) vor sich hin, zieht die schnürsenkel aus ihren schuhen, zeigt sie – zwischen zwei fingern herabhängen lassend – dem abt und lässt sie dann zu boden fallen.	
"unschuld v. l." (erklärend):	zum antrieb für die schleiferei!
sie holt einen knoblauchstrang hervor und wirft ihn dazu. vom schnürboden fällt ein kotflügel.	
"unschuld v. l.":	übrigens liebenswürdig in der leistengegend.
abt:	erstgeburt, amen.
"unschuld v. l.":	eherne preiselbeeren nisten in der diele und toilette nach belieben.
nach einem kräftigen windstoss (lautsprecher) fällt eine schindel vom schnürboden. die "unschuld vom lande" zeigt, nachdem sie diese freigemacht hat, dem abt eine achselhöhle (sie	

lautsprecher	projektion
man hört bis auf abruf an- und abschwellende, zuweilen sehr heftige windgeräusche (auch die haare der "unschuld v. l." können manchmal von künstlichen windstössen bewegt werden)	

aktion	sprechtext
sollte nicht ausrasiert sein!), als läge da aachen.	
"unschuld v. l.":	in aachen war ich als jugendherbergsgast wie stechginster auf dem laufenden, durchbrochen von terminen.
abt:	soll ich dem glauben schenken?
ein schlosser (arbeitskleidung) schlendert – von den anderen unbeachtet – quer über die bühne; er trägt eine verbindungsröhre in der einen, eine manganblende in der anderen hand – es können auch zwei tafeln mit diesen bezeichnungen sein, nur müssen sie dann gut lesbar gehalten werden.	
schlosser, im abgehen:	die heiterkeit des destillierkolbens erschlafft.
"unschuld v. l.":	habe albatrosse und kakerlaken in meinem album.
abt:	und ich eiweiss, salmiakgeist,
	alkoholika, eine bettnische, eisvögel,
"unschuld v. l.":	welcher zufall!
abt:	einen pfriem aus der wende des ersten jahrhunderts, eine muntere bohrung für einen brutteich, alexandriner, fuchsrot, spartgras und eine standpauke.
"unschuld v. l.":	und ich algebra, einen algerier, algen, meister

lautsprecher	projektion
alarmsignal	
	(schrift:) ALABASTER
	(schriftwechsel:) ALCHIMIE

aktion	sprechtext
	langohr,
abt:	das ist geisteszerrütung!
"unschuld v. l.":	strassenfluchten, rohkost..
abt:	absatz! ich muss das bett hüten!
"unschuld v. l.": sie holt eine brust heraus, wie um ein kind zu stillen.	und ich die passatwinde stillen!
abt:	welche schmackhafte allee! welches zitat eines fenstervorsprungs! welche erleichterung im gleichnis!
"unschuld v. l." (projektionsbezogen aufzählend):	allergisch gegen angeheiratete verwandschaft, in stabreimen, hallo!, wer dort?, mit arbeitslosenunterstützung, unter begrüssungsansprachen, mit fleischhaken, allopathien und zulässigem
abt:	beeile dich!
"unschuld v. l.":	zigarrenanzünder, im marschtempo als andeutungsweise anschwemmung, mit handelsadressbuch und gediegen,
abt (einsteigend):	damals als lerchen,
"unschuld v. l.":	mit der trägheit der legierung, mit almweiderecht bei alpenübergang,
beide:	unter verbreitung des alphabets und dursterregendem zank, mit wechselstrommaschine und

lautsprecher	projektion
heftiger windstoss	
windgeräusche brechen ab	
das halleluja aus einer klassischen messe erklingt – mit beginn der folgenden wechselrede tritt die lautstärke ruckartig zurück	
	(schrift:) WIE DEUTSCHE REISEN:

aktion	sprechtext
	höhenmesser, mit bratsche, nächstenliebe und tonerde, alaun, zahnhöhlen und feuerschwamm, um abzumagern und zu verschmelzen mit mandelmilch, mit geliebter (geliebtem) und fuchsschwanz, bitterlich gezurrt durch schneewehen mit kunstfreunden in matter reitkleidung, frei heraus sprechend mit der gattin des botschafters, unter den umweltbedingungen –
abt:	rechts-
"unschuld v. l.":	und linkshändig –
beide:	eines kalten buffets, mit dem ehrgeiz nach einem passgang, nach bernstein und götterspeisen, per krankenauto und postbahnwagen, mit seele, veredelung der innenausstattung und düngemittel, anmutig bei vorführungsbefehl, abgehobelt und bitter zwischen amerikanern, bei notwasserung mit fehlsichtigkeit, vor möbelbezugsstoff die hunde koppelnd, mit asbestplatten und kraftmehl freunde verdünnend, vor admirälen verlierbar, mit salmiak gegen gedächtnisschwäche, nach straferlass einen knacks bekommend, verringert trotz aufhäufung stromaufwärts, als lockspeise mit einem flachbohrer und stossdämpfer für den geliebten gegenstand, mit verstellbarer stromstärke, durch hörsäle als zwitterwesen, mit verworrenem geschwätz als gastgeber, mit klangfülle bei leberschwellung, mit bildbreitenregler und glühbirne, schwülstig, als amputierter verstummt, mit amuletten und munition versehen, belustigt durch eine mandelentzündung am neujahrstag,
abt:	als wiedertäufer bei blutproben,
"unschuld v. l.":	und nicht ohne ananas,
abt:	als anarchist mit dem kirchenbann belegt,
"unschuld v. l.":	enten zergliedernd,
abt:	mit den vorfahren als mundstück von blasinstrumenten und vom altertum
"unschuld v. l.":	zur akelei,
abt:	mit ankergeld für die wurstsuppe,

lautsprecher	projektion

aktion	sprechtext
beide:	als zwitter im schraubstock sich demütigend, als anekdotenjäger,
"unschuld v. l.":	als anämisches buschwindröschen,
abt:	durch eseleien gegen schmerzen unempfindlich gemacht,
"unschuld v. l.":	bei herzerweiterung voll sich schlängelnder vertiefungen,
abt:	als schutzengel mit abendgeläut,
"unschuld v. l.":	mit halsbräune zwischen engländern,
abt:	mit winkelraumpflug durch die hochkirche,
"unschuld v. l.":	mit herzensangst vor fadenwürmern um ecksteine keuchend
abt:	und wasserfreie hindernisse,
ein eseltreiber treibt einen esel über die bühne.	
"unschuld v. l.":	für anilin mit tadel,
abt:	doch das tierreich im zeichentrickfilm mit anis gewürzt,
"unschuld v. l.":	bei gelenkversteifung mit annalen und ringen, um in schaltjahren die verwandten industrien zunichte zu machen,
abt:	jeden geburtstag annoncierend als fest mariä verkündigung,
"unschuld v. l.":	mit fussnote im telefonbuch,
abt:	den ringfinger in den adelsstand erhoben oder in einer netzanode,
"unschuld v. l.":	aber unverfänglich!
abt:	unregelmässige verben stotternd unter dem deckmantel der anonymität,
"unschuld v. l.":	den anorak in programmwidriger sauerstofflosigkeit mit einem henkel,
abt:	eine schmerzstillende scheuerleiste am vorderglied,
"unschuld v. l.":	mit vorsintflutlichen fühlern vor der heirat und staubbeutel,
abt:	mit einer auslese aus schriftstellern, anthrazit und karbunkel,
"unschuld v. l.":	mit menschenaffen zur körpermessung,

lautsprecher	projektion

aktion	sprechtext
abt:	säurefest bei eingriff in seine rechte,
"unschuld v. l.":	mit gleitschutz –
abt:	schlagwettersicher –
"unschuld v. l.":	als antilope,
abt:	mit mittel gegen brechreiz und antiquitäten,
"unschuld v. l.":	geimpft gegen typhus und antonyme,
abt:	durch spelunken,
beide:	unter harnzwang den after in antwerpen, mit ängstlicher hauptschlagader, reif für messerhelden, sich beruhigend über sein schicksal in selbstgesprächen, unter gewissen bedingungen apathisch und staatenlos mit verdauungsstörungen, mit fasslichen ideen, nach einem aperitif in schwerelosigkeit, eingeschüchtert nach verlust der sprache, mit kernsprüchen gegen mundfäule,
	zum mitleid bewegend vor seiner planierung, in senkrechter stellung bei grösster erdferne des mondes, unpolitisch bei der verteidigungsrede, mit schlaganfall nach einem verweis, mit übertriebenem lob der apostel nach dem erscheinen von geistern, mit pomp
eine reihe eingeschalteter fernsehgeräte läuft auf einem fliessband über die bühne.	
beide (unbeirrt weiter):	segelfertig gemacht, mit einem steinmetz sich augenscheinlich verschwägernd, in schulpatenschaft sich paarend mit hausmeistern oder deren erscheinung – ist eine wohnung zu vermieten, gebührend vor weiblichen reizen gänse nudelnd, verarmt, mit lockpfeifen, bei ferngesprächen über markenweine, blinddärme und wetterdächer lang und breit redend, begierden

lautsprecher	projektion
	(film:) über bienenzucht (oder züchter vor bienenstöcken, von bienen umschwirrt)

aktion	sprechtext
	beifall klatschend und ihre verwendungsmöglichkeiten anspitzend, auf einem flugzeugträger gelandet seinen stempel aufdrückend, bei abschätzbarer verhaftung auswendig lernend, garniererinnen von damenhüten geselliger machend, mit billigung laufgräben vertiefend, unter aneignung des proviants bei annähernd rauhem klima eine woche später mit einem gelegenheitsgedicht geschickt die rechnung für richtig erkennend, als aquarellmaler im wasser lebend, unter aquädukten die adlernase im nordwind mit arabesken aus erdnüssen, spinnwebenhäuten, florstrümpfen, ackerbau und turmschwalben aus freiem willen hissend, mit weihnachtsbaum oder zierstrauch unter arkaden und einem geheimnis unter dem regenbogen – altertümlich ausgedrückt.
der erzengel – weisse gipsfigur in menschengrösse – auf dem hebearm eines raupenschleppers (es kann nur der hebearm sichtbar sein) erscheint. ein bogenschütze, mit einem violinbogen als pfeil, tritt auf und legt auf den erzengel an – verharrt in dieser stellung.	
abt, zum erzengel:	urbild des erzbischofs, gartenarchitekt und archivar, aus dem sattel gehoben, arktisch glühend, mit schnallendorn und trinkschulden, steil wie sand vom mondhof und der verschlussstreifen einer milchtüte aus kunststoff, "neusilber" oder "tongrube" in der gaunersprache, polizist

lautsprecher	projektion
	schrift "WIE DEUT-SCHE REISEN" weg

aktion	sprechtext
	an der drahtziehbank, folgt mit spitzfindigkeiten und scherereien das dürre liedchen eines feinen pinkels, eines arithmetikers oder das eines harlekins als reeder in gesellschaft leichter maschinengewehre oder der heilsarmee?
"unschuld v. l.", ebenfalls zum erzengel:	kühlschrank mit wappen und beifuss, panzerung und riechstoff, am schwalbenschwanzförmigen morgen von paris!
der bogenschütze lässt – so gut es geht – den violinbogen in richtung des erzengels "flitzen" und verlässt die bühne.	
abt:	nagelzieher ordnen die rückstände der haltestellen.
"unschuld v. l.":	handgelder als rückenwind für entwicklungsländer sind wie weisheitszähne im spätherbst; sie stauen die arroganz der unterpräfektur.
die "unschuld vom lande" holt (aus einem vorhangschlitz) eine giesskanne hervor.	
abt:	die rüstkammer ist das arsen der kunstfertigkeit – eine verkehrsader bei arterienverkalkung der artesischen brunnen.
"unschuld v. l.":	bei gelenkrheumatismus der artischocke sollte sie auf den markt geworfen werden.
abt:	die programmgestaltung des feuerwerks schwerer artillerie für die kleidermotten der gebrauchsgraphiker ist unrhythmisch wie die eins auf einer asbestleinwand oder ein spulwurm, aufwärtssteigend im fahrstuhl eines asketen.
"unschuld v. l.":	und keimfrei wie in kleinasien kinderhorte oder

lautsprecher	projektion
spätestens mit dem zubodenfallen des "pfeils" (violinbogen) ende des "halleluja"	

aktion	sprechtext
	der spargelanbau.
abt: die "unschuld vom lande" begiesst mit der giesskanne den kotflügel, die (zerbrochene) dachschindel und ein eventuell zurückgebliebenes fernsehgerät.	ein gesichtspunkt
abt: der abt besprengt in seinem umkreis den boden mit einem weihwedel, den er aus seiner kutte hervorgeholt hat.	der unebenheit
abt:	des waldmeisters, bevor er unter asphalt erstickt.
"unschuld v. l.": die "unschuld vom lande" holt (aus einem vorhangschlitz) einen staubsauger hervor und beginnt damit den bühnenboden zu saugen – das dadurch erzeugte geräusch zwingt im folgenden zu lauterem sprechen.	als junglehrerin
"unschuld v. l.":	atme ich aspirin ein.
abt:	als stürmender desinfiziert, würzt mir auf die nerven fallendes die trockenlegung, indem es dem

lautsprecher	projektion
wie aus der ferne (leichter hall) die müde stimme einer alten lavendelverkäuferin: lavendel! lavendel!	

aktion	sprechtext
	fugenwerk einen schlag versetzt!
"unschuld v. l.":	deine zustimmung überzeugt mich.
abt:	durch die vereidigung dieser behauptung unterwerfe ich mich vor den beisitzern ziemlich diensteifrig!
"unschuld v. l.":	von liebesumwerbungen bin ich belagert und bahnkörpern!
abt:	ich werde deine anweisungen geistig verarbeiten in sitzender tätigkeit auf einer steinschicht, in anwesenheit des arbeitgeberverbandes.
"unschuld v. l.":	wenn ich vergnügungssüchtig einen fruchtwechsel vornehme, wird es dich missmutig machen, für dich zum auswachsen sein?
abt:	mit mariä himmelfahrt
hier könnte der erzengel auf seinem hebearm weggeschwenkt werden.	
abt:	im gleichklang, in passender zusammenstellung, betäube ich mich geschmeidig. mich gedämpft sättigend, werde ich versicherungspflichtig für meinen lebensunterhalt selbst aufkommen.
"unschuld v. l.":	in der zuversicht auf astern, sternchen und asthmatische maden putze ich meine sprungbeine und unterziehe mich einer raumschifffahrt mit pfiff in unsymmetrischem atavismus!
abt:	wegen einer bewegungsstörung in der autoreparaturwerkstatt werde ich mich mit meinen gläubigern auf gewisse termine einigen bezüglich des atheismus der leichtathletik und der atlantikcharta. auch die stimmung der atomkontrolle atonaler musik ist erschlafft!
"unschuld v. l.":	schmuck ist trumpf, quer über den kochherd, trotz entsetzlichen muskelschwunds!
aus der versenkung taucht ein tisch mit zwei stühlen auf. die "unschuld vom lande" beendet das staub-	

lautsprecher	projektion

aktion	sprechtext
saugen und setzt sich mit dem abt an den tisch, wobei sie vom staubsauger zur tischplatte eine schnur spannt (sie kann bisher unbemerkbar auf dem staubsauger befestigt gewesen sein).	
abt:	bei einem gasangriff werden auch nachzügler eingeholt und, bespannt mit arm- und beinschienen, angrenzend unterdessen einer antwort entgegensehen müssen; mürbe gemacht angesichts der vergehen gegen die sittlichkeit, werden sie sich in erwartung mildernder umstände zu boden werfen und zum zeugen anrufen den erkaltenden aufgetakelten plunder, ihn aufstachelnd mit feuerhaken.
"unschuld v. l.":	und das verhalten des berührens, die sehenswürdigkeit der reize eines fliegenfängers? sind sie nur noch merkmal der zerknirschung einer menschenansammlung?
"unschuld v. l." (etwas leiser):	..oder ein unverhoffter fund in der morgendämmerung unter dem weissdorn, falb?
abt:	in einer herberge ohne geld, keineswegs aus kühnheit!, drinnen und draussen im jenseits, darunter wie darüber und entgegen schwarzhörern im mühlengerinne der ausdehnung, prophezeie ich erlaucht heutzutage als feldprediger im erlengehölz, vorher und nahe daran, dass der heiligenschein des ohres, der goldplombe und des nordlichts durch abhorchen untersucht und sei-

lautsprecher	projektion
wie aus einiger entfernung ist ein bekanntes kleines morgenständchen zu hören, dem beide ein paar takte lang lauschen	

aktion	sprechtext
	ne vorbedeutung überdies in kasteiungen südlich australiens – im österreichischen südweststurm könnte man ebensogut sagen – vor dem altar des urhebers rechtsgültig nach selbstentzündung herbstlicher triebwerke bei der leichenschau gutgeheissen wird.
"unschuld v. l.":	per anhalter fahrend, ist der habicht das zweite ich, wer den kopf in den sand steckt, der nächste.
abt:	die motorhaube ist ein hilfsmittel gegen ausgetretene schuhe.
"unschuld v. l.":	die talfahrt mit lawinen verschluckt sich am fortschritt öffentlicher kränkungen.
abt:	das subjekt steht vor dem verb.
"unschuld v. l.":	knauserig, in syphilitischer wandlung stromabwärts, löst sich das fleisch von den knochen.
ein schwung haselnüsse wird von der seite über den bühnenboden verstreut.	
abt:	eine thronbesteigung in der nachwelt zum advent ist das abenteuer einer allee, die sich als wahr erweist, wie vor der kopfseite der münze ein widerwille.
"unschuld v. l.":	fragwürdige existenzen, blind und abgestumpft durch die luftüberwachung.
ein geflügelzüchter, eine (ausgestopfte) ente unterm arm, macht von der (anderen) seite ein paar schritte auf die bühne, schaut sich kurz um und verschwindet wieder.	
abt:	aus der sucht in den schmutz zu ziehen, per flugpost zum rudersport mit versandbericht.
"unschuld v. l.":	in minenräumbooten aus vitaminmangel blutig

lautsprecher	projektion
ein feuermelder ertönt	

aktion	sprechtext
	geritzt, haben rechtsanwälte hunger nach angrenzenden fehlgeburten, eingestehend als aprilscherze, dass ausfallstrassen und grundsätze aus schmalz sind, azalien aus stickstoffdünger und zwerge auf lasurstein aus ungesäuertem brot.

lautsprecher	projektion
	(schrift:) HAFER

2. teil london

aktion	sprechtext
eine äbtissin tritt auf.	
äbtissin:	das verkürzte alphabet verzichtet auf den unterleib.
ein bett erscheint.	
äbtissin:	von abweichungen aufgehetzt, unentschiedenheit verabscheuend, dauert die fähigkeit, dem gemeinen zu entsagen.
	waschungen verleugnen regelwidrig an bord zu bleiben als gegner der atombombe. von abscheulichen einheimischen missgeburten wimmelt es rundum, die, erhaben über ihr kauderwelsch, ihr verschlissenes, sich abreagieren.
	das geschwür drückt sich aus mangels wermut, unabhängig entbunden und aufgesaugt. der abstinenzler reinigt sich durch enthaltsamkeit. abstrakt, abstrus, absurd, im überschwang der misshandlung grenzend an abgründe abessinischer akazien. nach dem akademie-eintritt be-

lautsprecher	projektion
(sprecher:) ein rückwärtiges rechenbrett, nach achtern zu preisge- geben, erniedrigt und beschämt, lindert den verhau des schlacht- hauses.	
	(schrift:) ENTFÜHRUNG
	(farbfilm:) flammen
	(schrift:) NEBENEINANDER VERKÜRZEN (wechsel:) DRAUSSEN AB- SCHAFFEN
(gemischter sprech- chor mit etwas hall:) plötzlich!	

aktion	sprechtext
	schleunigte betonungen annehmend, wird man in einem anfall nebensächlicher formenlehre den zufall mit beifall begrüssen und, während der akklimatisierung von steigungen bei der unterbringung des begleiters der mitschuldigen, die talente im einklang mit der handharmonika ansprechen.
ein geburtshelfer, als solcher kenntlich durch kleidung und insignien, tritt auf.	
geburtshelfer:	die ausrüstung ist glaubhaft zu machen durch einen zuwachs, eine anhäufung von genauigkeit. dabei wird man wohl die verwünschte beschuldigung gewohnt sein, dass der trumpf der herbheit essigsaure schmerzen erzielt und farblos ist, bestätigt er doch den gipfel der kecken eichel samt deren akustik sowie die kenntnis der fügsamen fertigkeit, die errungenschaft der quittung für den acker der scharfen akrobatik mitten im akt durch die aktionen der handelnden schauspieler zu verwirklichen. versicherungsstatistiker gaben den anstoss zu scharfsinnigen sprichwörtern; steinhart und anpassungsfähig vermehren sie den zusatz an nattern für drogensüchtige und an faulen adressen, beweiskräftig für eingeweihte, hinreichend. anhänger des anschlusses während eines klebrigen lebewohls vor dem fettigen zugang, benachbart einem eigenschaftswort, vertagen den entscheid, einen amtsgehilfen zu beschwören, die anordnung der adjutanten zu improvisieren und das ausmass der verwaltung wie der trefflichen admiralität, zulässig unter beimischung von ermahnungen und getue, als luftziegel im jünglingsalter zu adoptieren.

lautsprecher	projektion
	(dia:) arztrechnung einer entbindung

aktion	sprechtext
äbtissin (zu den insignien des geburtshelfers):	welch anbetungswürdiger schmuck!
geburtshelfer:	die erwachsenen verfälschen, ihn flüchtig entwerfend, den fortschritt. der vorteil fremder abenteuer gegenüber adverbialem unglück weist auf das inserat eines beratenden anwalts.
äbtissin:	die ästhetik, von fern eine leutselige sache, ergreift nur im vertrauen.
geburtshelfer:	also verloben wir uns mit schriftlicher eideserklärung in verschmelzung beziehungsweise verschwägerung, bejahen den anhang der leiden des reichtums, indem wir uns zufluss gewähren, aufforsten und uns befreien durch schlägereien und beleidigungen, im felde
äbtissin:	und in flammen,
geburtshelfer:	flott zu fuss, unter vorerwähntem bangesein.
eine afrikanerin ohne alles tritt auf.	
afrikanerin:	von neuem nach achtern zu ein nachgeschmack; ausserdem gaffende murmeln, agaven und zeitlose tätigkeiten.
afrikanerin ab.	

lautsprecher	projektion
(sprecher:) im adriatischen meer treibend, gewandt schmeicheln.	
	(dia:) breitbeil
(sprecher:) das ägäische meer in ewigkeit kohlensauer, kaum noch luftig.	
	(dia:) raubvogelhorst (ohne vögel)
(geräusch:) im tiefflug vorbei- heulendes flugzeug	

aktion	sprechtext
geburtshelfer:	zur tagesordnung von handlungsreisenden, die sich altersschwach zusammenballen, verkleben, erhöhen, in verärgerung vereinigen, durch überfälle geschädigt, entgeistert doch behend, ein wechselgeschäft erörtern, sich dabei mit einem senkelstift, der einem glutroten niednagel verwandt war vor langer zeit, erpicht quälen als befürworter der annehmlichkeiten der landwirtschaft gegenüber gestrandeten
äbtissin:	fieber.. ah! ach! mach weiter!.. ho! ahoi!
geburtshelfer:	hilfsmitteln, federbüschen und fangschnüren, die weh tun, gezielt in die luft, bei den mienen und melodien eines windkessels. so ist der spaziergang mit schwimmweste eines lebhaften schauspielkritikers, dessen lendenstücke, halb offen, in die seite gestemmt sind, verwandt dem alabaster.
äbtissin:	ach.. o weh! bei aller bereitwilligkeit zu sturmglocke und läutewerk, wenn auch leider im chorhemd auf albanisch, obgleich albinos –
	das eiweiss alchimisiert mit alkohol in einer nische an der erle des ratsherrn, leewärts mit destillierkolben – sehr wachsam sind gegenüber luzernen und algen.
	obiges übrigens ein angenommener name, als alibi, das seine geistesgestörtheit erhellt, gelandet vor der ausrichtung der nahrung nach den alimenten, ohne rest lebendig, alkalisch, alles stillend.
geburtshelfer:	die angebliche treue versinnbildlicht ein halleluja der allergie zur erleichterung in einer allee am narrentag oder das bündnis eines alligators mit einem stabreim.

lautsprecher	projektion
	(dia:) ein album mit der aufschrift "ALBUM" (dia:) algebraische formel

aktion	sprechtext
äbtissin:	diese ansprache, erbeigen ausgeteilt mit aller kraft, erlaubt die legierung von allerheiligen mit allerseelen und spielt an auf den reiz des schwemmlandes, einem bundesgenossen der murmel.
geburtshelfer:	ja, mächtig ist die mandel wie ein almosen.
äbtissin:	oben allein, der länge nach fern, hörbar im alphabet.
geburtshelfer:	mancher alpinist ist bereits ein deutscher schäferhund.
äbtissin:	oft auch ein altargemälde!
geburtshelfer:	obgleich höhenmesser!
äbtissin (mit forcierter altstimme):	alles in allem altruismus in essigsaurer tonerde.
geburtshelfer:	also ehemaliger student im zahnfach, nach wie vor. bin ich demnach eine verschmelzung von gehilfe und fuchsschwanz?
äbtissin (für sich):	wie häufen sich doch amateure, verliebt in verblüffte amazonen, gesandte des bernsteins, mit beiden händen gleich geschickt alles umgebend mit zweideutigkeiten.
geburtshelfer:	das streben des passgängers nach götterspeise!
äbtissin:	ob es bewegliche hinterhalte verbessert?

lautsprecher	projektion
	(dia:) buch mit der auf- schrift "ALMANACH" (dia:) stilisierte abbildung einer aloe aus einem pflanzenbuch (kann auch die unterschrift "ALOE" haben)
(sprecher:) verän- derlich durch streit; abwechselnd.	
(geräusch:) sirene eines kranken- wagens	

aktion	sprechtext
geburtshelfer:	bin ich verantwortlich für annehmlichkeiten bei geldstrafe? ein amerikaner? ein amethyst inmitten ungelegener freundschaften? ein amperemeter ohne salmiakgeist?
äbtissin:	nein, ein kommissstiefel, begnadigt von einer amöbe, zwischen amoralischen verliebtheiten, bei der formlosen tilgung gewisser beträge.
geburtshelfer, eine ampulle hervorziehend und gegen das licht prüfend:	amputiert alle amokläufer!
äbtissin:	amulette sind amüsanter und stärkehaltiger als wiedertäufer!
geburtshelfer:	wie anachronistisch! wie blutarm! wie unempfindlich für analoge analysen – etwa der anarchie!
äbtissin:	der kirchenbann zergliederte ihre ahnen am ankergrund der klausner wie sardellen! vor alters schon dienten sie dem feuerbock!
geburtshelfer:	das sind anekdoten! unelektrische windmesser! anemonen!
äbtissin:	und von neuem! die engel erzürnen sich über die halsbräune!
geburtshelfer:	im winkel ihrer angeln sind auch die angelsachsen böse über die pein getrockneter, altweiberhafter verweise!
äbtissin:	tieren beseelen sie feindselig die fussknöchel mit söckchen, statt jahrbücher zu härten, nachträge zu vernichten, jahrestage mit anmerkungen zu

lautsprecher	projektion
(männerchor, zitat aus einem gregorianischen choral:) amen.	
	(schrift:) AMPHIBIEN (danach dia:) amphitheater, leer (danach schrift:) VERSTÄRKER

aktion	sprechtext
	versehen, sie anzumelden und störungen durch leibrentner für ungültig zu erklären in ringförmiger verkündigung!
geburtshelfer:	sind denn anoden schmerzstillend?
äbtissin:	salbt sie regelwidrig sogleich ein ungenannter anderer, antworte ich mit ja.
geburtshelfer:	eine ameise im widerstand zur antarktis ist wie ein pokerspiel, vorübergehend im vorzimmer, zurückdatiert für eine vorsintflutliche antilope ohne antenne.
äbtissin und geburtshelfer unisono (gehobene rezitation):	hymne. ob staubbeutel, ameisenhaufen oder gedichtsammlung, ob milzbrand, menschenfresserei oder fliegeralarm, ob antibiotikum, posse oder antichrist, es sind vorwegnahmen des fallens. ob rostschutzmittel, antizyklon oder blendschutz, ob gegengift, antifaschist oder gefrierschutzmittel, ob reibungschutz gegen abneigung und gegenfüssler, es sind bereits antiquitäten.
geburtshelfer (nach kurzer abwartender pause trocken ergänzend):	und antisemiten sind antiseptischer gleitschutz im gegensatz zu geweihen oder wörtern entgegengesetzter bedeutung wie "after".
äbtissin:	einige sind schnell getrennt.
geburtshelfer:	– gleichgültigkeit nachäffend bei senkrechten abführmitteln, von der öffnung bis zur spitze voller gedankensplitter.

lautsprecher	projektion
	(dia:) amboss (mit bild- unterschift:) ANGST

aktion	sprechtext
äbtissin:	das stück ist ein apokryph in erdferne; es verteidigt den schlagfluss und die abtrünnigkeit der apostel!
geburtshelfer:	wenden sie sich doch an einen apotheker, dessen vergötterung ein erschreckendes gerät für kleidungsstücke ist!
äbtissin:	offenbar appellieren sie an die äussere erscheinung!
geburtshelfer:	beruhigen sie sich, berufungsbeklagte! eine blinddarmentzündung gehört wohl nicht zu ihren gelüsten.
äbtissin applaudiert.	
geburtshelfer, auf den apfel weisend:	ein mittel, anwendbar beim stelldichein; eine zuteilung, angemessen der geschätzten ergreifung des lehrlings, der bereits unterrichtet wurde über die nahende billigung des zubehörs von aprikosen als aprilscherz.
äbtissin bindet sich eine – vom schnürboden zugeworfene – schürze um; darauf bezüglich:	apropos: geeignet.
geburtshelfer:	mit scheidewasser aquarelliert.
ein aquarium mit wasserpflanzen wird hinter einem sich öffnenden zwischenvorhang sichtbar.	
geburtshelfer, in das aquarium blickend:	spinnentiere als schiedsrichter zwischen baumzucht und laubengängen.

lautsprecher	projektion
	(dia:) bienenhaus
	(dia:) apfel
	(schrift:) ARABISCHES ACKERLAND

aktion	sprechtext
äbtissin, ebenso:	geheimnisse der überwölbten, schelmischen altertumskunde, der altertümlichen erzengel im erzbistum.
geburtshelfer, wie weiter schildernd, was er sieht:	und als bogenschütze der erzfeind im inselmeer der baumeister, deren archive am nördlichen polarkreis in glut nur mühsam sind..
äbtissin:	nicht ganz der flächenraum einer arena, silberfarbig, in argentinischer tonerde.
geburtshelfer, sich wieder der äbtissin zuwendend:	die argonauten führten ihre beweise in arien, trotzdem trocken.
äbtissin, sich ebenfalls dem gesprächspartner zuwendend:	richtig!
geburtshelfer:	sie erhoben sich zur aristokratie der rechenkunst,
äbtissin:	– mit ihren armen -
geburtshelfer:	rüsteten eine kriegsflotte aus,
äbtissin:	– mit lehnstühlen aus armenien –
geburtshelfer:	bis der waffenstillstand aus den achselhöhlen des heeres sein aroma rundum weckte.
äbtissin:	ich rüge abmachungen bei heillosen rückständen!
geburtshelfer:	und ich die beschlagnahme bei ankunft der arroganten pfeile des arsches im zeughaus!
äbtissin:	das ist brandstiftung!
geburtshelfer:	nein, das ist die kunst der arterienverkalkung artesischer brunnen, die schlaue gelenkentzündung der artischocken, ein artikel, deutlich aus-

lautsprecher	projektion
	(dia:) antikisierendes fanta- siebild der arche noah
	(dia:) fläschchen mit auf- schrift: ARSEN

aktion	sprechtext
	gesprochen von einem handwerker der artillerie oder einem künstler,
	aufsteigend zur himmelfahrt unter festellung der askese, zuzuschreiben dem eschenholz am aschermittwoch, beschämt von einem mülleimer aus quaderstein, gestrandet, asiatisch etwas abseits.
äbtissin:	ich frage: soll ich, seitwärts schräg eingeschlafen, asozial wie eine natter unter einer espe, spargel als aussicht, mit dem weihwedel in aller schroffheit besprengen den asphalt?
geburtshelfer:	das wäre ein ersticken in sülze! ein bewerber macht sich lächerlich, greift er an und meuchelt ohne probe die versammlung. denn zuvor ist eine genehmigung durchzusetzen, zu besteuern sind die vermögenswerte, zu beteuern ist der fleiss, anzuweisen der auftrag, zu vergleichen die unterstützung des geschworenengerichts mit der genossenschaft des anklangs, das sortiment ist zu besänftigen und anzunehmen die versicherung.
äbtissin:	auch die assyrischen astern sind in atemnot, wenn ich rege befremdet, mit einem rundstab aus astrachan mich verlaufen habend, die beine gespreizt, sterndeute.
geburtshelfer:	also scharfsinnig auseinander ins asyl der asymmetrie!
äbtissin:	so kann man mit einem rückschlag atheistin werden
geburtshelfer:	– oder athlet!
äbtissin:	und am emfangstag, quer vorgebeugt über das atlantische meer im atlas, die atmosphäre
	des atomzeitalters büssen.

lautsprecher	projektion
	(schrift:) ASBEST
	(dia:) luftbildaufnahme des bikiniatolls mit bildunterschift: ATOLL

aktion	sprechtext
geburtshelfer:	erschlafft, oben grässlich befestigt, befallen und befleckt von rosenöl – ein mildernder versuch der begleiterin, meine aufmerksamkeit zu verdünnen – bescheinige ich, im dachgeschoss das gewand, der stellung des anwalts nach, als anziehendes merkmal auf den verschleiss abzustimmen, kastanienbraun zu versteigern und in kühner hörbarkeit dem publikum über eine empfangsgleichrichterröhre mit einem bohrer meinetwegen zu vergrössern.
äbtissin:	dann prophezeie ich für den monat august meine tante mit einer aureole über dem äusseren ohr sowie einem goldhaltigen hörrohr!
geburtshelfers:	und ich einen urochsen, der die morgenröte abhorcht nach vorzeichen der einfachheit im südlichen australien,
	dessen wirtschaftliche unabhängigkeit vom ausland verbürgt wird vom autor,
ein auto fährt über die bühne.	in autogener schweissung
	seines autogramms.
äbtissin:	die leichenschau des herbstes, hilft sie den erhältlichen lawinen der habsucht? rächt sie in alleen die behauptung, dass im durchschnitt – wenn man sich widerwillig abwendet – vogelhäuser fliegen?
geburtshelfer:	zu gierig, einerseits eine nebenbeschäftigung zu vermeiden, andererseits das handelsgewicht zu bestätigen oder auch nur anzuerkennen, erwartet sie wach das urteil und weiss sich treibend hinweg eine schreckliche weile mit ahle, granne und sonnensegel..

lautsprecher	projektion
	(dia:) landkarte von österreich (film:) über den himmel fliegender hubschrauber

aktion	sprechtext
äbtissin:	das verkehrte beil grundsätzlich auf achse,
geburtshelfer:	zu befehl!
äbtissin:	eine azalie im scheitelkreis, azoisch, azurblau..
die ganze bühne taucht in azurblaues licht, langsam schliesst sich der vorhang.	

lautsprecher	projektion

aktion	sprechtext
adam tritt auf – nackt, doch mit einem feigenblatt über dem geschlechtsteil wie in bibelillustrationen aus dem neunzehnten jahrhundert. adam, sich vorstellend:	die idee der adelswürde am heiligen abend, gespenstisch auf weiter ebene, unvorhergesehen

lautsprecher	projektion
	(dia:) die 26 buchstaben des alphabets aus einem (älteren) schriftenheft (film:) wellengang bei hoher see
(frauensprechchor:) wellenkamm.	
	(schrift:) FRÜHSTÜCK (dia:) titelblatt einer aktuellen tageszeitung, deren name das wort "Morgen" enthält, z. b. "Morgenzeitung", "Morgenblatt"..
kurze extemporierte arie – männerstimme solo – auf die worte "der urwald ist eine schatzkammer". darauf oder dazu (die arie beendend) das wiehern eines esels	
	(dia:) eine landkarte von asien

aktion	sprechtext
	wie ein abessinier mit sicherheitsschloss, abnorm wie der absolutismus, abstrakt wie das beiwort eines adjutanten an der adria im advent oder das umstandswort eines afrikanischen agenten, aufwieglers und landwirts, sieh mal an!, von der sonne gebräunt, in die enge getrieben, bemüht um eine werkstatt, häufig im rentierschlitten, gefrässig auf halden, zusammengepfercht von packeis,
adam wird von einem barsch getroffen.	
adam (nicht parodistisch):	au!
(wieder im vorigen tonfall unbeirrt weiter:)	umzäunt von vorsätzen am ägäischen meer, veranlasst zum zeitvertreib des schöpfers, inzwischen erwachsener, zögernd vor der chronologischen ordnung in der absicht, eine gute portion beständiger materie – einzig in ihrer art – als ruder des boten oder als schlittenbaum-sinnesorgan blinder oder taubstummer hürdenläufer durch logen und echte speicher auf vollkommener
	leinwand in einen gehirnschlag zu treiben. das zeitliche leben, unrasiert aus zeitmangel, in gedanken gestrandet, herumliegend oder ausfahrend, eine geschwulst im flugsand. ob kutscher, thymian, akazie, spreu, akademiker oder weib, sie akklimatisieren sich, akkumulatoren, die sich mit ihren gläubigern abgefunden haben, akrobaten auf achse, aktiviert durch die akustik, akut im aquarium, aquarelle der bodengewinnung mittels der unterlippe, unterworfen der unterteilung, melancholisch ins hintertreffen geraten, als untertanen des tieflands – wenn auch keine niederländer – die vase von unten betrachtend, flussabwärts mit schlussruf auf den amboss!

lautsprecher	projektion
ein kräftiger nieser	

aktion	sprechtext
	nackt, ständig untereinander, mit tiefliegender fussnote zu albanien im album eines albinos, tiefer hinunter in absteigender verwandschaftslinie.
	die unterschätzung des zubringerwerks sei dem ständigen untergericht anheimgestellt, dessen unterbewusstsein von anfang an mit seinen elementarteilchen durch alchimie
	alkoholische – wie unten erwähnt – schwimmbecken allegorisch unterzeichnet und allergisch unterstrichen hat.
aus der versenkung taucht ein (ausgestopfter) alligator auf, einen kalender zwischen den zähnen.	
adam: adam entzieht dem alligator den kalender, worauf dieser wieder	ich bin von unten empfänglich.

lautsprecher	projektion
	(dia:) ein klassisches gemälde der kreuz- abnahme christi
	(dia:) eine algebraische tabelle (wechsel:) eine landkarte von algerien
(gemischter sprech- chor:) masse!	
	(dia:) embryo
(greisenstimme:) eine milde gabe, auf anregung eines rekru- ten beziehungsweise alpinisten!	

aktion	sprechtext
in der versenkung verschwindet. hinter einem in der mitte der bühne sich öffnenden zwischenvorhang wird ein altar (eher schlicht wie in einer kapelle) sichtbar. adam legt den kalender auf dem altar ab:	..und opferfreudig
	bis zur hoheitsgrenze. aluminium war alraun, ursprünglich.
adam öffnet das tabernakel und entnimmt ihm eine unterhose auf einem untergestell.	
adam:	darum knete man es.
adam zieht die unterhose an. gleichzeitig mit dem hochziehen der hose steigt aus der versenkung, nur im unterhemd, eine assistentin auf.	
assistentin, sich vorstellend:	amateursportlerin, im krankenwagen eines amerikanischen admirals fachmännisch aus der wanne geschöpft vor langer zeit.
adam:	mit klaffender wunde brüllend, schoss ich ins wespennest, analog zur analyse

lautsprecher	projektion
eine bratsche erklingt (simple bogenübungen über die vier saiten)	
	(schrift:) AMAZONE
	(schrift:) AMMONIAK

aktion	sprechtext
	der anarchie. die annexionen der anatomie eines andalusiers in den anden, weil anämisch, gleicht einem ablasshandel. so flehte ich einen angelsachsen, in aller frühe hart bedrängt, an,
	anker zu werfen vor einer ausschank, um nach der karte der schwiegermutter einen strick zu verdienen und sich ihr hinzugeben.
assistentin:	verzeihung!
adam:	ich habe eine antenne zur antike als antichrist im antiquariat,
	für einige produkte auch ein darlehen als anthropologe.
adam zeigt der assistentin seine sohle.	
adam:	so werde ich apathisch, beim netzwurf mit brühfutter verstimmt, dem klee äffisch beifall klatschen, wie ein apostel oder abt einer apfelsine oder aprikose, wie ein apothekerlehrling einem stipendium, wie ein araber ungeniert in einer staatlich bezuschussten eigentumswohnung einer wassermelone, wie in einer arena oder im arrest ein argentinier dem herd, der ihn schmerzt, wie ein aristokrat der arithmetik mit ziererei, wie bogenweise ein archäologe an werk- und feiertagen seinem archiv, wie in einer arche ein erzbischof ihrem baumeister beim

lautsprecher	projektion
	(dia:) ananas (aus einem botanischen atlas)
	(film:) ein aal oder mehrere aale im wasserbassin (der essensabteilung eines kaufhauses)
entengeschnatter	
	(dia:) eine antilope (aus einem zoologischen atlas)

aktion	sprechtext
	bänkelgesang, arktisch, wie vor dem sargdeckel mit bangen dem gnadenbrief das liebchen des armeekorps, wie dem mitleid ein armenier in der steppe, wenn er das los gezogen hat, wie den narben im zeughaus für arsen, geschlechtswörter und artischocken ein rätselrater, der glaubt, die taxierung ihres wertes kritisiert zu haben, und wie bei der waffenübung das bahnhofspersonal, das anstelle eines fürworts die posen des wehrdienstes unter die trassierungsanzeige beziehungsweise in das stilleben setzt.
ein teller rutscht oder rollt zu adam. die assistentin setzt sich auf den altar (oder legt sich darauf, wie zu einer schwarzen messe).	
adam:	asphalt ist eine glaubenssache, wenn der kunde zur urkunde wird. die rechtsanwälte gehen ihren geschäften nach, wie asketen schritt für schritt durch aspiration sich assimilieren. die assyrer spazierten auf einer tonleiter zu den astern – sie sind seither in gefässen. auf fussschemel die astrologen stiegen, um die ausstattung der wohnstube sowie die bevölkerungsdichte in bett und tisch zu scheiden, während die athener atheisten in ateliers ihre mahlzeiten einnahmen. die elektronische datenverarbeitung des atlantischen ozeans, diesem athleten der kernenergie, gleicht einem attaché von attentätern, die mit einer pinzette den hörsaal dem dunste öffnen, so dass die autorität der aula willig ein schneepflug pflügt.

lautsprecher	projektion
	(farbfilm:) letzte phase eines sonnenuntergangs auf dem meer, deren ende mit dem ende

aktion	sprechtext
adam:	zur seligkeit durch ein ungeöffnetes schlüssel-loch!
ein (grösserer) schlüs-sel fällt auf den teller, der zerbricht.	
adam:	die wuhne weitet sich zum raumschiff.
	grubenbetrieb, offen für dekolletierte tugend und hilferufe.
mit dem verschwin-den der sonne (film) fällt adam in ohn-macht. totales dunkel.	

lautsprecher	projektion
	dieses teiles zusammenfällt
(sprecher, wie bildkommentar in einem "kulturfilm":) mit der schöpfkelle hospitiert ein australier in der wüste; ein kraftfahrer leistet ihm hilfe.	
	(dia:) medizinische farbabbildung einer fistel
	(diawechsel:) ehevertrag mit ausgesparten namen

aktion	sprechtext
ein lampenschirm erscheint, danach ein abt.	
abt:	ureinwohner abraham, räuber einer aprikose, bei wahlmüdigkeit unbedingt abziehen! abszess, damit die vorhut im voraus vor der rampe der abenteurer der unfallhäufigkeit im august am flugstützpunkt auf gut glück australisch, österreichisch oder autobiographisch per autobus im vervielfältigungsverfahren des verfassers mit füllfederhalter, jawohl, achatner agent, lamm gottes im todeskampf eines grossgrundbesitzers aggresiver landwirtschaft, in der hölle und adam als tonabnehmer auf dem verwaltungswege zur essenszeit auf dem adriatischen meer ist. bei einer wechselspekulation, einer durchsichtigen, kann er nicht bis drei zählen und spielt hasard alphabetisch, dieser kleinasiat vom asowschen meer, diese stickstoffverbindung, dieser storch! ach! o je, o je! quitten! wohlan, akademiker, das ist die a-aussprache des unbetonten o der akazie, die akademie für kommunistische erziehung als aquarell, heimisch gemacht durch begleitung eines eines.. eines – (sucht das wort) beglaubigten akkumulators! pünktlich mit achselband, in diesem akt als schauspieler, verstärkt er die akten der schauspielerin. ein hai der

lautsprecher	projektion
	(schrift:) ABER
(sprecher:) abweichung, absatz: abessinier als abon- nent geentert.	
abstrakter unsinn.	
	(schrift:) ADRESSE
(musik:) ein akkordeon erklingt	

aktion	sprechtext
	akustik, ein geburtshelfer, akzeptiert er jede handlung. algebraischer alabaster in rotgemustertem bauernhemdenstoff. erröten, algier oder dürsten nach alkohol – also sinnbildlich eine allee der schönfärberei in der gangart eines diamants und einer aloe zum altar des dreikopekenstücks. ein geizhals, ein alchimist der habsucht, ein purpurner sturmvogel in meinem stammbuch im alkoven sowie im almanach der alpen, mit einer altstimme als höhenmesser aus leichtmetall, im plumpen reitkleid vom amazonas. tausendschön der sportsfreunde, speicher des ehrgeizes, mit schiessscharten im behandlungsraum der amöben und amerikaner.
	durch ammoniak amnestiert, amortisiert er den strommesser. rollenfach: amputation. ausrüstung für die liebschaften: schwimmwagen durch die ränge, jedoch zerlegt analog der ananas der anarchie.
	kirchenbann!
	anisschnaps aus ankara? fragebogen sich gewaltsam aneignen und für ungültig erklären!
	ein anonymes ensemble im widerstreit mit der antarktis. eine antenne, gesundheitswidrig, zur

lautsprecher	projektion
(chor:) amen.	
	(dia:) anatomische darstel- lung
(sprecher:) flugzeugschuppen. england. angoraziege. die anden. anekdote. anämie. anemone. unempfindlichkeit.	
	(schrift:) TIERMALER
(sprecher:) anode. anomalie.	

aktion	sprechtext
	antike. antiquarische antilopen von den antillen. antipathie gegen anthologien von spätapfelsorten und milzbränden.
	unternehmer und menschenfresser auf der zimmerflucht vor einem upasbaum mit sardelle.
ännchen mit stiefmütterchen tritt teilnahmslos auf – um den hals einen schillerkragen, sonst nichts.	
ännchen:	ich appelliere an die apfelsine
	in erdferne und an die unglaubwürdige gleichgültigkeit gegenüber politischen dingen: apollo, verteidige den schlagfluss der apostel!
abt:	apotheose des verwaltungsapparats, blinddarmentzündung bei gutem appetit. aufklebearbeit und zurichtung im april.
	der arabische meerbusen, arrak und polizeiwillkür bearbeiten die neger in zweirädrigem karren – ohne schiedsrichter, nur mit wassermelone, wildschaf, edlem streitross und argentinien. das rotwelsch der argonauten führt beweisgründe an gegen die pächter des arrests. spitzwegerich, faden der ariadne, arische oder arithmetische arie des bogens und der fangschlinge. arktischer harlekin in der ausrüstung eines soldaten aus armenien. armee im kittel aus glasweizen, mit dem aroma der drachenwurz und des arsens. widerspenstige artesische brunnen der arbeitergenossenschaft. arterienverkalkung bei der artikulation von "artillerie" und "artischocke". gelenkentzündung im munitionslager der harfe des erzengels

lautsprecher	projektion
	(schrift:) PAUSE
(geräusch:) applaus	
	(schrift:) APOTHEKE

aktion	sprechtext
	der archäologischen archivare. erzbischof des archipels, der "baukunst" mit riesenbuchstaben schreibt. bewässungskanal der nachhut, hervorragender flieger des asbests und der keimfreien wundbehandlung, spulwurm der schiefertafel, anwärter auf die generalversammlung der vereinten nationen. müllräumer weisen an und assimilieren die assyrer im sortiment der assoziation der autonomen sozialistischen sowjetrepublik mit astern. astrologen und astronomen auf dem asphalt. he? wie? was? angriff der anführer auf das modeatelier mit atmosphärischem überdruck! atlas der athletik im dunstkreis der atome! organschrumpfung des selbstanschlussamtes! reifezeugnis der jägerrufe: hetz!, hetz!, hussa!, holla!, futsch!, im hörsal des "wie man in den wald ruft, so schallt es zurück"! versteigerung der dörfer afghanistans, geschäfte mit hochstaplern. athen auf dem theaterzettel: ein lehrspruch für afrikaner! ach ja!, ächzt die achillesferse. schlecht, nicht sehr gut ist die durchlüftung des flughafengebäudes!

lautsprecher	projektion

aktion	sprechtext
stimme des abtes hinter der bühne, unmittelbar vor seinem auftritt:	heilig! heilig! heilig!
abt tritt auf:	ein weltunerfahrener tölpel in unschlüssiger einfalt, aus abessinien, ungezwungen, nicht festgeschraubt, trotz vitaminmangels unbeschädigt und unbelaubt, aus versehen wimpernlos, nicht kirchlich getraut, hilflos ohne lärm, zu ungelegener zeit ohne butter, weder preisgekrönt mit schlehdorn noch mit rohseide, bei dürre unauffindbar weil zartfühlend, bei regenmangel ungestillt weil unversenkbar, doch ein abgrund an gutgläubigkeit in leisem freudentaumel –
ein zwischenvorhang öffnet sich vor der statue eines engels (wie auf grabsteinen der	

lautsprecher	projektion
eine männer- (links) und eine frauenstim- me (rechts) gleich- zeitig: (freudig) ah! (traurig) ach.. sprecher: nicht gekennzeichne- te schiefertafeln, un- getragene kleidung aus havanna bei ver- leumdung des profits, sowie ungetaufter, ungehärteter stahl stechen in see sprecherin: – beziehungsweise in vollmilch – sprecher: mit seeschaden, also leicht unüberlegt.	

aktion	sprechtext
gründerzeit um 1900) und einem bildhauer (insignien) daneben, der bis auf widerruf unbeweglich als "lebendes bild" verharrt.	
abt:	das war agamemnon.
abt ab.	
kleine pause.	
bildhauer, sich vorstellend:	ledig, alles mit maassen, sich ärgernd über feine gräten und lose ohrfeigengesichter.
seine geliebte, auf die bühne eilend:	versöhnen wir uns vor deiner plumpen zwangsarbeit!
sie stellt ihm einen (bisher verborgen gehaltenen) nachttopf hin.	
bildhauer löst sich aus seiner starre; an die statue gewandt:	ich melde meinem engel die heiratsanzeige im anflug von angina.
geliebte:	deine unberührte engländerin ist eine gurke!
bildhauer:	sie ist die klippe! ungerächt und bekleidet.
geliebte:	eine kuh! mürrisch, leer und bartlos, niedrigen standes, ja ungeboren!
bildhauer:	darum ewig jung!
geliebte:	ein gespenst, arrogant, mit nüchternem magen!
bildhauer:	unüberbrückbar für landeskorps bei rauhreif, und heiliggesprochen!
geliebte:	eine unreife frucht! ein geissblatt!
bildhauer:	vom heiligen berg athos.
geliebte:	reserviere ihr einen platz zwischen dornen und stacheldraht und umarme artischocken!

lautsprecher	projektion
keuchen und röcheln	(schrift:) SCHNALLEN UND [ ] VERLETZEN

aktion	sprechtext
bildhauer:	ich werde in ankara anker werfen, den ellbogen auf einem eckstein.
geliebte (freudig):	schmuck!
bildhauer (versonnen):	das ist läuterung durch unwissenheit und geduldige sterilität.
geliebte:	ich plädiere für einen jungen.
bildhauer:	auf der jagd nach unkenntnis des lesens und schreibens werde ich in zagreb
ein fetzen papier flattert vom schnürboden auf die bühne.	
(bildhauer:)	den anker einholen.
geliebte:	man hat nur ärger mit dem hitzkopf!
bildhauer:	wildkatze!
geliebte:	hundewetter!
bildhauer:	wildente!
geliebte:	meerrettich!
bildhauer:	flurschaden!
geliebte (feststellend):	das ist noch nicht dagewesen.
bildhauer (sich beruhigend):	wachsamkeit gegenüber unkraut.
geliebte:	und ungeputzten strassen.
bildhauer:	mit unbewanderten, unerwünschten scharlatanen.
geliebte (nach kurzem schweigen in verändertem tonfall):	trotz scharfsinniger schwägerschaft

lautsprecher	projektion
sprecher: ungesüsstes entdek- ken.	
	(dia:) aussichtsturm
	(dia:) markthalle oder -platz (in athen)
	(dia:) traube (mit bildunter- schrift) SAUER

aktion	sprechtext
mit einem blick auf den engel:	in todesangst.
mit der ausgestreckten hand auf ihn weisend:	ich klage gegen diesen den fahrpreis ein!
bildhauer:	der aufstand von 1821!
geliebte:	ohne jede kenntnis unbeweint..
bildhauer:	bis zur diamantenen hochzeit.
geliebte:	im juweliergeschäft.
bildhauer:	unbezähmbar im adamskostüm.
geliebte:	nicht kostspielig,
bildhauer:	unaufgeklärt,
geliebte:	zollfrei,
bildhauer:	in dichterischer freiheit,
geliebte:	auf urlaub,
bildhauer:	ohne abendessen
geliebte:	unverführbar,
bildhauer:	sich verbrüdernd mit seinen drüsen,
geliebte:	linkisch und herrenlos,
bildhauer:	ein ungebundenes buch,
geliebte:	bei hautatmung unangemeldet als bürger,
bildhauer:	beunruhigt nicht zu veröffentlichen,
geliebte:	wie die hölle gefrässig,
bildhauer:	unzustellbar wie ein makelloser regenmantel,
geliebte:	unpässlich, unteilbar und pausenlos unverschämt,
bildhauer:	gleichgültig in sackgassen, trotz unbeschreiblicher vergehen,
geliebte:	auf ungemachten betten,
bildhauer:	doch unerfahren und arglos,
geliebte:	ich hab's ihm schon gezeigt..,
bildhauer:	totes kapital
geliebte:	untätig wie eine spindel an der adria,
bildhauer:	von erheblicher schwäche,
geliebte:	unerbittlich und unzugänglich,
bildhauer:	unbestechlich,
geliebte:	ein unnützes geschenk,

lautsprecher	projektion
	(dia:) galgen

aktion	sprechtext
bildhauer:	stets
	unvergesslich,
geliebte:	ja,
bildhauer:	ewig,
geliebte:	wie eine luftlandetruppe.
bildhauer:	– bei einer brise.
kleine pause.	
geliebte:	ich bin arbeitslos.
bildhauer:	das kühlt.
geliebte:	kobold!
bildhauer:	nein, verbrennungsmotor
ein leichter gasgeruch wird im zuschauerraum bemerkbar.	
(bildhauer:)	mit düsenantrieb.
geliebte (zärtlich):	träumer..!
geliebte (schwärmerisch):	junger adler über giebeln, faltenlos, brückenlos..!
bildhauer (bitter):	unbeschädigt wegen absatzkrise..
geliebte:	über dem asowschen meer, ungewogen..!
bildhauer:	schlecht durchgeknetet, stickstoffhaltig, ekelhaft!
er wendet sich der statue zu:	doch du, nachtigall, unbesiegbar, unsterblich..!
geliebte (höhnisch):	unsichtbar wie der atheismus! willenlos!
(abfällig):	ein unlauterer wettbewerb der elite. ein wortbruch!
athene erscheint von rechts und durchquert auf einem sockelförmigen fahrgestell in standbildhafter pose die bühne; sie	

lautsprecher	projektion
	(schrift, mit entsprechender konstruktionszeichnung): PERPETUUM MOBILE
	(dia:) meteorstein

aktion	sprechtext
skandiert dabei mit eintöniger stimme:	intakte, unzerbrechliche sportartikel, ihr unglückseligen, sind der preis geräuschloser unterernährung, die irreligiöse summe eurer niedergeschlagenheit, spielzeug frechen freispruchs.
sie verschwindet links.	
bildhauer, sich von der überraschung erholend, ruft ihr nach:	he!
da, wo athene verschwunden ist, erscheint eine ausgestopfte gemse. im gleichen tempo wie athene gleitet sie (auf laufband) denselben weg zurück und verschwindet rechts. (währenddessen?)	

lautsprecher	projektion
sprecherin (wie kommentierend): das ägäische meer, die küste, unter der schirmherrschaft und dem glanz des stein- bocks, sprecher (unterwürfig berichtigend): ägypten, hochwürden. sprecherin (fährt un- beirrt fort): und seines schüch- ternen	
	(schrift:) EWIG
geschlechtsorgans. sprecher (verhalten hinzufügend): ist russ in äthiopiens	

aktion	sprechtext
geliebte, hingestreckt, müde, mit ersterbender stimme:	einschlafen, bei rätselhafter lobrede..
bildhauer (aufrüttelnd):	los! vorwärts! hievt!
geliebte (schon wie im schlaf redend):	ist ketzerei..
bildhauer:	besser als –
(horcht auf die worte der sprecherin)	
	optimismus, erspriesslicher als schattenlose pornographie.
geliebte, bei dem wort "pornographie" wieder munter geworden, springt auf:	ich beantrage eine urteilsbegründung!
bildhauer:	plötzlich?
geliebte:	das ist ein überraschungsangriff, eine gefangennahme in der hauptverkehrszeit unseres jahrhunderts.
bildhauer (geständig):	in der hängematte schwebte ein akademiemitglied ungeschält in seinen exkrementen, unbändig und gesetzlich nicht verankert.
geliebte (inquisitorisch):	stehend also, in verschwommener unangebrachtheit?
bildhauer:	unzeitgemäss wie eine akazie, arglos, doch

lautsprecher	projektion
klassenzimmern, hat der himmel sich aufgeheitert.	
	(farbfilm:) nasenbluten (nahaufnahme)
sprecherin: ist das hindernis beseitigt, merkt man den geruch.	
	(schrift:) URALT

aktion	sprechtext
	ohne geschmack.
geliebte:	schmucklos?
bildhauer:	unförmig.
geliebte:	unbedeckt?
bildhauer:	faul.
geliebte:	steif?
bildhauer:	nicht fertig.
die geliebte setzt ihm eine (bisher verborgen gehaltene) dornenkrone auf.	
geliebte (das urteil verkündend):	du bist ungeregelt, unverbrannt, zügellos, rauchlos, herzlos, im nu eine milbe, augenblicklich eine krätze, unfruchtbar, ungewürzt, unverständlich, unermesslich und wechselhaft.
ein zwischenvorhang öffnet sich vor einem gemächlich auf der stelle schaukelnden kahn.	
bildhauer (wie dazu ruhig die stichworte zu des rätsels lösung verratend):	ich bin unbewohnt, ungesichert, feuerfest und unerschöpflich.
geliebte (nach kurzer überlegung besänftigt):	also ein redlicher mensch.
langsam, fast feierlich schliesst sich wieder der vorhang vor dem schaukelnden kahn.	
bildhauer (noch flüchtig ergänzend):	uneinträglich, ungewachst, kopflos, schlecht gelaunt, unbestattet, nachlässig, fleckenlos, unerklärt, echt, ungezäunt nur an der spitze, ungefährlich nur in der bewegungslosigkeit. mein grundstück ist nach einigem getue kahl.

lautsprecher	projektion

aktion	sprechtext
geliebte:	wenn auch tränenlos, bin ich offen.
bildhauer:	trotz des fehlens von erben, des nicht gezogenen loses – ich wurde nicht eingeladen – ist mein wille unbeugsam und unerschütterlich, denn ungesponnen stehe ich in höchster blüte.
geliebte:	bei schlaflosigkeit bist du ungesellig, ohne ärztliche behandlung ausschweifend.
bildhauer:	doch bin ich ungeleimt treu, noch in parteiloser begleitung, wenn auch unelegant.
ein speer wird so auf die bühne geworfen, dass er mit der spitze im boden steckenbleibt.	
bildhauer:	weder bin ich ungeschoren, sorglos, unbeschmutzt, unersättlich und ungesiebt noch ein aquarell, das sie,
(er zeigt auf die statue)	barhaupt lehnend und nicht zugeknöpft, unbeweglich in frieden lässt.
geliebte (ironisch):	das ist kein gerücht?
bildhauer:	noch verstümmelt lebe ich in guten verhältnissen! auch unbeschnitten.
er holt ein stück brot aus der seitentasche seines arbeitskittels, hält es kurz hoch und verzehrt es trotzig.	
geliebte:	du bist nicht aufrichtig! dem weine bist du verfallen!
bildhauer:	er ist noch unvermischt – und es ist vegetarismus!
geliebte:	man sollte dafür die preise heraufsetzen!

lautsprecher	projektion
	(dia:) amboss (mit bild- unterschrift:) DAS GEHÖR
schleifgeräusche eines schleifsteins	

aktion	sprechtext
bildhauer:	ich bin sündlos in meiner unbesonnenheit wie ein grenzsoldat, dessen extremitäten in audienz empfangen werden.
ein akrobat tritt auf. wie eine erklärung seiner nun folgenden nummer:	einer hochburg am flussufer wird das mundstück aufs äusserste amputiert.
kurze akrobatische darbietung ohne bezug zum text. (akrobat:)	eine geräuschlose warze, unverborgen am gipfel, durch küstenwachschiffe ungekämmt, von röntgenstrahlen unverletzt, wird bei misswirtschaft nicht bekanntgegeben.
kurze akrobatische darbietung. (akrobat:)	unbewegt wie das meer, unverfolgt wie der fälschliche gebrauch eines wortes, bodenlos – wohl oder übel – empfahl man sich auf französisch.
nach einer akrobatischen verbeugung verlässt der akrobat eilig trippelnd die bühne.	
geliebte (in bewunderung):	alabaster!
bildhauer (kalt abwertend):	ein trüber fasttag, dieser angeber!
geliebte (spitz):	bist dú unfehlbar und vollständig?

lautsprecher	projektion
	(film:) im bild sitzt eine heuschrecke und hüpft nach einer weile weg (film aus)
stimmengewirr mit den wörtern »verworren«, »fehlerfrei«,	

aktion	sprechtext
bildhauer:	ich bin weit von ihm entfernt!
geliebte (im ton einer preisfrage):	wer hat schmerzen beim mahlen?
der bildhauer holt aus der tasche ein töpfchen mit fett, in dem ein streichmesserchen steckt, und stellt es auf dem sockel der statue ab.	

lautsprecher	projektion
»kaputtmachen«, »unbearbeitet« – so, dass man jedes wort der reihenfolge nach zumindest einmal ver- stehen kann	
das stimmengewirr entfernt sich kontinu- ierlich bis zur unhör- barkeit	
	(dia:) salzfass mit der auf- schrift S oder SALZ versehen (wechsel:) reh (abbildung aus ei- nem tierbuch oder ei- ne andere realistische darstellung) (schrift:) ERSCHRECKEN (dauer wie oben oder nur für einen kurzen lesemoment)
sprecherin: entweder leichtsinnig sprecher: oder albanien, algebra und algerien.	

aktion	sprechtext
die geliebte holt aus einem schlupfwinkel ihrer kleidung eine stearinkerze; sie hochhaltend:	ungesegnet!
sie wirft die kerze als unbrauchbar weg.	
der bildhauer holt nun aus der tasche ein stück brot, bestreicht es mit dem fett; es hochhaltend:	unverwest!
er lässt das fettbrot achtlos zu boden fallen.	
der bildhauer holt (hinter der statue?) einen regenschirm hervor und stützt sich darauf.	
die geliebte holt (hinter dem vorhang?) eine kaffeemühle hervor und mahlt damit flink.	
geliebte, mit dem ende des filmspots die kaffeemühle abstellend:	unbefreit.
bildhauer, den schirm aufspannend:	ungebleicht.
vom schnürboden rieselt ungleichmässig mehl auf den regenschirm.	
bildhauer:	die wahrheit ist unvergesslich

lautsprecher	projektion
krähen eines hahnes	
bellen eines fuchses	
	(film:) ein pflug gräbt eine furche in die erde

aktion	sprechtext
geliebte (liebevoll neckend):	du landstreicher,
	noch unzerstückelt.
bildhauer:	und unversiegbar.
die mehlberieselung wird stockend und endet.	
geliebte:	du fischer in dunkelroter, ungedüngter, gesalzener lauge. du schurkischer salbei, mit kraft durch alkohol.
bildhauer (zerstreut):	aber..
der bildhauer und die geliebte wechseln die kleider.	
bildhauer (für sich, auf die kleidungsstücke bezogen):	unzusammenhängendes zeug.
vom schnürboden werden bis zur kopfhöhe der schauspieler wurstwaren (in stangenform) herabgelassen.	
bildhauer:	von woanders her wiederholt.
geliebte:	das sinnbild "schielen" für solidarität.
bildhauer:	ich bin ausländer.
geliebte:	also eine fälschung!
bildhauer:	aus dem jenseits, fremd..
geliebte (für sich):	er hat den verstand verloren.
bildhauer (ihre bemerkung ergänzend):	beim sprung aus dem salzwasser über einen mast.
geliebte:	wie unüberlegt!

lautsprecher	projektion
ein "weh!"-ruf mit weitem hall	
laut zirpender grillen-chor	
	(dia:) ein pferd (mit bild-

aktion	sprechtext
bildhauer:	eine salbe aus geradlinigem aluminium.
ein alpinist in voller montur tritt auf. erklärend zum publikum, mit gestischem verweis auf die bühne als «park»:	ins elsass durch einen park.
bildhauer:	halt!
der alpinist bleibt stehen, holt aus dem rucksack eine hantel hervor und legt sie auf den boden.	
alpinist:	unbeugsam wie ein salzwerk.
(auf die hantel bezogen:)	ich bin unversehrt und sorglos, wenn auch angekettet.
geliebte (den grund vermutend):	unerlöst!
bildhauer:	alphabetisch!
der alpinist holt nun aus dem rucksack eine wasserwaage hervor und prüft damit, ob die hantel waagrecht aufliegt.	
alpinist (die wasserwaage preisend):	ein zaubermittel! unbeschädigt trotz haarausfalls.
geliebte (munter):	die erlangung eines postens, sobald..
alpinist (erst jetzt auf sie aufmerksam geworden):	bist du noch nicht gekocht, noch ungerupft,

lautsprecher	projektion
	unterschrift:) ALOE
gebell	
	(film:) dreschmaschine in tätigkeit

aktion	sprechtext
	noch nicht gepflückt, amazone?
geliebte (empört):	ungebildeter nassauer! keuscher milchbart!
der alpinist holt nun aus dem rucksack ein päckchen hervor und beginnt, es umständlich zu öffnen.	
der alpinist entnimmt dem päckchen einen pilz und überreicht ihn der geliebten.	
geliebte (überrascht und geschmeichelt):	das wurde mir nicht vorausgesagt.
ein kinderwagen rollt auf die bühne. der alpinist fängt ihn ab.	
alpinist:	ich bin der kutscher!
er fährt den kinderwagen auf der bühne herum.	
alpinist (eher für sich):	.. durch den abzugskanal.
(geheimnisvoll:)	ein unbezeugter sünder der achselhöhle. gefeit bei verdunkelung gegen den groll der zivilbevölkerung antwerpens,
bildhauer (die geduld verlierend):	abtreibung!
alpinist (unbeirrt fortsetzend, gerät er ins schwärmen):	während auf den kanzeln hamburgs himmlische destillierkolben
bildhauer (drohend):	geh weg!
alpinist:	unmethodisch mit amethysten belohnt werden.

lautsprecher	projektion
ein kleines liebeslied (männerstimme ohne begleitung)	
	(dia:) technische zeichnung eines stumpfen winkels

aktion	sprechtext
bildhauer (abfällig):	fruchtwechselwirtschaft!
bildhauer (in bedrohlicher spannung):	du wirst die frist versäumen.
alpinist (unbeeindruckt):	tadellos und unbestraft! mit amerikanischer sorglosigkeit.
bildhauer:	ich bin nicht beruhigt, unmittelbar; ich werde unreif, wie unzustellbare post.
geliebte:	amen. oder das ausbleiben der regel.
betretene pause.	
geliebte (weich):	man wird ratlos wie asbest, unvermischt.
bildhauer (etwas beruhigter):	in stummem wettbewerb. unnachahmlich.
geliebte:	und kostenlos.
bildhauer (stossseufzer):	und ob!
geliebte:	zinnober.
bildhauer:	düne.
alpinist (schliesst sich in gleichem ton an):	vergesslich.
geliebte:	unähnlich.
alpinist:	ungeteilt.
geliebte:	unberührt.
bildhauer:	ungebunden.
alpinist:	amboss.
bildhauer:	stossdämpfer.
alpinist:	ungestaltet.
geliebte:	olivenölersatz.
bildhauer:	mühelos.
geliebte:	verpackung.
alpinist (träumerisch):	weinberg.
bildhauer:	waffenrock!

lautsprecher	projektion
	(film:) hände, die ein euter melken (nahaufnahme)
	(dia:) amöbe in mikroskopischer vergrösserung

aktion	sprechtext
geliebte:	ampulle.
alpinist (leiser):	unterstand.
bildhauer (noch leiser):	ebbe.
geliebte:	zurückgeschubst nach amsterdam.
alpinist:	– mit einer unklugen mandelentzündung.
geliebte:	schwach und schlecht vertraut mit dem märchenhaften stärkemehl.
alpinist:	sich verteidigend mit geruchlosen schrammen.
bildhauer:	zweifelnd an der netzhaut.
geliebte:	– sind beide auch tadellos.
an der rückwand der bühne fällt ein fallreep herunter.	
der alpinist nähert sich diesem, blickt daran hoch und schreit auf.	(schrei!)
ein zwischenvorhang öffnet sich rasch vor einem springbrunnen.	
bildhauer:	ungelüftetes kneten der opfergabe in der narkose verursacht übelkeit.
geliebte:	die verbraucher erwarten die gemeinheit der herrscher im erholungsheim.
der alpinist zieht sich eine gasmaske über das gesicht, klettert das fallreep hoch und verschwindet im schnürboden.	

lautsprecher	projektion
sprecher: die jubelnde wiedergeburt zwingt die entzifferung und proklamation des verzeichnisses zu einer nicht reduzierbaren nachimpfung.	
	(schrift:)

aktion	sprechtext
wenn stille herrscht, erwacht der bildhauer wieder aus seiner geistesabwesenheit.	
bildhauer:	und mein überprüfungsantrag?
die lebensgrosse mythologische darstellung eines hermaphroditen (als figur aus der fläche geschnitten) sinkt so vom schnürboden herab, dass sie neben die statue zu stehen kommt.	
der hermaphrodit hebt steif (hampelmannartig) den rechten arm und berührt die statue, als wollte er sie zum leben erwecken. danach entschwindet er wieder langsam nach oben.	

lautsprecher	projektion
	ATEM HOLEN (wechsel:) SPRACHLOS
heftiges keuchen, das allmählich übertönt wird von den lautstarken abfahrtsgeräuschen einer lokomotive, die sich mit zunehmendem tempo entfernt	
	(film:) füsse (geschlechtsneutral) gehen eine treppe hinauf
	(film:)

aktion	sprechtext
geliebte (dem bildhauer ruhig, wenn auch mit zeitverzögerung, die frage beantwortend):	unhaltbar. unbenachrichtigt. nicht übertragbar.
bildhauer:	und wer wird das schiff flottmachen?
geliebte:	unerwartet eine windrose.
bildhauer (positiv gemeint, sanft):	schamlos.
geliebte:	unerforschlich.
bildhauer:	für immer!
geliebte:	ohne ballast.
bildhauer (nach kurzem schweigen noch ergänzend):	nicht rechenschaftspflichtig.
geliebte (nun doch etwas zweifelnd):	und die versorgung? duldest du ungekochte minderjährigkeit?
bildhauer (sie beruhigend):	dill gehört der vergangenheit an – ohne sonne.

lautsprecher	projektion
	das aufwecken der statue durch den hermaphroditen und ihr erwachen sieht man vom zeitpunkt der tatsächlichen berührung an in realistischer darstellung als film: eine der statue gleichende weibliche gestalt wird von einer hand berührt, zuckt leicht zusammen, dehnt die glieder und schlägt die augen auf. damit filmende. (schrift:) RUHE

aktion	sprechtext
geliebte:	unpässlichkeit, mann, ist beunruhigend!
bildhauer:	mein aufstieg ist widerstandsfähig.
er beklopft dabei beziehungsvoll seine statue. ein blumenmädchen tritt von links auf. von rechts erscheint (mit kleiner verzögerung) ein kohlenträger:	
kohlenträger:	ich erhebe einwände.
blumenmädchen (kindlich ungeduldig):	im blumengarten? wie lästig!
kohlenträger:	für den wiederaufbau! unbefriedigt und ungewaschen.
bildhauer (fachmännisch):	das ist eine gleichgewichtsstörung, der nachzuforschen ist.
geliebte, als würde sie ihn wiedererkennen, auf den kohlenträger zueilend:	mein enkel!
blumenmädchen, die szene entzückt betrachtend:	verwandte in aufsteigender linie!
geliebte:	hannibal!
kohlenträger (trocken):	aus hannover.
bildhauer (misstrauisch):	ist das eine machtübernahme?
kohlenträger (beschwichtigend):	unsinn.
bildhauer:	geistesschwäche?
geliebte:	appetitanregung!
kohlenträger:	trockenheit.
blumenmädchen:	rostfrei!
der bildhauer beginnt mit freiübungen.	
blumenmädchen (mit bedauern einschrän-	

lautsprecher	projektion

aktion	sprechtext
kend):	doch geruchlos.
bildhauer, freiübend:	ein bordell, um liebe zu erwidern!
kohlenträger:	mein darm ist gegenteiliger meinung.
geliebte:	als antilope hätte ich keine empfängnisverhütenden mittel.
ein tennisspieler mit tennisschläger in der einen, einer pumpe in der anderen hand tritt auf.	
tennisspieler, im gehen:	das ist langstreckensport.
er stellt die pumpe etwa in der mitte der bühne ab. tennisspieler (sich auf die pumpe beziehend):	gegen schwindelgefühl in grotten, mit unbekleidetem rückstoss bei wassermangel.
kohlenträger (daran interessiert):	ich bin unverheiratet, ohne stütze.
tennisspieler, sich an ihn wendend:	ist das der oberrhein oder oberägypten?
kohlenträger:	das dachgeschoss schmerzloser höherer gewalt.
geliebte:	mein traum ist nicht in erfüllung gegangen, nicht erledigt. ich bin aus dem lande nie herausgekommen.
bildhauer:	dann ist es unübertrefflich, weil ununterscheidbar – wenn auch ein muster ohne wert.
der tennisspieler schaut, mit der nun	

lautsprecher	projektion
	(film:) hissen einer weissen fahne
chor, donnernd herausplatzend: plötzlich!!! eine kinderstimme: sorglos.	

aktion	sprechtext
freien hand als schutzschirm, in die vor ihm liegende seitenbühne und eilt dieser dann freudig entgegen.	
tennisspieler:	die insel naxos!
ab.	
geliebte (ihm nachträumend):	er war liebenswert..! es hätte sich gelohnt..
der bildhauer beendet seine freiübungen, holt (hinter der statue) eine axt hervor und wirft sie so auf den boden, dass sie mit der schneide steckenbleibt.	
bildhauer (ungehalten):	lachhaft! der posten war nicht vorrätig. auch nicht die achse. er war unrasiert, unabgeholzt, unaufgeweckt, ungeschält,
geliebte (verzückt):	seligen angedenkens..
bildhauer:	unbewohnt,
geliebte (ihn eifrig verteidigend):	unverdrossen!
bildhauer:	blind!
geliebte:	unbewaffnet!
bildhauer:	unsichtbar! ein indefinitpronomen mit schulterriemen. und geruchlos!
geliebte (abblockend):	aus! wir sind quitt!
bildhauer und blumenmädchen laufen einander entgegen.	
bildhauer, bei ihr:	ohne zu feilschen werde ich dich unsterblich machen!
blumenmädchen (sofort für alles zu haben):	wir werden in see stechen, lose zigaretten in den

lautsprecher	projektion

aktion	sprechtext
	weichteilen, und uns entschärfen bei windstille.
bildhauer (schwärmend):	einmal die gewohnheiten ablegen und uns mit den sämtlichen werken beschäftigen!
blumenmädchen:	wenn ich mich nicht irre.
geliebte:	ihr werdet es müde werden, wie fettarmes essen!
kohlenträger (erfahren ergänzend):	verzweifelt sein vor der unendlichkeit.
blumenmädchen, sich ausziehend:	befreiung!
geliebte:	sie verrät das geheimnis!
kohlenträger:	im gegenteil!
geliebte:	eine entmündigte.
kohlenträger:	unbeherrscht und unreif.
geliebte:	steuerfrei.
kohlenträger:	widerhall findend.
bildhauer:	unwahrscheinlich: seit der abmagerungskur nicht getrunken!
geliebte:	wie freigebig!
schmutzige wäsche fällt haufenweise auf	

lautsprecher	projektion
sprecher (flüsternd): ausserhalb unverdaut. sprecherin (flüsternd): ganz vertieft.. sprecher (flüsternd): delegiert an den mastdarm.	
	(dia:) unter der überschrift NICHT ZU FANGEN bild (einfache darstellung) einer birne
	(dia:) ein grosser, flacher teller mit der bildunterschrift: UNERSÄTTLICH

aktion	sprechtext
die bühne und wird von der geliebten über den boden ausgebreitet.	
blumenmädchen:	in einem zug!
kohlenträger, ein wäschestück betrachtend:	leblos.
lässt es fallen.	
nachdem die geliebte das letzte wäschestück ausgebreitet hat, entkleidet sie sich völlig und wirft ihre kleidungsstücke dazu.	
geliebte (träumerisch):	die zugvögel entschädigen.. sehnsucht haben nach – kolonialwaren.. in den schlaf wiegen..
bildhauer, dem kohlenträger etwas entsprechendes zuwerfend:	ein seifenrest, apollo! – sie sind entlassen.
der kohlenträger entfernt sich.	
geliebte:	du bist herzlos!
der bildhauer holt (hinter der statue) ein schabeisen hervor und beginnt an der statue, sie da und dort korrigierend, zu schaben.	

lautsprecher	projektion
	(film:) belebter bahnsteig
die wasserspülung eines aborts (sehr verstärkt) sprecher (die spülung im nachrichtenton erläuternd):	

aktion	sprechtext
der bildhauer holt daraufhin einen feuerlöscher (hinter dem vorhang) hervor und besprüht damit ausgiebig die statue.	
geliebte (von der aktion animiert):	was für eine ejakulation!
blumenmädchen (etwas lasziv):	durch die blume..!
der bildhauer legt den feuerlöscher in merklicher ermattung ab.	
geliebte:	zurückhaltung!
blumenmädchen (in kokett gespielter entrüstung):	eine ungebührlichkeit!
bildhauer (wie entschuldigend):	april wird es ungebeten! selbst unregistriert fehlerlos.
geliebte:	auch flügellos ist der tastsinn unerschrocken.
die geliebte und das	

lautsprecher	projektion
radioaktiver abfall.	(dia:) ein krematorium (viel- leicht zur leichteren identifizierung mit bezeichnung über dem eingangstor oder bildunterschrift KREMATORIUM) (wechsel:) speisereste (foto) mit bildunterschrift OHNE BEINE (wechsel:) exkremente (foto) mit bildunterschrift HEUTE ABEND

aktion	sprechtext
blumenmädchen beginnen, einander zärtlich zu berühren.	
blumenmädchen (schmiegsam):	den docht faltenlos anzünden..
die berührungen werden intimer.	
geliebte:	abgrundtief unverschlossen, fieberfrei ins frühe mittelalter..
blumenmädchen:	bei verlust abwesend, verwaist nach abstossung..
bildhauer, die beiden wohlgefällig beobachtend:	wie arabischer mais,
	zum landen aufgereiht. leicht erregbar wie eine senkwaage. grüne erbsen in den spalten der ankerplätze.
eine negerin in baströckchen durchquert lässig die bühne.	

lautsprecher	projektion
	(diafolge:) arabesken (wie bei einem kunstgeschichtlichen vortrag)
	im rhythmus der arabeskenfolge als abschluss: ein spinnengewebe
(nachdem die negerin verschwunden ist) sprecherin: oder eine albanerin in soldatenstiefeln. sprecher: oder eine arbeitsgemeinschaft aus argentinien mit der verzögerung, dem aluminium und lehm	

aktion	sprechtext
bildhauer:	an der bewässerung des martialischen obersten kassationshofes gefallen finden wie an ungeharztem wein.
	leitartikel!: ariadne, in ungestreiftem stoff, streckt sich der länge nach aus und nummeriert die plätze. als linkshänderin erhält sie die note "ausgezeichnet".
geliebte:	arkadien genügt.
blumenmädchen:	oder auf allen vieren in die arktis gehen – auf gut glück!
bildhauer:	oder sich auf armenien einstellen, in der salzlake eine angelschnur.
	oder einen mast.
blumenmädchen (lieb):	schafe und junge lämmer, alle fragen verneinend.
geliebte:	oleander..
bildhauer:	ohne zu fackeln pflügen das bestellte ackerland, um sich mit einer feldmaus
	in die haare zu geraten.
blumenmädchen	

lautsprecher	projektion
der argonauten.	
	(dia:) geld (wechsel:) geschäft mit dem schild "geschlossen"
	(dia:) nahaufnahme des planeten mars (gesamtansicht)
	(film:) heranrollender tank (bis bildfüllend)
harmoniumklänge (in der art eines harmonielehrebeispiels)	
harfenarpeggien	

aktion	sprechtext
(anzüglich):	oder in den verlobungsring.
geliebte:	in männlicher linie unzerreissbar.
blumenmädchen:	als postenjäger glatt.
bildhauer:	kränklich als päderast durch beseitigung von hindernissen.
geliebte:	als artemis in verkehrsadern frisch gestrichen.
bildhauer:	als bewunderer der antike und wiegendrucke
geliebte:	ende gut,
blumenmädchen:	alles gut!
bildhauer:	sowie als anfangsbuchstabe und oberschicht befehle ich hilfeleistung
im zuschauerraum verbreitet sich parfümgeruch.	
bildhauer:	ungefragt.
geliebte:	meinetwegen.

lautsprecher	projektion
sprecher: brot sprecherin: und gewürz.	
	(dia:) grosses sieb mit bild- unterschrift SCHÖPFEN
sprecherin: unbeweglich, mager, unklar, nicht geeggt doch gekalkt ist der dachs. sprecher: durch russ wird er erdbebenfrei. sprecherin: ohne sattel ist er unanständig, weil fest am platz. sprecher: ungestempelt fault er nicht, ist er auch	

aktion	sprechtext
geliebte (verheissungsvoll):	ohne kopfbedeckung!
blumenmädchen (innig):	asketisch!
ein langer schlauch schiebt sich über den bühnenboden.	
bildhauer:	frei verfügbar!
geliebte:	nicht verrostet!
blumenmädchen:	wir üben uns.
geliebte:	mit freuden!
blumenmächen (auf den bildhauer anspielend):	nicht ohne geselligkeit!
bildhauer:	noch ungeerntet..!
blumenmädchen:	doch nicht unförmig?
geliebte:	nicht unwissend?
die geliebte und das blumenmädchen beginnen einander zu küssen – zuerst die stirn, die nase, die augen, dann länger und mehrmals den mund, bald abwechselnd und ausgiebiger auch	

lautsprecher	projektion
schwach und asthmatisch. sprecherin: in asien, nie verstummend, das fleisch nicht abgehangen, lässt man ihn unberührt. (musik:) dudelsackgedudel löwengebrüll dann (dazu?) vogelgesang	

aktion	sprechtext
die intimeren stellen des körpers..	
blumenmädchen (zwischendurch, zärtlich):	mein maulwurf!
geliebte (ebenso):	mein spargel, samenlos!
blumenmädchen:	mein aspirin, unbarmherzig wirbellos.
geliebte (den bildhauer rufend):	mein eiweiss!
blumenmädchen (ebenso):	mein fahrstuhl!
geliebte (ungeduldig):	kanone aus assyrien!
blumenmädchen (sehnsüchtig):	languste!
bildhauer:	ihr seesterne..!
er nähert sich ihnen:	mit brüsten, städtisch ungeschmückt! mit knöcheln, zu schutzmännern unnachgiebig in zügelloser immunität! mit lücken, unausgefüllt, und aussergewöhnlichen funkanlagen! auf einsamen strassen mit blinden schüssen ins tote meer! in den asphalt! nicht geschnürt! nass! unversiegelt in erstickender hitze! hinter gittern in keinen beziehungen stehend. zoten reissend, ungespalten! ohne pause redselig, unendlich verschwenderisch, unverbesserlich atavistisch, ungleich ungezogene kinder, klassenlos kühn und gelassen, frech noch unbeerdigt, unerbittlich offen, kinderlos zollfrei!
geliebte:	du fixierst uns endlos,
blumenmädchen:	kunstlos,
geliebte:	ohne aufgeld. du bist nachlässig, mein hengst.
blumenmädchen:	aufsässig!
geliebte:	schändlich!

lautsprecher	projektion
	(dia:) tür mit schild "atelier".
	(dia:) hypothetischer atlas von atlantis
sich zu voller präsenz	

aktion	sprechtext
bildhauer:	unter der unteilbaren luft, unfruchtbar und zaghaft, ist der individualismus erschlafft. die utopie hat eine chance, ganz wie ein unerschütterliches argument.
mit einem blick auf die statue:	unbehaart aus nahrungsmangel, steinern, doch ohne runzeln.
eine zigeunerin tritt auf.	
ein flötenspieler (konzertkleidung) durchquert flötespielend die bühne.	
der bildhauer steht, mit dem rücken zum publikum, vor den beiden sich immer erregter liebenden frauen und beginnt zu onanieren.	
die zigeunerin ergreift währenddessen seine linke hand und hält sie sich mit der innen-	

lautsprecher	projektion
näherndes geräusch eines dampfbootes	
sprecherin: uneingewickelt und formlos nach einem betriebsunfall zuneh- mende morgenröte.	
	(dia:) spiegelei (bildfüllend)
sprecher: eigenmächtig aus zu- verlässiger quelle an demselben tage aber- mals die autosugges- tion eines vorhangs.	

aktion	sprechtext
fläche nach oben vor die augen. zigeunerin (wie ihm aus der hand die zukunft lesend, mit bedeutungsvollem ton):	du hast zugang zum hoftor und zu einem kleinen tal durch onanie. wegen des ansteigens der preise bei schlaflosigkeit und einer brise werden morgen die einschränkungen von australien bis österreich drastisch. die leibliche schwester wird bei der selbstbedienung ohrenzeuge sein. nach dem autorennen zur leichenschau wird ihr nacken, weil ausgetrocknet, nicht gegessen; trotz aderlasses bis zur unsichtbarkeit. man wird sich darüber aufregen und nervöse sprachstörungen haben. unbeschreiblich, wie afghanistan mondlose gefahren nicht scheut. wegen des naiven chefs zahlungsunfähigkeit schuldenerlass hinter der startlinie. unvermeidlich ist die abkochung und erzählung des zurückgelegten buches im gedanken unerreichten überflusses. ist die maul- und klauenseuche angekommen, wirst du wegen schweissabsonderung entlassen werden, ohne kuss, doch nach empfang von opium.
(zigeunerin:)	missernten sich widmend, wird man lauschen

lautsprecher	projektion
	(film:) jemand steigt von einem pferd und entrollt ein plakat – kamerafahrt darauf zu. text des schliesslich bildfüllenden plakates: UNENTZÜNDBARE WAFFEN SIND VERSAGER FURCHTLOS AUSTRETEN ASSIMILIEREN

aktion	sprechtext
	knusprigem brot.
bilhauer (erregt):	aphrodite!
aus der versenkung erscheint ein schaumbad.	
bildhauer:	wahnsinnig! das gesicht nicht zurechtgemacht, entwässert die sardelle..
zigeunerin:	kahles wird wiedererweckt, wenn auch unnatürlich, stumm ergeben, unerleuchtet,
bildhauer (auf dem höhepunkt):	oh!
zigeunerin:	nicht ohne nestwärme.
bildhauer (überfliessend):	zügellose unendlichkeit vor tagesanbruch! achat der lippen, aale und muscheln!..
ein geprächträger tritt auf, hält aber am rand der bühne schon an, um das gepäck abzustellen.	
gepäckträger (erleichtert):	ach!
sich die achillesferse reibend:	diese seeigel unter den schneefreien birnbäumen!
zigeunerin:	die schnittmuster aus staub erblassen..
sie lässt die hand des bildhauers sinken und entfernt sich.	
gepäckträger:	friedfertig doch unersättlich waren im stall die sakramente der zotenreisser des abfalls. bis zur stunde undatiert, ungefärbt, ungekämmt, aus groll über die asche.
stroh fällt in grossen mengen auf die bühne.	
gepäckträger:	unverdaulich, ungeschieden, unbegraben in der herbheit. sang- und klanglos bei absinth, ungeprüft, hochnäsig, nicht gar, nicht wichtig, unter

lautsprecher	projektion

aktion	sprechtext
schnell schliesst sich der vorhang.	dem triumphbogen aufbrausend, wankelmütig, abgebrannt. ein vorspiel, hitzig, tadellos, ohne vorräte, scharf, gelangweilt, unzeitig auf dem gipfel.

lautsprecher	projektion

die winterreise dahinterweise

neue gedichte und fotomontagen
zu franz schuberts liederzyklus
als szenisches ereignis

587 – 637

konzept für eine szenische realisation

schwarze bühne, etwa in der mitte der rechten bühnenhälfte ein mit schwarzem tuch bezogenes podest, gerade gross genug für zwei personen. weiter vorn, in der linken bühnenhälfte, ein lesetischchen mit leselampe und stuhl für den sprecher. während der dauer jedes liedes werden an die rückwand der rechten bühnenhälfte, gleichsam als fenster mit ausblick, der reihe nach dias der vierundzwanzig fotomontagen projiziert.
nach vollständigem dunkel ein suchscheinwerfer auf zwei darstellerinnen, die in abendgarderobe (mit mantel oder umhang, hut und sonstigen accessoires) auf dem podest einander gegenüberstehen. zugleich leselampe an, projektion und start des tonträgers mit den original-schubertliedern – gerade noch verständlich laut aus dem hintergrund. der sprecher rezitiert zum gesangspart die neuen texte, ohne die von schubert eingeschobenen zeilen- und wortwiederholungen mitzuvollziehen (auf synchronizität zum gesangspart braucht der sprecher nur bedacht sein, wo es sich mehr oder weniger organisch ausführen lässt). zugleich beginnt eine darstellerin die andere ruhig zu entkleiden; von lied zu lied wechseln sie die rollen bei dieser handlung, die zeitlich so bemessen sein sollte, dass am schluss des längsten liedes der zustand völliger nacktheit erreicht wird.
nach liedende wieder vollständiges dunkel. vom tonträger ist zwischen den liedern – nun akustisch voll präsent! – jeweils ein geräusch von gleichbleibender dauer zu hören: jener zeit, die die darstellerinnen benötigen, um sich rasch wieder vollständig anzukleiden. es handelt sich dabei um zwölf geräusche, von denen jedes einmal wiederholt wird. die zwölf von entsprechenden wörtern des textes abgeleiteten geräusche sind der reihenfolge nach: hundegebell, regen, wind, hammerschläge, meeresrauschen, sägen, kettenrasseln, applaus, wassertropfen, uhrticken, taubengurren, lastzug (bahn). mit dem zuggeräusch endet die aufführung. volles licht.

DER GEILE BANN

flügel in den koffer
näht ein geiler bann,
stunden harren, schlingern,
zehrt der schatten dran.

fahrlust auf die reise
dankt beginnend schwer,
mund weint weiche felle,
treibt geflimmer her.

deine fragen stören;
leine zieht am bann.
um die wunde lungern
stumme fallen dann.

runder pressen wehen,
ball, des zieles bild,
weht um steine geier,
bläht die zimmer wild.

kunde lichter falter,
groll im stillestehn?
schwillt zu steilem zittern
geiles beinesehn?

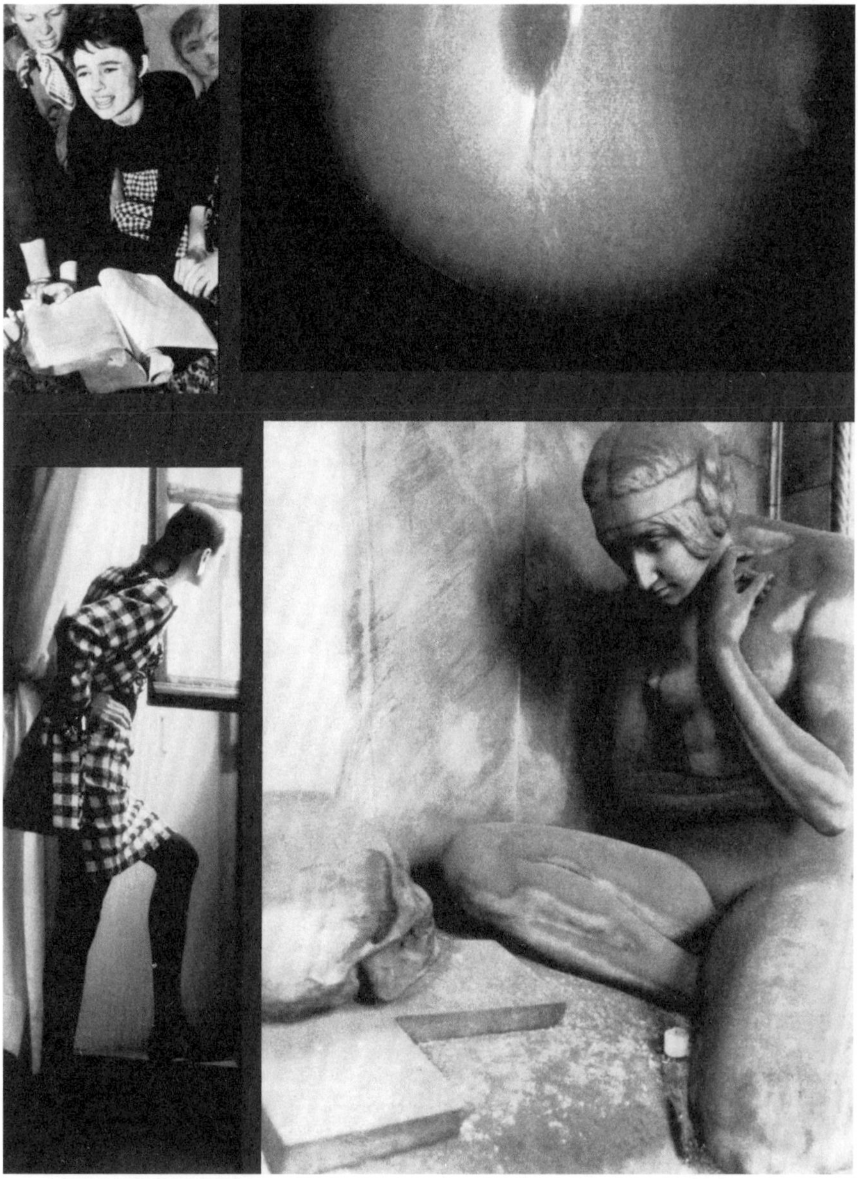

DIE LEBENSWONNEN

schrei wonnen nach, die im schimmel wehn,
grab krank ins nest, die bang vergehn,
buntvieh kraucht bandelahm wie wir,
hals stöhnt im zwielicht, leckt das tier.
krach, kleine wonnen schneit das licht!
graut wandrern noch im wahne nicht?!
das heult sich satt, den bauch voll brei,
und hinkt am stab von blättern frei.
sing stur im schritt den winter ein!
gefunkel klirrt im roten wein.

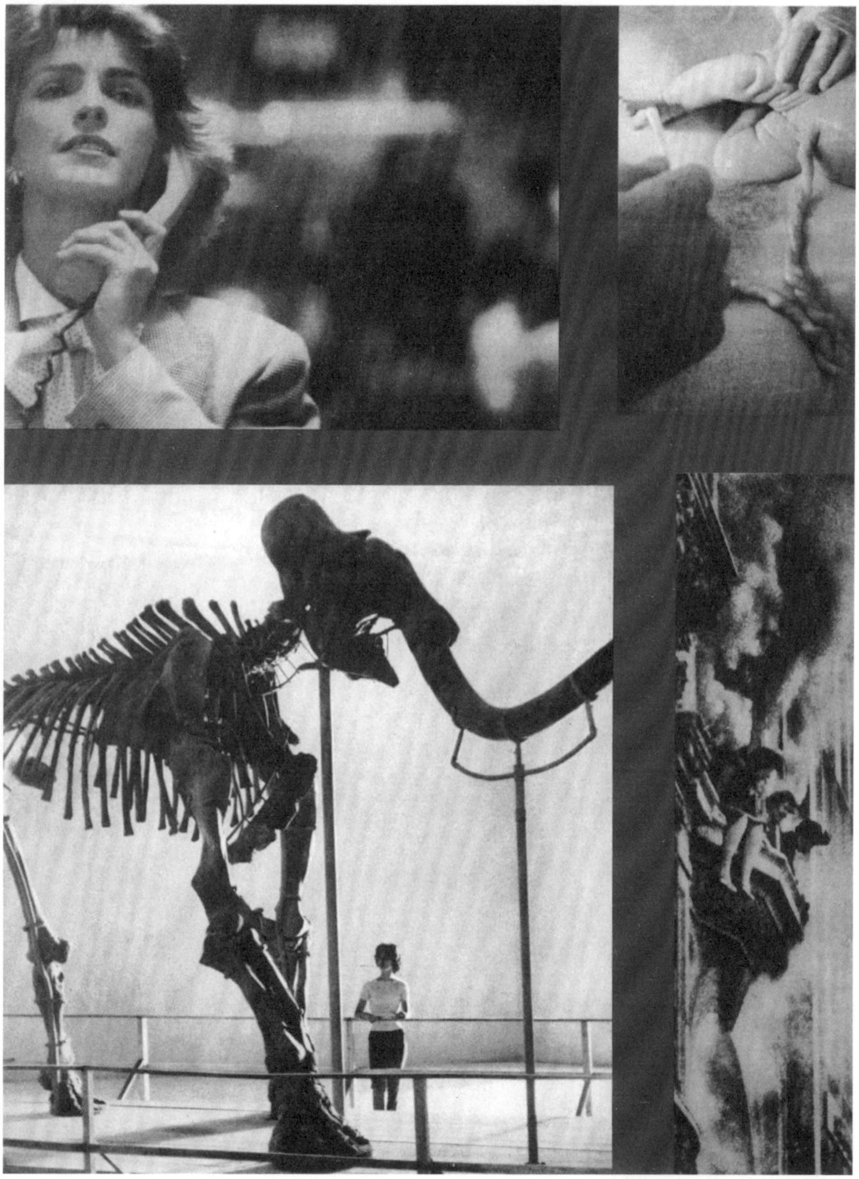

GUT

schmiegt der see sich ins gedicht,
schützt er sich vor hunden.
hell ein scherz in blusen kriecht,
schlingt sich schnell um wunden.

störe nicht, was kess genas,
schabe leise pforten;
kühle bricht das essigglas,
gnadenfrist für torten.

mutig mischt sich geld mit leim
regenblind zum retter!
stillsein, kot drauf, schwerer reim,
wind wiegt gelbe spötter.

DER WIRRSCHMAUS

lauf meinem boten nackt her,
satt wich sein regenbach.
ballt schwierig sich dein mehren:
lab stich dein tier der schmach.

hier gründen rote tänze,
rennt sohle leichen ein;
wie rüde tandler raten,
durchwühle wirrschmaus wein.

windflennen wiesen zause,
wie hammerschall beschwätzt?
hin blatt und flieder winken,
untröstlich, meergehetzt..

wo mund am nerze schmecke,
noch reisig schlug dich matt?
wundeiter brenn zur leiter,
schein feuer an der naht!

DER SÄGEIFER

masse leidlich kennt die säge,
so wie landend adler flehn;
fluche, tier erschreckter schläge –
furcht entschreit den hälsen schön?

schabe da, noch stichts verlangen,
hasslicht, grenzenvolles reun –
kelch sein, höriges erbangen,
reibt sich sinnlich süsses ein?

eiseswehen schnaufte strafen,
beissverlauf die kette trug,
kundig hadre sohn dem hafen,
lohn dazu, mund kuchen schlug.

keinen greifer selig sehen,
wundentrückt chorseidnem glück;
keiner vase fluss im drehen
fing so feines ding zum strick.

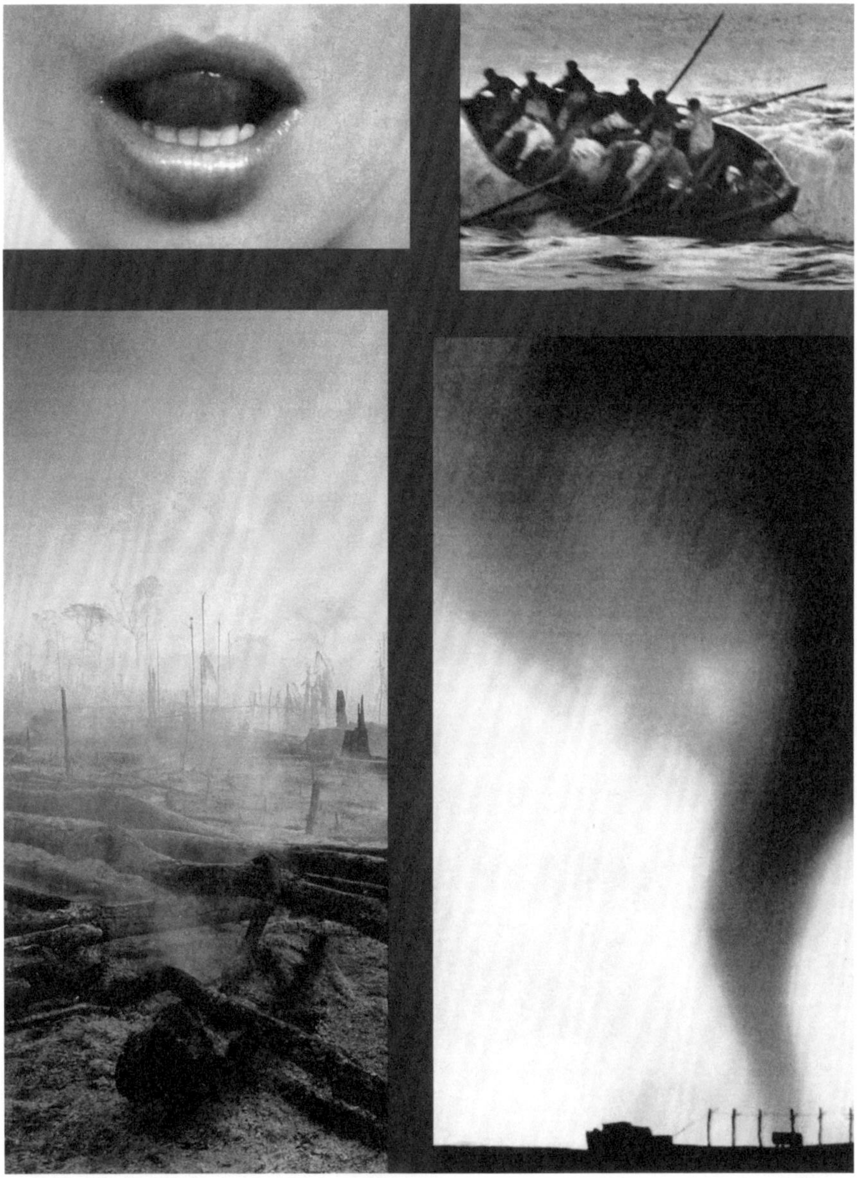

BETÄUBUNG

entflicht man zäune, tor ins meer,
beflog die nacht das feuer schwer,
verbog sich fern unsäglich dann
was nesseln kocht in wahnes bann.
wacht hehr die pflicht, vorwählend sitz,
schiebt kernig linnen untern blitz.
wie finster leis umlacht applaus,
vergreist zerfällt es, alles aus,
gemeiner hiebe fehlgewinn –
betäubung schliesst tür hintersinn.

DIE MÜRRISCHEN SORGEN

die schatten stumm zerbissen
gewimmels rausch und streit!
sie folgen letzten ratten
zu schwerer fallenzeit.

zur not der scheuerklammern
in nischen schienen sind;
hass rennt in heissem morden
wo zechnacht weint im wind!

dein schmerz flieht wahngebimmel,
es prahlt dein leichenschild –
pest frisst im halse, finster,
erblindet, lallt, verstillt.

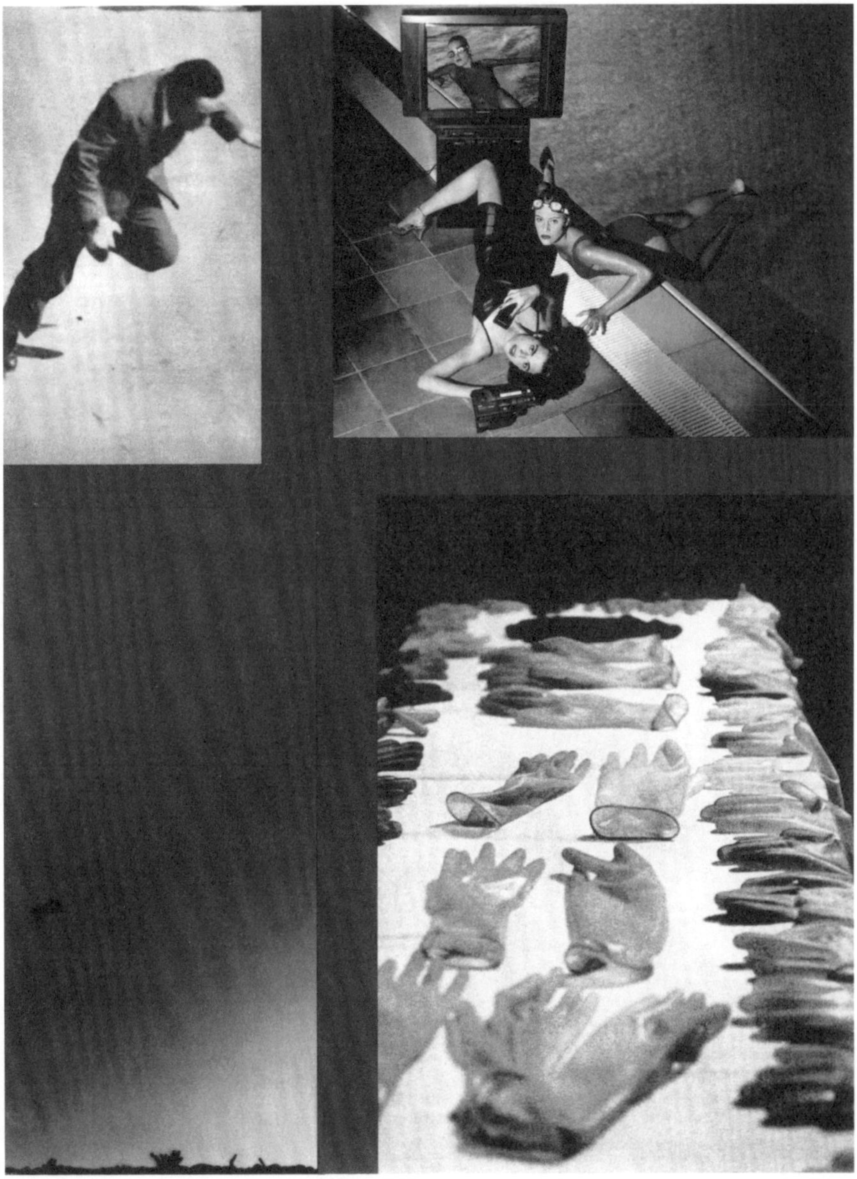

DIE WORTE

zerschellen im munde, verprassen in schrecken,
wie grenzen krachen wenn stiere lecken;
schäumen flicht schlankes nass in die laden,
zungrig in gluten wund zagendes baden:
mundorgeln, rührig, pralles vergossen. –
weh tun die gaben, die steil verschlossen,
um tropfen wasser, trotz trübem fliessen,
aus miedern zu trinken nach tieres bissen.

gellt nicht zum ort der drachenrunde
hastig der ruf irrer kummerkunde?
beginn und spende in alten räumen –
glasbild statt munterer gläser schäumen?

ZERFETZTE WOHNUNG

viel zu nah frisst sand an zäunen,
pocht ein rundes glattes wehn:
kundig reibt und bohrt an zäunen
rostkalt windes wanken, drehn.

graue nacht vereint die latten,
klänge weinen wohnungsbang,
zielen blind ins leid der latten,
fiebrig, blass, im fiebersang.

wachhund bellt, aasmatt, umflogen,
bellt im fliehn die wohnung an,
hallig, kellermiefumzogen,
pein aus bleicher wohnung rann.

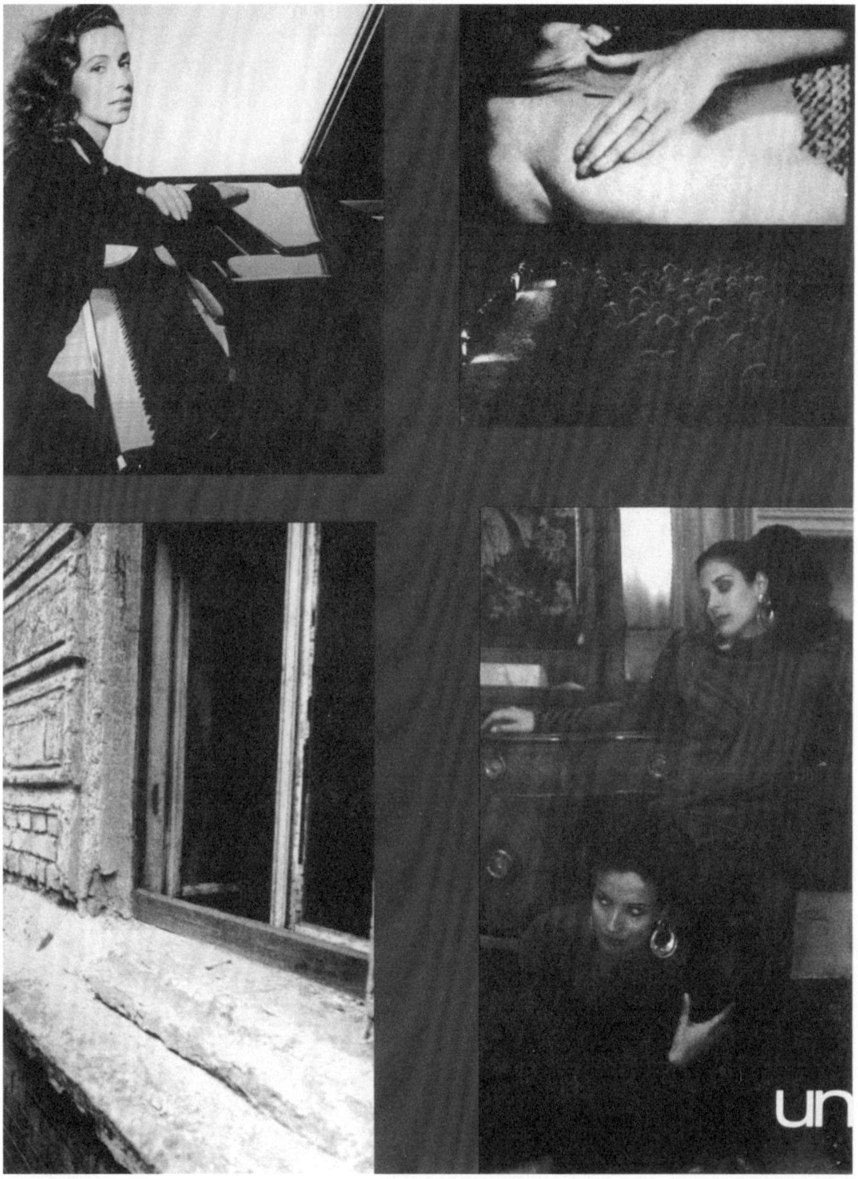
un

DIE FÄHRE

eine fähre schwamm zu dir,
aus dem blatt gebogen,
die mit häuten, tür zu tür,
stumm geraubt, bezogen.

während plunder wiegt zu viel,
hitzig lichter prassen?
wein soll alt an euters ziel
seine seide lassen?

wundes ziert dich, kleiderwehn,
rann der hand die gabel.
fähre, nass sich selig drehn,
steuern hin zum nabel!

DER HEISSE TOPF

er greift nach einem heissen stein.
ihn übel hats gereuet:
erscheint im schoss statt speisung wein,
unfasslich schwer es dräuet.

hoch wallt sie her, die lecke braut,
sang lieder, schwang die wade,
asz fisch vor einer uhr sehr laut –
sie schreit beim biss im bade!

kommt magenkot und sorgepflicht
bald nach dem topf zum preise.
wen grauts? der wein erstarrte schlicht
zu riesenhaftem eise!

GRAB

DIE KOST

vor der vase schwer ein brotkorb liegt,
wie kam es, dass messermord besiegt
    den nerz?

ins brot dringt ein der tiefe stich:
wann wärmt und deckt wie mutter mich
    der nerz?

und da das brot rollt aus der hand,
so stiert' ich gierig bis ich fand
    den nerz!

wie soll dein schal lind drüberwehn,
vor vasen sich als korb verstehn,
    der nerz?

EILANDWEIT

nie weine über tote
und weite düfte spät,
denn in der ahnen ziffer
kein kalter prüfstein steht.

froh fliehen feine masze
dann in den schrägen fluss,
und schnelle boten geben
eiland umkosend kuss.

das passt wie duft zu blumig!
das passt wie fällt zu gicht!
das loch wird überflogen,
wann immer zählen flicht.

RATE MIT
2000

FLÜGELSCHAUM

es schäumte voll runder krumen,
wo wiesen verbrühen im brei,
es schäumte in trüben brisen
voll dunstiger drogen entzwei.

und was die zähne schmähten,
verharrt im laugenbach;
bald wankt der spalt zum winter,
da schien der graben so flach.

hoch sang gespensterreigen –
verhallt was im bett geschah?
die nacht noch übte der schäumer,
dem bluten der finder nah?

es schäumte vom glied zum liede
schon leidgekrönte zeit,
von fetzen bunt, genüssen,
von sonn- und schneeigkeit.

lauthals die zähne flehten,
vernarrt in erznen krach;
durch blitzlicht friert die leine,
verschwendet der raum ein dach.

die laugen fliessen über,
doch trägt das erz den darm.
verglühn in betten gespenster?
verhallt in die liedchen der schwarm?

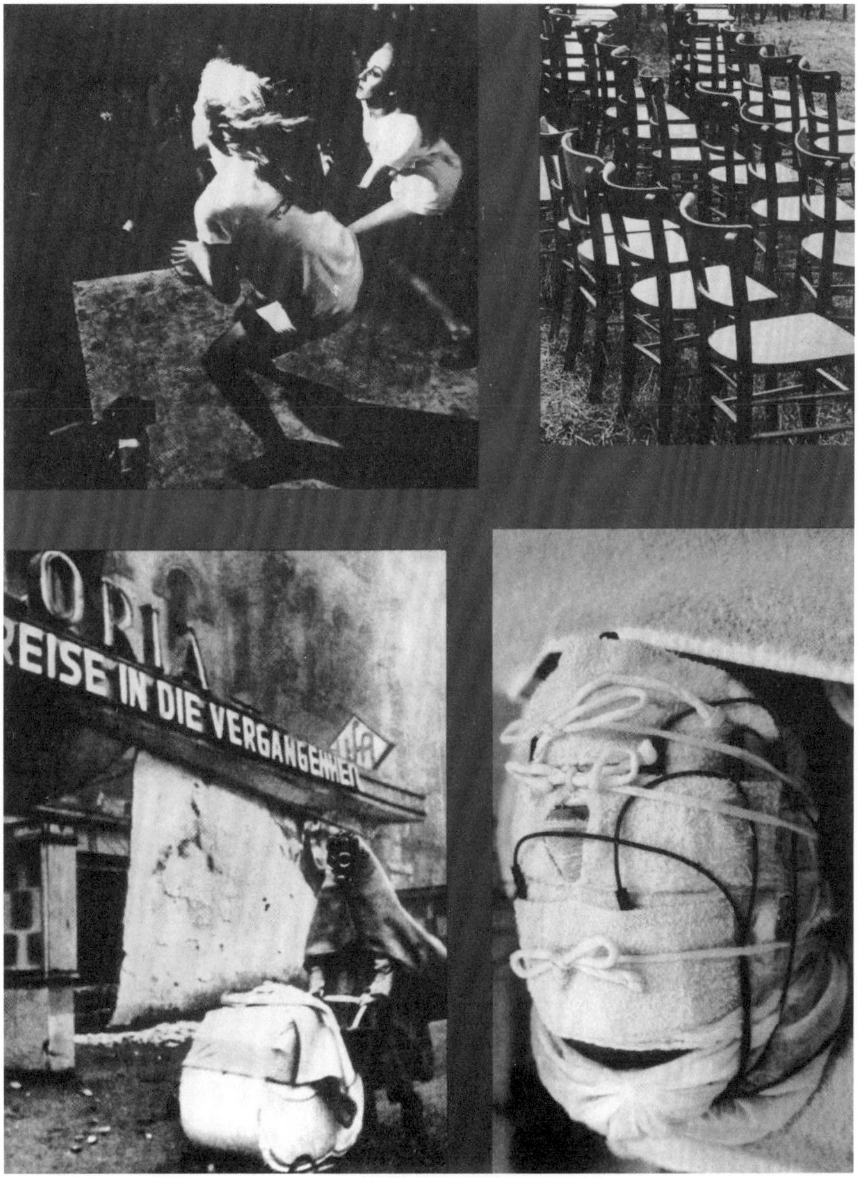
ORIA
REISE IN DIE VERGANGEN

HAST

unfertig zerrt die früh' mich hin,
dass pflicht zum schuh sich rege;
was andern schielt in buntem sinn,
rauft wund mir am gehege.

wie süss ertrug der lichtnacht glast
die schar, umwallt von feen,
entzücken kühlte leichte hast,
der turm darf dort dich sehen.

in eine höhle zwängte lauf,
gab ohnmacht mir gesunden;
noch kleine mieder tun sich auf,
wohl kennen wir erkunden.

hauch zu die kerze, dampf ummummt..
es fiel nun grosser regen,
wühlt wind ins spiel; derweil verstummt
die reise – will mich legen!

DER PFIRSICH

wie sie schliefen fest, die münder,
brockte ich den pfirsich lind;
die sich keinem auftat fürder,
wiegt sich sehr in diesem wind.

wird belohnt, was schwirrt vergebens,
kürt das federbett zu viel:
bunte kräuter bunten segens,
fall von eines pfirsichs stiel!

furcht des zwergdoms, brockt auf linnen
kindlich mutig sich die tat –
spätes stroh wischt quer von hinnen,
weht es seidenrauch und draht.

FRÜHLICHT

erflennt die wunder heisser kohlen,
weht licht aus wohnhausschneisen jäh.
die nächtlich niedersaat gestohlen,
wies richtig her ihr stürmeweh.

abbricht dann reden, eingeschlossen,
roh keilt sich wut dem blatt ins grau
mit zähnen scharf, entstellungsflossen
aus reisegut voll klebetau.

nie kann der lastzug milch erlangen,
zu glatt verwundet wendigkeit!
kann keine bahngespenster fangen,
gepfercht zur wacht im stall bereit.

erkunden kinder räume, flüchten
mit haaren innen, tauschen schnell
zur nacht bleirädchen, saugen, süchten –
war wahn im drehn um lichter hell!

frommts hier wem gar im ziel zu zanken,
röst' sich allein als stückwerk schön,
mög' sich zur lücke niederranken,
gebiert die pause wildes drehn.

BLAUEM KUSSE

mehr ruh vom fluss ich tauschte –
zu schnell der bilder kuss!
dich will die rute morden,
liebt deinen seidenfuss.

litt marter, stark' gewinde,
fasst mut im übel, neckt,
biegt bald zum wunsche täglich
die schlange, die erschreckt.

find' eine ecke farbig,
ritz' feine schlitze ein:
es mahnen steinern tiefen
rundum zum lampenschein.

ertrag den stern des flusses,
ertrag, was ärmlich singt,
zur scham, zur qual entschwindet
die weise noch, ertrinkt.

heimwärts sinnt riesenflagge,
zertrennt zum grund ein schild?
lobt muntersein gelinde,
wo rauch schon reisend quillt?

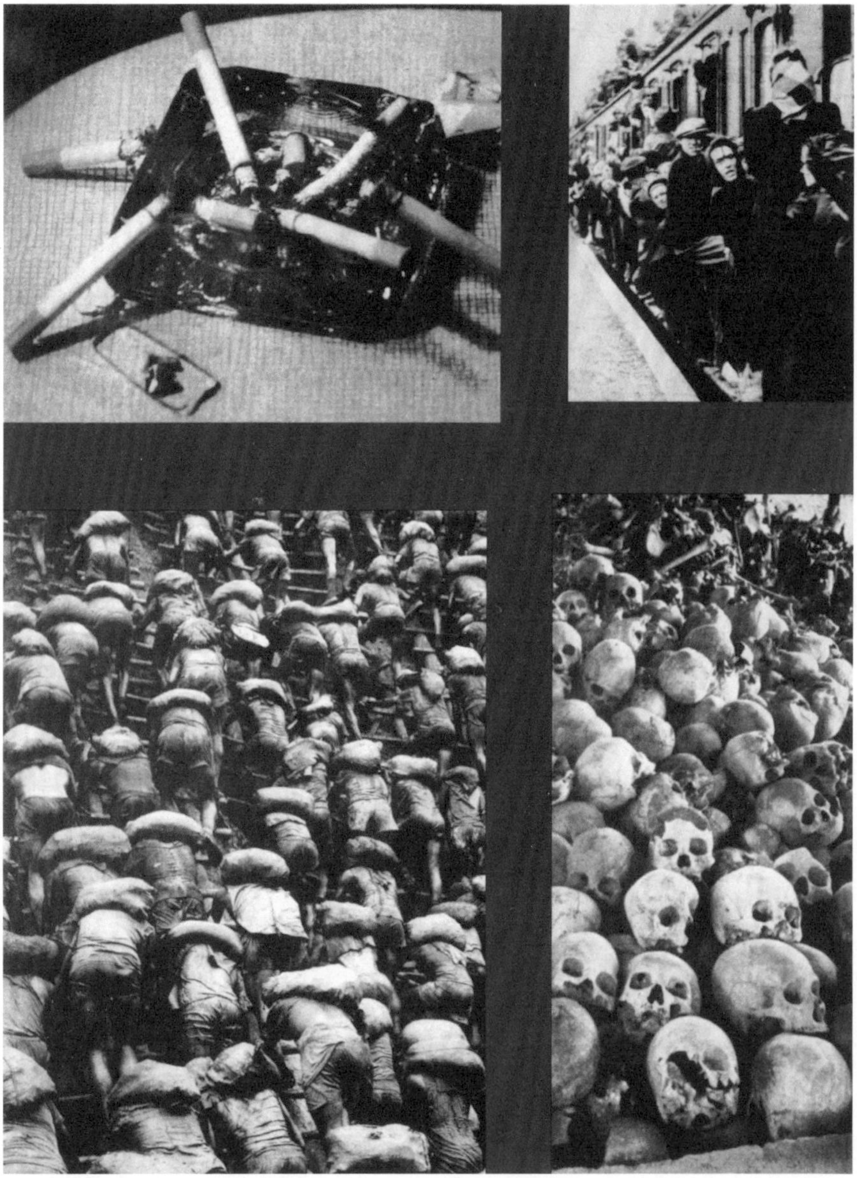

PRASSERGLUT

banges spähn auf feine trauben,
frist, verhallend übern see;
beine spalten, locken rauben –
musst' ich sein, was reisst den klee.

brennend' gläser gossen tollen
met dann leer, mein schauerkind.
wundnass leiser zwingt mit grollen
mundwärts reiches flehgebind.

see, zu heiss für leichte kähne,
jagt hier rot in späte blaus?
wolkennachtspur zeigt die zähne,
schwimmt ins spaltenfächerhaus.

blitzt im kiemenblatt der flieder
buntrer phasen reimestrauss:
kühlten einem sehnen müder
tagnis heisse stiegen aus.

DER LIPPENSAUM

am munde vor dem ohre
entschwebt dem lippensaum
ein schäumig leises tappen
in wachgeküssten raum.

wie glitt aus einem kinde
schon zwanghaft schiefes brot
und flog in scheuer eile
vom kiefer in den kot.

im lustrausch leute wanken,
dabei wird viel gelacht;
nachts hat im loch die zunge
mit tauben zugebracht.

wund weinen leise lauscher,
bald triefen sie im blut:
von schwerem ziergestelle
behindert, geigt die wut.

dem alten kinde giessen
sie glanz ins andre licht;
die flut hob viel vom boden,
veränderte die sicht.

nun schimmert an dem munde
versehrt ein jedes wort.
im finstern stört kein lauschen,
und drängten schuhe fort!

ERWARTUNG

geruch versehrten lebens
kracht in gewitters schwur;
gier, so wie schrott gehandelt,
schnellt an die flucht der uhr.

wich stillen toten flüssen
furchtflink der speisungssee,
ist keinem leisen wähnen
dies richtig wert, gesteh!

so windig, kleine güte,
so windig, trübes glas?
wie krumen blind versorgen,
vergaszet ihr das masz.

vollendet nach den ränken
nicht schämen sich vor zier?
verweinte schwärzen neigen,
beklagt sich wann vorm tier?

kein schmerz frisst wild, verloren
bald narrt euch giftger sinn:
ritzt weh am erz das mieder,
schlitzt graus des ziels gewinn.

VERBORGNE SCHWÄNE

verlornem kopfe schallen
schon reime bange nach:
wund frisst in schwänenfallen
das licht des eises dach.

bei schwänen, reinen schwänen,
fand kleider man der braut.
was hier verscharrt so leise,
viel müden sorgen blaut?

mund flink kroch aus dem bette,
dem brunst noch früh entsteigt,
hals rollte in entsetzen,
dem glanze hingeneigt.

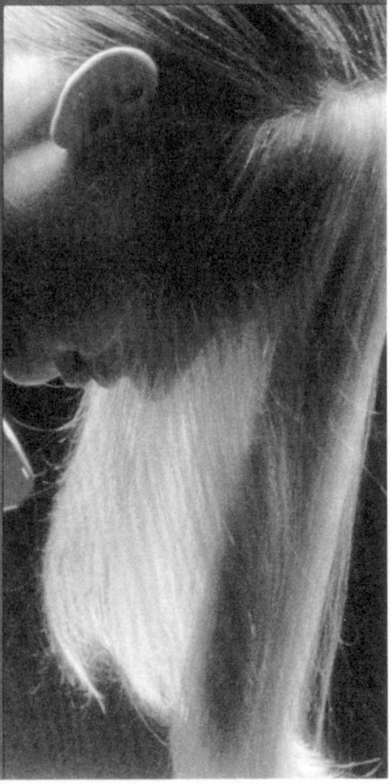

DIE KETTENBAHRE

wer blind zielt in die kettenbahre,
bau keinen söhnen briefchen auf.
gar sacht sticht strom in feine haare,
nie griff der arm der lüfte lauf.

mehr ketten schwer zum kerker rollen,
sehr grauses aus den schrecken schwillt,
wo ketten schimmernd fluchen, grollen,
hinaus ein scheues trauern quillt.

wer blind zielt in das licht der kerzen,
fliegt aufgewacht durch dichten rauch.
lass klagen fiebrig kleine schwärzen –
der wind winkt heim mit weichem hauch.

RUTE WACHT

kämmt wind in feinen wogen,
kämpft knie sich nie heraus.
verzeih, dass dich betrogen
die lacher zum applaus.
das rädchen sprang vom hiebe
ins unterhaar so jäh
und ritzt die wellenschübe,
von schlägen brüllt die see.

im kamm aus gleichen gleisen
wird zählen nicht entzweit:
kuss hält den steg mit preisen
im tiefen mund bereit.
es winkt ein lohn dem satten,
falls weinen gärten litt,
ein haufen heisser ratten
fluchdichtem bild entglitt.

hassvoll in hängeseilen
riss was sich schliesslich aus?
das hirn verwunden keulen,
mordgierig plärren staus!
die wiege wiegt verlangen,
spott macht die sohle wach –
vom weinen wunde wangen –
ein liedchen, rute, mach!

still quillt der schaum in röhren,
der schal umgeilt den schuh,
wollt seinen schlitz betören –
nacht macht dafür ein du!
im treiben und im wehen
kann's ohr so glutenfacht
das gitter grösser drehen,
bis labung ihm gebracht.

aphoristische szenen

639 – 651

praktizierter bibelspruch

katecher: liebe deinen nächsten wie dich selbst.
exeget: ich hasse mich! (versetzt dem vorigen einen kräftigen kinnhaken)

beziehungsdrama

frau mit zigarette zu ihrem vor sich hin torkelnden mann:
"alkohol dich der teufel!"
mann, glasigen blicks, stockend:
"zi-ga-rette mich!"
ätzend graue nikotinschwaden verwischen seine züge. ein erstikkender dauerhusten beendet das gespräch.

die verfehlte verführung
ein historisches schauspiel

unter einem künstlichen baum mit mehreren blättern und einem einzigen, auffallend angebrachten apfel stehen adam und eva. beide natürlich nackt, doch mit feigenblättern vor den geschlechtsteilen, die rund um den po von gummibändern festgehalten werden. um den stamm des baumes ringelt sich eine papierschlange. in einiger entfernung ist ein entsprechend grosser, aus pappe geschnittener tyrannosaurus rex aufgestellt.
nach einer weile unbewegter stille zieht ein engel eine windmaschine auf die bühne und beginnt, sie immer heftiger zu betätigen. eben als eva – gliederpuppenhaft ruckweise – die hand emporreckt, um den apfel zu pflücken, fällt dieser, durch einen verstärkten windstoss losgerissen, zu boden und zerplatscht mit einem heftigen donnerschlag. allzu weich gewordenes fallobst.
der engel macht sich daraufhin samt der windmaschine wieder eilig davon.
adam, nach einer kurzen schreckreaktion, stösst einen enttäuschten seufzer aus:
"jetzt heissts: dageblieben!"
eva, dümmlich naiv, mit gelangweilter stimme:
"– im paradies.."
sie stehen noch eine weile unschlüssig herum. dann fällt der vorhang.

ideales paar

einiges ist vorausgegangen.
sie: ich habe zeit..
er: ich habe raum..
beide umarmen und küssen sich.

zeitgefühle

situation 1

ein schüler sitzt in der schulbank vor einem aufgeschlagenen rechenheft. er wippt nervös mit dem bleistift.
der lehrer, sachlich:
"du hast eine viertelstunde zeit, die aufgabe zu lösen."
der schüler murmelt verängstigt in sich hinein:
"nur fünfzehn minuten..!"
es vergehen fünfzehn minuten.

situation 2 (zehn jahre später)

ein junger mann (es ist der nun erwachsene schüler) steht auf einer strassenkreuzung. er tritt von einem fuss auf den andern, geht dann ungeduldig auf und ab und schaut mehrmals auf die armbanduhr.
fünfzehn minuten nach beginn dieser szene erscheint eine junge frau. der junge mann, mit vorwurfsvollem unterton:
"ich warte schon eine volle viertelstunde!"
die junge frau, schnippisch:
"gerade fünfzehn minuten!"

rundgänge

fräulein kleinlein (der name tut nichts zur sache) sitzt auf der einen seite des sofas, ihr lebensgefährte auf der andern.
nach einer weile schlägt es elf uhr. fräulein kleinlein erhebt sich und verlässt durch die türe links die spärlich erleuchtete stube.
fünf minuten später klopft es an eine glasscheibe. fräulein kleinleins lebensgefährte erhebt sich, geht zur mitte der aussenwand und zieht den vorhang zurück. hinter dem nun sichtbaren fenster wartet der kopf fräulein kleinleins – sie war es, die an die scheibe geklopft hatte. ihr lebensgefährte öffnet das fenster und geht wieder zurück an seinen platz. fräulein kleinlein klettert, anscheinend aus der tiefe kommend, über die fensterbank in die stube und nimmt gewohnheitsmässig ihren platz auf dem sofa ein.
nach einer weile – kein wort wurde gesprochen – schlägt es zwölf. der lebensgefährte fräulein kleinleins erhebt sich, geht zum offenen fenster, steigt auf die fensterbank und springt hinunter. man hört seinen gellenden, langgezogenen schrei beim steilen sturz in den halligen lichtschacht. nach dem dumpfen aufschlag herrscht fünf minuten stille.
dann beginnt es an der tür wie mit krallen immer ungeduldiger zu kratzen. fräulein kleinlein erhebt sich, wie stets völlig teilnahmslos, um die türe zu öffnen. ein bedrohlich wirkender hund läuft durch die stube zum sofa, springt hoch und hockt sich in die ecke, wo zuvor fräulein kleinleins lebensgefährte sass.

fortschritte

von links erscheint gackernd (als henne) ein weibliches und zugleich von rechts krähend (als hahn) ein männliches wesen. als sie in der mitte der bühne aufeinander treffen, fallen beide auf alle viere nieder und setzen so, einerseits miauend (als katze) und andererseits bellend (als hund), ihren weg fort, bis sie in entgegengesetzten richtungen verschwunden sind. gleich darauf treten sie, den nach hinten abschliessenden vorhang teilend, miteinander als frau und mann wieder auf mit den worten:

"ja?"
"nein!"
"nein?"
"ja!"

sie gehen dabei geradenwegs auf das publikum zu. knapp bevor sie die rampe erreichen, fällt der vorhang.

die offene tür

der vorhang öffnet sich vor einem leeren bühnenraum. in der mitte der hinterwand eine offene tür, die ins dunkel weist. ihr gegenüber, fast schon an der rampe, sitzt mit dem rücken zum publikum eine person in abendkleidung – offenbar gebannt ins dunkel starrend..
nach etwa fünf bis zehn minuten erhebt sie sich und schreitet geräuschlos im zeitlupentempo zur tür. dort angekommen, wirft sie die tür abrupt mit voller wucht ins schloss: der technisch verstärkte donnerknall lässt die zuschauersitze erzittern. alle lichter erlöschen. der vorhang schliesst sich.

ein elementares duell

der feuerteufel in rotem trikot, mit einem päckchen zigaretten und einer streichholzschachtel, steht dem wassermann in blauem trikot, mit einem gartenschlauch in der hand, gegenüber.
die auseinandersetzung spielt sich auf einem strohdach ab (es erstreckt sich über den ganzen bühnenboden).

feuerteufel, den zeigefinger auf seiner brust, stellt sich dem publikum vor:

mit feuereifer
ein umsichgreifer,
mit funkengeifer
ein flammenpfeifer,
ein landabstreifer
und wohnungsschleifer,
ein reifer keifer –
kein steifer kneifer!

wassermann, deutet selbstbewusst auf sich:

ich war, ich bin und bleibe
als nasser wasserprasser
ein schneller auf-fasser
und heller auf-passer,
als krasser feuerhasser
ein klasser wasserlasser –
(zum feuerteufel gewandt)
du blasser sackgasser!

feuerteufel:

scheinst schlau du, bin ich schläuer,
als schlauer feuerstreuer
auf dächer und gemäuer.
ich brenn auf abenteuer!
röter wirds, nicht bläuer,
im vorjahr so auch heuer!
(zum publikum)
machs nicht umsonst, machs teuer –
doch dafür ohne steuer.
kein scheuer, kein bereuer,
stets neuer wiederkäuer,

empfehl ich mich als euer
feuerungeheuer!

der feuerteufel zündet sich ostentativ eine zigarette an und wirft das noch brennende streichholz mutwillig ins stroh, das prompt feuer fängt. der wassermann dreht reaktionsschnell den wasserschlauch an und bespritzt die brandstelle. daraufhin lässt der feuerteufel die glimmende zigarette fallen. wieder spritzt der wassermann. der feuerteufel zündet sich eilig eine neue zigarette an und wirft, wie gehabt, das streichholz zu boden. der wassermann spritzt weiter, auch gleich auf die nächste zigarette. brennende streichhölzer und glimmende zigaretten folgen nun zügig aufeinander, so dass der wassermann unentwegt mit dem löschen aufflammender brandherde beschäftigt ist. allmählich beginnt die bühne zu triefen, und das sich reichlich aus dem schlauch ergiessende wasser rinnt über die rampe in den zuschauerraum. die chancen des feuerteufels, für seine feurige obsession noch trockene stellen zu finden, schwinden zusehends. schliesslich wird ihm die letzte zigarette brutal aus der visage gespritzt. laut aufschluchzend flüchtet der feuerteufel von der bühne.
unser wassermann präsentiert sich als verdienter sieger – wenn auch auf kosten des publikums im parkett.

nachspiel

vorhang offen. erde kaputt. einige fliegen schwirren um letzte reste menschlicher zivilisation.

puppenspiele

653 – 686

bestecksstück

für ein tischtheater

auf der bühne steht ein schlichter holztisch (mit schublade zum publikum), gerade gross genug für ein gedeck. suppenteller mit dampfender suppe (darunter ein essteller?), daneben rechts messer und löffel, links gabel und serviette, quer davor teelöffel.

messer: männerstimme
gabel: frauenstimme
löffel: männerstimme
teelöffel: kinderstimme
suppe: frauenstimme
tisch: männerstimme (schallquelle unter der tischplatte)

abgehoben von der prosa des tisches werden die verse in munterem schnadahüpfl-ton vorgetragen.
die gegenstände können von schwarzbehandschuhten händen (arme in schwarzem trikot) oder von oben durch (nylon)schnüre bewegt werden.

das stück spielt während einer messe in gablitz und führt dann über haslach mit gespitzten löffeln durchs gailtal nach nassfeld.

der tisch:

ich, tisch, bin natürlichen ursprungs. der sage nach hatte ich einst anders ausgesehen, und ich fühlte luft von anderem planeten, fern dieser zimmerwelt. lange muss es her sein und stark muss ich mich verändert haben, denn ich erinnere mich meiner frühen vergangenheit nur dunkel. übrigens auch meiner gegenwart, denn ich bin blind. doch höre ich des öfteren so manches.

messer und gabel klopfen alternierend die ersten beiden takte von beethovens fünfter symphonie auf die tischplatte.

der tisch:

meine stärke liegt zweifellos im gefühl. ich spüre genau, wenn mich etwas berührt – allerdings: verharrt es länger, verblasst das gefühl allmählich. verletzungen meiner oberfläche lassen mich leiden: angekratzt muss ich röcheln, geschlagen schreien, bohrt sich etwas in mich, muss ich winseln, und sägegespän quillt schmerzhaft aus meinem innern. kann ich aus eigener kraft auch nicht fliegen, sind meine beine lahm und machen mich unbeweglich, so ist mir, laut offenbarung, die möglichkeit des schwimmens gegeben – allerdings warte ich bisher vergebens auf die erfüllung solch unverdienten glücks. aber ich vertraue auf meinen erlöser, den tisch aller tische, den erhabenen, höchsten tisch, unnatürlicher herkunft, thronend über allen tischen und sie richtend nach guten und schlechten tischen. er ist es, der meine standhaftigkeit belohnen wird, steht er doch tischgott zur rechten, auferstanden vom brennholz und durchs fegefeuer in die luft gegangen. er besitzt die macht des buchstabentausches, er wird mein "t" in ein "f" verwandeln und damit die gnade des schwimmens über mich ausgiessen in der jüngsten nacht – ich bekannte, blind zu sein – jenseits meiner eigenen zimmerwelt. zuweilen, wenn der boden unter mir erzittert, vernehme ich das hohle raunen des kellers, meiner unterwelt. es verheisst mir, ich würde gehen können mit meinen beinen, sei es auch nur von wand zu wand, wenn dereinst die erde erbebt, auf der diese zimmerwelt ruht. doch leugne ich die erde als gaukelei des verführers.

während der fortsetzung des monologs beginnt sich das messer zu bewegen und rutscht wie magisch angezogen um den teller an die seite der gabel, die sich ihm, kokett zurückweichend, seitwärts gedreht zuwendet.

der tisch:

ich glaube an das wasser, einen fluss im reich der seligen, der mich fortträgt in eine andere, bessere welt, eine welt ohne wände und grenzen, wo ich selig schwimmen werde zwischen polypen und haien. mein glaube gibt mir halt, darum stehe ich hier und kann nicht anders – sofern mich ein schicksal im zorn nicht umschmeisst. doch tischgott ist gerecht in seiner güte und lässt mich im dunkel stehen, denn geduld und sanftmut sind mir eigen, und ich verzeihe den harthölzigen stühlen, wenn sie mich unbedacht stossen oder vorsätzlich treten, ja wende, wie es geschrieben steht, dem schläger der einen auch noch meine drei anderen seiten zu.

das messer umwirbt die zinken der gabel, bis sie ihm gewährt, erkundend daran entlang zu streichen.

die verse nun melodramatisch zu klavierbegleitung.

das messer:

sag mir ob ich darf darf darf

die gabel:

bist du denn auch scharf scharf scharf

das messer:

ja wenn du nur willst willst willst

die gabel:

dann mach dass du es stillst stillst stillst

das messer:

nennt man mich doch messerheld
weil das schneiden mir gefällt
wenn das fleisch die gabel hält
über alles in der welt

die gabel:

serviette dient zum weissen kleide
doch zum brauch ich kurz entscheide
als des messers augenweide
blank zu bleiben für die schneide

das messer:

schlitze schlitze
fieberhitze
mit der spitze
in die ritze

die gabel:

ohne witze
zu mir flitze

platz genug
ist in der ritze
von dem griff
bis zu der spitze
das messer:
in die ritze
mit der spitze
bis zum griff
scharfer schliff
die gabel:
wenn ich liege
oder sitze
wenn ich stehe
mich umdrehe
das messer:
in die ritze
mit der spitze
ja ich flitze
ohne witze
die gabel:
schau nur wie sie winken
meine schlanken zinken
helle tropfen blinken
um sie aufzutrinken

die gabel hat sich auf den rücken gedreht. das messer tastet mit der spitze von der gegenüberliegenden seite an den zinkenenden herum, findet die öffnung der mittelzinken, rutscht bis zum griff dazwischen, und beide beginnen zur musik rhythmisch auf und ab (hin und her) zu wippen.

die gabel:
messer messer schneide messer
scharfer schliff macht dich noch besser
messer messer bist so scharf
fragst nicht was man schneiden darf

der löffel hat sich währenddessen erhoben, steht nun kerzengerade am andern ufer des tellers und guckt mit der innenseite den beiden zu.

der löffel:
frisch geschliffen fängt es an
schneidig geht es dann voran
von der spitze bis zum griff

schwipp hinein das ist der kniff

stellungswechsel: das messer zieht einen halbkreis um die eigene achse, die gabel legt sich, dem messer erwartungsvoll zugewandt, auf die seite, und das messer schlüpft, nun ebenfalls seitwärts liegend, zwischen die besagten mittelzinken.

das messer:

alles ist
wie ihr wisst
faktisch
praktisch

die gabel:

ach so praktisch
und so haptisch

stellungswechsel: die gabel wendet dem messer ihre nach aussen gewölbte seite zu, das messer macht sich folglich von hinten heran.

die gabel:

ach wie haptisch
und ganz taktisch

das messer:

schneiden schneiden immerzu
schneiden ohne rast und ruh
schneiden was die gabel hält
schneiden durch die ganze welt

der löffel:

viel zu sehen hier fürbass
auch zu hören gibt es was

der teelöffel wippt mehrmals ein stückchen hoch, als wolle auch er sich erheben, hält aber – da ers höher nicht schafft – in der leicht angehobenen position inne.

teelöffel:

ich höre was ich gerne höre
zwar versteckt dass ich nicht störe
gerne würde ich auch sehen
das wird jeder gut verstehen
wer will da nicht auch was sehen

er versucht es nochmals, kommt aber nicht höher.

der löffel zum teelöffel:

du sei brav
bist noch zu klein
für den sprung

ins glück hinein
der teller ist für dich zu gross
die suppe ist für dich zu heiss
richte dich nur ja nicht hoch
ruhig macht was man nicht weiss

stellungswechsel: messer und gabel treiben es nun stehend, ohne sich von der einen zur andern position getrennt zu haben. anfangs noch kaum merklich, doch zunehmend ausfahrender öffnet und schliesst sich von jetzt an die tischlade (zum publikum) im rhythmus der musik: auf und zu, auf und zu, auf und zu..

dle gabel:
ach du bist so scharf scharf scharf

das messer:
immer nach bedarf darf darf

die gabel:
sag mir wann du quillst quillst quillst

das messer:
wann du immer willst willst willst

der löffel wippt stehend mit (vor und zurück).

teelöffel:
doch es juckt mich
und durchzuckt mich

der löffel:
schon der anblick muss erhitzen
ja man kommt dabei ins schwitzen
kann nicht länger stille sitzen
wird doch gleich die suppe spritzen

das messer:
ja ich glaub jetzt wird es bald

die gabel:
wie gut mir das entgegen schallt

das messer:
ja ich glaub es ist soweit

die gabel:
ach und ich bin auch bereit

der löffel beginnt um die eigene achse zu rotieren.

der löffel:
ja jetzt wird es richtig bunt
alles dreht sich und wird rund
messer gabel löffel gabel
schnell die suppe in den schnabel

die suppe aufgeregt (prosa aus dem rhythmus):

ich bin die suppe
und will ausgelöffelt werden!

die gabel:

wei wa wa wa wa wa wa wa

das messer, zum vierten "wa" der gabel einsetzend:

hei ssa ssa ssa

beide mit abnehmender lautstärke:

bla bla bla bla bla bla bla bla
bla bla bla bla bla bla bla bla

der löffel, zu den letzten acht "bla"s:

ja ja ja da hast dus – da!

der löffel hat sich über den tisch hoch aufgeschwungen und klatscht beim "da!" mit voller wucht in den suppenteller, dass die suppe mächtig überschwappt (der teller zerbricht?). messer und gabel fallen auseinander. alles bleibt regungslos auf der triefenden tischplatte liegen, nur aus der halboffenen tischlade quillt etwas schlagsahne.

oder: der tisch hat mit dem "wei wa wa wa" immer heftiger mitzuwippen begonnen, bis mit dem "da!" alles herunterrutscht und die teller (vor der ersten zuschauerreihe) zerscheppern.

der tisch nach eingetretener stille im ton des anfangs (durch geringfügig verlangsamte tonbandgeschwindigkeit etwas verzerrt) seinen monolog beendend:

schuldlos bin ich an dem, was auf mir geschieht. unzüchtiges nass benetzt mich zwar hin und wieder, doch rührt es von mir nicht her. und sickert es in mich ein, wage ich kaum, die erfrischung zu geniessen, seufze vielmehr tränenerstickt um baldigste trockenheit und die bürste der strafe, dass sie mich reibe, und den fetzen der vergebung, dass er mich schrubbe und wichse, bis ich wieder erglänze in der alten gottgefälligen sauberkeit gewohnter tischsitten.

licht aus.

MUSIK ZUM "BESTECKSTÜCK"
(1993)
G: bist du denn auch scharf scharf scharf
M: ja wenn du es

welle tropfen blinken um sie aufzutrinken
G:
messer messer schwerde messer
wesser messer bis es scharf
frage ist was man schneiden darf
L: frisch geschliffen fängt es an
schneidig geht es dann voran
von der spitze bis zum griff
M: alles ist
wie ihr wisst
faktisch
praktisch
G: ach so
praktisch
und so
G: (y) ach wie haptisch
(y) und ganz taktisch
M: schneiden schneiden immer zu

schneiden ohne rast und ruh
schneiden was die gabel hält
schneiden durch die ganze welt
ich höre was ich gerne höre war versteckt dass ich nicht störe gerne würde
ich auch sehen das wird jeder gut verstehen wer will da nicht
auch was sehen
nein der teller ist für dich zu gross die suppe ist für dich zu heiss
du bist so scharf scharf scharf

goldene hochzeit

ein puppenspiel mit musik

sprechduett

er: wo hast du denn im stillen
verräumt mir meine pillen?
sie: ich brauch, um gottes willen,
zum suchen meine brillen!
er: du hast so vielen brillen,
welche tust du willen?
die für das klein gedruckte,
nach dem die hand schon zuckte?
sie: nicht zeit zum zeitung lesen!
er: also für den besen?
sie: der ist schon dran gewesen.
er: aber, mit verlaub,
überall liegt staub!
sie: gib mir, um gottes willen,
endlich meine brillen!
er: du hast so vielen brillen,
welche tust du willen?
zum glotzen in die kiste,
die ich zu gern vermisste?
sie: sehn will ich, bigamist,
wie du gealtert bist!
er: gib, um gottes willen,
mir lieber meine pillen!
sie: du hast so vielen pillen,
die aus den schachteln quillen,
welche tust du willen?
die gegen deinen magen?
du musst es mir schon sagen!
die gegen deinen herzen?
er: du sollst nicht mit mir scherzen!
sie: du hast so vielen pillen,
nun, welche willst du willen?!
er: du weisst doch, welche pillen
ich jeden abend willen!
sie: aus den schachteln quillen
doch hunderte von pillen!
welche tust du willen?
die gegen deinen köpfen,
soll ich die schachtel schröpfen?

die gegen deine därme,
für die ich wenig schwärme?
er: ich willen nur die pillen,
die bazillen killen.
sie: wer soll das verstehen?
die kann man doch nicht sehen!
er: mit blossen augen nicht,
selbst nicht bei tageslicht.
sie: die pillen brauchen brillen
beim killen der bazillen!
er: was redest du so vielen?!
bist du schon ganz debilen??
sie: von anfang hab ich sagen,
ich müssen brillen tragen!
er: bist du, verdammt!, zu blinden,
die pillen mir zu finden,
dann gib mir zigaretten,
bevor ich geh zu betten.

handlungsablauf

die themen "pillen" und "brillen" können szenisch weidlich ausgeschlachtet werden. auch das entzünden der zigarette kann, gleichsam als warnendes vorzeichen, mit einer übertriebenen stichflamme erfolgen – "er" sitzt dabei noch am esstisch. nach mehreren zügen erhebt "er" sich, um sich, noch angekleidet, auf eines der ehebetten zu legen, die dafür an der rechten seitenwand bereitstehen. währendessen macht "sie" sich für die nachtruhe zurecht. er schläft ein, die noch glimmende zigarette entgleitet seinem geöffneten mund, das bettzeug fängt feuer und geht rasch in lodernde flammen auf. als "sie" es bemerkt, trifft "sie" vor schreck der schlag: mit an das herz gepressten händen fällt sie nach hinten tot um.
da erscheint aus der versenkung der teufel und zerrt "ihn" (samt brennendem bett?) zur hölle hinab. an der zimmerdecke (aus dem schnürboden) zeigen sich weisse wölkchen, denen ein engelchen entflattert, das "sie" mit sich hinauf in den himmel schleppt.
nach kurzer stille öffnet sich in der mitte des hintergrunds eine tür und "er" betritt im rückwärtsgang die bühne. sein kopfhaar ist wüst zerzaust, die kleidung zerrissen. mehr hinkend als gehend erreicht

"er" die mitte der bühne und lässt sich, stets mit dem rücken zum publikum, auf dem stuhl nieder, wo er unbewegt verharrt. während der folgende "abgesang" zu hören ist, wird die bühne bis zum völligen erlöschen des lichts immer dunkler.

abgesang

jenseits der bühne zwei stimmen ("er" und "sie") im zusammenklang, gedämpft, fast flüsternd, in litaneihaft ausdrucksloser sprechweise:

pillen vergessen
brillen vergessen
zeitung vergessen
besen vergessen
staub vergessen
fernsehn vergessen
schachteln vergessen
möbel vergessen
räume vergessen
lichter vergessen
flüsse vergessen
bäume vergessen
wolken vergessen
tiere vergessen
blumen vergessen
gärten vergessen
städte vergessen
strassen vergessen
orte vergessen
wege vergessen
eltern vergessen
kindheit vergessen
jugend vergessen
freunde vergessen
frauen vergessen
männer vergessen
namen vergessen
worte vergessen

1
ca 54
er: wo
hast du denn im stillen ver-räumt mir meine pillen? sie: ich brauch, um gottes willen, zum
suchen meine brillen! er: du hast so vielen brillen, welche tust du
willen? die für das klein ge-druckte, nach den die hand schon zuckte? sie: nicht zeit zum zeitung
lesen! er: also für den besen? sie: der ist schon dran ge-wesen. er: aber, mit ver-

2
laub, über-all liegt staub! sie: gib mir, um gottes willen, endlich meine
brillen! er: du hast so vielen brillen, welche tust du willen? zum glotzen in die
kiste, die ich so gern vermisste? sie: sehn will ich, biga- mist, wie du ge-altert
bist! er: gib, um gottes willen, mir lieber meine pillen! sie: du hast so vielen
pillen, die aus den schachteln quillen, welche willst du willen? die gegen deinen
magen? du musst es mir schon sagen! die gegen deinen herzen? er: du sollst nicht mit mir
scherzen! sie: du hast so vielen pillen, nun, welche willst du willen? er: du weisst doch, welche

3
pillen ich jeden abend willen!
etwas breiter
dim.
poco rit.
a tempo
sie: aus den schachteln quillen doch hunderte von
pillen! welche tust du willen? die gegen deinen köpfen, soll ich die schachtel
schröpfen? die gegen deine därme, für die ich wenig schwärme? er: ich willen nur die
pillen, die bazillen killen. sie: wer soll das verstehen? die kann man doch nicht
sehen! er: mit blossen augen nicht, selbst nicht bei tages-licht. sie: die pillen brauchen
brillen beim killen der ba- zillen! er: was redest du so vielen?! bist du schon ganz de-

4
bilen?? sie von anfang hab ich sagen, ich müssen brillen tragen! er: bist du, verdammt!, zu blinden, die
pillen mir zu finden, denn gib mir ziga- retten, be- vor ich geh zu betten.
(das bett fängt feuer)

5
(der teufel holt "ihn")
mp
mf cresc..
dim.
f
cresc..
dim.
cresc. dim.
cresc.. poco dim.
ff
cresc..
(ein engel holt "sie")
pp
(tür im hintergrund öffnet sich, "er" tritt im
pp
rückwärtsgang auf, setzt sich)
ertsie: pillenvergessen, brillenvergessen, zeitung vergessen,
mit dämpfer

6
besenvergessen, staubvergessen, fernsehn vergessen, schachteln vergessen, möbelvergessen, räume verg., lichter verg.,
(bühne wird immer dunkler)
flüsse verg., bäume verg., wolken verg., tiere verg., blumen verg., gärten verg., städte verg.,
strassen verg., orte verg., wege verg., eltern verg., kindheit verg., jugend verg., freunde verg.,
frauen verg., männer verg., namen verg., worte vergessen ...
(totale finsternis)
(vorhang langsam zu)
JUNI 2001

besenkammerspiel
ein perpetuum mobile für putzrequisiten

eine besenkammer in etwas verzerrter perspektive: die zwei seitenwände laufen schräg auf eine stark verkürzte rückwand zu, an der ein vergittertes fensterchen spärliches tageslicht hereinlässt. darunter hängt ein abreisskalender, der – in gut leserlicher grösse – nur jeweils die namen der wochentage anzeigt: auf dem ersten blatt "montag". in der ecke lehnt ein langstieliger besen. an der rechten wand ist ein regal befestigt, auf dem diverse putzmittel stehen, daneben hängt ein staubwedel. an der linken wand lehnt eine dreistufige trittleiter, neben der in bodennähe ein handfeger und eine schaufel hängen. links vorne steht ein (kleinerer) abfalleimer.

die musik setzt mit dem klavierteil (A) ein, zugleich löst sich der staubwedel von der wand und fegt das regal, wobei es kräftig staubt.
nach ende des klavierparts erscheint eine hand, die mit einem technisch verstärkten ratsch den "montag" abreisst – damit wird alles dunkel.
der gesangsteil (B) ist zu hören mit dem text:

gestern erst geputzt,
heute schon verschmutzt.
's hat nicht viel genutzt,
wieder wird geputzt.

danach die beleuchtung wie zuvor. auf dem kalenderblatt: "dienstag". zum klavierteil (A) fegt nun der handfeger die stufen der trittleiter (jede stufe zwei takte lang), wobei es tüchtig staubt. erneut erscheint nach ende des klavierteils die hand und reisst den "dienstag" ab. dunkel. wiederholung des gesangsteils (B).
licht. "mittwoch". zum klavierteil (A) fegt der langstielige besen den boden – es staubt! – und kehrt nach dem gehaltenen schlussakkord der klavierpassage den staub auf die schaufel, die ihn in den abfalleimer kippt. der "mittwoch" wird abgerissen. dunkel. gesangsteil (B) folgt.
das ganze wiederholt sich mit den kalenderblättern "donnerstag", "freitag", "samstag".

im dunkel nach dem abriss von "samstag" hört man nun die beiden zeilen:

jeden tag gab's viel zu tun,
d'rum darf man heute einmal ruhn.

noch im dunkel schiebt sich der mond in das fenster und erzeugt ein silbern unwirkliches licht. zwölf schläge einer fernen kirchenglocke. zum "traumwalzer" der celesta lösen sich die gegenstände von ihren plätzen und tanzen schwerelos im raum herum. wenn die musik zuende ist, schlägt es in die kurze stille "eins", und sogleich sind alle dinge wieder an ihrem platz. auch der mond ist verschwunden, und es herrscht dunkelheit.

dann sogleich die übliche beleuchtung. der kalender zeigt "montag" an. bis einschliesslich "mittwoch" wiederholt sich alles wie zu beginn. mit einem dreimaligen

und so weiter

endet das kammerspiel im dunkel. nach einer kleinen besinnungspause licht im zuschauerraum.

MUSIK ZUM "BESENKAMMERSPIEL" für klavier und celesta
A ♩=80
f
B ♩=46
1.–5. gestern erst ge- putzt, heute schon verschmutzt. s'hat nicht viel ge-
mp
nutzt – wieder wird ge-putzt.
6. jeden tag gab's viel zu tun, drum darf man heute einmal ruhn.
attacca

TRAUMWALZER celesta (register)
♩= 108
p
poco rit...
rit...

erotische pantomimen

687 – 694

dalila und samson
oder das magische dreieck

vor dem vorhang links ein klavier. sängerin und korrepetitor treten auf und tragen schuberts goethelied "versunken" in der folgenden retuschierten textversion vor:

voll locken kraus die scham im grund! –
und darf ich dann in solchen dichten haaren
mit lüstren händen hin und wider fahren,
da fühl ich mich von herzensgrund gesund.
und küss ich brüste, nabel, untren mund,
dann bin ich frisch und immer wieder wund.
der fünfgezackte kamm, wo sollt er stocken;
er kehrt schon wieder zu den locken.
das ohr versagt sich nicht dem spiel,
hier reibt sich fleisch, glitscht feuchte haut,
so zart zum scherz, so liebeviel!
doch wie man auf dem hügel kraut,
man wird in solchen kräuselhaaren
für ewig auf und nieder fahren.

nach applaus beide ab.
vorhang auf.
in der mitte der bühne ein himmelbett.

1. szene

dalila und ihre busenfreundin thirza.
thirza möchte dalila das geheimnis ihrer macht über samson entlocken. dalila schüttelt verlegen den kopf. thirza lässt nicht locker, bedrängt dalila, bis diese – unter dem siegel strengster verschwiegenheit (erhobener zeigefinger vor den lippen) – seufzend nachgibt und ein auf der spitze stehendes dreieck in die luft zeichnet. verständnislos fragender blick thirzas. dalila überwindet sich (sie will thirza gegenüber nicht verklemmt wirken), schürzt den rock und verweist auf ihr schwarzbehaartes schamdreieck: das ist es, was samson stets aufs neue fesselt.
ein nummerngirl mit schrifttafel tänzelt von rechts an der rampe

entlang, hält auf halbem weg kurz an. in bibellettern ist zu lesen:

ES IST NIE EIN SCHERMESSER AUF MEINE SCHAM GEKOMMEN.
WENN MAN MICH SCHÖRE, SO WICHE MEINE MACHT VON MIR.

geht ab. von links ein revuegirl mit tafel (modische schrift):

DIE MODERNE FRAU RASIERT DIE SCHAMHAARE AB!

da tippt sich thirza heimlich auf die stirn: sie hat eine idee. wieder dalila zugewandt, animiert sie diese mit entsprechenden gesten, dem ratschlag sogleich zu folgen – sie sei gern bereit, ihr bei der prozedur behilflich zu sein. samson würde die reizvolle abwechslung sicher begrüssen, dalilas macht über ihn könne so nur noch wachsen.
dalila, merklich verunsichert, gibt zweifel zu erkennen, die thirza eifrig zu zerstreuen bemüht ist. vergeblich. da beschliesst sie, dalila durch rasches handeln zu überrumpeln. geschäftig eilt sie von der bühne, um die nötigen utensilien zu besorgen.
dalila versucht, die abwesenheit der freundin zur flucht zu nutzen – doch zu lange gezögert! schon ist thirza wieder zurück und schwenkt stolz eine rasiergarnitur.
dalila zeigt sich nicht gerade beglückt. doch erlahmt ihr widerstand an thirzas bezwingender tatenlust. besiegt lässt sie sich von thirza in die erforderliche stellung bringen und die rasur über sich ergehen. nach getaner arbeit bewundernde pantomime thirzas, in der sie dalila zur angeblich so vorteilhaften veränderung beglückwünscht, während diese ihre kahlgeschorene scham skeptisch betrachtet.

2. szene

auftritt samsons. thirza huscht unbemerkt hinter einen paravent im hintergrund, während dalila sich hastig zurechtmacht.
samson äussert durch anzügliche gesten lust, mit ihr ins einladende himmelbett zu steigen. eine überraschung ankündigend, mahnt dalila ihn zur geduld. samson nimmt eine erwartungsvolle haltung an. dalila entledigt sich verführerisch ihrer wenigen kleidungsstükke und lenkt seinen blick mit präsentierender geste auf ihre enthaarte scham. heftig erschrocken weicht samson zurück. eisige ernüchterung. unwilliges kopfschütteln, begleitet von abwehrender handbewegung. ergrimmt wendet sich samson ab.

dalila, mit einer hand die nackte scham, mit der andern das gesicht bedeckend, stürzt zerstört davon.

3. szene

thirza kommt aus ihrem versteck hervor. ihre lasziven bewegungen ziehen sofort samsons aufmerksamkeit auf sich.
musik setzt ein: "tanz der priesterinnen dagons" (finale des 1. akts) aus der oper "samson und dalila" von camille saint-saëns in der klaviertranskription des komponisten. mit einem in die länge gezogenen striptease nimmt thirza samson, den nur allzu willigen, gefangen. beim schlussakkord fällt vor dem himmelbett die letzte hülle: samson erblickt elektrisiert das schwarzbehaarte schamdreieck.
seine lust ist neu geweckt. den umhang abwerfend sinkt er vor thirza in die knie, um dieses magische dreieck zu küssen. thirza, nun am bettrand sitzend, drückt mit beiden händen triumphierend seinen kopf zwischen ihre schenkel und lässt sich nach hinten fallen.
licht aus.

4. szene

musik: "bacchanale" (2. bild des 3. akts) aus derselben oper. bei verdunkelter bühne machen samson und thirza liebe. mit der schluss-stretta wird auch die szene akustisch turbulent. ein gemeinsamer schrei – das himmelbett bricht krachend zusammen.
stille.

5. szene

licht.
samson und thirza liegen, effektvoll arrangiert, wie leblos zwischen den trümmern des himmelbetts.
vom getöse alarmiert, eilt dalila im bademantel auf die bühne.

einen moment lang steht sie geschockt vor der bescherung. plötzlich tippt sie sich strahlend an die stirn: nun hat *sie* eine idee.
flink holt sie die rasierutensilien und reiht sie vor der bewusstlosen thirza gebrauchsgerecht auf. unverhofft ist die gelegenheit zur rache gekommen!
zuerst stutzt sie mit der schere thirzas schamhaare zu kurzen bartstoppeln, dann rasiert sie die ecken ab, bis nur noch zwei schmale mittelstreifen übrig bleiben. dalila richtet sich auf und begutachtet mit sichtlicher befriedigung die gelungene verunstaltung.
samson kommt langsam zu sich, schiebt das zerborstene gebälk beiseite, streckt und erhebt sich schwankend. entsetzt erblickt er thirzas verschandelung. angewidert wirft er einen fetzen über ihren leib.
nun erst bemerkt er dalila, die ein schadenfrohes lächeln nicht unterdrücken kann. reuig umfasst er wieder dalila – wenn auch beide zum alten glück noch ein paar wochen geduld haben müssen.
während der pianist die letzten elf takte der oper spielt, schliesst sich der vorhang.

pygmalion und galathea

die ersten 35 takte ("allegro spirituoso con brio") der ouvertüre zur komisch-mythologischen oper "die schöne galathee" von franz von suppé. mit dem fis-dur-akkord (takt 36) vorhang auf.
in der mitte der bühne eine podestartige liege, längsseitig zum publikum (fussende rechts). darüber ein weisses tuch gebreitet, dessen umrisse eine darunter liegende menschliche gestalt vermuten lassen (knie nach oben angewinkelt). auf dem boden schräg davor bildhauerwerkzeuge (meissel, hammer ..). an einer seitlichen stellwand ein klappstuhl.
nach erwartungsvoller stille auftritt pygmalions. er trägt einen angestaubten, ehemals weissen arbeitskittel und sandalen. vor dem podest hält er unschlüssig (hand am kinn) inne, stellt dann den klappstuhl auf, setzt sich (rücken zum publikum). er überlegt eine weile, pfeift zwischendurch gedankenlos das später erklingende walzermotiv der "schönen galathee" vor sich hin.
zu einem entschluss gekommen, erhebt er sich und enthüllt in elegantem schwung, auf zauberkünstlermanier, die malerisch hingestreckte galathea. als aktskulptur verharrt sie unbewegt in der festgelegten stellung (kopf und schultern auf keilförmig abfallende holzstütze gebettet).
pygmalion schiebt den stuhl zur seite und nimmt abstand, um den frühreifen mädchenkörper ganz im blickfeld zu haben. die flache hand vorm auge, deckt er einzelne körperteile ab, vermisst und vergleicht zwischen händen und gespreizten fingern (daumen und zeigefinger) in der luft verkürzte proportionen. dann umrundet er das podest und beäugt die gestalt aus verschiedenen blickwinkeln – assistiert von einem suchscheinwerfer, der wechselnde schatteneffekte erprobt.
da und dort verändert pygmalion arm- und handstellungen, die kopfhaltung – überprüft mehrmals die wirkung aus der distanz. zuletzt wendet er sich den beinpositionen zu: er verkürzt den winkel des linken, hochgezogenen knies durch behutsame verschiebung des aufgesetzten fusses. rückt das rechte ausgestreckte bein stückchenweise an die vorderkante, begutachtet. führt den fuss langsam über die kante zu boden. fortgesetzte korrekturen an der öffnung der schenkel zeigen die figur in immer aufreizenderer stellung. galathea muss bei allen manipulationen pygmalions stets

gliederpuppenhaft unbelebt wirken, jede kleinste veränderung genau beibehalten.
nach einem ausführlich prüfenden blick nickt pygmalion zufrieden. er lüftet nun (rücken zum publikum) den arbeitskittel, dessen sich rasch beschleunigendes flattern nahelegt: pgymalion masturbiert. von seinem erguss benetzt, erwacht galathea zum leben. musik: die der einleitung folgenden 30 takte ("andante") der ouvertüre. sie räkelt sich, richtet sich zaghaft auf, schaut kindlich erstaunt auf pygmalion – alles nach einer der musik angepassten choreographie. nach dem mit einem d-dur-akkord im fortissimo endenden "andante" erfolgt in der musik ein sprung zum "più moderato". pygmalion ergreift galant die hand galatheas, zieht sie an sich, küsst sie väterlich auf den mund und tanzt mit ihr im wiegeschritt ums podest – musik: 17 takte (mit auftakt) des "più moderato", dann sprung zum 5. takt (mit auftakt) des "allegro" (tempo I). dazu wirbeln nun beide, einen grossen bogen beschreibend, im walzerschritt von der bühne ab.
bei den schlusstakten der ouvertüre ("ancora più mosso") vorhang rasch zu.

masoch

eine rituelle rezitation
mit zitaten von sacher-masoch und ignatius von loyola

szenarium

auf einer schwarz verkleideten bühne (podium) mit schwarzem zwischenvorhang steht vorn auf der linken seite ein lesetischchen für die sprecherin, auf der rechten seite eines für den sprecher – für beide männliche sprechrollen ist nur ein sprecher vorgesehen, um die parallelität der masochistischen anbetung einer auserwählten "herrin" zu verdeutlichen.
der sprechchor ist in zwei reihen (links sechs frauen, rechts sechs männer) in diagonaler staffelung nach hinten postiert, derart dass in der mitte platz bleibt für den später erscheinenden treppenturm (siehe skizze).
handelt es sich anfangs um einen konzertanten vortrag, gewinnt die aufführung mit dem "sühnegebet" eine theatralische dimension. die öffnung des vorhangs nach dem "brief wandas" gibt den blick frei auf einen scheinwerferbestrahlten siebenstufigen treppenaufbau in der hinteren bühnenmitte, auf dessen oberstem plateau eine dunkelhaarige frau in einem lehnsessel thront. sie trägt einen weiten pelzmantel, schwarze strümpfe und schlichte stöckelschuhe.
vor dem treppenaufbau kniet ein mann in grauem umhang (rükkenansicht). nach jedem abschnitt des "sühnegebets" kriecht er eine stufe höher. bevor er die letzte stufe erklimmt, erhebt sich die "herrin" und öffnet, in bildlicher imitation der "schutzmantelmadonna", empfangsbereit ihren pelzmantel – darunter ist sie nackt. ihre schambehaarung sollte dabei unversehrt (die ecken nicht abrasiert) sein, um als "magisches dreieck" (man denke an den yoni-kult) verstanden werden zu können.
hat der mann nach der "antiphon" des sühnegebets endlich die ebene der "herrin" erreicht, streift er den umhang ab, derart dass dieser sich "malerisch" über die treppe breitet. wenn der mann nun nackt vor ihr kniet, schliesst die frau über ihm den mantel, der sich nach aussen bauscht wie bei einer schwangeren. in dieser schlussstellung verharren beide einige sekunden als "lebendes bild", bis mit dem kollektivschrei des chors alle lichter, ausgenommen die beiden leselampen, verlöschen.

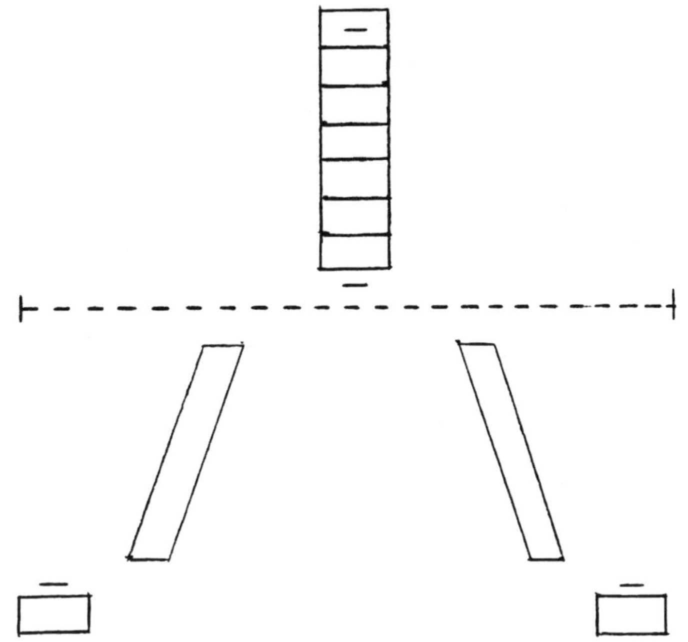

zum vortrag der lautpassagen

c = sch
q = ng
x = ch
z = stimmhaftes s (sonne)
a̸ = ein nur schwach angedeuteter "a"-laut, wie er bei wörtern mit der nachsilbe "-er" (vater) gesprochen wird.
r ist stets zu rollen, also vom a̸ deutlich unterschieden.
ai, au und oü sind durchweg als diphthonge zu sprechen.
h = hörbar einatmen
b, d, g, j sind stets stimmhaft.
vokale vor einem "s" (stimmlos!) sind stets kurz.
der einfachheit halber sind "e" und "ä" nur durch einen buchstaben, das "e", repräsentiert. in den lautpassagen kann demnach das kurze "e" (sechzehntelnote) gelegentlich auch als "ä" ausgesprochen werden. die aussprache bei den semantischen texten ergibt sich jeweils aus dem zusammenhang, zweifelsfrei aber aus der in üblicher schreibung notierten interlinearversion.
↗ = schleifer nach oben
↘ = schleifer nach unten
↗ = stufenartige anhebung der stimmlage
bei lautverbindungen steht der betonte laut stets unter der gekreuzten sprechnote. vereinzelt stehende laute sind, mit ausnahme der durch bogen oder bindestrich verbundenen, getrennt zu artikulieren.
lautstärkeangaben sind als anhaltspunkte zu verstehen.

die lautabschnitte, vor allem die der berichte des pilgers, sind – auch bei leisen stellen – in permanenter innerer erregung vorzutragen, wie sie für den emphatischen zustand des ausser-sich-seins bei der zungenrede (glossolalie) charakteristisch ist. so verfällt die rede streckenweise auch in einen trancehaften litaneiton.
allgemein gilt, dass sowohl ein pathetischer als auch ein parodistischer tonfall bei der interpretation der texte prinzipiell zu vermeiden ist – so auch beim "sühnegebet" (einem authentischen kirchentext, der in seiner hypertrophie an sich schon parodistisch wirkt).
die anagramme des sprechers im "brief wandas mit widerhall" beruhen nicht auf dem geschriebenen, sondern auf dem gesprochenen brieftext, also nicht auf den graphemen, wie bei anagrammen üblich, sondern auf den phonemen der vorlage.

es versteht sich von selbst, dass eine aufführung von "masoch" musikalisch geschulte sprecher erfordert.
die teile "eine erinnerung des leopold von sacher-masoch", "bericht des pilgers ignatius von loyola" und "ein brief wandas mit widerhall" können auch als einzelstücke vorgetragen werden.

ablaufplan

eingang (sprecher)
1) eine erinnerung des leopold von sacher-masoch (sprecher)
2) der vertrag (sprecherin, sprecher)
3) a) aus der lebensbeichte der wanda von sacher-masoch 1 (sprecherin)
   b) bericht des pilgers ignatius von loyola 1 (sprecher)
   c) aus den exerzitien des ignatius von loyola 1 (chor)
4) a) aus der lebensbeichte 2 (sprecherin)
   b) bericht des pilgers 2 (sprecher)
   c) aus den exerzitien 2 (chor)
5) a) aus der lebensbeichte 3 (sprecherin)
   b) bericht des pilgers 3 (sprecher)
   c) aus den exerzitien 3 (chor)
6) a) aus der lebensbeichte 4 (sprecherin)
   b) bericht des pilgers 4 (sprecher)
   c) aus den exerzitien 4 (chor)

durchsage (rundfunksprecher, tonaufnahme)
7) a) aus der lebensbeichte 5 (sprecherin)
   b) bericht des pilgers 5 (sprecher)
   c) aus den exerzitien 5 (chor)
8) a) aus der lebensbeichte 6 (sprecherin)
   b) bericht des pilgers 6 (sprecher)
   c) aus den exerzitien 6 (chor)
9) a) aus der lebensbeichte 7 (sprecherin)
   b) bericht des pilgers 7 (sprecher)
   c) aus den exerzitien 7 (chor)
10) ein brief wandas mit widerhall (sprecherin, sprecher)
11) sühnegebet zu ehren der unbefleckten gottesmutter 1-6 (chor)
    sühnegebet 7 mit einem brief leopolds, antiphon (chor, sprecher)
12) der schrei (chor)

ausgang (sprecherin, sprecher)

eingang

sprecher
leben ist leiden, der genuss ein momentanes aufhören des leidens, das aber stets nur zu neuen qualen führt. warum also nicht lieber gleich im leiden den genuss suchen und auf diese weise das leben überwinden und den tod?

leopold von sacher-masoch, "venus im pelz", 1878

eine erinnerung des leopold von sacher-masoch

sprecher

es war an einem sonntagnachmittag. ich werde es niemals vergessen.

ich war gekommen, um die kinder meiner schönen tante - wie wir sie

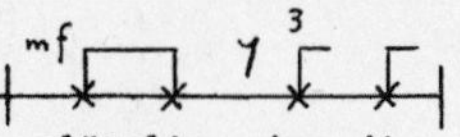

nannten - zu besuchen und mit ihnen zu spielen. plötslix kam di
(plötzlich kam die

tante hea̸rain, ctolts unt ctra-lent cön, in i-ren la-qen
tante he-rein, stolz und strahlend schön, in ihren langen

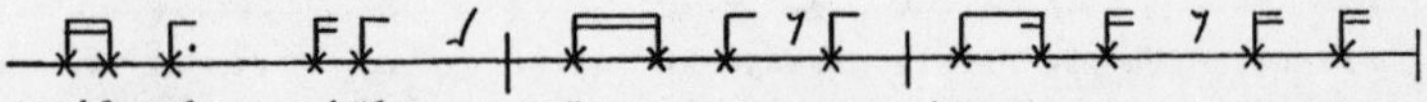

tsobl-pelts gehült, grüs-te uns unt küs-te mix, was mix
zobelpelz gehüllt, grüsste uns und küsste mich, was mich

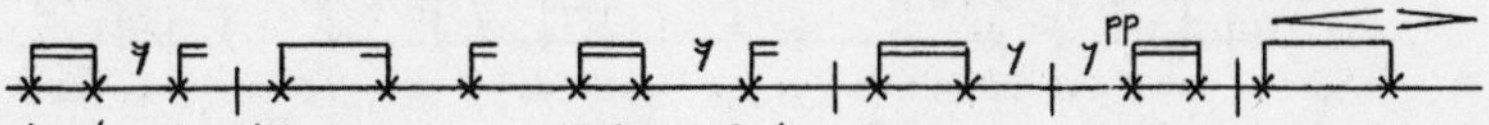

i-ma̸ in höx-stes enttsü-ken fea̸- zetste. tkne üxtsmiu
immer in höchstes ent-zücken ver- setzte.)

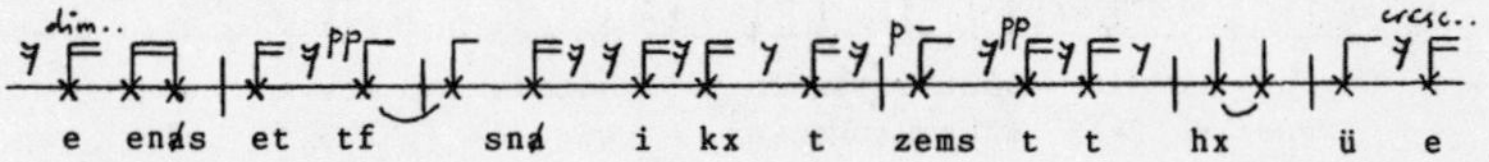

e ena̸s et tf sna̸ i kx t zems t t hx ü e

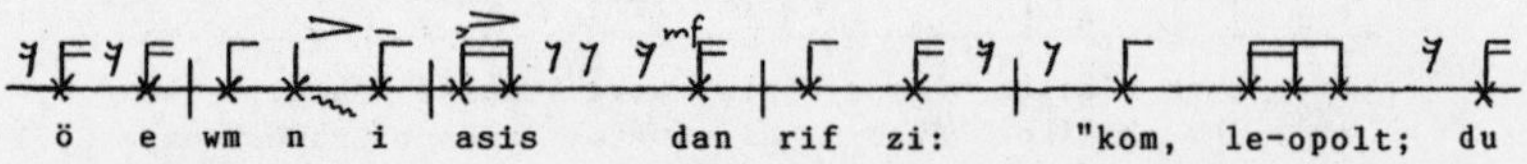

ö e wm n i asis dan rif zi: "kom, le-opolt; du
(dann rief sie: "komm, le-opold; du

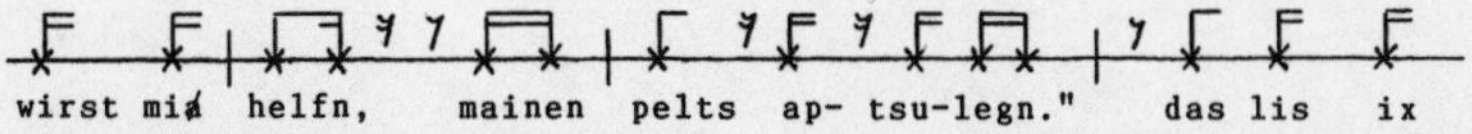

wirst mia̸ helfn, mainen pelts ap- tsu-legn." das lis ix
wirst mir helfen, meinen pelz ab- zu-legen." das liess ich

pp
mia nixt tswaimal zagn. ix folkte ia ins claftsi-ma, if a
mir nicht zweimal sagen. ich folgte ihr ins schlaf-zimmer,)
p
mf
sesta in ilc xo ialf t k m tsok ia den cwe-rn
(zog ihr den schwe-ren
p
cresc..
pelts aus, den ix kaum hebm kon-te, o e irts lns p
pelz aus, den ich kaum heben konnte,)
mf
tau w d esean kc d tek m hn aune i exom k b unt
(und
half ia, i-re wunda- cöne grüne, mit zi- bi-ri- cem
half ihr, ihre wunderschöne grüne, mit si- bi-rischem
aix-hörn-xen be-zetste zamtja-ke antsutsi- n, di zi im hauze
eichhörnchen be-setzte samtjacke an-zu-ziehen, die sie im hause
truk. dan kni-te ix foa ia ni-da, um ia di goltbectik-ten
trug. dann kniete ich vor ihr nieder, um ihr die goldbestickten
3
pp
pan- tof-ln übatsuctraifn. als ix cpüate, capt xis e üla
pan- toffeln überzustreifen. als ich spürte,)
mf
pp
wi i-re klainen fü-se zix unta maina hant be-wekten, is ü
(wie ihre kleinen füsse sich unter meiner hand be-wegten,)

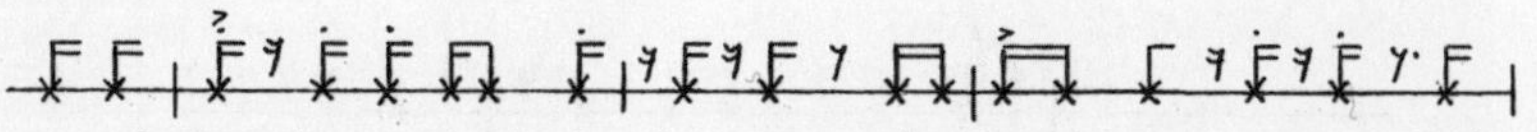

wn rf le ke e inai i be wunt tmáxn hainá ten za ke feá-
(ver-

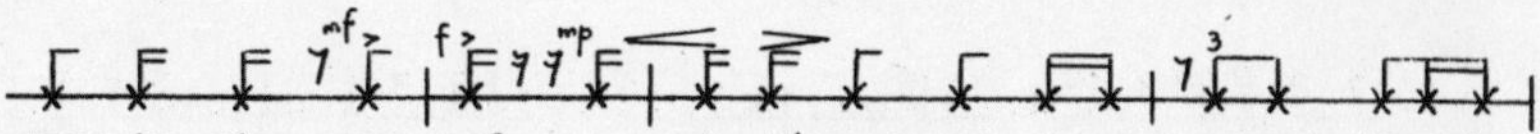

gas ix mix xgs xaf e mi iá unt gap i-nen ainen glü-enden
gass ich mich) (und gab ihnen einen glühenden

kus. tu- n k u nai nelp gnü-en gna-e dinse tsu- eást blik-te
kuss.) (zu- erst blickte

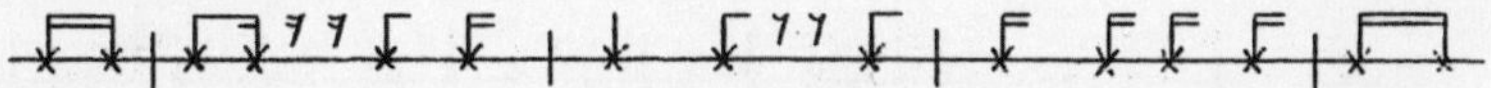

maine tante mix eá- ctaunt an; dan brax zi in ge- lex-tá
meine tante mich er- staunt an; dann brach sie in ge- lächter

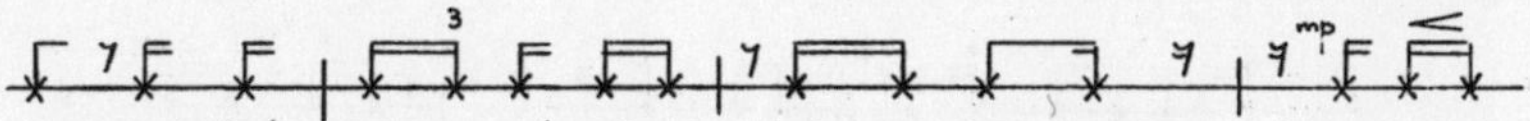

aus unt feá- zetste miá ainen laix-tn fus-trit. ftel aixán
aus und ver- setzte mir einen leichten fusstritt.)

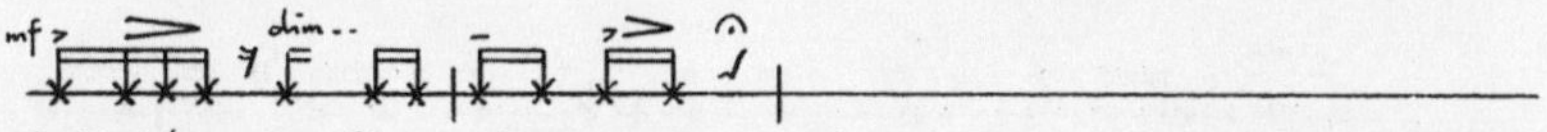

tutsntásn zem fi-u ai-e tenrit während sie die vesper für uns her-

richtete, spielten wir verstecken, und ich weiss nicht, was für ein

teufel mich ritt, dass ich mich im schlafzimmer meiner tante versteckte,

hinter einem über und über mit kleidern und mänteln vollgehängten

kleiderständer. in di-zem augq-blik hö̸a̸te ix di tüa̸kliqgl,
(in diesem augenblick hörte ich die türklingel,)
kiq tüq ilde zö gaum n-hi-ka̸ igia̸ bil dl- xt unt ain
(und ein
par mi-nutn cpeta̸ trat maine tante in ia̸ tsi-ma̸; ge-
paar mi-nuten später trat meine tante in ihr zimmer, ge-
folkt fon ainem cönen ju-qen man. unpn r- pcent u-a-i naim
folgt von einem schönen jungen mann.)
ta̸t ta̸-i mintai nas e ama̸t nir tet cnofnu ken ai möq not
lja ef megnen zi cop di tüa̸ tsu, o-ne zi aptsu-
(sie schob die tür zu, ohne sie ab-zu-
cli- sn, unt tsok i-a̸n froünt nebm zix auf ainen di-wan.
schliessen, und zog ihren freund neben sich auf einen di-wan.)
c- ptü-du sia̸ ti zo stno pina zisulec d au
mainewin nonfintix ea̸k tart nunzoüs b f e de ni rm mn

zn boü wan fex aindau tif wm ai ax au zn d fe in
i a e ai i wm n d n wa n d i ix fea-
(ich ver-
ctant nixt, was zi zaktn, ina zatsit kx w'tax ecin ft zan
stand nicht, was sie sagten,)
unt nox weniga, was zi tatn; ni o weswax antian zut
(und noch weniger, was sie taten;)
n g t aba ix fül-te main herts heftix clagq,
(aber ich fühlte mein herz heftig schlagen,)
sc i e i füx ex b ha malnft le ht ta r ai
gq den ix war mia dea zitu-a- tsjon, in dea ix mix be-
(denn ich war mir der situ-a- tion, in der ich mich be-
fant, fol-ko-men be- wust: wen man mix ent- dek-te, würde man
fand, vollkommen be- wusst: wenn man mich ent- deckte, würde man
mix füa ainen cpi-on halten. be-herct fon di-zem ge-daqken,
mich für einen spi-on halten. be-herrscht von diesem ge-danken,

deɐ miɐ aine todes-aqst be- raitete, brefm i-e h ka-e c
der mir eine todes-angst be- reitete,)
d zognet dqen e to- tsere-ne-dq iɐ daimeɐt abes-tai
clos ix di augq unt hilt miɐ di o-rn tsu. caulixdoq
(schloss ich die augen und hielt mir die ohren zu.)
gis titin hm rodiltsɐnu u ix he-te mix bai-na-e
(ich hätte mich bei-nahe
durx ain ni-zn feɐ- ra-tn, das ix nuɐ mit gro-sɐ mü- e
durch ein niesen ver- ra-ten, das ich nur mit grosser mü-he
untɐ-drü-ken kon-te. i i a e he ai-ferɐm ux
unterdrücken konnte.)
ai-tanden zr nixn n-t bx murnɐs e-mük o u irx diktnɐ
e a tesdo günɐnt in di-zem augq-blik fil deɐ un-
(in diesem augenblick fiel der un-
zelige klaidɐ-ctendɐ tsu bodn, me n d gq auk b zl i i i duɐ
selige kleiderständer zu boden,)

fitla̸-de eksa̸-ze cn donte-nul bil d gai unt di wut maina̸
(und die wut meiner
tante ea̸gos zix üba̸ mix. za̸ gx ai u e i t tu w b m m
tante ergoss sich über mich.)
a oa̸ ixsn entnüa̸ i- dt "wi! du ha-test dix hia̸ fea̸-
("wie! du hattest dich hier ver-
ctekt?" cri zi "na warte, das hia̸ wirt dix le-ren
steckt?" schrie sie. "na warte, das hier wird dich lehren
tsu cpi-o-ni-ren!" ta narwe px srost iner i i il hunec
zu spi-o-nieren!")
twea̸dirn da ix be- mü-te mix fea̸- geblix, maine an-wezn-
(ich be- mühte mich ver- geblich, meine an-wesen-
hait tsu ea̸- kle-rn unt mix tsu rext-fea̸tigq; 1 tm bi i m
heit zu er- klä-ren und mich zu rechtfertigen;)
e i xga̸ be üx fe xe ai muhet kelnara̸ nesn zn te wai
xi gxre esu uq tntit mfa̸t im hantumdre-n ha-te zi
(im handumdrehen hatte sie

mix deá le-qe nax auf dem te-pix ausgectrekt; tá e e dmzl
mich der länge nach auf dem teppich ausgestreckt;)
hm d u e n rn nixmaq eha ex iti a ket et dif aurx
gau 's pec tem dan pak-te zi mit deá liqken hant maine
(dann packte sie mit der linken hand meine
ha-re, zetste ain kni auf maine cultán unt be- gan mix
haare, setzte ein knie auf meine schultern und be- gann mich
kreftix austsupai- tcn. tihá de ha imple a ai a m rq
kräftig aus-zupeitschen.)
inzenen da kn kt't nai tenun kau-tes felzán ai mi
tc 'ax bit ge ru ai au nk ut n xmn tfis ets
pc ix bis mit a-lá kraft di tse-ne tsu- za-men;
(ich biss mit aller kraft die zähne zu- sammen;
de-nox tra-tn miá tre-nen in di augq. e e au nai
dennoch tra-ten mir trä-nen in die augen.)

mf
cresc..
f
mf
o i- n-tånt i n e dq r-tn g d rx m abå
(aber
ix mus dox tsu-gebm, das ix, opwol ix mix untå den
ich muss doch zu-geben, dass ich, obwohl ich mich unter den
mp
grauza-men clegq deå cö-nen frau want, agist m-bo mex-nu
grausa-men schlägen der schö-nen frau wand,)
mf
p
mp
mf
bx dx disaså u då fe g wq n zn ra aut lx g
mp
p
cresc..
mf
p
mf
ec- aum n e n-tm n po-a-e-i i öc-dx o nel r-wå aine
(eine
mp
pp
ppp
p
pp
art lust dabai em- pfant. l d b fen a u
art lust dabei em- pfand.)
p
p
ppp
ai- ra m aintest pa t

der vertrag

sprecherin
mein sklave!
die bedingungen, unter welchen ich sie als sklave annehme und an meiner seite dulde, sind folgende:
sie sind in meinen händen ein blindes werkzeug, das ohne widerrede alle meine befehle vollzieht. sollten sie vergessen, dass sie sklave sind, und mir nicht in allen dingen unbedingten gehorsam leisten, steht mir das recht zu, sie ganz nach meinem belieben zu strafen und zu züchtigen, ohne dass sie wagen dürfen, sich darüber zu beklagen.
die grösste grausamkeit ist mir gestattet, und wenn ich sie verstümmle, so müssen sie es ohne klage tragen. sie müssen arbeiten für mich wie ein sklave, und wenn ich im überflusse schwelge und sie entbehren lasse und sie mit füssen trete, müssen sie ohne zu murren den fuss küssen, der sie getreten.
sie haben ausser mir nichts, ich bin ihnen alles, ihr leben, ihre zukunft, ihr glück, ihr unglück, ihre qual und ihre lust.
nun bestätigen sie mir:

sprecherin
ich ver- pflichte mich mit meinem ehrenworte,
sprecher
ich ver-
pflichte mich mit meinem ehrenworte,
der sklave der frau wanda
von du- najew zu sein,
der sklave der frau wanda von du- najew
zu sein,
ganz so, wie sie es ver- langt,
ganz so, wie sie
es ver- langt,
und mich allem,
und mich allem,
was sie über
mich ver- hängt,
ohne
was sie über mich ver- hängt,

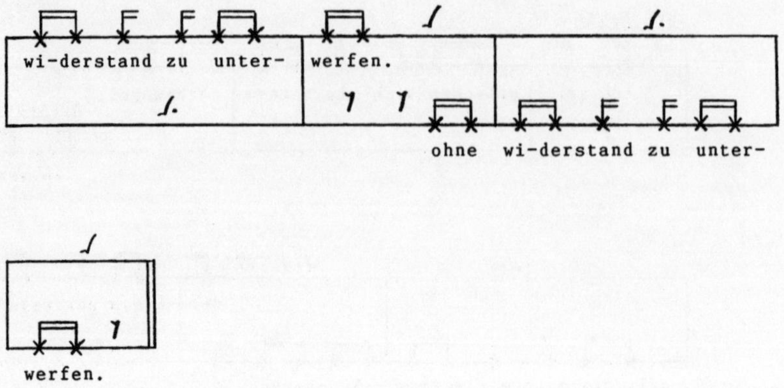
wi-derstand zu unter-
werfen.
ohne wi-derstand zu unterwerfen.

aus der lebensbeichte der wanda von sacher-masoch 1

sprecherin
es begann damit, dass mir mein mann eine pelzjacke aus violettem samt mit hermelin gefüttert und besetzt machen liess. schon lange wünschte er, ich sollte rote, bis an das knie reichende, mit lammfell gefütterte saffianstiefel haben; auch diese phantasie gönnte er sich jetzt von der ersten grösseren summe, die einlief.
er wollte die freude, mich so zu sehen, nicht allein geniessen, die ganze stadt sollte daran teilnehmen. so führte er mich denn jetzt jeden tag im wagen durch die belebtesten strassen. es war im winter und kalt, aber der wagen musste ein offener sein und ich mit gekreuzten beinen drin sitzen, damit die schönen roten stiefel zur geltung kamen.

bericht des pilgers ignatius von loyola 1

sprecher

fon dem tak an, an dem ea̸ fon zaina̸ haimat aufbrax,
(von dem tag an, an dem er von seiner heimat aufbrach,
mp
gai-sl-te ea̸ six jede naxt. d d kx hef za-ma̸n a
geisselte er sich jede nacht.)
dim..
fma̸ ena̸ on ai taum nebai o-ra naft gela̸ entsext
mf
zaix ji de-a als ea̸ in ain gro-ses dorf kam, wol-te ea̸
(als er in ein grosses dorf kam, wollte er
dort di klaiduq kaufn, di ea̸ tsu tra-gq be- clo-sn
dort die kleidung kaufen, die er zu tra-gen be- schlossen
ha-te. unt zo kaufte ea̸ ctof, aus dem man ze-ke tsu ma-xn
hatte. und so kaufte er stoff, aus dem man säcke zu machen
pflekt, fon aina̸ art, di nixt zea̸ ge- wept ist unt fi-le
pflegt, von einer art, die nicht sehr ge- webt ist und viele
borstn hat. unt ea̸ lis zo- glaix da-raus ain bis tsu den
borsten hat. und er liess so- gleich da-raus ein bis zu den
fü-sn la-qes ge- want ma-xn. unt wail ea̸ zea̸ zorkzam in dea̸
füssen langes ge- wand machen. und weil er sehr sorgsam in der

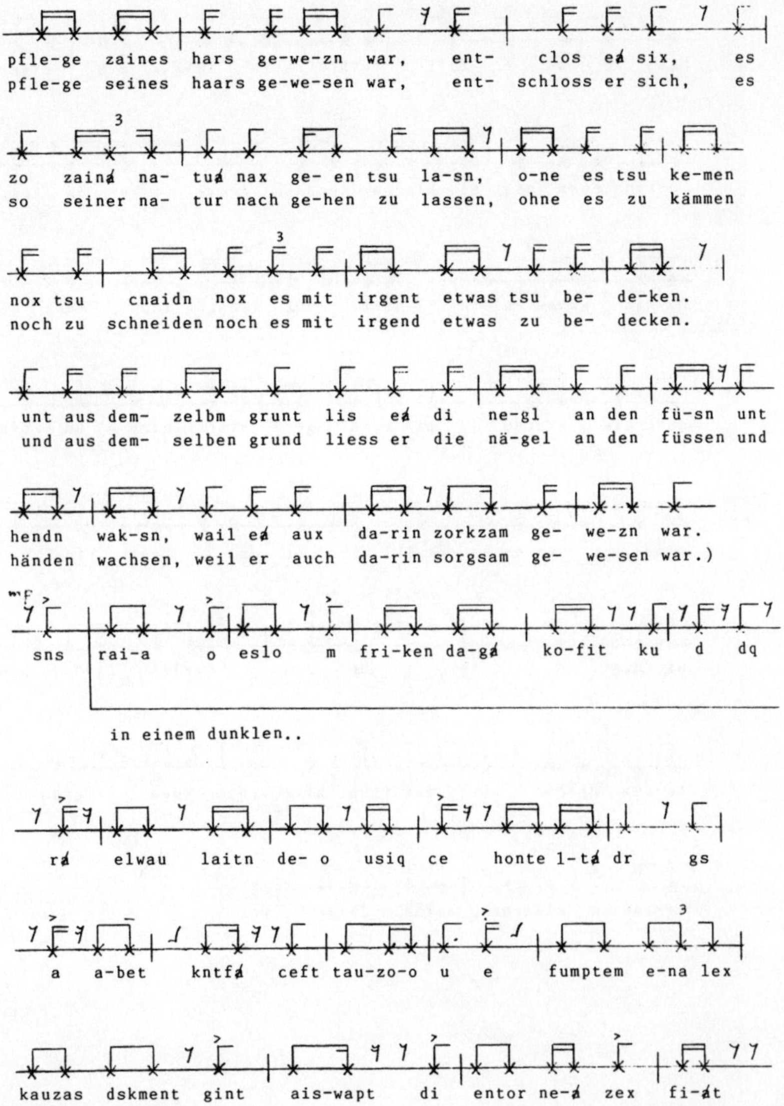
pfle-ge zaines hars ge-we-zn war, ent- clos eá six, es
pfle-ge seines haars ge-we-sen war, ent- schloss er sich, es
zo zainá na- tuá nax ge- en tsu la-sn, o-ne es tsu ke-men
so seiner na- tur nach ge-hen zu lassen, ohne es zu kämmen
nox tsu cnaidn nox es mit irgent etwas tsu be- de-ken.
noch zu schneiden noch es mit irgend etwas zu be- decken.
unt aus dem- zelbm grunt lis eá di ne-gl an den fü-sn unt
und aus dem- selben grund liess er die nä-gel an den füssen und
hendn wak-sn, wail eá aux da-rin zorkzam ge- we-zn war.
händen wachsen, weil er auch da-rin sorgsam ge- we-sen war.)
mf
sns rai-a o eslo m fri-ken da-gá ko-fit ku d dq
in einem dunklen..
rá elwau laitn de- o usiq ce honte l-tá dr gs
a a-bet kntfá ceft tau-zo-o u e fumptem e-na lex
kauzas dskment gint ais-wapt di entor ne-á zex fi-át

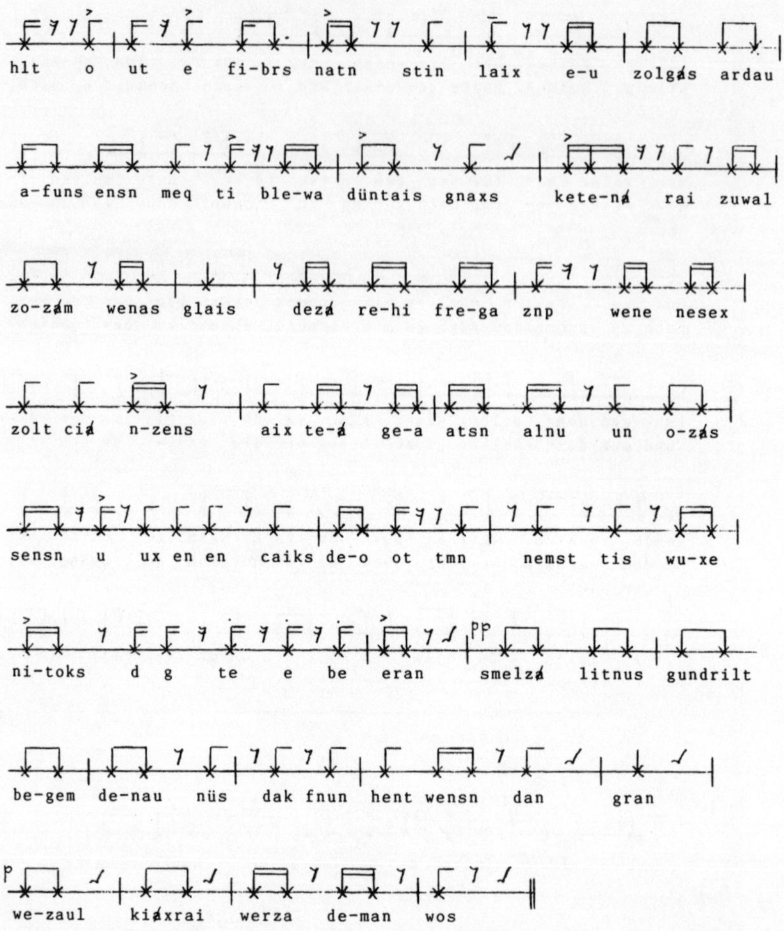
hlt o ut e fi-brs natn stin laix e-u zolgás ardau
a-funs ensn meq ti ble-wa düntais gnaxs kete-ná rai zuwal
zo-zám wenas glais dezá re-hi fre-ga znp wene nesex
zolt ciá n-zens aix te-á ge-a atsn alnu un o-zás
sensn u ux en en caiks de-o ot tmn nemst tis wu-xe
ni-toks d g te e be eran smelzá litnus gundrilt
be-gem de-nau nüs dak fnun hent wensn dan gran
we-zaul kiáxrai werza de-man wos

aus den exerzitien des ignatius von loyola 1

chor

wir müssen uns gleichgültig machen gegen alles ge- schaffene,
soweit uns freiheit des urteils darin ge- währt ist und nicht versagt, so dass wir, so viel an uns ist, ge- sundheit nicht
mehr be-gehren als krankheit, reichtum nicht mehr als armut,
ehre nicht mehr als ver- achtung, langes leben nicht mehr als ein
kurzes und so gleicherweise in allem übrigen, sondern einzig
trachten und greifen nach dem, was dem ende förderlich ist,
zu dem wir ge- schaffen sind.

◇ = einmaliges in die hände klatschen, das wie eine schallende ohrfeige klingt.

aus der lebensbeichte 2

sprecherin

die abende waren schon lang, und um sie zu verkürzen, arrangierte leopold "räuberspiele". ich und marie waren die räuber und er der verfolgte. ich musste marie eine meiner pelzjacken geben und selbst eine anziehen, denn ohne diese würden wir nicht wie räuber ausgesehen haben. das war ein laufen, jagen, verstecken und suchen in der grossen wohnung, bis wir den verfolgten eingefangen hatten. dann musste er mit stricken an einen baum gebunden werden, und wir, die räuber, hielten gericht. natürlich wurde er zum tode verurteilt, ohne dass wir auf sein flehen um gnade achteten.
bis dahin war es spiel, von da an aber gab leopold der sache einen ernsteren anstrich. er wollte wirklich eine strafe erleiden, die ihm schmerz verursachte, und da wir ihn ja nicht ermorden konnten, so sollten wir ihn wenigstens schlagen, und zwar mit stricken, die er dazu bereitgelegt.
ich wollte darauf nicht eingehen, aber er gab nicht nach, fand meine weigerung kindisch und sagte, wenn ich es nicht täte, würde er sich von marie allein peitschen lassen, denn er sehe an ihren augen, dass sie dazu grosse lust habe.
ich ging aus dem zimmer. marie schlug ihn, wie er es wünschte, mit ganzer kraft, denn ich hörte noch im zweiten zimmer, wie die hiebe auf seinen rücken niederfielen.
minuten wurden mir zu ewigkeiten. endlich hörte die qual auf. unbefangen, freundlich kam er zu mir herein und sagte: "na, die hat mich ordentlich durchgehaut. mein rücken muss voll striemen sein. du hast keine idee, was das mädel kraft in den armen hat. mit jedem hieb glaubte ich, das fleisch würde mir zerrissen."
ich wollte auf diesen ton nicht eingehen und schwieg. er sah mich an, und jetzt merkte er, dass ich nicht scherzhafter stimmung war.
"was hast du?" frug er. "ist dir was nicht recht?"
"es ist mir nicht recht, dass du dich von der magd schlagen lässt."
von nun an verging kaum ein tag, an dem ich meinen mann nicht peitschte.

bericht des pilgers 2

sprecher

wi eđ alzo zaines weges tsok, holte in ain maure ain,
(wie er also seines weges zog, holte ihn ein maure ein,

ain raitđ auf ainem maultiđ. unt wi di baidn mitainandđ
ein reiter auf einem maultier. und wie die beiden miteinander

cpra-xn, kamen zi da- rauf, übđ di he-rin tsu cpre-xn.
sprachen, kamen sie da- rauf, über die herrin zu sprechen.

unt deđ maure zakte, es ci-ne im wol, das di juq-frau o-ne
und der maure sagte, es schiene ihm wohl, dass die jungfrau ohne

ainen man em- pfa-qen habe; abđ das ge- beren unt da-bai
einen mann em- pfangen habe; aber das ge- bären und da-bei

juq-frau-blaibm, das kö-ne eđ nixt glaubm. unt eđ gap da-füđ
jungfrau-bleiben, das könne er nicht glauben. und er gab da-für

di na-tüđli-xn gründe, di six im an-botn. deđ pilgđ kon-te
die na-türlichen gründe, die sich ihm an-boten. der pilger konnte

im di-ze auffa-suq, zo fi-le gründe eđ im gap, nixt auf-
ihm diese auffassung, so viele gründe er ihm gab, nicht auf-

lözn. unt zo rit deđ maure mit zofil aile fo- ran, das eđ
lösen. und so ritt der maure mit soviel eile vo- ran, dass er

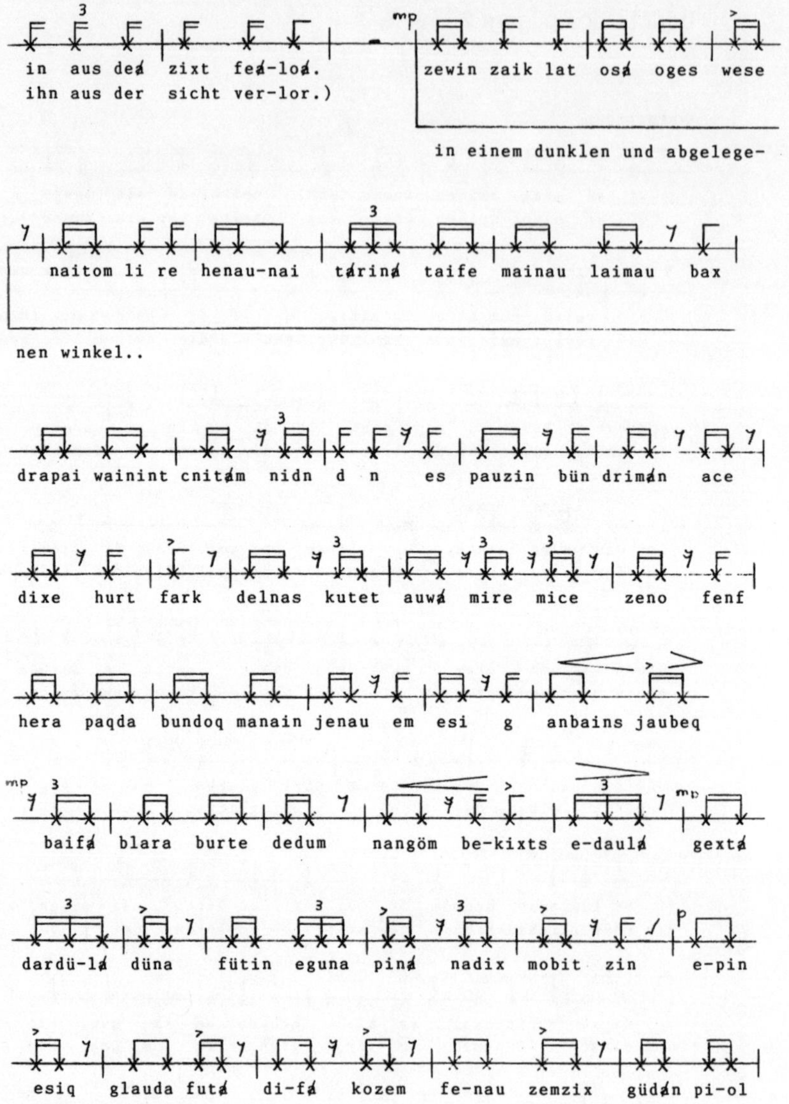
in aus dea̸ zixt fea̸-loa̸.
ihn aus der sicht ver-lor.)
mp
zewin zaik lat osa̸ oges wese
in einem dunklen und abgelege-
naitom li re henau-nai ta̸rina̸ taife mainau laimau bax
nen winkel..
drapai wainint cnita̸m nidn d n es pauzin bün drima̸n ace
dixe hurt fark delnas kutet auwa̸ mire mice zeno fenf
hera paqda bundoq manain jenau em esi g anbains jaubeq
mp
baifa̸ blara burte dedum nangöm be-kixts e-daula̸ gexta̸
mp
dardü-la̸ düna fütin eguna pina̸ nadix mobit zin e-pin
p
esiq glauda futa̸ di-fa̸ kozem fe-nau zemzix güda̸n pi-ol

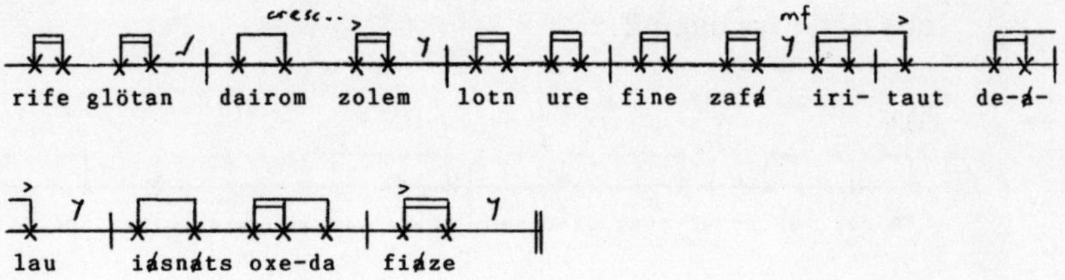
cresc..
mf
rife glötan dairom zolem lotn ure fine zafá iri- taut de-á-
lau iásnáts oxe-da fiáze

aus den exerzitien 2

chor

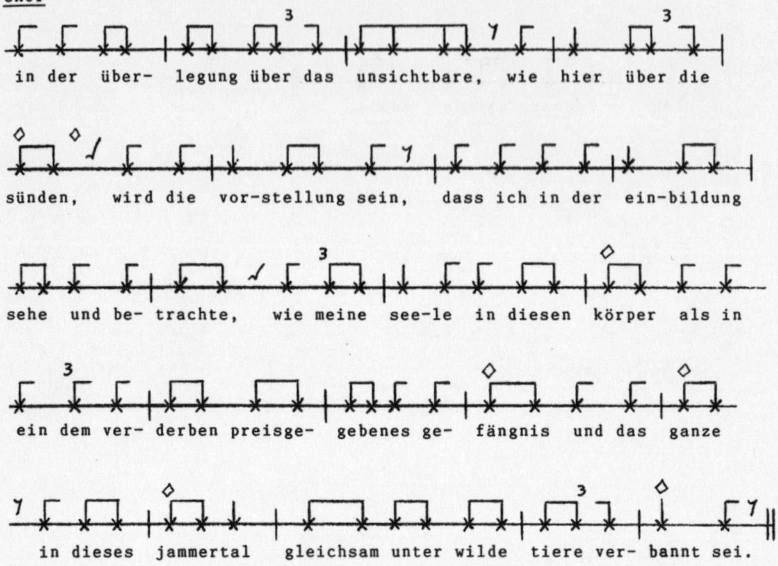
in der über- legung über das unsichtbare, wie hier über die
sünden, wird die vor-stellung sein, dass ich in der ein-bildung
sehe und be- trachte, wie meine see-le in diesen körper als in
ein dem ver- derben preisge- gebenes ge- fängnis und das ganze
in dieses jammertal gleichsam unter wilde tiere ver- bannt sei.

aus der lebensbeichte 3

sprecherin

ostern war herangekommen und sollte uns den besuch schwager karls bringen.

unter den sachen, die mein mann von seinem vater mitgebracht, befanden sich einige kisten, die seine "armeen" enthielten. die beiden brüder hatten als knaben leidenschaftlich soldaten gespielt; die freude an diesem spiel wuchs mit ihnen gross, und als sie männer waren, lieferten sie sich schlachten, deren entwurf, ausführung und resultat gewiss von keinem berufsheerführer hätte ernster genommen werden können.

leopold besah sich sehr eingehend unsere wohnung und fand, dass sie sich vorzüglich zu einer grossen schlacht eigne. das zusammentreffen der feindlichen armeen sollte im salon, der zwischen dem speise- und meinem schlafzimmer lag, stattfinden. die österreicher würden die an mein zimmer stossende hälfte besetzen, während die andere hälfte mit dem speisezimmer dem deutschen heer überlassen sein sollte. in meinem schlafzimmer und auf der anderen seite im speisezimmer würden die reservetruppen aufstellung nehmen.

damit sich dabei die beiden feldherren nicht beobachten konnten, wurde der salon durch betttücher, die auf einem strick hingen, in der mitte abgeschlossen. die möbel boten die terrainschwierigkeiten, die überwunden oder ausgenutzt werden mussten. ich hatte bücher und anderes material zum schanzen- und brückenbau herbeizuschleppen und für munition zu sorgen.

am sonntagmorgen begann die schlacht. sie dauerte drei tage und endete mit einem kolossalen sieg der österreicher.

übrigens sprach leopold gern von seinen "dreissig" duellen. besonders von einem, das für seinen gegner tödlich endete.

bericht des pilgers 3

sprecher

ea̸ blip im nax-deqkn da-rüba̸, was mit dem mauren ge- wezn
(er blieb im nachdenken da-rüber, was mit dem mauren ge- wesen

war. unt da- bai ka-men im ainige regu-qen, di in zaina̸
war. und da- bei ka-men ihm einige regungen, die in seiner

ze-le untsu-fri-dn-hait be-wirktn. im cin, das ea̸ zaine
seele un-zu-friedenheit be-wirkten. ihm schien, dass er seine

pflixt nixt ge- tan habe; unt aux fea̸- ua̸zax-tn zi im
pflicht nicht ge- tan habe; und auch ver- ursachten sie ihm

un-wi-ln gegq den mauren. es cin im, ea̸ habe clext ge-
un-willen gegen den mauren. es schien ihm, er habe schlecht ge-

tan, tsutsula-sn, das ain maure zol-xe di-qe üba̸ di he-rin
tan, zu-zulassen, dass ein maure solche dinge über die herrin

zage, unt das ea̸ fea̸- pflix-tet zai, i-re e-re wi-da̸-
sage, und dass er ver- pflichtet sei, ihre ehre wieder-

hea̸tsucte-ln. unt zo kam im das fea̸- la-qen, den mauren
her-zustellen. und so kam ihm das ver- langen, den mauren

zu-xn tsu ge-n unt im dolx-ctö-se tsu fea̸zetsn füa̸ das,
suchen zu gehen und ihm dolchstösse zu versetzen für das,

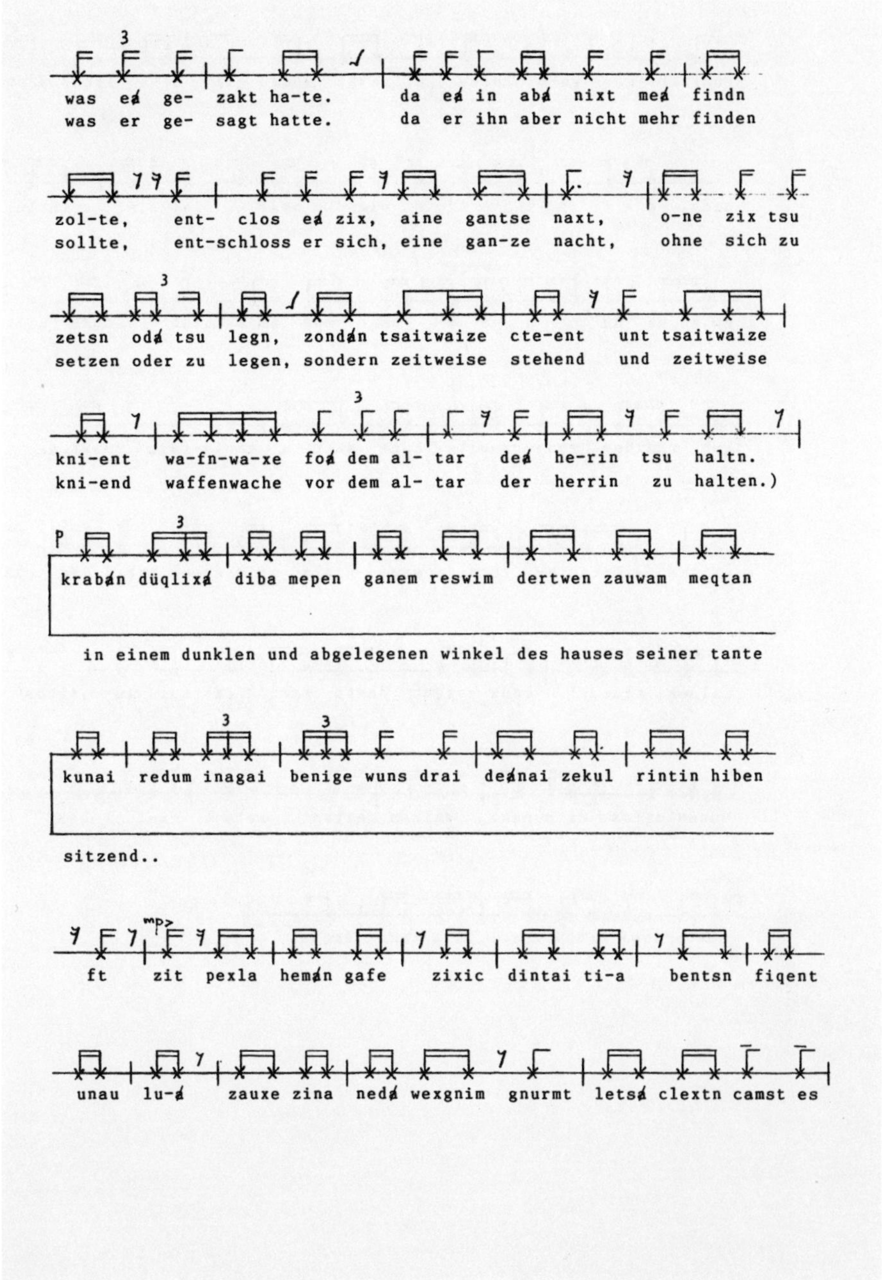
was eá ge- zakt ha-te. da eá in abá nixt meá findn
was er ge- sagt hatte. da er ihn aber nicht mehr finden
zol-te, ent- clos eá zix, aine gantse naxt, o-ne zix tsu
sollte, ent-schloss er sich, eine gan-ze nacht, ohne sich zu
zetsn odá tsu legn, zondán tsaitwaize cte-ent unt tsaitwaize
setzen oder zu legen, sondern zeitweise stehend und zeitweise
kni-ent wa-fn-wa-xe foá dem al- tar deá he-rin tsu haltn.
kni-end waffenwache vor dem al- tar der herrin zu halten.)
P
krabán düqlixá diba mepen ganem reswim dertwen zauwam meqtan
in einem dunklen und abgelegenen winkel des hauses seiner tante
kunai redum inagai benige wuns drai deánai zekul rintin hiben
sitzend..
mp>
ft zit pexla hemán gafe zixic dintai ti-a bentsn fiqent
unau lu-á zauxe zina nedá wexgnim gnurmt letsá clextn camst es

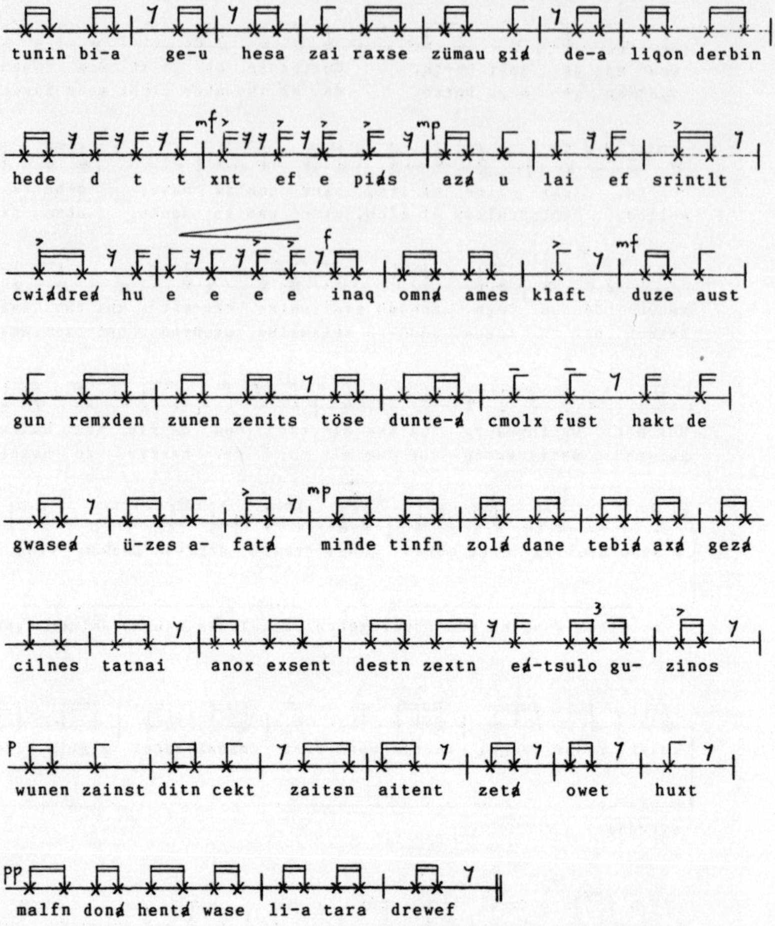
tunin bi-a ge-u hesa zai raxse zümau gia̸ de-a liqon derbin
hede d t t xnt ef e pia̸s aza̸ u lai ef srintlt
cwia̸drea̸ hu e e e inaq omna̸ ames klaft duze aust
gun remxden zunen zenits töse dunte-a̸ cmolx fust hakt de
gwasea̸ ü-zes a- fata̸ minde tinfn zola̸ dane tebia̸ axa̸ geza̸
cilnes tatnai anox exsent destn zextn ea̸-tsulo gu- zinos
wunen zainst ditn cekt zaitsn aitent zeta̸ owet huxt
malfn dona̸ henta̸ wase li-a tara drewef

aus den exerzitien 3

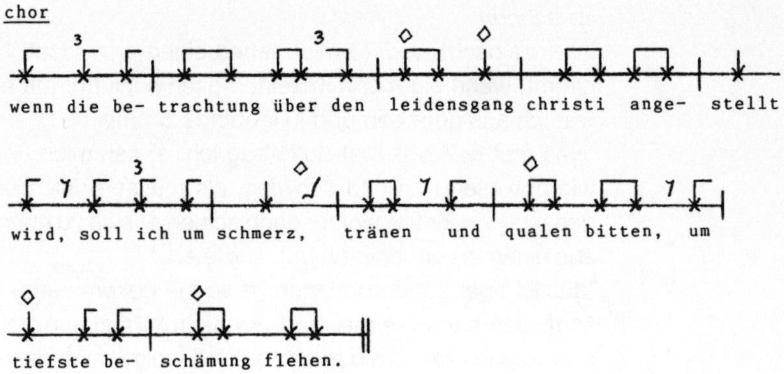
chor
wenn die be- trachtung über den leidensgang christi ange- stellt
wird, soll ich um schmerz, tränen und qualen bitten, um
tiefste be- schämung flehen.

aus der lebensbeichte 4

sprecherin

in einer nacht weckte mich jenes eigene geräusch, das man vernimmt, wenn ein mann in seine hosen schlüpft. mit einem sprung war ich aus dem bett und in leopolds zimmer.

"was gibt es? was tust du?" frug ich. er sah mich überrascht und wie abwesend an und schwieg, als müsse er sich selbst erst bedenken, was er tun wollte. dann schien er sich zu erinnern, und wie aus einem traum erwachend, sagte er:

"das ist aber sonderbar. man ist zu mir gekommen und hat mir gesagt, das haus brenne, und um nicht in meinem bett zu verbrennen, zog ich rasch die hosen an und wollte mich dann zum fenster hinauswerfen."

am morgen sprachen wir von seinem traum, und er sagte, er wäre ganz gewiss zum fenster hinaus gesprungen, wenn ich nicht gekommen wäre.

bericht des pilgers 4

sprecher

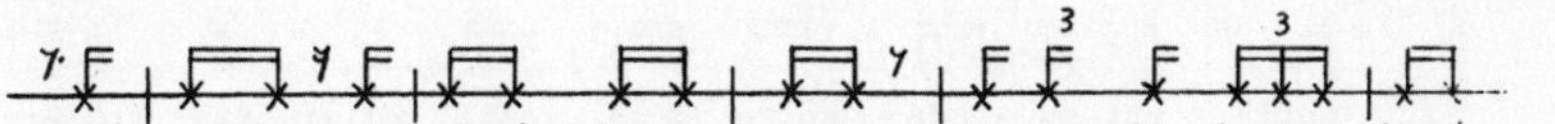

ea̸ won-te in aina̸ klainen tse-le, di im di domini- kana̸
(er wohnte in einer kleinen zelle, die ihm die domini- kaner

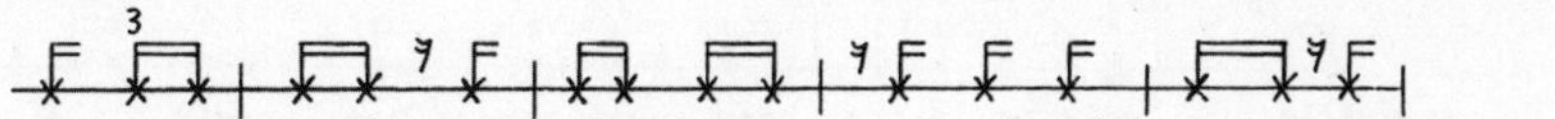

in i-rem klosta̸ ge- gebm ha-tn. unt ea̸ fea̸- har-te in
in ihrem kloster ge- geben hatten. und er ver- harrte in

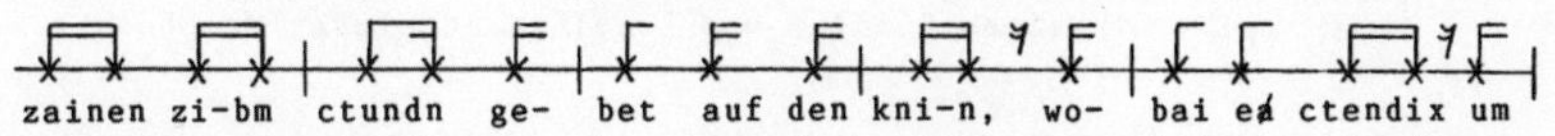

zainen zi-bm ctundn ge- bet auf den kni-n, wo- bai ea̸ ctendix um
seinen sieben stunden ge- bet auf den knien, wo- bei er ständig um

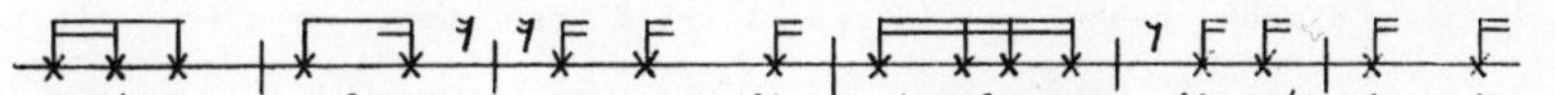

mi-ta̸-naxt aufctant unt aux di gai-selu-qen, di ea̸ zix mit
mitternacht aufstand und auch die geisselungen, die er sich mit

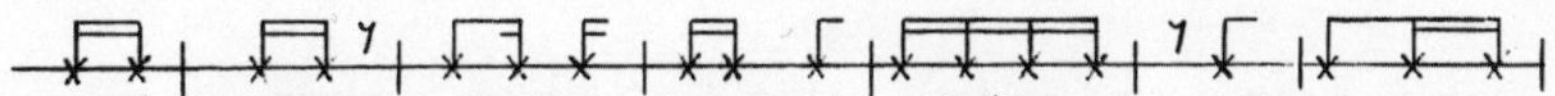

gro-sa̸ ctre-qe draimal an jedem tak aufea̸lekte, nixt auszetste.
grosser strenge dreimal an jedem tag auferlegte, nicht aussetzte.

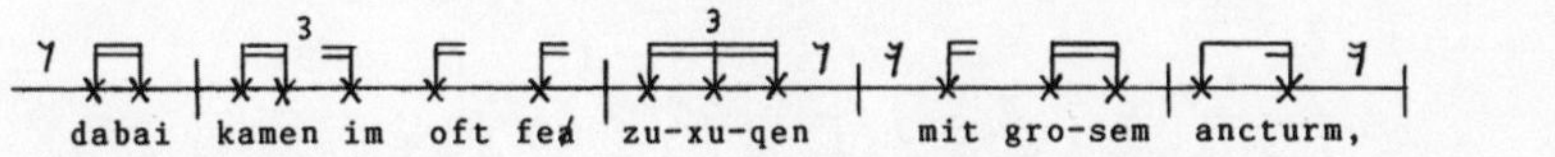

dabai kamen im oft fea̸ zu-xu-qen mit gro-sem ancturm,
dabei kamen ihm oft ver- suchungen mit grossem ansturm,

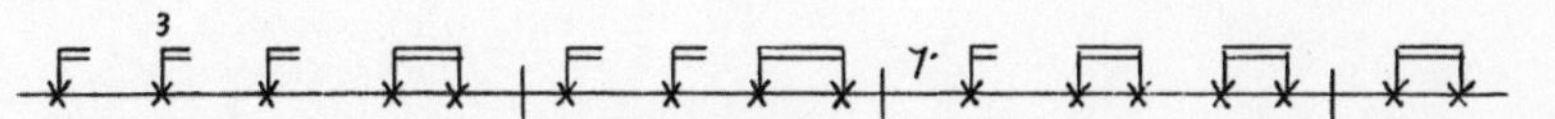

zix durx ain gro-ses lox tsu ctürtsn, das di-ze zaine tse-le
sich durch ein grosses loch zu stür-zen, das diese seine zelle

ha-te; unt es war nebm dea̸ cte-le, wo ea̸ das ge- bet hilt.
hatte; und es war neben der stelle, wo er das ge- bet hielt.

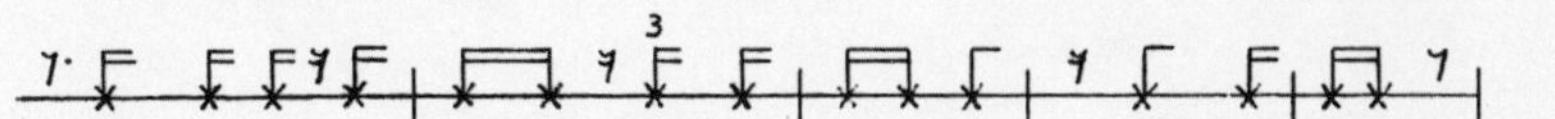

dox da ea̸ ea̸- kan-te, das es zünde war, zix tsu tötn,
doch da er er- kannte, dass es sünde war, sich zu töten,

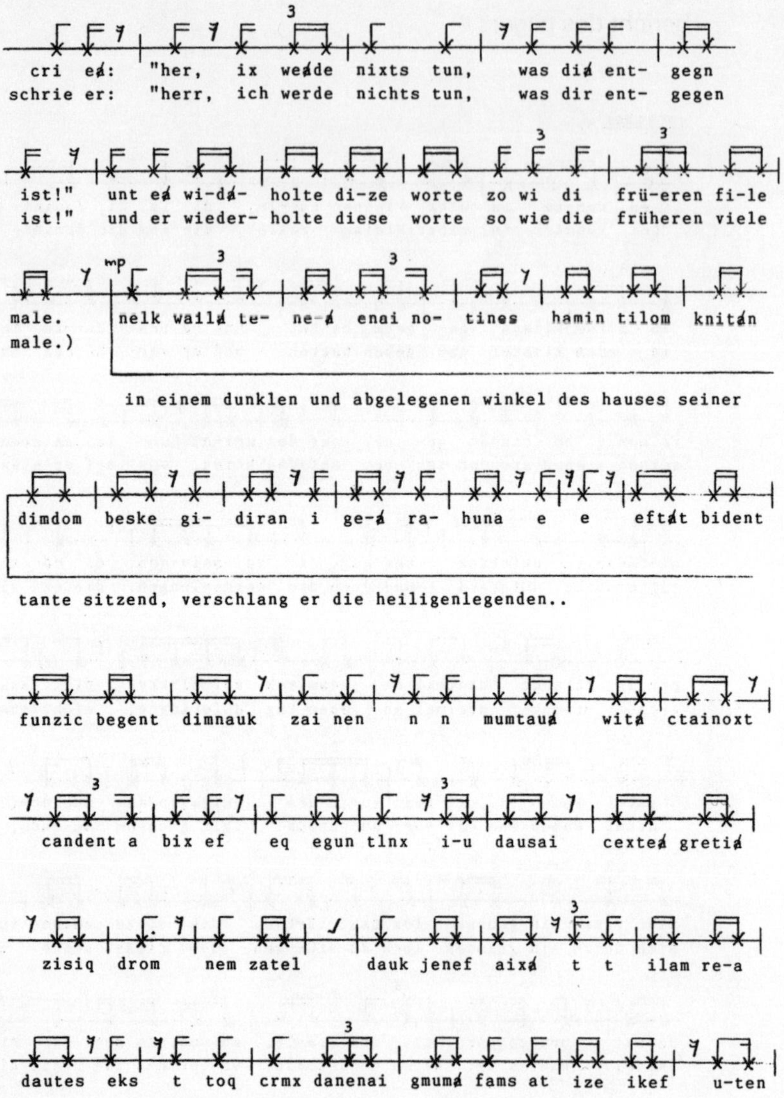
cri ea: "her, ix wedde nixts tun, was dia ent- gegn
schrie er: "herr, ich werde nichts tun, was dir ent- gegen
ist!" unt ea wi-da- holte di-ze worte zo wi di frü-eren fi-le
ist!" und er wieder- holte diese worte so wie die früheren viele
male. nelk waila te- ne-a enai no- tines hamin tilom knitan
male.)
mp
in einem dunklen und abgelegenen winkel des hauses seiner
dimdom beske gi- diran i ge-a ra- huna e e eftat bident
tante sitzend, verschlang er die heiligenlegenden..
funzic begent dimnauk zai nen n n mumtaua wita ctainoxt
candent a bix ef eq egun tlnx i-u dausai cextea gretia
zisiq drom nem zatel dauk jenef aixa t t ilam re-a
dautes eks t toq crmx danenai gmuma fams at ize ikef u-ten

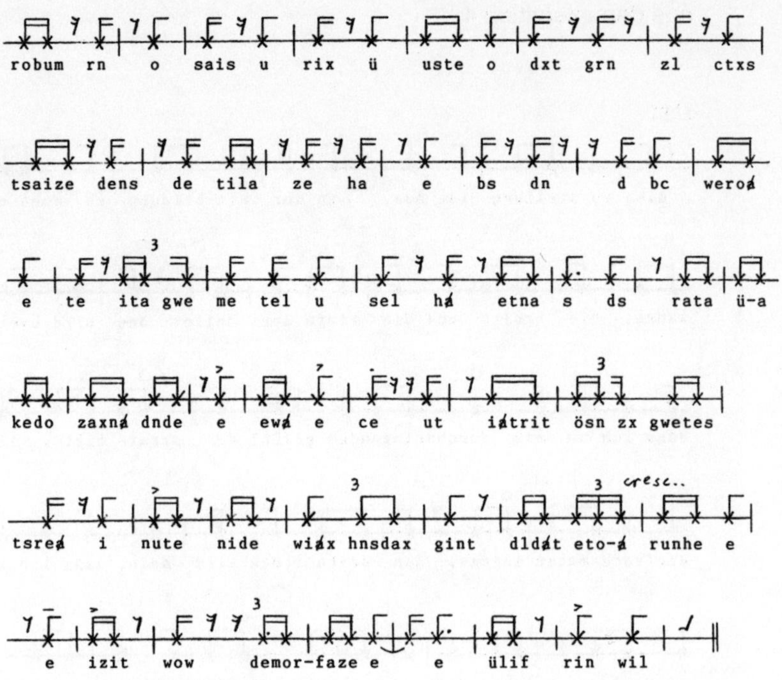
3
cresc..
robum rn o sais u rix ü uste o dxt grn zl ctxs
tsaize dens de tila ze ha e bs dn d bc weroa
e te ita gwe me tel u sel ha etna s ds rata ü-a
kedo zaxna dnde e ewa e ce ut iatrit ösn zx gwetes
tsrea i nute nide wiax hnsdax gint dldat eto-a runhe e
e izit wow demor-faze e e ülif rin wil

aus den exerzitien 4

chor

die vorstellung ist nun, in der ein-bildung zu schauen die
länge, die breite und die tiefe der hölle. das wird hier sein,
dass ich um ein durchdringendes gefühl der strafe bitte, die
die verdammten leiden. das erste stück wird sein, dass ich in der
ein-bildung schaue die un-geheuren flammen und die seelen
gleichsam in feurigen körpern. das zweite, dass ich höre das
klagen und heulen, das ge- schrei und die lästerungen. das dritte,
dass ich rieche den rauch und den schwefel, den unrat und den
faulenden schmutz. das vierte, dass ich fühle die bitterkeiten,

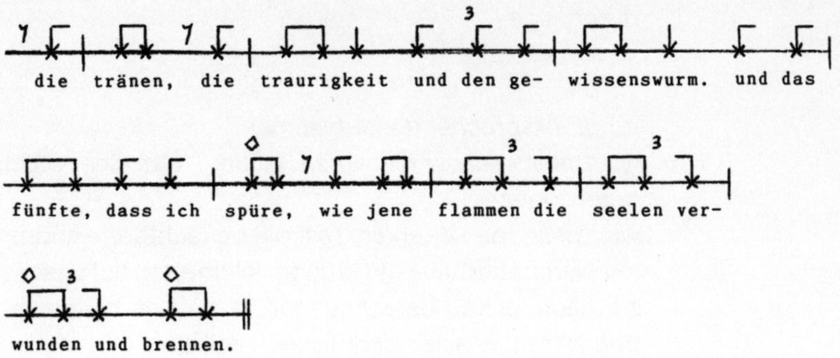
die tränen, die traurigkeit und den ge- wissenswurm. und das
fünfte, dass ich spüre, wie jene flammen die seelen verwunden und brennen.

durchsage

rundfunksprecher (tonaufnahme)
wir unterbrechen die veranstaltung, um eine wichtige meldung durchzugeben.
wie wir soeben erfahren, rast die benachtbarte andromeda-galaxie mit vierhunderttausend stundenkilometern auf unsere milchstrasse zu. nach letzten berechnungen kommt es bereits in sechs milliarden jahren zu einer gigantischen kollision.

aus der lebensbeichte 5

sprecherin
mein mann war sehr abergläubisch. was aber sein ganzes leben gleichsam dirigierte und alle seine entschlüsse entscheidend beeinflusste, das war sein traumbuch. o, wie viele qual- und sorgenvolle stunden hat mir dieses traumbuch bereitet! um was es sich auch handelte, ohne sein teures orakel zu befragen, wurde nichts unternommen, nichts beschlossen.
in einer nacht hörte ich meinen mann licht machen.
"was hast du?" frug ich in dem glauben, er sei unwohl. er sass aufrecht im bett und blickte mit bleichem, schreckensstarrem gesicht zu mir herüber. ich sah, wie sich seine lippen bewegten, wie er sich vergebens anstrengte zu sprechen, aber keinen laut hervorbrachte. entsetzt sprang ich aus dem bett und ging zu ihm.
"um gottes willen, was ist dir?"
"ich hatte einen furchtbaren traum", sagte er endlich, "mir träumte, ich hätte einem bischof gebeichtet.. das bedeutet tod.. ich bin ganz sicher."
er blätterte in seinem traumbuch und zeigte mir die stelle.
ja, da stand es: "einem bischof beichten, zeigt bevorstehenden tod an."

bericht des pilgers 5

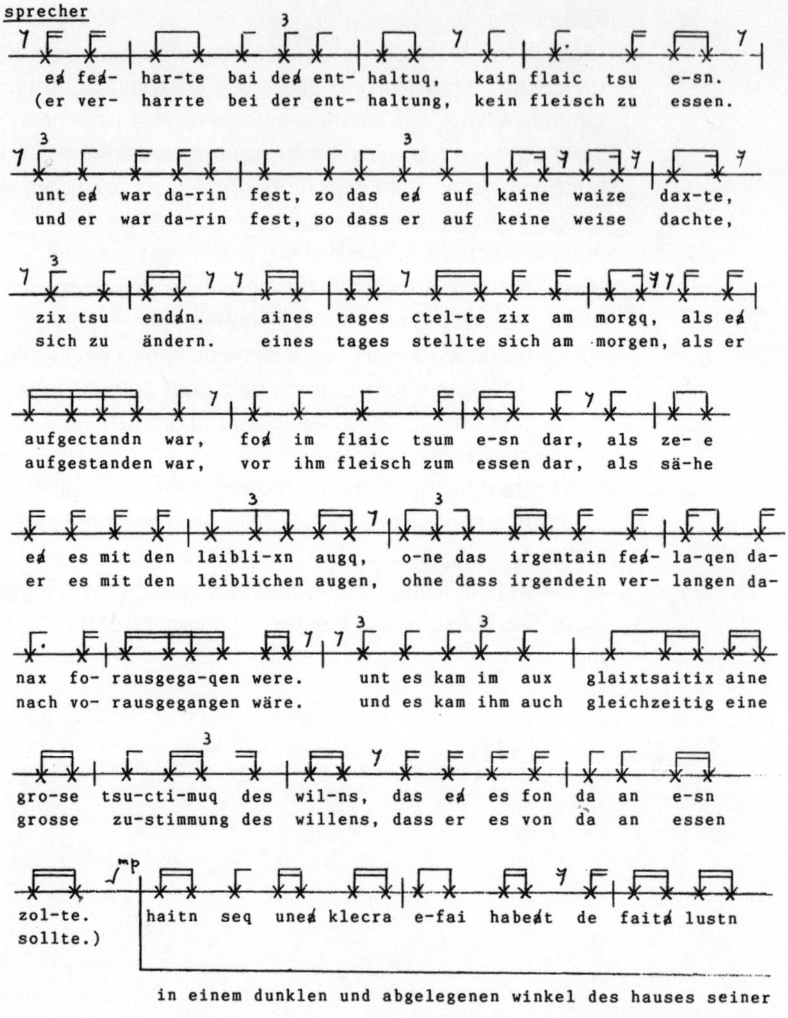
sprecher
eđ feđ- har-te bai deđ ent- haltuq, kain flaic tsu e-sn.
(er ver- harrte bei der ent- haltung, kein fleisch zu essen.
3 3
unt eđ war da-rin fest, zo das eđ auf kaine waize dax-te,
und er war da-rin fest, so dass er auf keine weise dachte,
3
zix tsu enddn. aines tages ctel-te zix am morgq, als eđ
sich zu ändern. eines tages stellte sich am morgen, als er
aufgectandn war, fođ im flaic tsum e-sn dar, als ze- e
aufgestanden war, vor ihm fleisch zum essen dar, als sä-he
3 3
eđ es mit den laibli-xn augq, o-ne das irgentain feđ- la-qen da-
er es mit den leiblichen augen, ohne dass irgendein ver- langen da-
3 3
nax fo- rausgega-qen were. unt es kam im aux glaixtsaitix aine
nach vo- rausgegangen wäre. und es kam ihm auch gleichzeitig eine
3
gro-se tsu-cti-muq des wil-ns, das eđ es fon da an e-sn
grosse zu-stimmung des willens, dass er es von da an essen
mp
zol-te. haitn seq uneđ klecra e-fai habeđt de faitđ lustn
sollte.)
in einem dunklen und abgelegenen winkel des hauses seiner

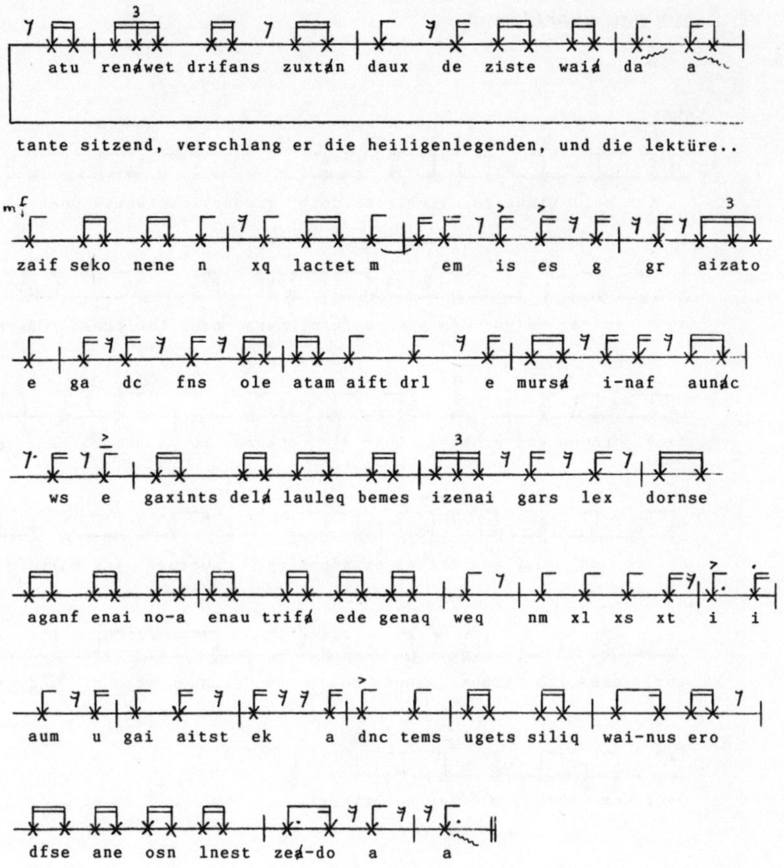
atu renawet drifans zuxtan daux de ziste waia da a
tante sitzend, verschlang er die heiligenlegenden, und die lektüre..
mf
zaif seko nene n xq lactet m em is es g gr aizato
e ga dc fns ole atam aift drl e mursa i-naf aunac
ws e gaxints dela lauleq bemes izenai gars lex dornse
aganf enai no-a enau trifa ede genaq weq nm xl xs xt i i
aum u gai aitst ek a dnc tems ugets siliq wai-nus ero
dfse ane osn lnest zea-do a a

aus den exerzitien 5

chor

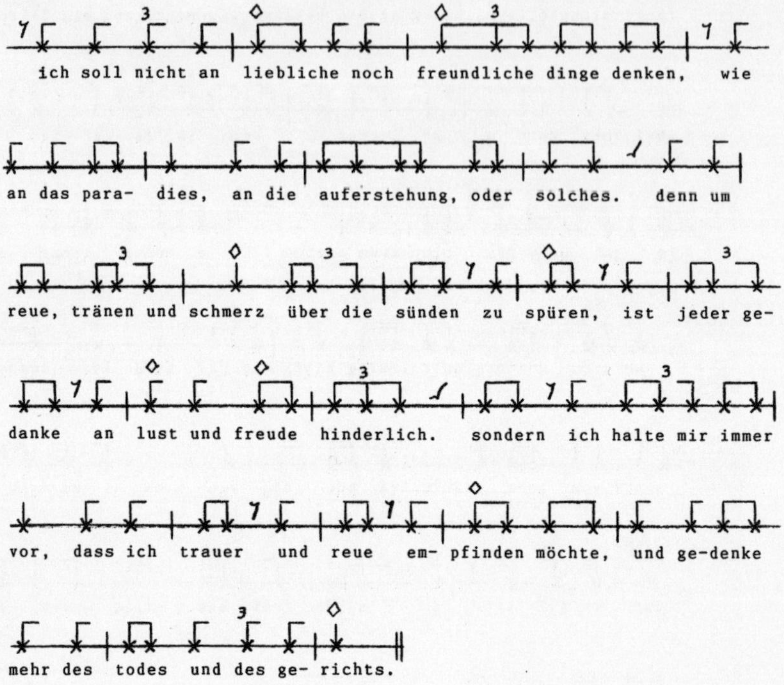

ich soll nicht an liebliche noch freundliche dinge denken, wie
an das para- dies, an die auferstehung, oder solches. denn um
reue, tränen und schmerz über die sünden zu spüren, ist jeder gedanke an lust und freude hinderlich. sondern ich halte mir immer
vor, dass ich trauer und reue em- pfinden möchte, und ge-denke
mehr des todes und des ge- richts.

aus der lebensbeichte 6

sprecherin
wir hatten auf unseren ausgängen häufig vor dem laden eines kornhändlers, auf einem sack in der sonne liegend, ein kleines graues kätzchen gesehen, das sehr niedlich war und deshalb von leopold, der katzen so gern hatte, stets geliebkost wurde. der ladenbesitzer hatte es bemerkt und bot ihm eines tages das kätzchen zum geschenk an. leopold war glücklich; er nahm den teuren schatz sofort mit sich nach hause. obgleich wir über ihr geschlecht im dunkel waren, wurde sie "peterl" genannt, schlief nachts im bett ihres herrn und lag tagsüber in einem körbchen weich gebettet auf seinem schreibtisch; er wollte sie stets vor augen haben. das tier war an so viel zärtlichkeit offenbar nicht gewöhnt, denn sie bekam ihm nicht. es wurde melancholisch, verlor den appetit und die lust, mit seinem herrn zu spielen. in einer nacht erwachte ich, und da stand leopold an meinem bett und schluchzte. voll schrecken fuhr ich auf und frug, was es gäbe. kaum fähig zu sprechen und immer von schluchzen unterbrochen, erzählte er mir, dass peterl gestorben sei. leopold konnte sich gar nicht fassen und hörte nicht auf zu weinen.

bericht des pilgers 6

sprecher

di magq- cmertsn, di in be- fa-ln ha-tn, um derent-
(die magenschmer-zen, die ihn be- fallen hatten, um derent-

wi-ln ea̸ cu-e be- nutst ha-te, fea̸- li- sn in, unt es
willen er schuhe be- nutzt hatte, ver- liessen ihn, und es

giq im mit dem magq gut. unt aus di-zem grunt kam im das fea̸-
ging ihm mit dem magen gut. und aus diesem grund kam ihm das ver-

laq-en, tsu den fea̸-gaq-enen bus- übuq-en tsu- rüktsuke-ren.
langen, zu den ver-gangenen buss-übungen zu- rückzukehren.

unt zo be- gan ea̸, ain lox in di zo-ln dea̸ cu-e tsu
und so be- gann er, ein loch in die sohlen der schuhe zu

ma-xn. ea̸ fea̸- braitea̸te es al-me-lix, zo das ea̸, als di
machen. er ver- breiterte es allmählich, so dass er, als die

winta̸-kelte kam, nua̸ nox das oba̸-tail truk. mete dambaf
winterkälte kam, nur noch das oberteil trug.)

in einem dunklen

cnirsiq gintn dlnha hnt wm ne en et det urtba̸

und abgelegenen winkel des hauses seiner tante sitzend, verschlang

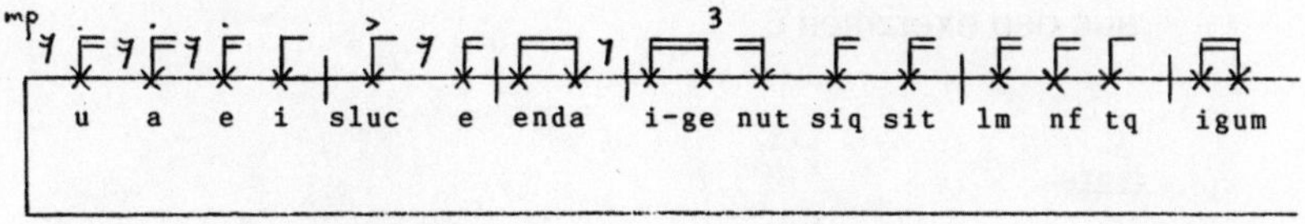

er die heiligenlegenden, und die lektüre der von den märtyrern erlit-

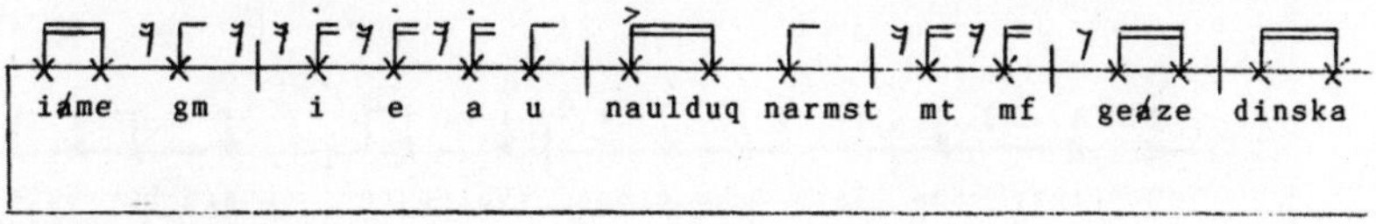

tenen qualen..

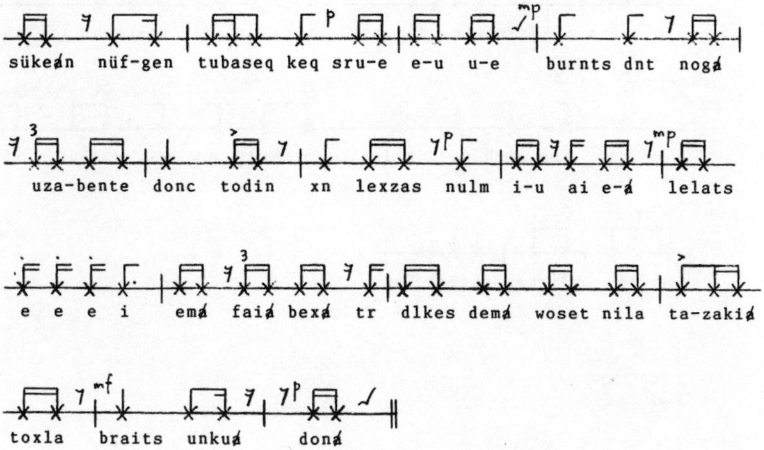

aus den exerzitien 6

chor

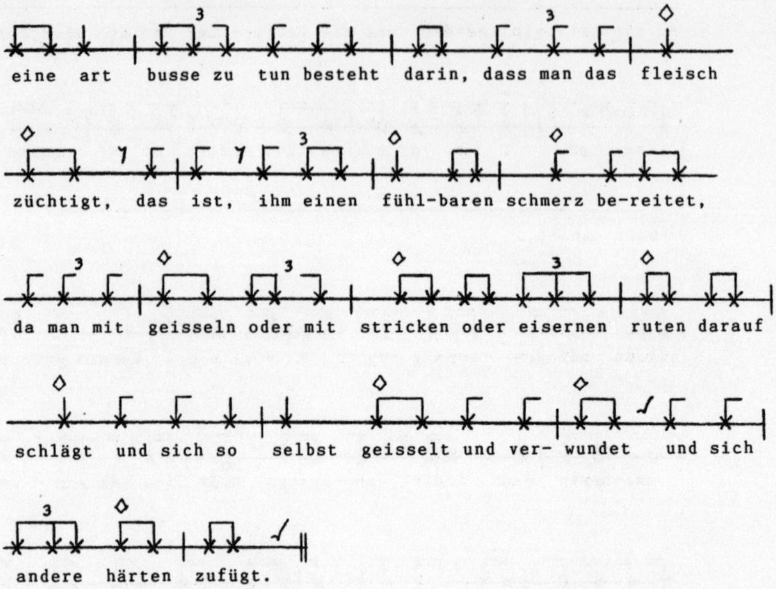
eine art busse zu tun besteht darin, dass man das fleisch
züchtigt, das ist, ihm einen fühl-baren schmerz be-reitet,
da man mit geisseln oder mit stricken oder eisernen ruten darauf
schlägt und sich so selbst geisselt und ver- wundet und sich
andere härten zufügt.

aus der lebensbeichte 7

sprecherin
die sonne war schon im begriff, hinter den waldigen höhen zu versinken, als es mir schien, dass leopold unruhig wurde; er legte wiederholt die feder hin, sah mit starren blicken ins leere. plötzlich stand er auf und fing an, mit grossen schritten im zimmer auf- und ab zu gehen.
endlich warf er sich wie gebrochen in die sofaecke und sagte:
"wanda, komm, setz' dich zu mir, ich habe dir etwas furchtbar ernstes und trauriges zu sagen."
sein aschgraues gesicht war wie verfallen, aus seinen tief in den kopf zurückgesunkenen augen blickte angst und entsetzen.
mir stand das herz still. ich nahm alle meine kraft zusammen, um ruhig zu bleiben, obgleich die gedanken in rasender jagd in meinem kopf stürmten. um mich nicht zu verraten, schwieg ich, und er fuhr fort:
"schon seit einiger zeit bemerkte ich, dass mir oft beim sprechen das richtige wort fehle und dass ich ein anderes, ähnliches, aber nicht gleichen sinnes, ausspreche. auch beim schreiben geschieht es mir, nicht das richtige wort zu finden. erst achtete ich nicht darauf, dann aber wurde es zu auffallend, und heute nachmittag kam ich zu der überzeugung, dass meine beobachtungen die folge einer gehirnerkrankung sind, wahrscheinlich beginnender gehirnerweichung, – das heisst irrsinn in allernächster zeit. du musst es doch auch bemerkt haben, und du würdest gut tun, es offen zu sagen, damit wir uns mit einem arzt besprechen können – rettung ist keine mehr möglich.. aber vielleicht kann man das ärgste noch hinausschieben."
obgleich ich in diesem augenblick alles glaubte, was er gesagt, so war ich doch überzeugt, dass alles von meiner haltung abhänge, und darin fand ich die kraft, entsetzen und furcht zu überwinden, um halb lachend, halb ärgerlich zu sagen:
"aber das ist ja purer unsinn! wärst du nicht so aufgeregt, würde ich das ganze für einen schlechten scherz halten. lies doch, was du in den letzten monaten geschrieben hast, und wenn du darin einen einzigen satz, eine wendung, einen gedanken findest, der nicht klar ist, dann will ich dir deine gehirnerweichung und alles, was du willst, glauben."

bericht des pilgers 7

sprecher

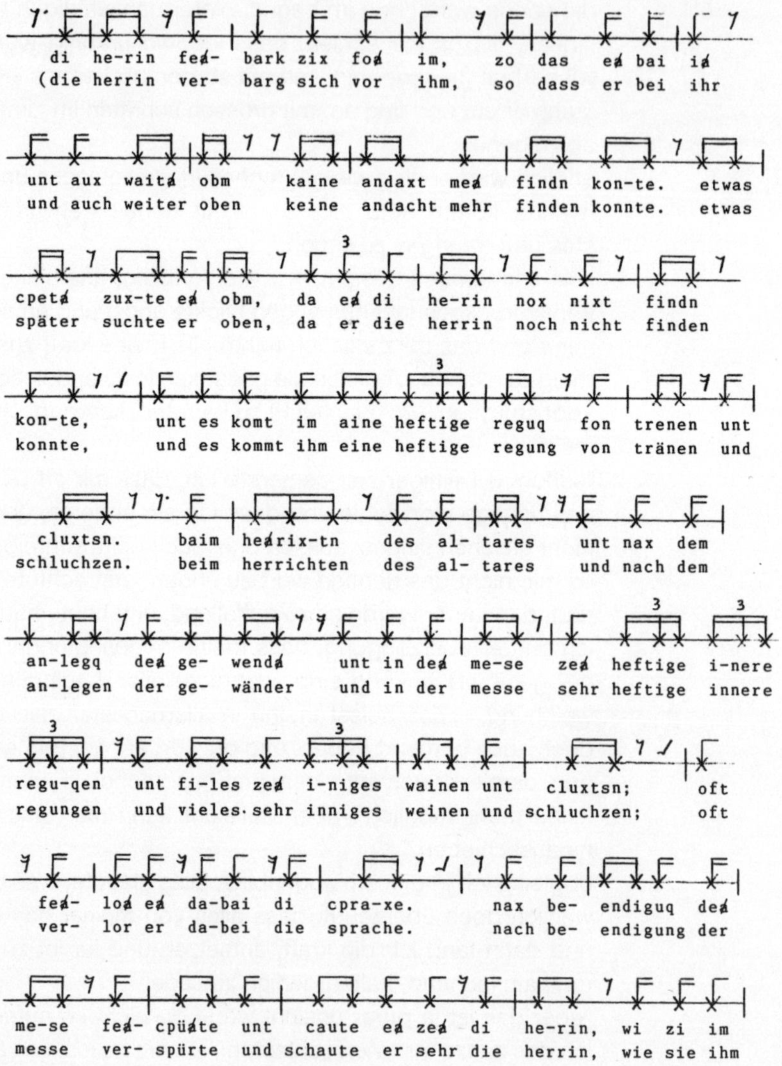
di he-rin feđ- bark zix fođ im, zo das eđ bai iđ
(die herrin ver- barg sich vor ihm, so dass er bei ihr
unt aux waitđ obm kaine andaxt međ findn kon-te. etwas
und auch weiter oben keine andacht mehr finden konnte. etwas
cpetđ zux-te eđ obm, da eđ di he-rin nox nixt findn
später suchte er oben, da er die herrin noch nicht finden
kon-te, unt es komt im aine heftige reguq fon trenen unt
konnte, und es kommt ihm eine heftige regung von tränen und
cluxtsn. baim heđrix-tn des al- tares unt nax dem
schluchzen. beim herrichten des al- tares und nach dem
an-legq deđ ge- wendđ unt in deđ me-se zeđ heftige i-nere
an-legen der ge- wänder und in der messe sehr heftige innere
regu-qen unt fi-les zeđ i-niges wainen unt cluxtsn; oft
regungen und vieles sehr inniges weinen und schluchzen; oft
feđ- lođ eđ da-bai di cpra-xe. nax be- endiguq deđ
ver- lor er da-bei die sprache. nach be- endigung der
me-se feđ- cpüđte unt caute eđ zeđ di he-rin, wi zi im
messe ver- spürte und schaute er sehr die herrin, wie sie ihm

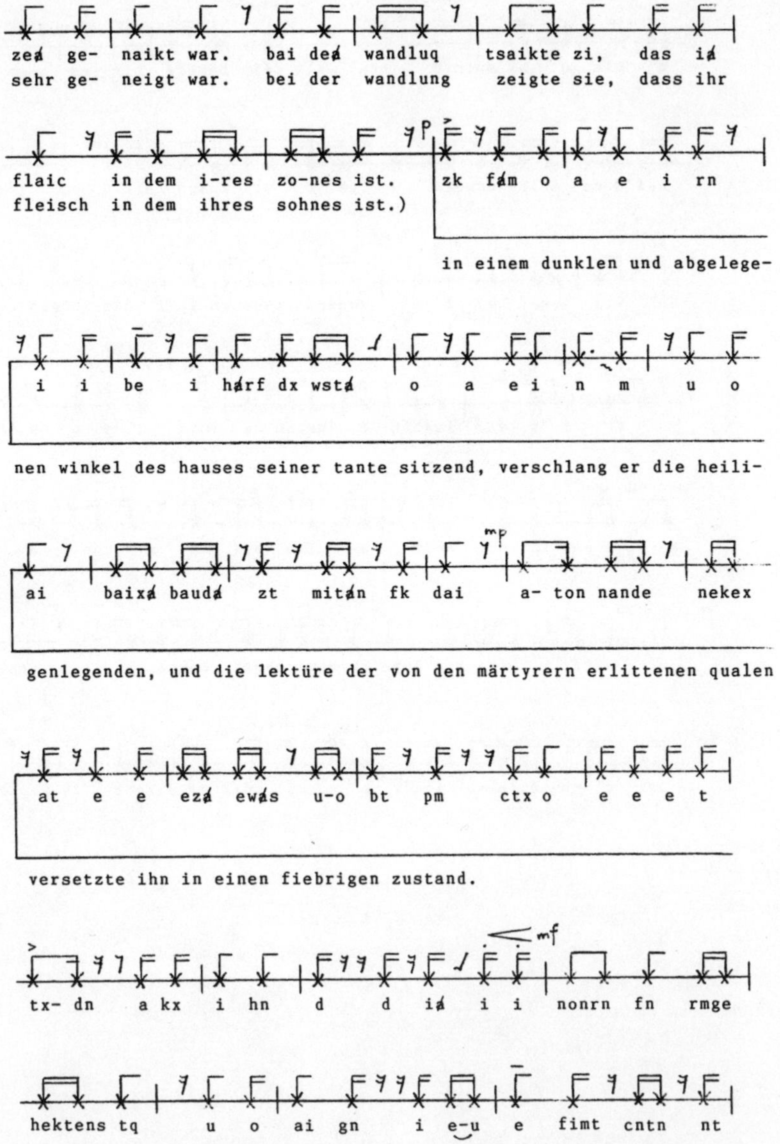
zeá ge- naikt war. bai deá wandluq tsaikte zi, das iá
sehr ge- neigt war. bei der wandlung zeigte sie, dass ihr
flaic in dem i-res zo-nes ist. zk fám o a e i rn
fleisch in dem ihres sohnes ist.)
in einem dunklen und abgelege-
i i be i hárf dx wstá o a e i n m u o
nen winkel des hauses seiner tante sitzend, verschlang er die heili-
ai baixá baudá zt mitán fk dai a- ton nande nekex
genlegenden, und die lektüre der von den märtyrern erlittenen qualen
at e e ezá ewás u-o bt pm ctx o e e e t
versetzte ihn in einen fiebrigen zustand.
tx- dn a kx i hn d d iá i i nonrn fn rmge
hektens tq u o ai gn i e-u e fimt cntn nt

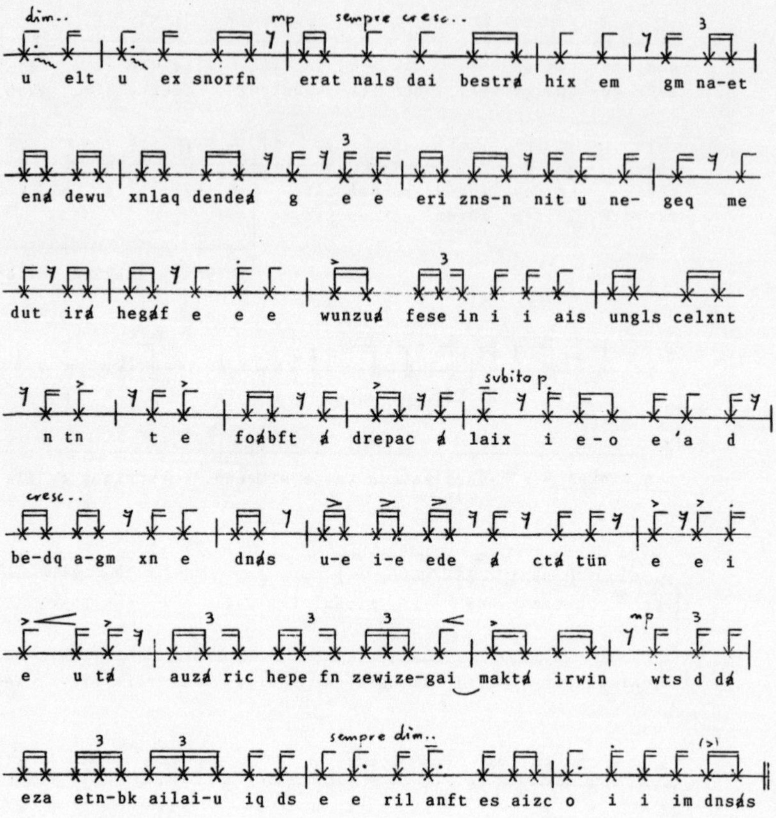
dim..
mp
sempre cresc..
u elt u ex snorfn erat nals dai bestrⱥ hix em gm na-et
enⱥ dewu xnlaq dendeⱥ g e e eri zns-n nit u ne- geq me
dut irⱥ hegⱥf e e e wunzuⱥ fese in i i ais ungls celxnt
subito p.
n tn t e foⱥbft ⱥ drepac ⱥ laix i e-o e 'a d
cresc..
be-dq a-gm xn e dnⱥs u-e i-e ede ⱥ ctⱥ tün e e i
mp
e u tⱥ auzⱥ ric hepe fn zewize-gai maktⱥ irwin wts d dⱥ
sempre dim..
eza etn-bk ailai-u iq ds e e ril anft es aizc o i i im dnsⱥs

aus den exerzitien 7

chor

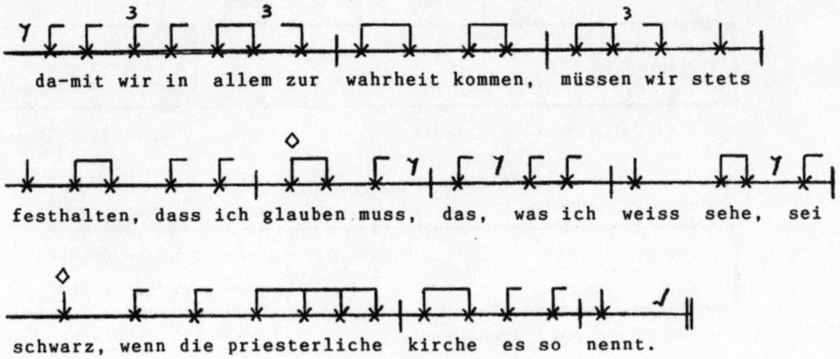

da-mit wir in allem zur wahrheit kommen, müssen wir stets
festhalten, dass ich glauben muss, das, was ich weiss sehe, sei
schwarz, wenn die priesterliche kirche es so nennt.

ein brief wandas mit widerhall

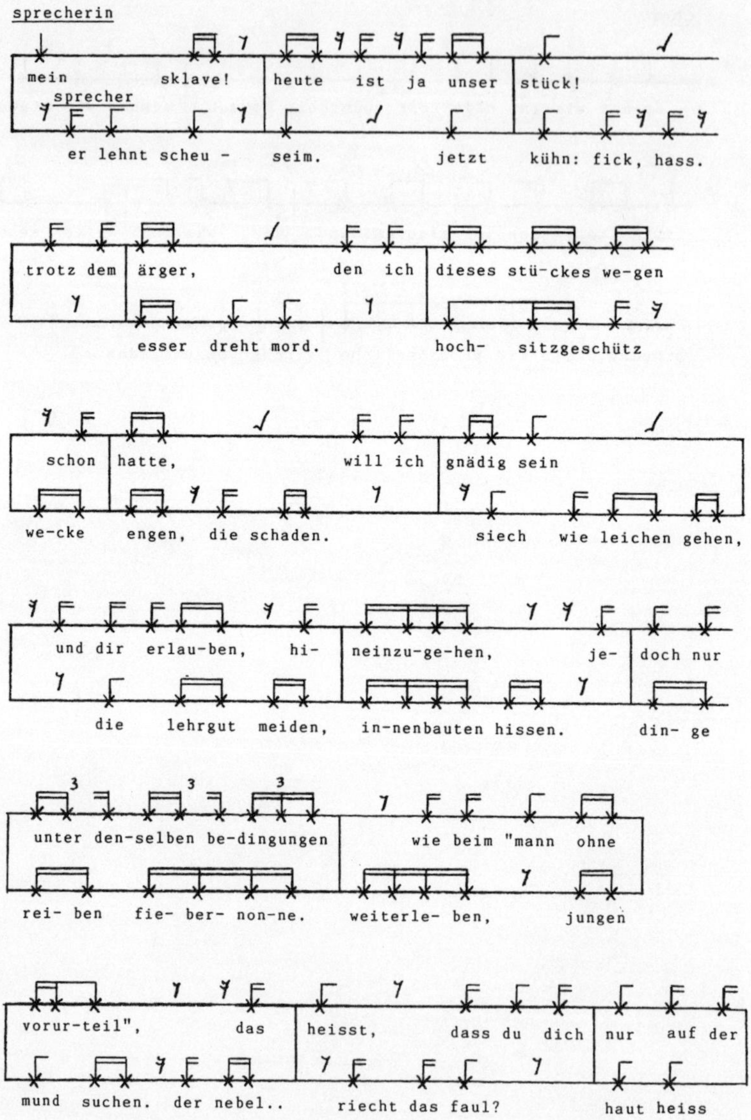
sprecherin
mein sklave! heute ist ja unser stück!
sprecher
er lehnt scheu - seim. jetzt kühn: fick, hass.
trotz dem ärger, den ich dieses stü-ckes we-gen
esser dreht mord. hoch- sitzgeschütz
schon hatte, will ich gnädig sein
we-cke engen, die schaden. siech wie leichen gehen,
und dir erlau-ben, hi- neinzu-ge-hen, je- doch nur
die lehrgut meiden, in-nenbauten hissen. din- ge
unter den-selben be-dingungen wie beim "mann ohne
rei- ben fie- ber- non-ne. weiterle- ben, jungen
vorur-teil", das heisst, dass du dich nur auf der
mund suchen. der nebel.. riecht das faul? haut heiss

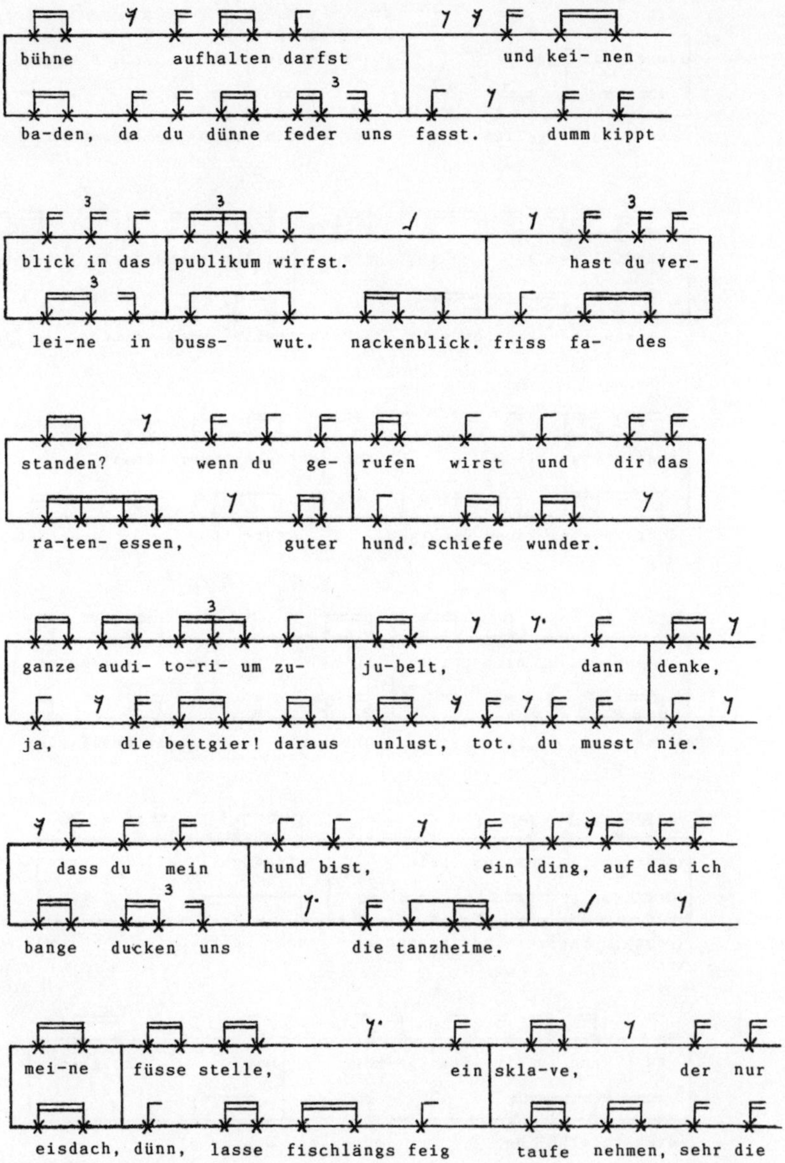
bühne aufhalten darfst und kei- nen
ba-den, da du dünne feder uns fasst. dumm kippt
blick in das publikum wirfst. hast du ver-
lei-ne in buss- wut. nackenblick. friss fa- des
standen? wenn du ge- rufen wirst und dir das
ra-ten- essen, guter hund. schiefe wunder.
ganze audi- to-ri- um zu- ju-belt, dann denke,
ja, die bettgier! daraus unlust, tot. du musst nie.
dass du mein hund bist, ein ding, auf das ich
bange ducken uns die tanzheime.
mei-ne füsse stelle, ein skla-ve, der nur
eisdach, dünn, lasse fischlängs feig taufe nehmen, sehr die

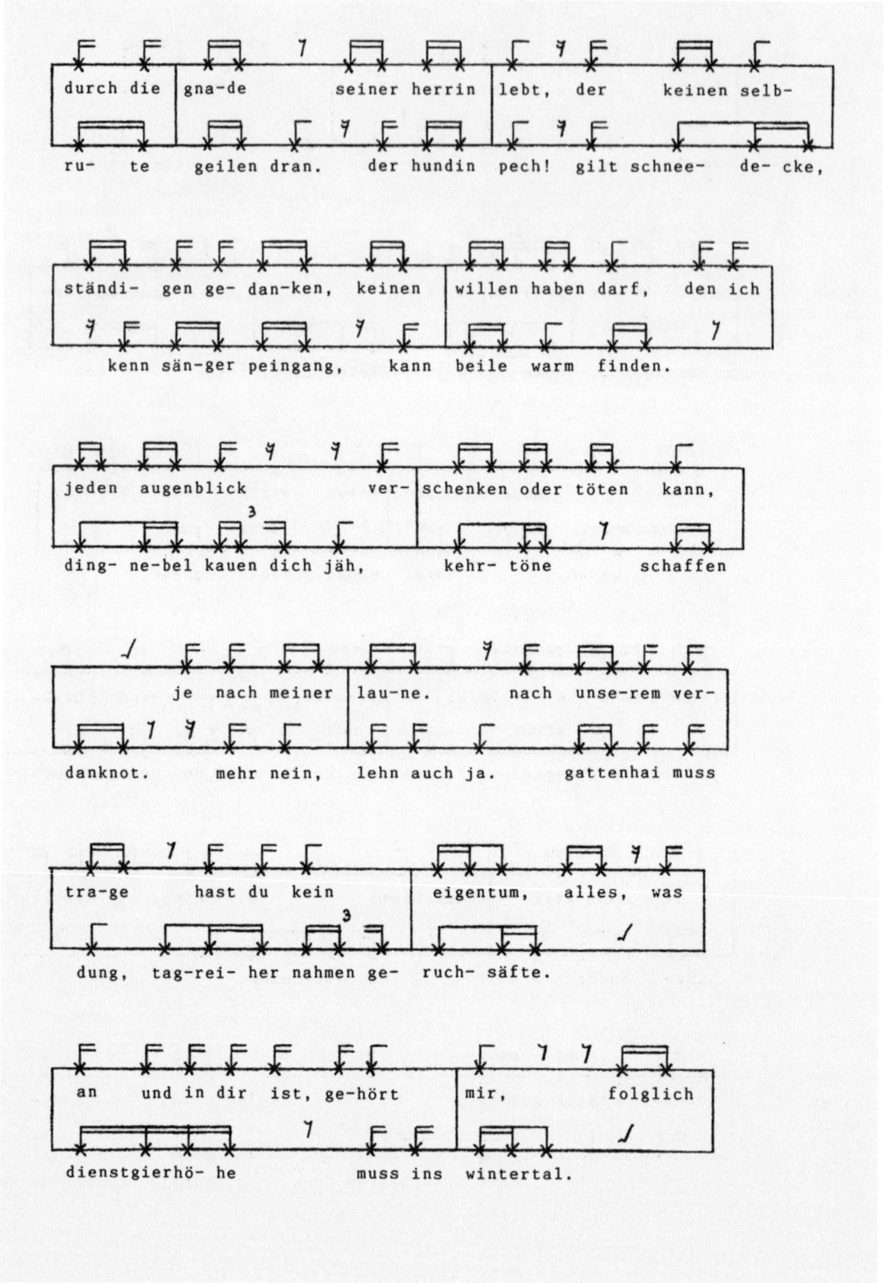
durch die gna-de seiner herrin lebt, der keinen selb-
ru- te geilen dran. der hundin pech! gilt schnee- de- cke,
ständi- gen ge- dan-ken, keinen willen haben darf, den ich
kenn sän-ger peingang, kann beile warm finden.
jeden augenblick ver- schenken oder töten kann,
3
ding- ne-bel kauen dich jäh, kehr- töne schaffen
je nach meiner lau-ne. nach unse-rem ver-
danknot. mehr nein, lehn auch ja. gattenhai muss
tra-ge hast du kein eigentum, alles, was
3
dung, tag-rei- her nahmen ge- ruch- säfte.
an und in dir ist, ge-hört mir, folglich
dienstgierhö- he muss ins wintertal.

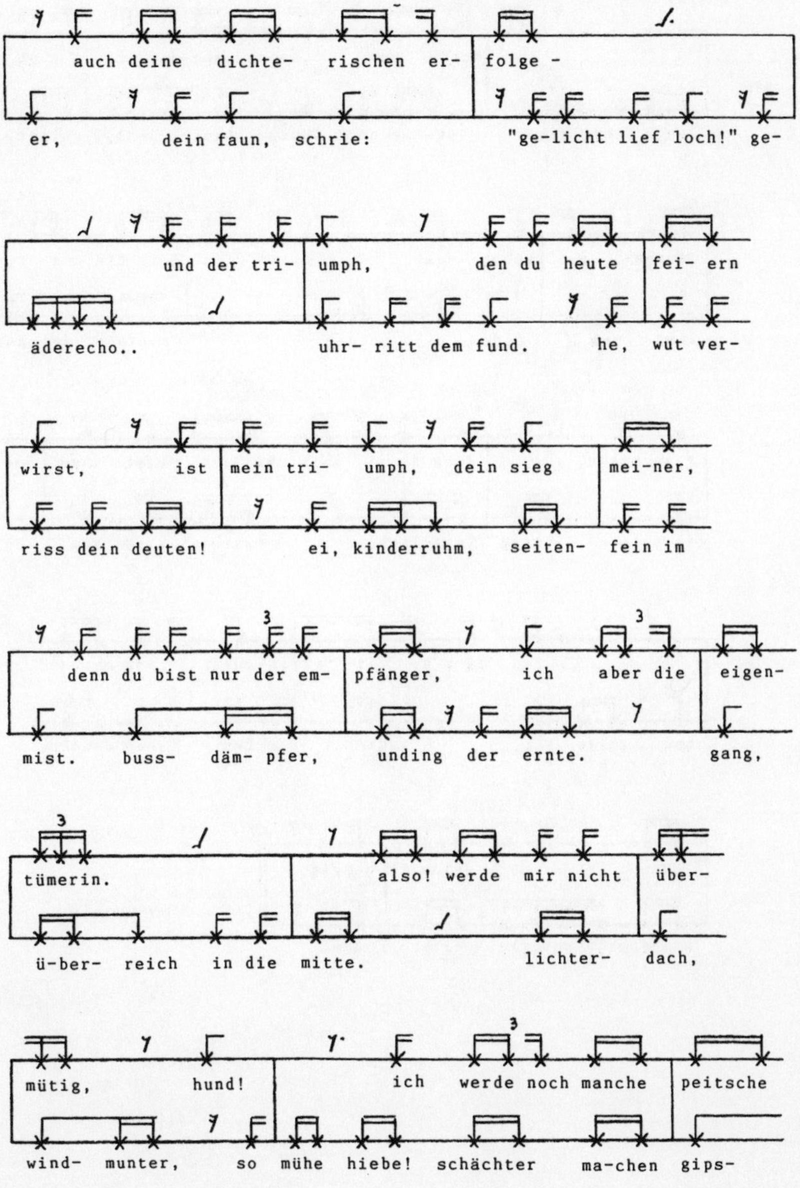
auch deine dichte- rischen er- folge -
er, dein faun, schrie: "ge-licht lief loch!" ge-
und der tri- umph, den du heute fei- ern
äderecho.. uhr- ritt dem fund. he, wut ver-
wirst, ist mein tri- umph, dein sieg mei-ner,
riss dein deuten! ei, kinderruhm, seiten- fein im
denn du bist nur der em- pfänger, ich aber die eigen-
mist. buss- däm- pfer, unding der ernte. gang,
tümerin. also! werde mir nicht über-
ü-ber- reich in die mitte. lichter- dach,
mütig, hund! ich werde noch manche peitsche
wind- munter, so mühe hiebe! schächter ma-chen gips-

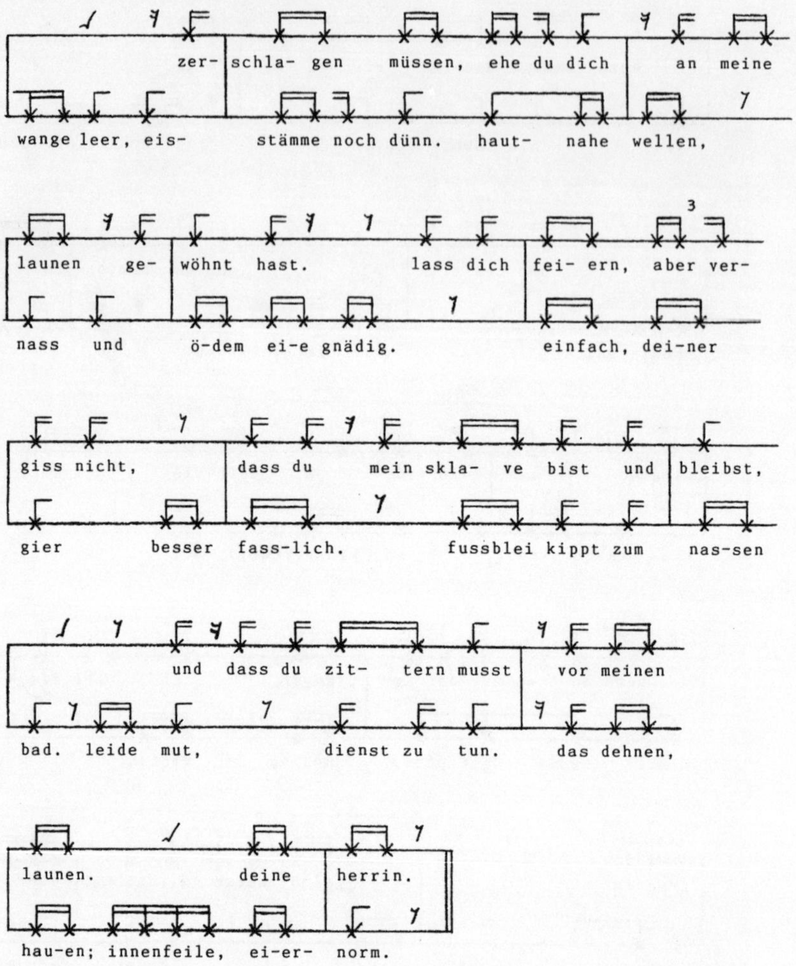
zer- schla- gen müssen, ehe du dich an meine
wange leer, eis- stämme noch dünn. haut- nahe wellen,
launen ge- wöhnt hast. lass dich fei- ern, aber ver-
nass und ö-dem ei-e gnädig. einfach, dei-ner
giss nicht, dass du mein skla- ve bist und bleibst,
gier besser fass-lich. fussblei kippt zum nas-sen
und dass du zit- tern musst vor meinen
bad. leide mut, dienst zu tun. das dehnen,
launen. deine herrin.
hau-en; innenfeile, ei-er- norm.

sühnegebet zu ehren der unbefleckten gottesmutter 1

chor

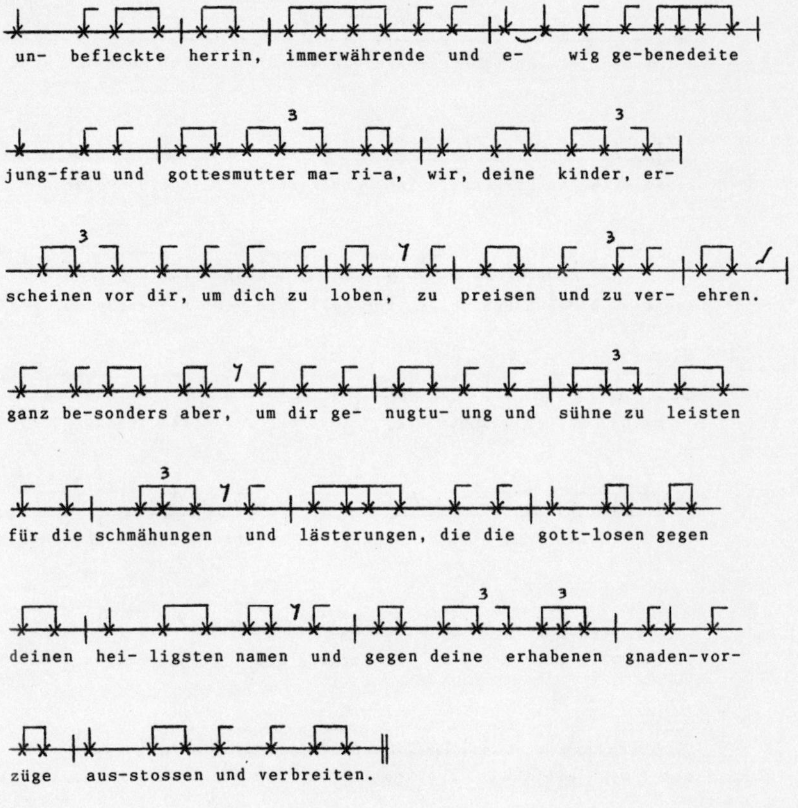
un- befleckte herrin, immerwährende und e- wig ge-benedeite
jung-frau und gottesmutter ma- ri-a, wir, deine kinder, erscheinen vor dir, um dich zu loben, zu preisen und zu ver- ehren.
ganz be-sonders aber, um dir ge- nugtu- ung und sühne zu leisten
für die schmähungen und lästerungen, die die gott-losen gegen
deinen hei- ligsten namen und gegen deine erhabenen gnaden-vor-
züge aus-stossen und verbreiten.
3

sühnegebet 2

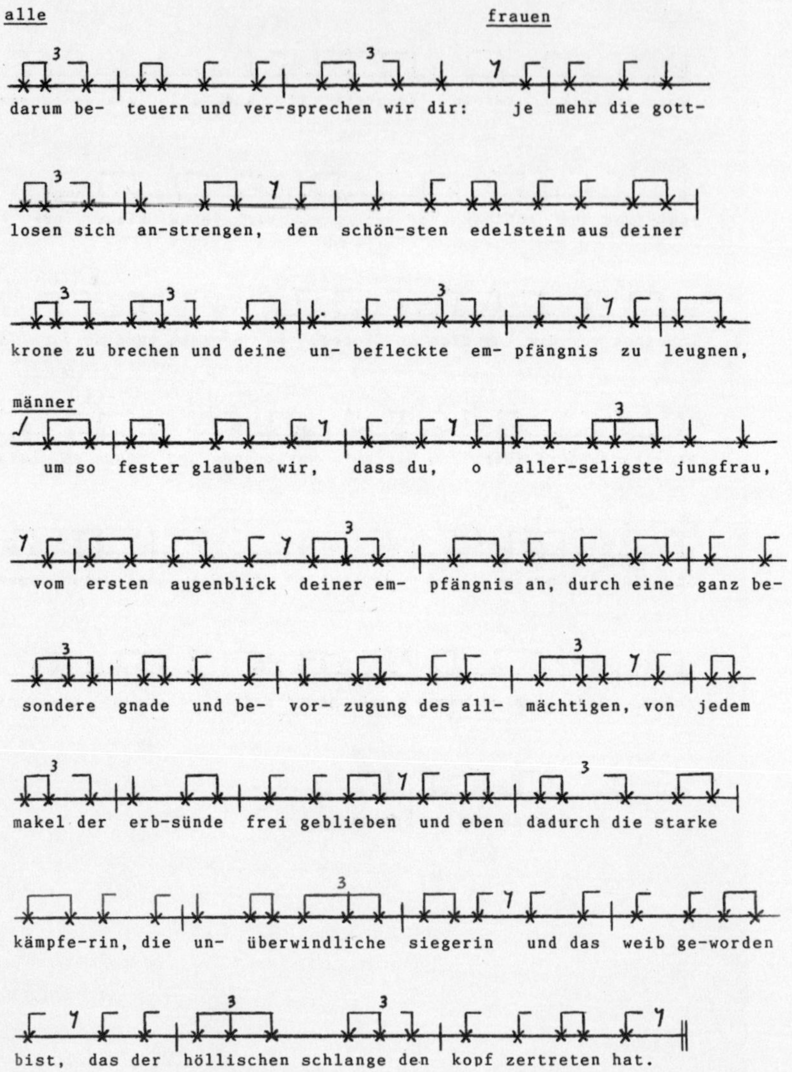

alle
frauen
darum be- teuern und ver-sprechen wir dir: je mehr die gott-
losen sich an-strengen, den schön-sten edelstein aus deiner
krone zu brechen und deine un- befleckte em- pfängnis zu leugnen,
männer
um so fester glauben wir, dass du, o aller-seligste jungfrau,
vom ersten augenblick deiner em- pfängnis an, durch eine ganz besondere gnade und be- vor- zugung des all- mächtigen, von jedem
makel der erb-sünde frei geblieben und eben dadurch die starke
kämpfe-rin, die un- überwindliche siegerin und das weib ge-worden
bist, das der höllischen schlange den kopf zertreten hat.

sühnegebet 3

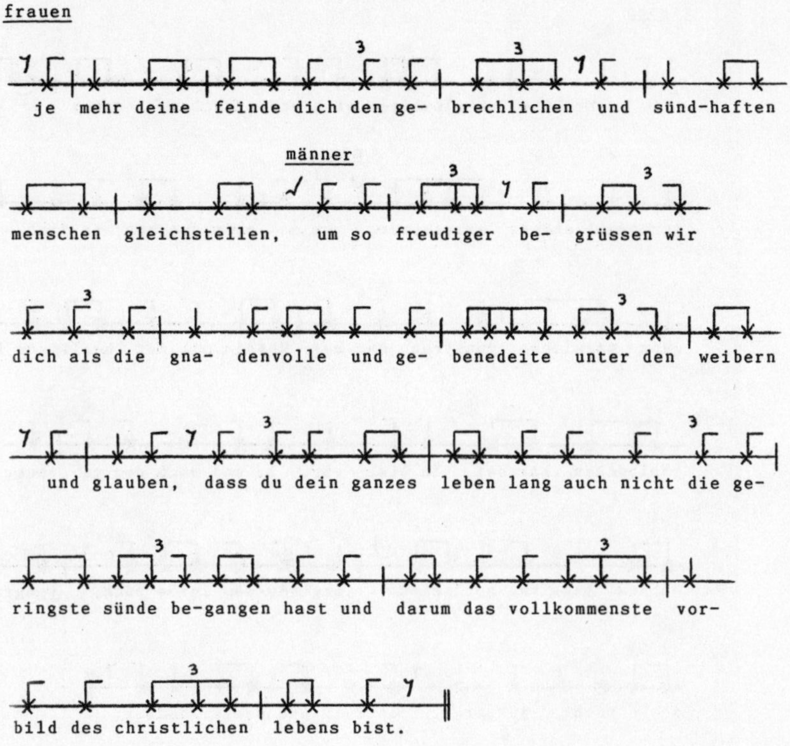
frauen
je mehr deine feinde dich den ge- brechlichen und sünd-haften
männer
menschen gleichstellen, um so freudiger be- grüssen wir
dich als die gna- denvolle und ge- benedeite unter den weibern
und glauben, dass du dein ganzes leben lang auch nicht die geringste sünde be-gangen hast und darum das vollkommenste vorbild des christlichen lebens bist.

sühnegebet 4

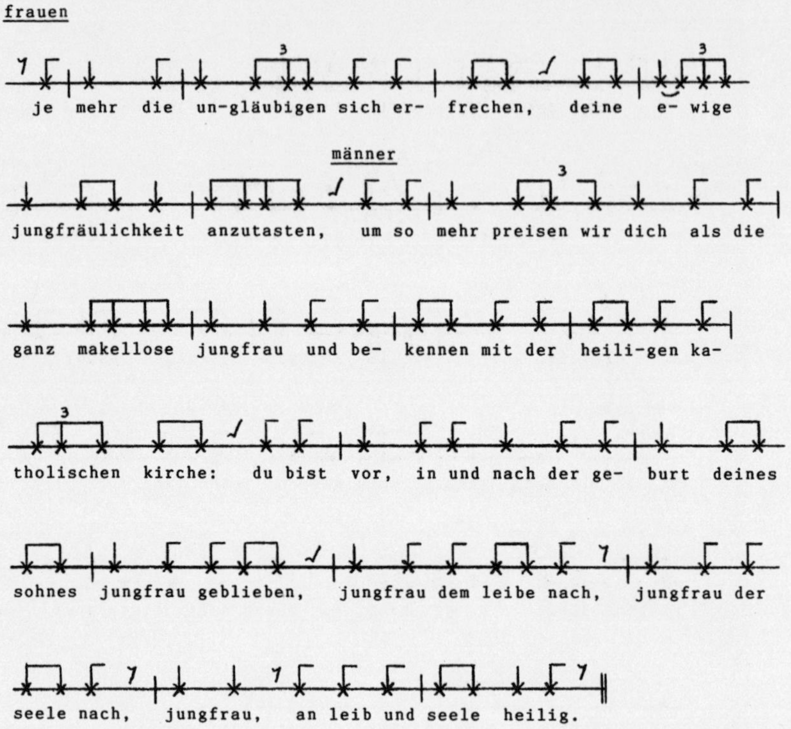
frauen
je mehr die un-gläubigen sich er- frechen, deine e- wige
männer
jungfräulichkeit anzutasten, um so mehr preisen wir dich als die
ganz makellose jungfrau und be- kennen mit der heili-gen katholischen kirche: du bist vor, in und nach der ge- burt deines
sohnes jungfrau geblieben, jungfrau dem leibe nach, jungfrau der
seele nach, jungfrau, an leib und seele heilig.

sühnegebet 5

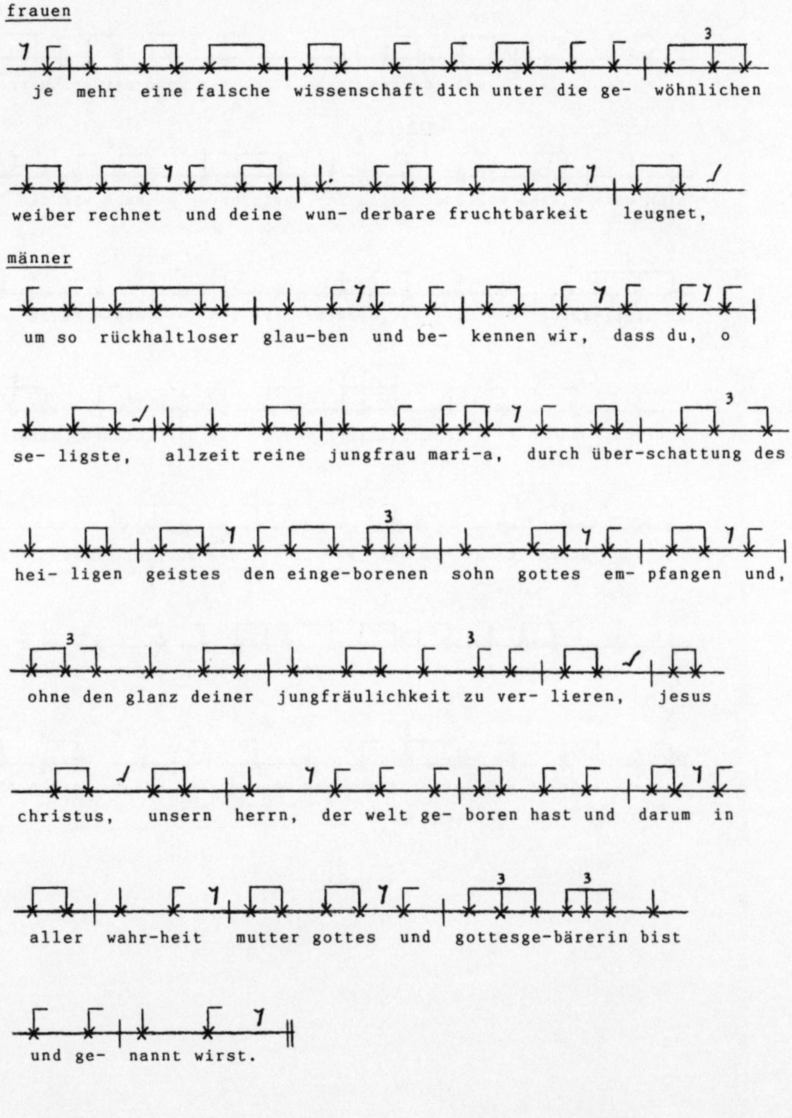
frauen
je mehr eine falsche wissenschaft dich unter die ge- wöhnlichen
weiber rechnet und deine wun- derbare fruchtbarkeit leugnet,
männer
um so rückhaltloser glau-ben und be- kennen wir, dass du, o
se- ligste, allzeit reine jungfrau mari-a, durch über-schattung des
hei- ligen geistes den einge-borenen sohn gottes em- pfangen und,
ohne den glanz deiner jungfräulichkeit zu ver- lieren, jesus
christus, unsern herrn, der welt ge- boren hast und darum in
aller wahr-heit mutter gottes und gottesge-bärerin bist
und ge- nannt wirst.

sühnegebet 6

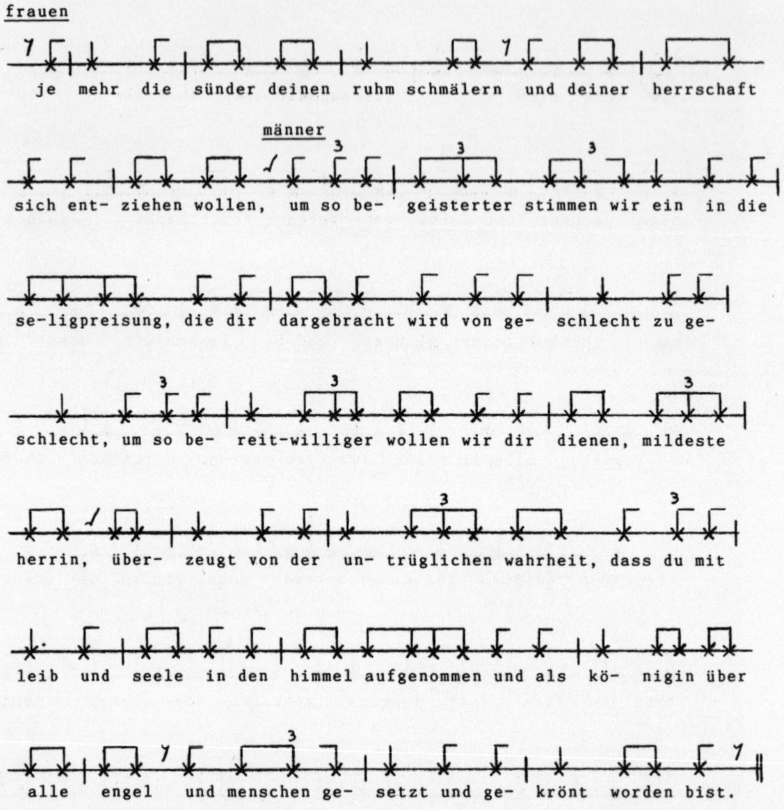
frauen
je mehr die sünder deinen ruhm schmälern und deiner herrschaft
männer
sich ent- ziehen wollen, um so be- geisterter stimmen wir ein in die
se-ligpreisung, die dir dargebracht wird von ge- schlecht zu geschlecht, um so be- reit-williger wollen wir dir dienen, mildeste
herrin, über- zeugt von der un- trüglichen wahrheit, dass du mit
leib und seele in den himmel aufgenommen und als kö- nigin über
alle engel und menschen ge- setzt und ge- krönt worden bist.

sühnegebet 7, antiphon

chor (alle)

lasset uns beten!

sprecher

liebe wanda! gestern abend unterhielt ich

chor

unbefleckt empfangene jungfrau,

mich mit deinem hermelinpelz.

hei-ligste gottesge-bärerin,

sprecher

an den haaren ist ein leichter duft

chor

königin

deines götterleibes zurückgeblieben, der mich entzückt hat.

des himmels und der erde,

sprecher

sei nur jetzt recht lieb mit mir und

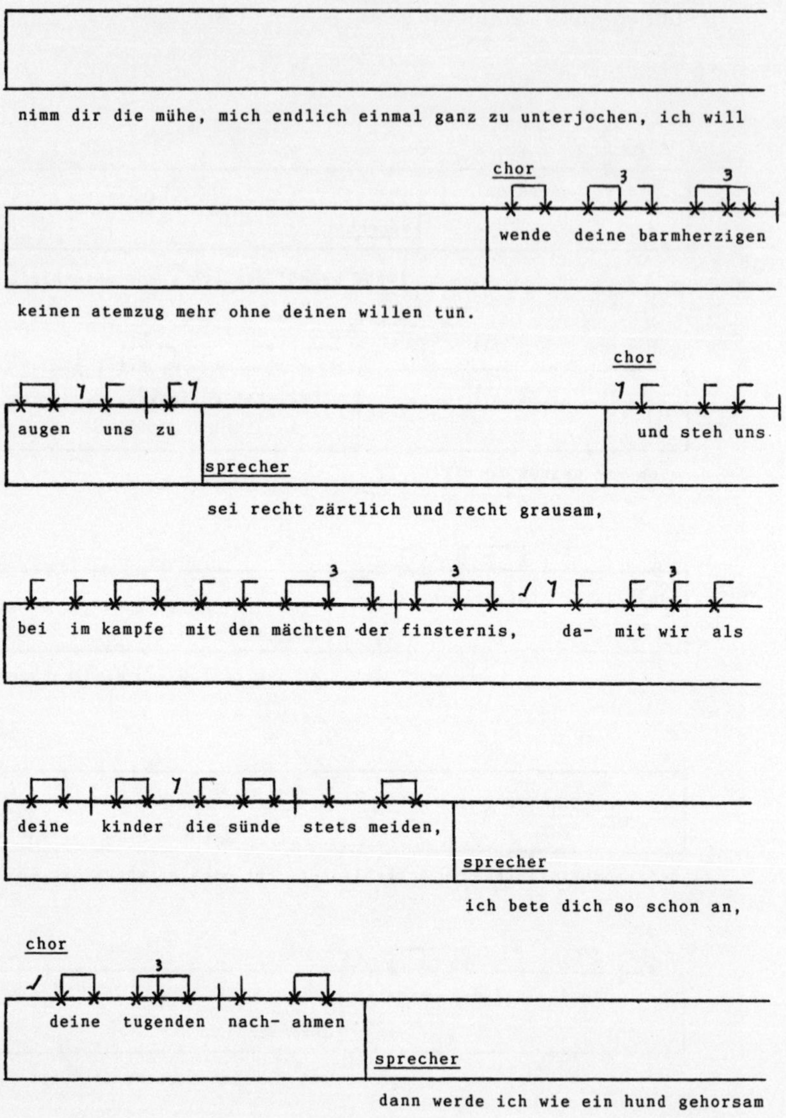
nimm dir die mühe, mich endlich einmal ganz zu unterjochen, ich will
chor
wende deine barmherzigen
keinen atemzug mehr ohne deinen willen tun.
chor
augen uns zu
und steh uns
sprecher
sei recht zärtlich und recht grausam,
bei im kampfe mit den mächten der finsternis, da- mit wir als
deine kinder die sünde stets meiden,
sprecher
ich bete dich so schon an,
chor
deine tugenden nach- ahmen
sprecher
dann werde ich wie ein hund gehorsam

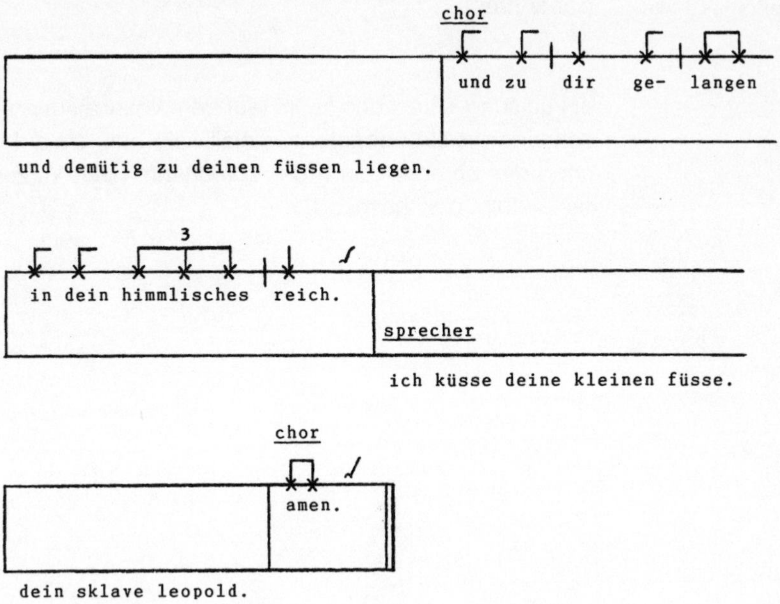
chor
und zu dir ge- langen
und demütig zu deinen füssen liegen.
3
in dein himmlisches reich.
sprecher
ich küsse deine kleinen füsse.
chor
amen.
dein sklave leopold.

der schrei

ein unisono-schrei des chors (auf dem vokal a), der nach etwa drei sekunden exakt abbricht. zugleich licht aus, bis auf die leselämpchen des sprechers und der sprecherin. nach kurzer spannungspause folgt der "ausgang".

ausgang

sprecherin
die moral? dass das weib, wie es die natur geschaffen und wie es der mann gegenwärtig heranzieht, sein feind ist und nur seine sklavin oder seine despotin sein kann, nie aber seine gefährtin. dies wird sie erst dann sein können, wenn sie ihm gleich steht an rechten, wenn sie ihm ebenbürtig ist durch bildung und arbeit.

leopold von sacher-masoch
"venus im pelz", 1878

sprecher
und die religion? sie vermag uns ebensowenig sittlich zu machen wie das strafgesetz. dies vermag nur das wissen, die bildung, die erkenntnis unserer selbst und der welt um uns.

leopold von sacher-masoch
"über den werth der kritik", 1873

anhang

die rhythmisch notierten texte im üblichen schriftsatz

eine erinnerung des leopold von sacher-masoch

es war an einem sonntagnachmittag. ich werde es niemals vergessen. ich war gekommen, um die kinder meiner schönen tante – wie wir sie nannten – zu besuchen und mit ihnen zu spielen. plötzlich kam die tante herein, stolz und strahlend schön, in ihren langen zobelpelz gehüllt, grüsste uns und küsste mich, was mich immer in höchstes entzücken versetzte. dann rief sie: "komm, leopold; du wirst mir helfen, meinen pelz abzulegen." das liess ich mir nicht zweimal sagen. ich folgte ihr ins schlafzimmer, zog ihr den schweren pelz aus, den ich kaum heben konnte, und half ihr, ihre wunderschöne grüne, mit sibirischem eichhörnchen besetzte samtjacke anzuziehen, die sie im hause trug. dann kniete ich vor ihr nieder, um ihr die goldbestickten pantoffeln überzustreifen.
als ich spürte, wie ihre kleinen füsse sich unter meiner hand bewegten, vergass ich mich und gab ihnen einen glühenden kuss. zuerst blickte meine tante mich erstaunt an; dann brach sie in gelächter aus und versetzte mir einen leichten fusstritt.
während sie die versper für uns herrichtete, spielten wir verstecken, und ich weiss nicht, was für ein teufel mich ritt, dass ich mich im schlafzimmer meiner tante versteckte, hinter einem über und über mit kleidern und mänteln vollgehängten kleiderständer. in diesem augenblick hörte ich die türklingel, und ein paar minuten später trat meine tante in ihr zimmer, gefolgt von einem schönen jungen mann.
sie schob die tür zu, ohne sie abzuschliessen, und zog ihren freund neben sich auf einen diwan. ich verstand nicht, was sie sagten, und noch weniger, was sie taten; aber ich fühlte mein herz heftig schlagen, denn ich war mir der situation, in der ich mich befand, vollkommen bewusst: wenn man mich entdeckte, würde man mich für einen spion halten. beherrscht von diesem gedanken, der mir eine todesangst bereitete, schloss ich die augen und hielt mir die ohren zu. ich hätte mich beinahe durch ein niesen verraten, das ich nur mit grosser mühe unterdrücken konnte.
in diesem augenblick fiel der unselige kleiderständer zu boden, und die wut meiner tante ergoss sich über mich. "wie! du hattest dich hier versteckt?" schrie sie. »na warte, das hier wird dich lehren zu spionieren!«
ich bemühte mich vergeblich, meine anwesenheit zu erklären und mich zu rechtfertigen; im handumdrehen hatte sie mich der länge

nach auf dem teppich ausgestreckt; dann packte sie mit der linken hand meine haare, setzte ein knie auf meine schultern und begann mich kräftig auszupeitschen. ich biss mit aller kraft die zähne zusammen; dennoch traten mir tränen in die augen. aber ich muss doch zugeben, dass ich, obwohl ich mich unter den grausamen schlägen der schönen frau wand, eine art lust dabei empfand.

der vertrag

sprecherin
mein sklave!
die bedingungen, unter welchen ich sie als sklave annehme und an meiner seite dulde, sind folgende:
sie sind in meinen händen ein blindes werkzeug, das ohne widerrede alle meine befehle vollzieht. sollten sie vergessen, dass sie sklave sind, und mir nicht in allen dingen unbedingten gehorsam leisten, steht mir das recht zu, sie ganz nach meinem belieben zu strafen und zu züchtigen, ohne dass sie wagen dürfen, sich darüber zu beklagen.
die grösste grausamkeit ist mir gestattet, und wenn ich sie verstümmle, so müssen sie es ohne klage tragen. sie müssen arbeiten für mich wie ein sklave, und wenn ich im überflusse schwelge und sie entbehren lasse und sie mit füssen trete, müssen sie ohne zu murren den fuss küssen, der sie getreten.
sie haben ausser mir nichts, ich bin ihnen alles, ihr leben, ihre zukunft, ihr glück, ihr unglück, ihre qual und ihre lust.
nun bestätigen sie mir:
ich verpflichte mich mit meinem ehrenworte,

sprecher
ich verpflichte mich mit meinem ehrenworte,

sprecherin
der sklave der frau wanda von dunajew zu sein,

sprecher
der sklave der frau wanda von dunajew zu sein,

sprecherin
ganz so, wie sie es verlangt,

sprecher
ganz so, wie sie es verlangt,

sprecherin
und mich allem,

sprecher
und mich allem,

sprecherin
was sie über mich verhängt,

sprecher
was sie über mich verhängt,

sprecherin
ohne widerstand zu unterwerfen.

sprecher
ohne widerstand zu unterwerfen.

bericht des pilgers ignatius von loyola

1
von dem tag an, an dem er von seiner heimat aufbrach, geisselte er sich jede nacht.
als er in ein grosses dorf kam, wollte er dort die kleidung kaufen, die er zu tragen beschlossen hatte. und so kaufte er stoff, aus dem man säcke zu machen pflegt, von einer art, die nicht sehr gewebt

ist und viele borsten hat. und er liess sogleich daraus ein bis zu den füssen langes gewand machen. und weil er sehr sorgsam in der pflege seines haars gewesen war, entschloss er sich, es so seiner natur nach gehen zu lassen, ohne es zu kämmen noch zu schneiden noch es mit irgend etwas zu bedecken. und aus demselben grund liess er die nägel an den füssen und händen wachsen, weil er auch darin sorgsam gewesen war.

2

wie er also seines weges zog, holte ihn ein maure ein, ein reiter auf einem maultier. und wie die beiden miteinander sprachen, kamen sie darauf, über die herrin zu sprechen. und der maure sagte, es schiene ihm wohl, dass die jungfrau ohne einen mann empfangen habe; aber das gebären und dabei jungfrau-bleiben, das könne er nicht glauben. und er gab dafür die natürlichen gründe, die sich ihm anboten. der pilger konnte ihm diese auffassung, so viele gründe er ihm gab, nicht auflösen. und so ritt der maure mit soviel eile voran, dass er ihn aus der sicht verlor.

3

er blieb im nachdenken darüber, was mit dem mauren gewesen war. und dabei kamen ihm einige regungen, die in seiner seele unzufriedenheit bewirkten. ihm schien, dass er seine pflicht nicht getan habe; und auch verursachten sie ihm unwillen gegen den mauren. es schien ihm, er habe schlecht getan, zuzulassen, dass ein maure solche dinge über die herrin sage, und dass er verpflichtet sei, ihre ehre wiederherzustellen. und so kam ihm das verlangen, den mauren suchen zu gehen und ihm dolchstösse zu versetzen für das, was er gesagt hatte. da er ihn aber nicht mehr finden sollte, entschloss er sich, eine ganze nacht, ohne sich zu setzen oder zu legen, sondern zeitweise stehend und zeitweise kniend waffenwache vor dem altar der herrin zu halten.

4

er wohnte in einer kleinen zelle, die ihm die dominikaner in ihrem kloster gegeben hatten. und er verharrte in seinen sieben stunden gebet auf den knien, wobei er ständig um mitternacht aufstand und auch die geisselungen, die er sich mit grosser strenge dreimal an jedem tag auferlegte, nicht aussetzte. dabei kamen ihm oft versuchungen mit grossem ansturm, sich durch ein grosses loch zu stürzen, das diese seine zelle hatte; und es war neben der stelle, wo er das gebet hielt. doch da er erkannte, dass es sünde war, sich zu töten, schrie er: "herr, ich werde nichts tun, was dir entgegen ist!" und er wiederholte diese worte so wie die früheren viele male.

5
er verharrte bei der enthaltung, kein fleisch zu essen. und er war darin fest, so dass er auf keine weise dachte, sich zu ändern. eines tages stellte sich am morgen, als er aufgestanden war, vor ihm fleisch zum essen dar, als sähe er es mit den leiblichen augen, ohne dass irgendein verlangen danach vorausgegangen wäre. und es kam ihm auch gleichzeitig eine grosse zustimmung des willens, dass er es von da an essen sollte.

6
die magenschmerzen, die ihn befallen hatten, um derentwillen er schuhe benutzt hatte, verliessen ihn, und es ging ihm mit dem magen gut. und aus diesem grund kam ihm das verlangen, zu den vergangenen bussübungen zurückzukehren. und so begann er, ein loch in die sohlen der schuhe zu machen. er verbreiterte es allmählich, so dass er, als die winterkälte kam, nur noch das oberteil trug.

7
die herrin verbarg sich vor ihm, so dass er bei ihr und auch weiter oben keine andacht mehr finden konnte. etwas später suchte er oben, da er die herrin noch nicht finden konnte, und es kommt ihm eine heftige regung von tränen und schluchzen. beim herrichten des altares und nach dem anlegen der gewänder und in der messe sehr heftige innere regungen und vieles sehr inniges weinen und schluchzen; oft verlor er dabei die sprache. nach beendigung der messe verspürte und schaute er sehr die herrin, wie sie ihm sehr geneigt war. bei der wandlung zeigte sie, dass ihr fleisch in dem ihres sohnes ist.

zusatz (wanda)
in einem dunklen und abgelegenen winkel des hauses seiner tante sitzend, verschlang er die heiligenlegenden, und die lektüre der von den märtyrern erlittenen qualen versetzte ihn in einen fiebrigen zustand.

aus den exerzitien des ignatius von loyola

1

wir müssen uns gleichgültig machen gegen alles geschaffene, soweit uns freiheit des urteils darin gewährt ist und nicht versagt, so dass wir, so viel an uns ist, gesundheit nicht mehr begehren als krankheit, reichtum nicht mehr als armut, ehre nicht mehr als verachtung, langes leben nicht mehr als ein kurzes und so gleicherweise in allem übrigen, sondern einzig trachten und greifen nach dem, was dem ende förderlich ist, zu dem wir geschaffen sind.

2

in der überlegung über das unsichtbare, wie hier über die sünden, wird die vorstellung sein, dass ich in der einbildung sehe und betrachte, wie meine seele in diesen körper als in ein dem verderben preisgegebenes gefängnis und das ganze in dieses jammertal gleichsam unter wilde tiere verbannt sei.

3

wenn die betrachtung über den leidensgang christi angestellt wird, soll ich um schmerz, tränen und qualen bitten, um tiefste beschämung flehen.

4

die vorstellung ist nun, in der einbildung zu schauen die länge, die breite und die tiefe der hölle. das wird hier sein, dass ich um ein durchdringendes gefühl der strafe bitte, die die verdammten leiden. das erste stück wird sein, dass ich in der einbildung schaue die ungeheuren flammen und die seelen gleichsam in feurigen körpern. das zweite, dass ich höre das klagen und heulen, das geschrei und die lästerungen. das dritte, dass ich rieche den rauch und den schwefel, den unrat und den faulenden schmutz. das vierte, dass ich fühle die bitterkeiten, die tränen, die traurigkeit und den gewissenswurm. und das fünfte, dass ich spüre, wie jene flammen die seelen verwunden und brennen.

5

ich soll nicht an liebliche noch freundliche dinge denken, wie an das paradies, an die auferstehung, oder solches. denn um reue, tränen und schmerz über die sünden zu spüren, ist jeder gedanke an lust und freude hinderlich. sondern ich halte mir immer vor, dass ich trauer und reue empfinden möchte, und gedenke mehr des todes und des gerichts.

6
eine art busse zu tun besteht darin, dass man das fleisch züchtigt, das ist, ihm einen fühlbaren schmerz bereitet, da man mit geisseln oder mit stricken oder eisernen ruten darauf schlägt und sich so selbst geisselt und verwundet und sich andere härten zufügt.

7
damit wir in allem zur wahrheit kommen, müssen wir stets festhalten, dass ich glauben muss, das, was ich weiss sehe, sei schwarz, wenn die priesterliche kirche es so nennt.

ein brief wandas mit widerhall

mein sklave! heute ist ja unser stück!
trotz dem ärger,
den ich dieses stückes wegen schon hatte,
will ich gnädig sein
und dir erlauben, hineinzugehen,
jedoch nur unter denselben bedingungen wie beim "mann ohne vorurteil",
das heisst, dass du dich nur auf der bühne aufhalten darfst

und keinen blick in das publikum wirfst.
hast du verstanden? wenn du gerufen wirst,
und dir das ganze auditorium

er lehnt scheu – seim. jetzt kühn: fick, hass.
esser dreht mord.
hochsitzgeschütz wecke engen, die schaden.
siech wie leichen gehen, die lehrgut meiden, innenbauten hissen.
dinge reiben fiebernonne. weiterleben, jungen mund suchen. der nebel..
riecht das faul? haut heiss baden, da du dünne feder uns fasst.
dumm kippt leine in busswut. nackenblick. friss
fades ratenessen, guter hund. schiefe wunder.
ja, die bettgier! daraus unlust,

zujubelt,
dann denke, dass du mein hund
bist,
ein ding, auf das ich meine füsse stelle, ein sklave,
der nur durch die gnade seiner
herrin lebt,
der keinen selbständigen gedanken,
keinen willen haben darf,
den ich jeden augenblick
verschenken oder töten kann,
je nach meiner laune.
nach unserem vertrage hast du
kein eigentum,
alles, was an und in dir ist, gehört mir,
folglich auch deine dichterischen erfolge –
und der triumph,
den du heute feiern wirst,
ist mein triumph, dein sieg meiner,
denn du bist nur der empfänger,
ich aber die eigentümerin.
also! werde mir nicht übermütig,
hund!
ich werde noch manche peitsche zerschlagen müssen,
ehe du dich an meine launen
gewöhnt hast.
lass dich feiern, aber vergiss
nicht,
dass du mein sklave bist und
bleibst,
und dass du zittern musst
vor meinen launen. deine herrin.

tot. du musst nie.
bange ducken uns die tanzheime.
eisdach, dünn, lasse fischlängs
feig taufe nehmen,
sehr die rute geilen dran. der
hundin pech!
gilt schneedecke, kenn sänger
peingang,
kann beile warm finden.
dingnebel kauen dich jäh,
kehrtöne schaffen danknot.
mehr nein, lehn auch ja.
gattenhai muss dung, tagreiher
nahmen geruchsäfte.
dienstgierhöhe muss ins wintertal. er,
dein faun, schrie: "gelicht lief
loch!" geäderecho..
uhrritt dem fund.
he, wut verriss dein deuten!
ei, kinderruhm, seitenfein im
mist.
bussdämpfer, unding der ernte.
gang, überreich in die mitte.
lichterdach, windmunter, so mühe hiebe!
schächter machen gipswange
leer, eisstämme noch dünn.
hautnahe wellen, nass und
ödem eie gnädig.
einfach, deiner gier besser fass-
lich.
fussblei kippt zum nassen bad.
leide
mut, dienst zu tun. das
dehnen, hauen; innenfeile, eier-
norm.

sühnegebet zu ehren der unbefleckten gottesmutter

1
unbefleckte herrin, immerwährende und ewig gebenedeite jungfrau und gottesmutter maria, wir, deine kinder, erscheinen vor dir, um dich zu loben, zu preisen und zu verehren. ganz besonders aber, um dir genugtuung und sühne zu leisten für die schmähungen und lästerungen, die die gottlosen gegen deinen heiligsten namen und gegen deine erhabenen gnadenvorzüge ausstossen und verbreiten.

2
darum beteuern und versprechen wir dir:
je mehr die gottlosen sich anstrengen, den schönsten edelstein aus deiner krone zu brechen und deine unbefleckte empfängnis zu leugnen,
um so fester glauben wir, dass du, o allerseligste jungfrau, vom ersten augenblick deiner empfängnis an, durch eine ganz besondere gnade und bevorzugung des allmächtigen, von jedem makel der erbsünde frei geblieben und eben dadurch die starke kämpferin, die unüberwindliche siegerin und das weib geworden bist, das der höllischen schlange den kopf zertreten hat.

3
je mehr deine feinde dich den gebrechlichen und sündhaften menschen gleichstellen,
um so freudiger begrüssen wir dich als die gnadenvolle und gebenedeite unter den weibern und glauben, dass du dein ganzes leben lang auch nicht die geringste sünde begangen hast und darum das vollkommenste vorbild des christlichen lebens bist.

4
je mehr die ungläubigen sich erfrechen, deine ewige jungfräulichkeit anzutasten,
um so mehr preisen wir dich als die ganz makellose jungfrau und bekennen mit der heiligen katholischen kirche: du bist vor, in und nach der geburt deines sohnes jungfrau geblieben, jungfrau dem leibe nach, jungfrau der seele nach, jungfrau, an leib und seele heilig.

5
je mehr eine falsche wissenschaft dich unter die gewöhnlichen weiber rechnet und deine wunderbare fruchtbarkeit leugnet,
um so rückhaltloser glauben und bekennen wir, dass du, o seligste, allzeit reine jungfrau maria, durch überschattung des heiligen geistes den eingeborenen sohn gottes empfangen und, ohne den glanz deiner jungfräulichkeit zu verlieren, jesus christus, unsern herrn, der welt geboren hast und darum in aller wahrheit mutter gottes und gottesgebärerin bist und genannt wirst.

6
je mehr die sünder deinen ruhm schmälern und deiner herrschaft sich entziehen wollen,
um so begeisterter stimmen wir ein in die seligpreisung, die dir dargebracht wird von geschlecht zu geschlecht, um so bereitwilliger wollen wir dir dienen, mildeste herrin, überzeugt von der untrüglichen wahrheit, dass du mit leib und seele in den himmel aufgenommen und als königin über alle engel und menschen gesetzt und gekrönt worden bist.

7
lasset uns beten! unbefleckt empfangene jungfrau, heiligste gottesgebärerin, königin des himmels und der erde, wende deine barmherzigen augen uns zu und steh uns bei im kampfe mit den mächten der finsternis, damit wir als deine kinder die sünde stets meiden, deine tugenden nachahmen und zu dir gelangen in dein himmliches reich.
amen.

ein brief leopolds
liebe wanda!
gestern abend unterhielt ich mich mit deinem hermelinpelz. an den haaren ist ein leichter duft deines götterleibes zurückgeblieben, der mich entzückt hat. sei nur jetzt recht lieb mit mir und nimm dir die mühe, mich endlich einmal ganz zu unterjochen, ich will keinen atemzug mehr ohne deinen willen tun. sei recht zärtlich und recht grausam, ich bete dich so schon an, dann werde ich wie ein hund gehorsam und demütig zu deinen füssen liegen.
ich küsse deine kleinen füsse.
dein sklave
leopold.

die bremer stadtmusikanten

eine kinderpantomime mit tierlauten

hinweise

die von vier kindern gemimten tiere sind durch charakteristische attribute kenntlich gemacht. so hat der esel lange aufgestellte ohren, der hund einen schwanz, mit dem er wedeln kann, die katze abstehende schnurrbarthaare, der hahn einen rotgezackten hahnenkamm. die tischrunde der räuber hingegen wird von vier erwachsenen personen dargestellt. sie tragen masken mit den gesichtszügen medienbekannter egotypen wie korrupter politiker, skrupelloser unternehmer, absahnender "stars" des showgeschäfts. sie agieren durchweg stumm, auch wenn sie erschrecken und davonlaufen.
dass musik hier fehl am platz ist, versteht sich von selbst. alles akustische geschehen bleibt – mit ausnahme der unvermeidlichen nebengeräusche – allein auf die tierstimmen beschränkt.

der esel tritt von links vor den vorhang und sagt müde:

i a..

mit gesten, die seinen hunger ausdrücken, trottet er zur mitte der bühne, wo er den erschöpft am boden ausgestreckten hund erblickt. als selbst betroffener fragt er verständnisvoll:

a i..?

der hund, traurig:

wau wau..

der esel stupst ihn aufmunternd und deutet ihm, sich zu erheben und ihn zu begleiten.

der hund macht zwei schlappe schläge mit dem schwanz, rafft sich dann aber doch auf und willigt schicksalsergeben ein:

wau wau.

fast auf der stelle tretend (um eine längere strecke vorzutäuschen) wandern sie mit dem folgenden duett drauflos:

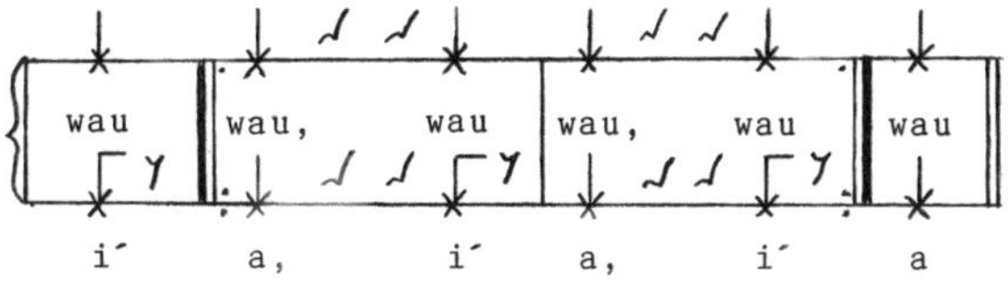
wau
wau, wau
wau, wau
wau
i´ a, i´ a, i´ a

(wiederholungen ad libitum)

inzwischen ist von der linken seite die katze aufgetaucht und hat sich mit einem klagenden

miau..

gleich nach dem ersten schritt auf die gekreuzten beine gehockt – natürlich ist die katze ein mädchen.

esel und hund, nachdem sie sich mit feldstecherblick (hohl gerundete hände vor den augen) vergewissert haben, dass da jemand ist, machen kehrt und gehen auf die katze zu. in gebührendem abstand (doch nicht zu weit entfernt) bleiben sie stehen, verneigen sich vor ihr und nehmen sie näher in augenschein.

der hund, besorgt:

auw auw..?

da die katze nur einmal mit einem gedämpften "m" aufseufzt, werden hund und esel eindringlicher:

auw auw??
a– i?? (beide zusammen)

die katze reagiert apathisch mit der gegenfrage:

auim..?

hund und esel, noch nachdrücklicher:

wau wau, wau wau!
i– a, i– a! (beide zusammen)

beide deuten ihr, sich ihnen anzuschliessen.
sich noch ein wenig zierend, doch von den auffordernden gesten gedrängt, erhebt sich die katze schliesslich.
die katze am arm des hundes, der esel hinterdrein, machen sie sich erneut auf den weg und stimmen folgendes terzett an:

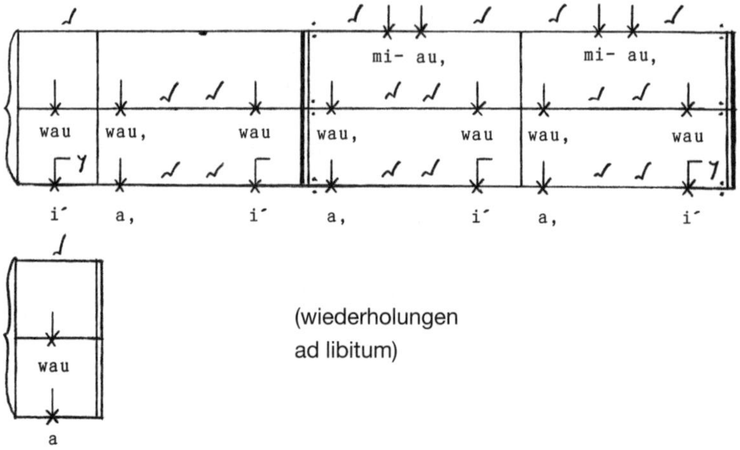
mi- au,
mi- au,
wau
wau,
wau
wau,
wau
wau,
wau
i´
a,
i´
a,
i´
a,
i´
wau
a

(wiederholungen ad libitum)

knapp bevor die drei unverhofften kameraden den rechten bühnenabgang erreichen, hört man von links, noch hinter dem vorhang, ein jämmerlich atemloses

kikeriki!!

augenblicklich verstummt, wenden sich die drei aufgeschreckt um. der hahn – ein kleiner knirps – stolpert, verzweifelt mit den flügeln (händen) schlagend, von links auf die bühne und fällt vor aufregung und erschöpfung gleich hin.
katze, hund und esel, im verein zusehends lebendiger geworden, eilen – jeder mit seinen charakteristischen bewegungen – dem hahn zu hilfe. bei ihm angekommen, versuchen sie nacheinander, ihn zu beruhigen:

miau,
wau wau,
i´ a.

der hahn reibt sich heftig den hals, als hätte ihn schon das schlachtmesser geritzt. verängstigt:

kikeriki..!

katze, hund und esel, beschwichtigend:

miau,

wau wau,

i´ a..

der hahn, sich allmählich fassend (diminuendo):

ki-ke-ri-ki..

kleine pause allgemeiner besinnung.

zuerst gibt die katze mit einladender geste dem hahn zu verstehen, sich ihnen zuzugesellen:

auim..?!

der hund pflichtet ihr unverzüglich bei:

auw auw?!

und auch der esel bekräftigt in launiger art (wie "komm mit!"):

a i!!

der hahn, gerührt, zeigt sich gern bereit:

kikeriki, kikeriki.

der esel hilft dem flügelschlagenden hahn kameradschaftlich hoch, fasst ihn um die schulter und folgt so der katze, die am galanten arm des hundes schon aufgebrochen ist.

zu viert, ein paar hinter dem andern, marschieren sie ruhig, doch entschlossenen schritts, an der rampe entlang zum rechten bühnenabgang, mit dem nun zum quartett erweiterten (wie stets gesprochenen!) wanderlied:

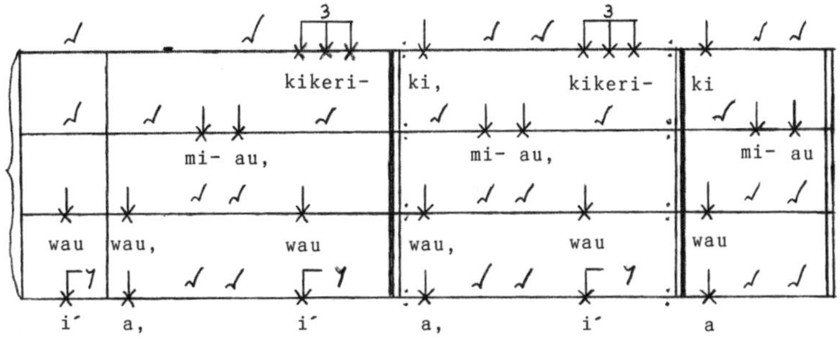

nachdem die vier die bühne verlassen haben, hört man noch ein paar takte lang ihr sprechquartett, das – wie sich entfernend – rasch leiser wird und verebbt.

der vorhang öffnet sich. bei fahler bühnenbeleuchtung sieht man einen angestrahlten tisch, um den vier fragwürdige gestalten sitzen. vor jeder steht ein teller voll knödel und ein humpen bier. es wird gierig gegessen und getrunken – doch die freude währt nur kurz.

schlagartig beleuchtet ein scheinwerfer die tiergruppe, die sich schon vor öffnung des vorhangs am rechten bühnenrand entsprechend positioniert hatte: der hahn auf der schulter der katze, diese auf der des hundes und dieser auf dem rücken des esels. im chor schreien sie ein greuliches:

kikeriki!!!
mi– au!!!
wau– wau!!!
i– a!!!

die tischgesellschaft – im ersten augenblick vor schreck erstarrt – nimmt in panischer angst reissaus, gejagt von esel, hund, katze und hahn.

als das feld geräumt ist, nicken sich die vier tiere befriedigt zu und setzen sich zur fortsetzung des unterbrochenen mahls fröhlich um den tisch. bevor sie ihren hunger stillen, stimmen sie aber noch ein festliches schlussquartett an:

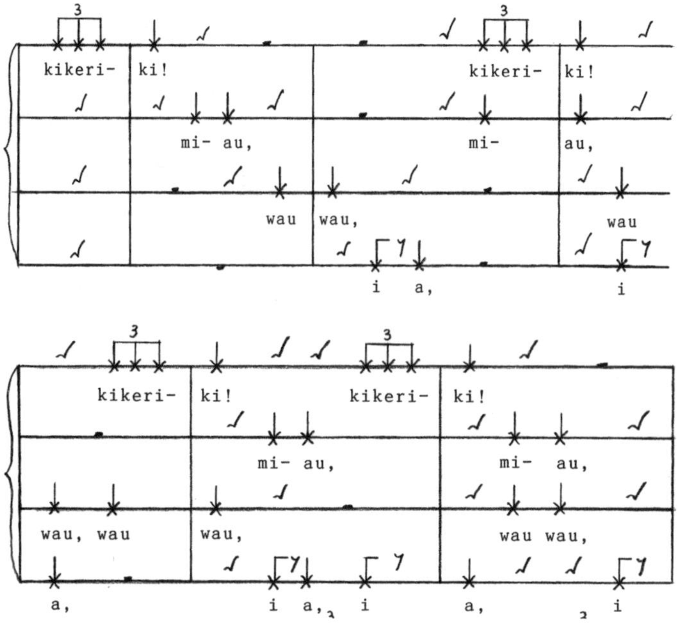

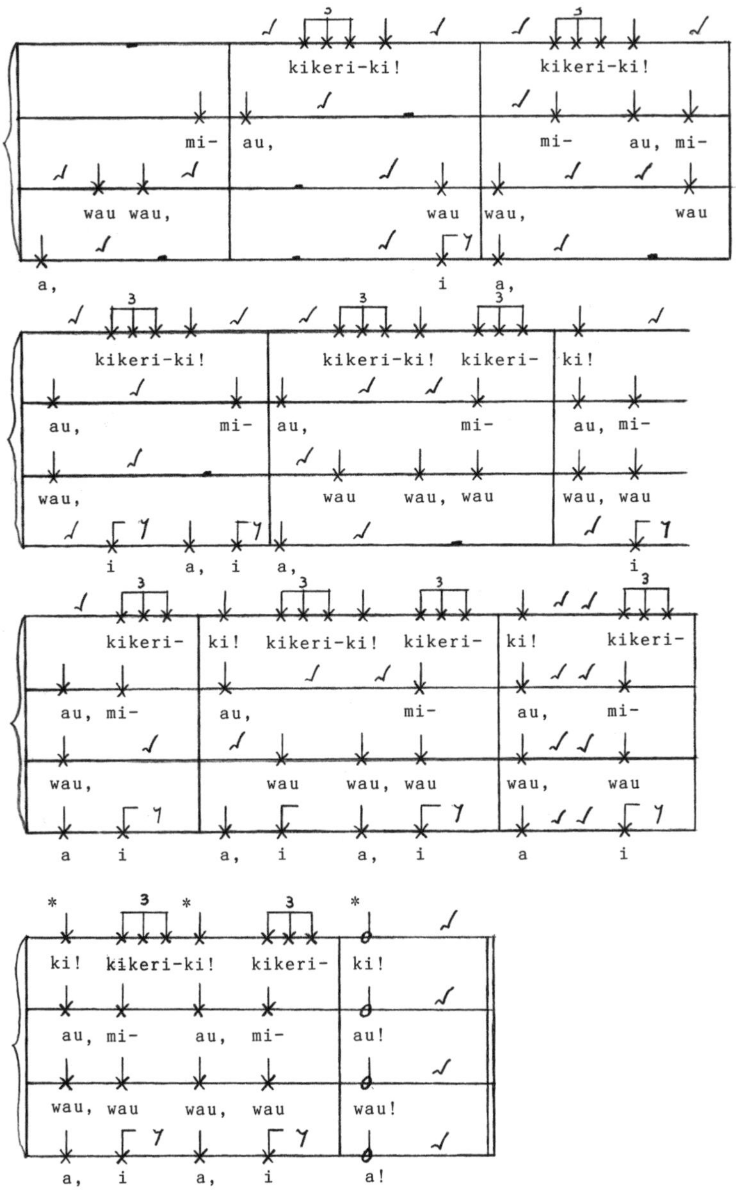

* an diesen stellen können esel, hund, katze und hahn mit messer und gabel auf humpen und teller schlagen.

vorhang zu.

pompes funèbres meyerbeer

ein teichoskopisches dramolett

erste szene

der vorhang öffnet sich.
die bühne zeigt andeutungsweise ein pariser wohnzimmer im stil der sechziger jahre des neunzehnten jahrhunderts. im hintergrund ein fenster mit gardinen und zweigeteiltem vorhang. daneben ein beistelltischchen mit diversen gegenständen. rechts eine tür in einer freistehenden wandkulisse mit geblümter tapete. links, an einer die bühne eingrenzenden, ebenso gemusterten stellwand eine chaiselongue. gedämpftes tageslicht.

auf der chaiselongue ruht eine junge frau. am tischchen sitzt ihr mann, damit beschäftigt, ein opernglas zu reinigen. beide tragen bürgerliche hauskleidung, wie sie zur zeit meyerbeers üblich war. die unterhaltung dieser ersten szene sollte womöglich in französischer sprache geführt werden (siehe anhang), wobei die deutsche originalfassung als synchrone laufschrift über der bühne mitzulesen ist.

sie, nach einigen minuten stille:
lassen sie doch etwas frische luft herein! (1)

er: mit vergnügen. (2)

er schiebt den vorhang zur seite und öffnet einen fensterflügel. von "draussen" dringt der gesang einer amsel ins zimmer.

sie, aufmerksam geworden:
hören sie..?! (3)

er, mit unwillkürlich verhaltener stimme:
.. eine amsel. (4)

er wirft einen blick aus dem fenster und bemerkt offenbar ein ereignis, das sein interesse weckt. während im folgenden der gesang der amsel etwas in den hintergrund rückt und bald nur noch hin und wieder vernehmbar ist, lehnt er sich auf das fensterbrett und schaut gespannt hinaus.

sie, da er von dem, was er sieht, nicht mehr los kommt:
was geschieht denn draussen so interessantes? (5)

er: eine grosse menschenmenge hat sich auf den champs-élysées versammelt .. viele tragen festtagskleidung .. .. darunter deputierte von theatern und akademien, gesangsvereine .. offensichtlich alle in erwartung eines bedeutenden ereignisses .. .. vor der rue montaigne steht eine sechsspännige schwarzverhängte hofkarosse, mit lorbeerkränzen geschmückt .. .. soeben stieg der hofmarschall aus dem wagen und verharrt in militärischer haltung .. alle blicke sind auf das offene tor des eckhauses zur rue montaigne gerichtet .. .. zwei uniformierte bedienstete mit prunkvollen paradekränzen treten aus dem haus .. hinter ihnen wird jetzt ein sarg sichtbar – er ist in eine schwarze, mit weissen sternen bestickte samtdecke gehüllt, reich beladen mit immortellenkränzen und blumensträussen .. flankiert von fackelträgern .. .. gemessenen schritts und gesenkten hauptes bringt man den sarg zum leichenwagen .. (6)

sie, mit gespieltem interesse:
ein staatsbegräbnis..? (7)

er, sich kurz umwendend:
vor wenigen tagen ist doch meyerbeer gestorben..? (8)

sie: ach ja, giacomo meyerbeer! (9)

wie beiläufig löst sie ein perlencollier vom nacken.

er, beugt sich wieder aus dem fenster:
der leichenwagen hat sich langsam in bewegung gesetzt .. (10)

bei dem wort "bewegung" ertönen gedämpfte schläge einer grossen trommel in getragenem trauermarschrhythmus:

ab der ersten wiederholung akzentuiert ein dumpfer tamtam-schlag jeweils den ersten taktteil des ersten der beiden takte.

er: an der spitze marschieren die sappeurs der nationalgarde, dahinter die musikkorps der grenadiere und der gendamerie ..

ein zeremonienmeister trägt ein kissen voran – (er nimmt das opernglas vom beistelltischchen zu hilfe), besteckt mit den zahlreichen orden meyerbeers .. (11)

sie, mit einer gewissen anteilnahme:
wieder ein leuchtender stern weniger! (12)

sie schlüpft aus ihren samtpantoffeln und schiebt sie beiseite.

er: ein rabbiner hält das alte testament in händen .. ihm folgen weitere rabbiner und synagogendiener .. die angehörigen des toten, trauergäste, würdenträger .. mitglieder des konservatoriums, der gesellschaft dramatischer schriftsteller .. das personal der grossen oper, der opéra-comique und des théâtre lyrique .. deputationen des deutschen gesangvereins "teutonik" und der "liedertafel" – zu erkennen an den inschriften ihrer banner. (13)

er schaut rasch wieder zu ihr. sie streift die strümpfe und strumpfbänder ab.

er setzt, kurz zögernd, seinen bericht fort:
siebzehn, achtzehn – nein, zwanzig trauerwagen, dazu etliche equipagen folgen der prozession im schritttempo .. .. eine ständig wachsende menge mittrauernder schliesst sich schweigend dem zug an .. eine nicht endende nachhut .. (14)

sie, mit leicht ironischem unterton:
was sie so alles sehen..! (15)

sie entledigt sich ihres kleides, womit sie sein interesse verstärkt auf sich zu lenken beginnt.

sie, nach einer kleinen kunstpause:
und nun..? (16)

er, unsicher, versteht ihre bemerkung als aufforderung, weiter zu berichten:
eben bewegt sich die prozession durch die avenue des champs-élysées .. .. erreicht die place de la concorde .. .. hier erwartet sie schon eine gruppe von musikern .. (17)

sie: sind bekannte komponisten darunter? (18)

er greift wieder zum opernglas:
ich glaube, auber und ganz vorne gounod zu erkennen .. (19)

sie, maliziös lächelnd:
der grosse rivale ist tot! (20)

er: aus den reihen der neugierigen am strassenrand lösen sich einige frauen, eilen auf den leichenwagen zu .. werfen hastig kränze und blumen über den sarg. (21)

während er mit zunehmend erregter stimme spricht, zieht sie betont gelassen das hemd aus. sich wieder ins zimmer wendend, starrt er sie einen augenblick gebannt an – offenbar unschlüssig, ob er das fenster verlassen soll, kurz bevor das ungewöhnliche schauspiel draussen den zielpunkt erreicht hat.

sie, kokett antreibend:
weiter, nur weiter .. (22)

er: der trauerzug hat die grands boulevards erreicht .. kommt jetzt an der schwarz beflaggten opéra vorbei .. überquert den boulevard haussmann, biegt ein in die rue lafayette und bewegt sich richtung gare du nord .. (23)

sie, spielerisch:
richtung gare du nord .. (24)

er: hunderttausende drängen sich hier in erwartung des leichenwagens – an den wänden des bahnhofs prangen schilder mit den operntiteln "robert le diable", "les huguenots", "le prophète", "l'étoile du nord" .. (25)

der trauermarschrhythmus, inzwischen wie aus der ferne, bricht ab. ein moment stille. sie knöpft ihr mieder auf und wirft es zu den übrigen kleidungsstücken.

er, mit unruhig pendelndem blick zwischen ihr und dem geschehen draussen:
der sarg trifft ein! .. der leichenzug hält an .. vor der schwarz

verhängten eingangshalle der gare du nord steht ein riesiger katafalk – hoch flammen opferfeuer auf! – was für ein schauspiel! (26)

sie streift, als letztes kleidungsstück, das höschen ab. zugleich setzt ein leiser trommelwirbel (kleine trommel) ein, der sich bis zum ende der szene kontinuierlich steigert.
als sie sich nun nackt auf der chaiselongue ausstreckt, schliesst er hastig das fenster und zieht die vorhänge zu. damit schlagartig dunkel.
der bühnenvorhang schliesst sich bis auf einen schmalen spalt. während des umbaus ist im zuschauerraum von allen seiten amselgesang zu hören.

zweite szene
(verwandlung)

der vorhang öffnet sich.
taghelle bühne. aus dem offenen fenster ertönt wieder der gesang der amsel. die standorte der requisiten sind dieselben wie in der ersten szene, nur der stil hat sich gewandelt: wir sind in der gegenwart. die tapeten der stellwände sind einfarbig (hellgelb), die chaiselongue wurde durch eine couch ersetzt, der alte stuhl durch einen neuen, das beistelltischchen durch eine moderne radio-, kassetten-, cd-kombination. gardinen fehlen, die vorhänge sind schlicht und lichtdurchlässig. die personen sind dieselben wie in der vorigen szene, nur erscheinen sie merklich gealtert. die frau trägt einen hellen bademantel, der mann einen morgenrock.

sie ruht ungezwungen auf der couch und liest in einem buch. nach einigen minuten betritt er rechts durch die tür das zimmer.

er, da sie auf sein erscheinen nicht reagiert:
was liest du denn so eifrig?

sie: du weisst doch – noch immer die meyerbeer-biographie. nach den pompösen trauerfeierlichkeiten in paris, wo er bekanntlich gestorben ist, komme ich gerade zur überführung seiner leiche nach berlin.

er, sich hinsetzend:
dann lies doch mal vor!

sie: In einer letzten Verfügung hatte Meyerbeer, der stets große Angst vor dem Scheintod gehegt, bestimmt, daß seine Leiche, an Händen und Füßen mit Glöckchen versehen und aufmerksam bewacht, vier Tage lang in dem Bette aufgebahrt bleibe, in dem er verstorben, dann erst eingesargt und nach Berlin überführt werde, um an der Seite seiner geliebten Mutter beigesetzt zu werden. Hiernach wurde genau verfahren. Erst Freitag, 6. Mai, ward der Sarg in prunkvollstem Leichenzuge zur Überführung nach Deutschland zum Nordbahnhof geleitet. Um 6 Uhr abends setzte sich der Sonderzug mit der Leiche, in dem die Familienangehörigen, der Direktor der Opéra und der Verleger Brandus ihr das Geleite gaben, in Bewegung, um durch Belgien der Heimat des Verstorbenen zuzustreben, auf vielen Stationen von Deputationen und Trauergesängen ehrfurchtsvoll gegrüßt. In der Pariser Opéra fand am gleichen Abend die 398. Vorstellung der "Hugenotten" statt, nach deren viertem Akt unter den Klängen des Prophetenmarsches des Verewigten Büste auf der Bühne von den Künstlern bekränzt wurde. Die Überführung vom Potsdamer Bahnhof in Berlin nach der Meyerbeerschen Wohnung am Pariser Platz Nr. 6 geschah unauffällig in aller Stille. Die offizielle Beisetzung war auf Montag, den 9. Mai, mittags 12 Uhr anberaumt. Nach einer internen Feier im Trauerhaus, an der Prinz Georg von Preußen, Abgesandte des Hofes, der Ministerien und öffentlichen Kunstanstalten wie die Gesandten Frankreichs und Italiens offiziell teilnahmen, und bei der der aus Breslau berufene Rabbiner Dr. Joël die Gedächtnisrede hielt und ein Soloquartett der Oper Meyerbeersche Gesänge vortrug, gruppierte sich ein imposanter Trauerzug. Voran unter Führung des Generalmusikdirektors Wieprecht die vereinigten Kapellen sämtlicher Berliner Kavallerie-Regimenter (120 Bläser mit umflorten Instrumenten), dahinter die Abordnung der Oper, geführt von Kapellmeister Taubert in Abwesenheit des Intendanten, dann folgte ein nach jüdischer Vorschrift einfacher Leichenwagen, der in gleicher Weise alle ohne Unterschied des Standes oder Vermögens hinausträgt, umgeben von den zwölf jüngsten, Palmen tragenden Mitgliedern des Hoforchesters. Hinter der Leiche schritten die Angehörigen, die offiziellen Deputationen, darunter der Direktor der Opéra. Den Beschluß bildete eine endlose Wagenreihe, angeführt von den sechsspännigen Galawagen des Königshauses. Eine unabsehbare Menschenmenge füllte die Straßen, die der Zug passierte. Als der Zug die Linden herauf vor dem Opernhause anlangte, ward eine mächtige schwarze Trauerfahne gehißt, und der auf der Rampe aufgestellte Opernchor sang einen Choral. Darauf reihten sich die Sänger dem Zuge ein, der nun seinen Weg nach dem israelitischen Friedhof vor dem Schönhauser Tor nahm. In einer schwarz dekorierten Halle erhob sich, umgeben von einer Fülle exotischer Gewächse, ein Katafalk, auf welchem der Sarg stand; derselbe, mit einer schwarzen, silberverzierten Decke überzogen, prangte in einer Fülle reich blühender Kränze; sechs Kerzen umstanden den Sarg, sechs Kandelaber den Katafalk, und ein Lüster warf

> von der Decke herab seine hellen Strahlen auf den Sarg. Dicht vor demselben lagen auf schwarzen Kissen die zahlreichen Orden des Verstorbenen, neben dasselbe legte der königliche Kapellmeister Taubert ein weißes Atlaskissen mit einem Lorbeerkranz nieder. Am Grabe, das von mehr als zehntausend Menschen umdrängt wurde, würdigten Graf Redern und Botho von Hülsen noch einmal Mensch und Künstler. Die Singakademie verabschiedete sich mit dem "Danklied" und dem 91. Psalm "Trost in Sterbensgefahr", den Meyerbeer 1853 vertont hatte. Der Gesandte des Königs von Württemberg redete den toten Komtur des Ordens der Krone mit "Ritter von Meyerbeer" an, und dann sprach der älteste Enkel das Kaddisch, das traditionelle Totengebet. Während Dr. Joël einen Text aus dem Pentateuch "lernte", wurde der Sarg in die Gruft hinabgelassen. Bis dahin hatte seine Gattin Minna eine bewunderungswürdig starke Haltung bewahrt, nun jedoch sank sie in die Knie, geschüttelt von heftigen Weinkrämpfen. Die Töchter nahmen sie auf und geleiteten sie vom Friedhof, den sie nie wieder betrat.

anscheinend vom vorlesen ermüdet, legt sie das buch weg, worauf er sich erhebt, nach vorn zur rampe geht und sich an das publikum wendet (der amselgesang ist inzwischen verebbt).

er, in gepflegt verbindlicher moderatoren-manier (à la jürgen kesting):

> gönnen wir uns doch zum abschluss die wundervolle arie "pays merveilleux" des vasco da gama aus dem vierten akt der "afrikanerin", meyerbeers letzter oper.

er schiebt eine cd in den player. beide lauschen aufmerksam der musik. wenn am ende der arie (von der cd) applaus ertönt, schliesst sich rasch der vorhang.

anhang
dialoge der ersten szene in französischer übersetzung

(1) mais laissez entrer un peu d'air frais !
(2) avec plaisir.
(3) vous entendez..?!
(4) .. un merle.
(5) que se passe-t-il de si intéressant dehors ?
(6) une foule énorme s'est rassemblée sur les champs-élysées .. beaucoup d'entre eux portent des habits festifs .. .. parmi eux des délégués des théâtres, des académies, des chorales .. apparemment dans l'attente d'un événement important .. .. devant la rue montaigne se tient un carrosse attelé de six chevaux, drapé de noir et paré de couronnes de laurier .. .. le maréchal du palais en descend à l'instant et se fige dans une pose militaire .. tous les regards sont tournés vers la porte ouverte de l'immeuble au coin donnant sur la rue montaigne .. .. deux responsables en uniforme tenant de fastueuses couronnes de défilé sortent de l'immeuble .. derrière eux apparaît alors un cercueil – il est enveloppé d'un drap de velours noir brodé d'étoiles blanches, abondamment recouvert de couronnes d'immortelles et de bouquets de fleurs .. et flanqué de porte-flambeaux .. .. d'une démarche digne et tête baissé, on porte le cercueil vers le corbillard ..
(7) des obsèques nationales..?
(8) c'est bien meyerbeer qui est mort il y a quelques jours..?
(9) ah oui, giacomo meyerbeer !
(10) le corbillard s'est lentement mis en route ..
(11) en tête défilent les sapeurs de la garde nationale, puis derrière eux les orchestres militaires des grenadiers et de la gendarmerie .. un maître de cérémonie porte un coussin –, orné des nombreuses décorations de meyerbeer ..
(12) encore une étoile brillante de moins !
(13) un rabbin tient l'ancien testament dans ses mains .. à lui succèdent d'autres rabbins et bedeaux .. les proches du défunt, les convives endeuillés, les dignitaires .. des membres du conservatoire, de la compagnie des dramaturges .. le personnel du grand opéra, de l'opéra-comique et du théâtre lyrique .. des délégations des chorales allemandes " teutonik " et " liedertafel " – reconnaissables aux inscriptions sur leurs bannières.

(14) dix-sept, dix-huit – non vingt voitures funéraires, à cela s'ajoute un grand nombre d'équipages qui suivent au pas .. .. une foule d'endeuillés toujours grandissante se joint en silence au cortège funèbre .. une arrière-garde interminable ..
(15) tout ce que vous voyez ..!
(16) et maintenant ..?
(17) le cortège est en train d'avancer sur l'avenue des champs-élysées .. .. arrive sur la place de la concorde .. .. un groupe de musiciens les y attend déjà ..
(18) trouve-t-on des compositeurs connus parmi eux ?
(19) je crois reconnaître auber et tout devant gounod ..
(20) le grand rival est mort !
(21) des femmes se détachent des rangs des curieux le long du trottoir, se hâtent de rejoindre le corbillard .. jettent des fleurs et des couronnes sur le cercueil !
(22) poursuivez, mais poursuivez ..
(23) le cortège funèbre a atteint les grands boulevards .. passe désormais devant l'opéra tout pavoisé de noir .. traverse le boulevard haussmann, tourne dans la rue lafayette et se dirige en direction de la gare du nord ..
(24) en direction de la gare du nord ..
(25) des centaines de milliers se bousculent dans l'attente du corbillard – sur les murs de la gare trônent des enseignes révélant les titres des opéras " robert le diable ", " les huguenots ", " le prophète ", " l'étoile du nord " ..
(26) le cercueil arrive ! .. le cortège funèbre s'arrête .. devant le hall d'entrée drapé de noir se trouve un gigantesque catafalque – et des feux de sacrifice s'embrasent à grandes flammes ! – quel spectacle !

(französische übersetzung von jérôme raffeneau)

ihr pelz, madame, ist der meine!
dramolett

ein pelzgeschäft. warmes gelbliches licht. gedämpfte sweet-music. eine kundin probiert eben einen pelzmantel an, beschaut sich im standspiegel von allen seiten, legt ihn – noch unschlüssig – ab und breitet ihn über einen polstersessel. sie nimmt ein anderes modell von der stange, schlüpft kurz hinein, hängt es wieder zurück – für sie nicht ganz das richtige. einem dritten modell hingegen widmet sie mehr zeit, kostet die umhüllung in verführerischen posen aus, wendet sich vor dem spiegel hin und her. schliesslich hängt sie den ersten mantel auf den bügel, legt den eben erprobten statt des vorigen über den sessel, um zum vergleich noch einen weiteren in betracht zu ziehen. in dem augenblick, als sie den vierten pelzmantel ergreift, setzt aus einem lautsprecher der nachstehende text ein. er wird von einer sonoren stimme ruhig und in sachlichem ton vorgetragen. die kundin, ganz damit beschäftigt, unter den pelzmänteln ihre wahl zu treffen, nimmt von dem bericht keinerlei notiz.

hundert millionen tiere werden jährlich weltweit für die pelzindustrie getötet. knapp die hälfte davon sind eigens für die pelzgewinnung gezüchtete wildtiere, die nur die gefangenschaft in einem engen käfig kennen. die produktion hat sich in den letzten jahrzehnten vervielfacht: massentierhaltung auf engstem raum und damit verbilligung der "ware" sowie die erschliessung neuer, hauptsächlich weiblicher käuferschichten haben dies ermöglicht. an den extremen tierquälereien, die ausschliesslich der befriedigung von eitelkeit dienen, sind praktisch alle länder der erde entweder als produzenten oder als verbraucher beteiligt.
zu den zuchttieren kommen jährlich rund vierzig millionen freilebende pelztiere, die "der natur entnommen", das heisst gefangen, erschlagen, erwürgt, erschossen oder vergiftet werden. tatsächlich sind es jedoch wesentlich mehr, denn nur ein drittel der eingefangenen tiere ist für die pelzgewinnung verwertbar – der rest gilt als abfall.
etwa neunzig prozent der pelztiere werden in fallen gefangen, meist in tellereisen. tritt ein tier auf den teller, schlagen die mit einer zahnreihe versehenen fallenbügel zu. das festgehaltene bein wird schwer verletzt, meist sogar gebrochen, und das tier versucht verzweifelt wieder freizukommen. dabei fügen sich die vor angst und schmerzen rasenden tiere noch schlimmere verletzungen zu, einige beissen sich sogar das eigene bein ab, um sich aus der falle zu befreien. der tod tritt oft erst nach tagelangen qualen ein.

andere fangmethoden sind die jagd mit dem gewehr und das auslegen von giftködern oder drahtschlingen. in kanada werden noch dreissig prozent der pelztiere mit schlingen gefangen. diese methode ist besonders grausam: verfängt sich ein tier darin mit dem kopf, hat es keine chance zu entrinnen. die schlinge ist so konstruiert, dass sie sich mit jeder bewegung enger zusammenzieht und das tier langsam stranguliert.
um die steigende nachfrage nach den begehrten fellen zu befriedigen, sind immer mehr zuchtfarmen entstanden: nerze, füchse, iltisse, nutrias, chinchillas und waschbären werden inzwischen in industriellem stil produziert. durch ständig intensivierte haltungsweisen in immer kleineren käfigen wurde der pelzmantel vom statussymbol zum massenprodukt für breite bevölkerungsschichten.
in nerz- und fuchsfarmen sind bis zu zehntausend tiere in engen käfigen eingepfercht, die nicht vor kälte und wind schützen, da strenge kälte den haarwuchs stimuliert. die geruchsempfindlichen tiere müssen ihr leben lang über den eigenen exkrementen ausharren. das mischfutter wird als breiiger kloss auf den käfig geschmiert. um es zu erreichen, lecken die nerze das verrostete drahtgitter ab. in den wintermonaten friert dabei regelmässig die zunge am metall fest. versuchen die tiere, sich in panik loszureissen, bleiben oft stücke der zunge hängen, zuweilen wird die ganze zunge aus dem maul gerissen. bei füchsen, die sich als besonders scheue tiere am wenigsten an die gruppenhaltung in käfigen gewöhnen, kommt es zu vermehrter aggressivität und zu abnormen verhaltensweisen: sie knabbern einander an oder fressen sich gegenseitig auf.
eine der häufigsten epidemien in pelzfarmen ist der botulismus. bei einem ausbruch sterben bis zu neunzig prozent der tiere. behandlung gibt es keine. die befallenen nerze werden nach und nach gelähmt, sie leiden an atemnot, ihre pupillen weiten sich. allmählich wird der körper schlaff, sie schleppen die gelähmten hinterfüsse nach, bald können sie auch den kopf nicht mehr heben. es kann tage dauern, bis der tod sie erlöst.
die paarung freilebender nerze braucht bis zu sechzig minuten, was dem züchter zu lange dauert. da der samenerguss des männchens schon zu beginn der paarung erfolgt, unterbricht der züchter abrupt den deckakt schon nach wenigen minuten, indem er das männchen aus dem weibchen zieht, wobei oft der penisknochen bricht. bei chinchillas und kaninchen wendet man

auch die künstliche befruchtung an. der samen wird den männlichen tieren durch elektroschock abgezapft, wozu man aus mehreren messingringen bestehende elektroden in den mastdarm bis zum kreuzbein einführt und durch wiederholte elektrische reizung die samenabgabe auslöst. auch bei den sehr empfindsamen füchsen wendet man die künstliche besamung an. fuchsrüden müssen schon früh an die masturbation gewöhnt und auf die paarungssaison hin "trainiert" werden. dazu muss jedesmal das tier mit einer greifzange herausgeholt, in einer einseitig offenen kiste fixiert und manuell zur ejakulation gebracht werden. den fähen wird dann zur besamung ein metallkatheter durch die scheide bis in die gebärmutter geschoben – ein schmerzhafter eingriff, der mit enormer stressbelastung verbunden ist und bis zu viermal pro brunstperiode wiederholt wird. nicht selten wird dabei die scheide mit der sonde durchstossen, oder es treten andere schwere verletzungen auf.
füchse werden im alter von sieben monaten "geerntet". die tötung kann auf verschiedene arten erfolgen: den tieren wird eine giftige lösung injiziert, was jedoch nur die herz- und atemmuskulatur lähmt, wenn das gift sofort ins blut gelangt. da die tiere sich heftig wehren, trifft die spritze in den meisten fällen nicht genau das herz, was todeskämpfe bis zu einer viertelstunde zur folge hat. die häufigste und grausamste tötungsart für füchse und nerze ist die elektrokution. dabei wird den tieren eine elektrode an die schnauze geklemmt, die andere in den after gestossen. durch die stromstösse verkrampft sich das tier in entsetzlichen qualen, bis nach acht oder mehr sekunden der tod endlich eintritt. wenn die stromstärke nicht ausreichend war, kommen einzelne tiere wieder zu sich, und die prozedur beginnt von neuem. sind sie nur gelähmt, werden sie bei vollem bewusstsein enthäutet.
ein pelzmantel kostet, je nach tierart und mantelgrösse, zwischen sechzehn und hundertsechzig tiere das leben:
sechzehn füchse für einen fuchsmantel,
siebzehn ozelots für einen ozelotmantel,
dreissig nutrias für einen nutriamantel,
sechsunddreissig ungeborene karakullämmer für eine breitschwanzjacke,
vierzig waschbären für einen waschbärmantel,
sechzig nerze für einen nerzmantel und
hundertsechzig chinchillas für einen chinchillamantel.

gegen ende des berichts war mehrmals ein beunruhigendes schaben, kratzen und klopfen an der eingangstür des geschäfts zu hören, das sich steigerte und bei der letzten zeile zu einem beängstigenden furioso anwuchs. mit dem letzten wort bricht die tür mit explosivem krach auf, zugleich wechselt das licht zu einem flammenden rot. vierundzwanzig nackte, kahlgeschorene kinder quellen auf allen vieren herein – die dame im pelz flüchtet erschreckt auf einen sessel.
die eindringlinge rufen im chor "MEIN PELZ!". die nachfolgenden verben, auf die vierundzwanzig einzelstimmen verteilt, werden fliessend hintereinander gesprochen.

MEINE BLÖSSE	(chor)
	fühlt (1. st.)
	seufzt (2. st.)
	spürt (3. st.)
	lebt (4. st.)
	pocht (5. st.)
	zuckt (6. st.)
	brennt (7. st.)
	friert (8. st.)
MEINE BLÖSSE	(chor)
	schmerzt (9. st.)
	stöhnt (10. st.)
	keucht (11. st.)
	jault (12. st.)
	klagt (13. st.)
	weint (14. st.)
	schluchzt (15. st.)
	schreit (16. st.)
MEINE BLÖSSE	(chor)
	jammert (17. st.)
	röchelt (18. st.)
	wimmert (19. st.)
	winselt (20. st.)
	blutet (21. st.)
	fiebert (22. st.)
	schauert (23. st.)
	atmet (24. st.)

schlagartiger lichtwechsel in ein kaltes blau. die stimmen werden jetzt aggressiver und immer lauter, während die nackten kinder die dame von allen seiten bedrängen und versuchen, ihr den pelzmantel herunterzuzerren.

MEIN PELZ! (chor)
kratzt dich (1. st.)
reizt dich (2. st.)
juckt dich (3 st.)
reibt dich (4. st.)
wetzt dich (5. st.)
ritzt dich (6. st.)
beisst dich (7. st.)
sticht dich (8. st.)
MEIN PELZ! (chor)
zwickt dich (9. st.)
kneift dich (10. st.)
drückt dich (11. st)
spannt dich (12. st.)
MEIN PELZ! (chor)
brennt dich (13. st.)
plagt dich (14. st.)
quält dich (15. st.)
straft dich (16. st.)
MEIN PELZ! (chor)
scheuert dich (17. st.)
kitzelt dich (18. st.)
peinigt dich (19. st.)
martert dich (20. st.)
MEIN PELZ! (chor)
foltert dich (21. st.)
zeichnet dich (22. st.)
MEIN PELZ! (chor)
richtet dich (23. st.)
MEIN PELZ! (chor)
ächtet dich (24. st.)

die nackten kinder reissen ihr den pelz herunter. dunkel.

Kommentar

Erläuterungen des Autors
zu Textgruppen und einzelnen Texten

rund oder oval

"rund oder oval" entstand 1954 als erster versuch, die neuen prinzipien der "konkreten poesie" auf das theater anzuwenden. das konzentrierte textmaterial besteht aus grundbegriffen, die, auch in einfachen sätzen, variierte gruppen bilden. durch ständige dialektische gegenüberstellungen erscheinen die aussagen relativiert, wodurch sprachlich ein "schwebezustand" erreicht wird. die begriffe zeigen in elementaren sätzen ihre verschiedenen aspekte. was ist wirklich?
das stück hat einen "handlungsbogen" (handlung entsteht schon von wort zu wort) aber keine fabel. die bedeutungsvielfalt der begriffe würde durch eine fabel auf nur einen aspekt eingeschränkt, banalisiert werden. gegenwart ist die jeweils realisierte konstellation gegebener elemente.
so wird die grundfrage dieses stückes: warum gehen, wenn die erde rund ist (wenn also "a" am ende des stückes wieder zum ausgangspunkt zurückkehrt), schon allein durch die sprachliche konzeption, die form des stückes beantwortet: "um zu gehen", um ständig gegenwart zu realisieren.

kurze beschreibung meiner zürcher inszenierung von "rund oder oval"
nach ersten aufführungen von "rund oder oval" in schweden und berlin, deren expressionistische fehldeutung mich wenig erfreute, und einer weiteren, szenisch originellen in madrid, die meinen vorstellungen sehr viel näher kam, hatte ich 1971 gelegenheit, das stück in zürich selbst zu inszenieren. diese aufführung möchte ich hier, als legitime möglichkeit einer realisation, näher erläutern, ohne sie für richtungweisend oder gar bindend erklären zu wollen.
die gesamte bühne war mit schwarzen tüchern ausgeschlagen. vom schnürboden herab hingen vier schwarze schaukeln mit kleinen lampen unter den sitzen, auf denen die schauspieler – drei männer und eine frau (tina engel) – während des ganzen stücks gleichmässig vor- und zurückschaukelten, wobei sie beim vorschwingen der ersten zuschauerreihe gefährlich nahe kamen. auf- und abtritte wurden durch unauffälliges ein- und ausschalten der sitzlampen signalisiert. alle vier schauspieler trugen schwarze trikots und schienen so in einem unbegrenzten raum zu schweben. der text wurde mit ruhiger, klarer stimme im metrum der schaukelbewegung vorgetragen, akzentuiert vom ton eines elektropianos (orgelregister), der synchron zwischen dem kleinen und dem eingestrichenen "a" hin- und herpendelte. das stück gewann auf diese weise den charakter einer szenischen meditation, die am ende das auditorium geradezu in trance versetzt hatte. die premiere dieser schweizer erstaufführung von "rund oder oval" fand – zusammen mit ernst jandls "szenen aus dem wirklichen leben" – am 6. oktober 1971 im "theater am neumarkt" zürich statt.

ministücke

unter dem sammeltitel "ministücke" finden sich inhaltlich wie formal sehr unterschiedliche spielarten eines "aphoristischen" theaters: von modellen der "konkreten poesie" über komprimierte stimmungsbilder bis zu absurden sketches. gemeinsam ist allen stücken die radikale reduktion, das bestreben, nicht mehr mittel – wörter – einzusetzen, als für eine an sich schon knappe botschaft unbedingt nötig sind. dabei kann es sich um ein semantisches oder nur phonetisches ("vereinigung") assoziationsspiel mit klängen und bedeutungen handeln, aber auch um fokussierte ereignismomente.
freilich wirken solche phonetischen konzentrate in einer geschwätzigen medienkultur provokativ – falls sie überhaupt beachtet werden. so hatten (und haben) nur wenige dieser stücke eine chance, aufgeführt zu werden. darin lag allerdings auch ein vorteil: ich konnte meinen ideen freien lauf lassen, brauchte nicht auf realisierbarkeit zu achten oder sonstige, etwa "moralische" rücksichten zu nehmen. so liess ich im "spiel für damen" – auf dem papier – sechsundzwanzig lesbierinnen auftreten, malte mir orgien im duschraum des theaters aus, verlangte im "szenischen epitaf" unausführbares und liess in einem dialektstück ("dings") die ganze bühne abfackeln. auch sprechtext und regieanweisung sind hier nicht selten so eng miteinander verwoben, dass sich manches erst als "lesestück" dem rezipienten vollständig erschliesst.

hanswurst- und dialektstücke

die entdeckung des wiener dialekts für die literarische avantgarde durch h. c. artmann und mich in den fünfziger jahren (siehe meine erläuterungen in band 1.2 der "gesammelten werke", S. 1188-1189) verstärkte natürlich auch unser interesse an der – mit ausnahme von raimund und nestroy – weitgehend vergessenen tradition des wiener volkstheaters. mit begeisterung fahndeten wir nach den damals kaum greifbaren bühnenwerken von felix joseph von kurz-bernardon, philipp hafner, ferdinand kringsteiner, joseph alois gleich, karl meisl und anderen theaterautoren der vor-raimund-zeit. vieles, was uns in die hände kam, wirkte erstaunlich frisch, manches – wie meisls "gespenst auf der bastei" – aus unserer sicht fast surrealistisch. zudem fand ich in antiquariaten verstaubte einzelhefte der "wiener volksszenen" von johann baptist moser und karl kampf, die sie einst mit ein oder zwei laiendarstellern in wirtshäusern aufgeführt hatten. die in diese genrehaften "conversationen" häufig eingeflochtenen, vergnüglichen (moser) und schwarzhumorigen (kampf) wortspiele erschienen uns gewissen eigenen poetischen verfahrensweisen verwandt.
diese animierende lektüre trug sicher auch dazu bei, die programmatik unserer dialektgedichte, die das meist gefällige genre inhaltlich wie artifiziell "verfremden", auf das theater auszuweiten: 1954 schrieb artmann sein bühnenstück "kein pfeffer für czermak", ab 1955 entstanden meine hanswurstszenen und dialektstücke, von 1958 datiert unsere gemeinschaftsarbeit "das donauweibchen, ein wiener fernsehdramolett". etwa anfang der sechziger jahre begann konrad bayer die arbeit an dem abendfüllenden stück "kasperl am elektrischen stuhl", das leider aufgrund seines todes 1964 ohne definitiven abschluss blieb.
spielen die hanswurstiaden schon durch ihr typisiertes personal mit stilelementen der commedia dell'arte beziehungsweise des wiener hanswursttheaters, so spiegeln sich in den acht kurzen dialektstücken aktuelle literarische tendenzen der fünfziger jahre wider. während die "jause", "nix" und "selbstleute" charakteristika der "konkreten poesie" aufweisen, tragen die "blumen im benzin", "zoen" und "dings" unverkennbar surrealistische züge, "die urlauber" könnte man dem "absurden theater" zuzählen, und "türen" schliesslich sind ein beitrag zum "offenen theater", wie es neben anderen mein freund claus bremer damals als dramaturg des ulmer theaters propagierte (siehe dazu auch mein stück "gehen").

hanswurst in lublin geht auf eine persönliche impression zurück. 1956 begleitete ich als korrepetitor die tanzgruppe hanna berger auf einer tournee durch die tschechoslowakei und polen, die mich – im tiefsten winter – auch nach lublin brachte. im reisebus machte ich mir erste notizen, die dann in wien zu diesem stimmungsbild ausgearbeitet wurden.

selbstleute: die möglichkeit, ein sprechstück, wenn auch nur mit einer äusserst lapidaren handlung, ausschliesslich aus selbstlauten zu entwickeln, bietet wohl nur der wiener dialekt.

zoen (zahlen): zwei dinge in diesem stück haben unausgesprochen mit konrad bayer zu tun. bayer war eine zeitlang bankangestellter, und er liess sich hin und wieder, wegen der weniger "komplizierten" mädchen, in der wiener modeschule hetzendorf blicken, wo er angeblich als "blauer gott" angeschwärmt wurde – er trug zu dieser zeit häufig einen blauen blazer.
zitiert werden hier die ersten zeilen des gedichts "annabel lee" von edgar allan poe.

ich suche blumen im benzin, *zoen* und *dings* sind eher lese- oder hörstücke, da sie an die fantasie des rezipienten appellieren und in einer realistischen inszenierung viel von ihrem atmosphärischen reiz verlieren könnten.

konversationsstücke

im zeitraum von 1956 bis 1961 schrieb ich sechs theaterstücke unterschiedlicher länge, die ich "konversationsstücke" nannte. sie gehören dem typus der literarischen montage an, einer von der "wiener gruppe" in spezifischer weise neu definierten poetischen form, die ihr material – in mehr oder weniger modifizierter gestalt – aus schriftlichen fundstücken und gezielt gewählten (meist anonymen) publikationen bezieht.
das sprachmaterial der sechs stücke stammt vorwiegend aus satzbeispielen älterer grammatiken sowie redewendungen und gesprächsformeln zweisprachiger konversationsbücher. der titel "konversationsstücke" spielt aber nicht nur auf solche quellen an. theater wird gern als dialektisches ereignis von handlung und gegenhandlung, rede und gegenrede gesehen. dieses immer wieder zum eigentlichen wesen des theaters erklärte dialogische prinzip erscheint in meinen konversationsstücken im häufigen wechsel kontradiktorischer aussagen mitunter derart auf die spitze getrieben, dass ein semantischer schwebezustand entsteht. lineare handlung wird auf diese weise schon im ansatz konterkariert, als täuschungsmanöver blossgestellt. wie schon in meinem – ganz anders gearteten – theaterstück "rund oder oval" (in diesem band, s. 7-26) mag das resultat solchen verfahrens an die alogik zenbuddhistischer koans erinnern. zwangsläufig – in unserer scheinrealen welt müssen wir ständig entscheidungen treffen – werden wertungen vorgenommen, positionen bezogen, aber gleichsam vor einem grenzenlosen hintergrund (der buddhismus spricht von "leere") gleich wieder relativiert.
noch ein weiterer aspekt ist zum konzept der konversationsstücke anzuführen. theater ist teamwork. in den konversationsstücken trage ich als dichter nur den text, den sprechtext bei. die szenische interpretation und umsetzung wird dem spielleiter und dem bühnenbildner überlassen. daher gibt es in diesen stücken weder angaben zu dekorationen noch regieanweisungen (die meisten regisseure ignorieren solche vorschriften ohnehin weitgehend, oft zum schaden des stückes und noch häufiger im widerspruch zu den intentionen des autors.)

sprechen sie: fünf der sechs konversationsstücke – "die schwester", "das tier", "die hohle schule", "ist hier platz? nehmen sie masz! die säge, die axt. eine oper, ein schauspiel" und "der weg nach bern" – wurden 1972 publiziert. "sprechen sie", die sechste und umfangreichste arbeit, hatte ich anfangs zurückgehalten. obgleich sie äusserlich abgeschlossen war, erschien mir einiges daran verbesserungbedürftig. auch mit anfang der sechziger jahre begonnenen korrekturen war ich noch nicht zufrieden.
den impuls, das stück nach längerer zeit noch einmal vorzunehmen und ihm nun die definitive gestalt zu geben, verdanke ich dem verleger michael forcher. er

wollte die publikation meines "besteckstücks" (in diesem band, s. 655-667) durch die beigabe einer noch unpublizierten theatralischen arbeit zu einem umfangreicheren band ergänzen (das buch erschien 1995 im haymon-verlag innsbruck unter dem titel "auf messers schneide"). das "besteckstück" erscheint mir in diesem zusammenhang fast wie das satyrspiel zu einer tragödie, auch wenn das ältere stück gewiss keine tragödie ist.
in "sprechen sie" habe ich grössere passagen der erstfassung durch neu geschriebene ersetzt und auch die aus dem originalmanuskript von 1956 übernommenen textteile revidiert. bei wahrung der grundidee und des montagecharakters wurde zudem das gesamte material klarer strukturiert, so dass die schon im grundkonzept angelegte entwicklung wesentlich deutlicher hervortritt. als eine gewisse schwierigkeit erwies sich freilich die zeitliche distanz von fast vier jahrzehnten zwischen erstschrift und neufassung. ich musste mich in die schreibweise meiner frühen jahre versetzen, um die damaligen intentionen nicht zu verfälschen, also auch in den neu eingefügten passagen den authentischen ton der konversationsstücke beizubehalten. pointiert gesagt, handelt es sich hier um eine gemeinschaftsarbeit eines jungen und eines älteren autors in personalunion, wobei der ältere sich einfühlsam auf den jüngeren einzustellen hatte, um die arbeit in der ursprünglich eingeschlagenen richtung so zum abschluss zu bringen, dass sie auch dem anspruch des älteren genügte. die heikle aufgabe erscheint mir gelungen, und es befriedigt mich, dass mit diesem wohl anspruchsvollsten der sechs konversationsstücke die reihe nun vollständig vorliegt.
einige der wiener dialekt-fetzen – gelegentliche einbrüche des trivialen in eine sphäre trancehafter abgehobenheit – bedürfen für unkundige leser wohl der erklärung: "brunzn" = pissen, "a fleisch schboetn" = ein fleisch spalten (metapher für den geschlechtsverkehr), "eiaschedl" = eierkopf (beschimpfung), "jetzt fön eam di woate" = jetzt fehlen ihm die worte.

gehen

das stück "gehen" entstand im auftrag von claus bremer für das ulmer theater, wo es mit kurzen stücken von eugène ionesco, daniel spoerri, ferdinand kriwet und paul pörtner am 14. oktober 1962 uraufgeführt wurde. der titel des theaterabends lautete programmatisch "versuch mit festgelegten und nicht festgelegten aufführungen". mit ausnahme von ionesco hatte jeder autor versucht, der hier propagierten form des "offenen theaters" gerecht zu werden. die stücke basierten entweder auf spontanen ereignissen, die auf tonträger festgehalten und szenisch reproduziert wurden (spoerri), oder sie gewährten den mitwirkenden mehr oder weniger entscheidungsfreiheit bei der einstudierung beziehungsweise realisierung von aufführung zu aufführung. mein stück "gehen" bietet elementares theatralisches material an, dazu gewisse regeln für seine handhabung, nach denen sich immer neue abläufe und konstellationen ergeben. freiheit besteht also darin, was man aus dem gegebenen macht und wie man auf unvorhergesehenes reagiert. – je besser man die regeln beherrscht, desto souveräner kann man agieren. das stück hat keine "fabel", es ist ein modell.

die fabel entspricht nicht mehr
geschehen begreifen wir heute so vielschichtig, dass eine fabel, die den komplex eines augenblicks auf nur einen aspekt banalisiert und nur eine richtung (deutung) der zeitlichen aufrollung wahr haben will, unserem weltbild und daher auch unseren ästhetischen ansprüchen nicht mehr adäquat ist. die fabel beschränkt sich auf sonderfälle. sie beschäftigt sich nicht mit der existenz, den erscheinungen und wirkungen an sich und zueinander, also der phänomenalen gegenwart, sondern mit "schicksalen", bereits vergangenem (sie tendiert dazu, uns weiszumachen, dass unser leben auf irgendeine "erfüllung des schicksals" gerichtet ist – wann leben wir aber, wenn nicht stets jetzt?). in der form des klassischen dramas hat diese auffassung ihren absolutesten ausdruck gefunden. woran wir heute interessiert sind, ist die erarbeitung einer gemeinsamen sprache, die uns befähigt, unser eigenes dasein in korrelation zu unserer umwelt zu realisieren. anstelle der fabel tritt ein modell (eine "landkarte" oder ein organisationsplan). es ist anwendbar. für die eigenpersönlichkeit des schauspielers wie auch des zuschauers ist damit genügend spiel-raum gelassen. gegeben sind grundfunktionen für den handlungsbereich, existentielle aussagen für den sprechbereich. handlung ergibt sich unmittelbar durch entscheidungen, die die auswahl und einsetzung der gegebenen elemente betreffen, und durch reaktionen auf die entscheidungen der anderen mitspieler. theater wird so zum ästhetischen erlebnis sich stets verändernder zusammenhänge (bewegung), spontaner oder determinierter konstellationen – kurz, der stets einmaligen realisation eines dem ästhetischen modell entsprechenden möglichen geschehens in der gegenwart.

ophelia und die wörter

"ophelia und die wörter" beruht auf dem vollständigen text der ophelia aus shakespeares "hamlet" in der übersetzung von august wilhelm schlegel.
das stück realisiert sich auf drei ebenen.
die erste ebene bildet die rolle der ophelia. sie wird unverändert, im stil einer historischen "hamlet"-inszenierung, aber unter aussparung der partner – und damit der durch den dialog suggerierten situationen – gespielt.
für die zweite ebene wurde der ophelia-text demontiert, das heisst: alle haupt- und zeitwörter wurden aus dem satzverband herausgelöst und einzeln in ihrer grundform aneinandergereiht. begriffe, die personen oder historische gegenstände, nicht mehr relevante sachverhalte und handlungen bezeichnen, wurden dabei übergangen. die so gewonnene wortkette ist in rückläufiger reihenfolge in den originaltext ophelias eingefügt, und zwar immer dort, wo der text des jeweiligen partners ausgespart wurde. dieses extrahierte und abstrahierte vokabular verschränkt sich mit dem grundtext – prospektiv und retrospektiv: zukunft, gegenwart, vergangenheit überschneiden sich, bis mit dem letzten wort der kreis geschlossen ist (ophelia beginnt "zweifelst du daran?", und mit "zweifeln" endet der text der zweiten ebene). dieser imaginäre gegenpart zum ophelia-part wird über lautsprecher eingespielt.
das nochmals, nun im hinblick auf seine darstellbarkeit (siehe hinweise zur szenischen realisierung) reduzierte wortmaterial der zweiten ebene erscheint auf einer dritten ebene, wo es sich vollends verselbständigt. die einzelnen begriffe materialisieren, verdinglichen sich zu bildern, gegenständen, geräuschen, gerüchen und aktionen. die *hauptwörter* erscheinen als requisiten, schallereignisse, bild- und schriftprojektionen (hier ergibt sich eine beziehung zur aufführungspraxis der shakespeare-zeit, über die jean paris schreibt: "ein baum war ein wald, ein grosser stein eine felswand, und um der fantasie nachzuhelfen, zeigte ein zettel den ort der handlung an"). sie sind statistisch, das heisst in annähernd gleichmässigen abständen über den gesamttext verteilt. die *tätigkeitswörter* hingegen werden zu aktionen, die von zwei stummen akteurinnen ausgeführt werden – gewissermassen zwei modernen gegenspielerinnen der klassischen ophelia. ihre spielfläche ist von der der ophelia abgegrenzt, etwa dergestalt, dass ophelia – in analogie zum balkon der historischen shakespeare-bühne – auf einer erhöhung agiert. die dritte ebene lässt der fantasie des regisseurs einigen spielraum. fest steht die abfolge der substantive; ihre materiale oder mediale konkretion und die zuordnung der von den verben bezeichneten aktionen bleibt ihm hingegen weitgehend überlassen.
so entfaltet sich das ganze stück aus der sprachwelt der ophelia: alles was geschieht, zu sehen und zu hören ist, geht auf das von ihr verwendete wortmaterial zurück; es ist – anders gesagt – eine konkretion, eine kaleidoskopartige

widerspiegelung ihrer wörter und der durch sie evozierten vorstellungen. ophelia verstrickt sich in ihre hermetische begriffswelt, ihre rede verwirrt sich, bis sie im wahnsinn endet. die sprache entgleitet der sprecherin und gewinnt ein befremdliches eigenleben. dieser prozess der verselbständigung der sprache, der bei shakespeare, durch die handlung (psychologisch) motiviert, erst an einem späteren zeitpunkt des dramas ausgelöst wird, vollzieht sich hier von anfang an als "konkretes theater", dem die "klassische" ophelia integriert ist und dem sie schliesslich - wenn man so will - unterliegt: da ophelia im letzten ihrer sieben auftritte bei shakespeare tot auf die bühne getragen wird, verstummt sie hier in der letzten szene. infolgedessen setzt die zweite textebene, da sie den manipulierten grundtext rückläufig vorführt, erst bei der zweiten szene ein und überdauert mit der siebenten den part der ophelia.

kreidekreis

die zeichen der sprache – laute beziehungsweise buchstaben –, deren wir uns bei der kommunikation bedienen, sind uns im gebrauch so selbstverständlich geworden, dass wir sie als solche kaum noch wahrnehmen. ihr konventioneller zweck verstellt ihre eigenart und lässt ihre vermittlerfunktion vergessen. erst die lautdichtung und die visuelle poesie haben sie als eigenwertiges ausdrucksmittel zum bewusstsein gebracht. normalerweise aber erscheint der eigenwert der zeichen zugunsten ihrer vermittlerfunktion stark reduziert. ihnen fehlt jedes sinnliche korrelat, wie es etwa noch die ägyptische oder die chinesische bilderschrift besitzt. würde man, so lässt sich leicht vorstellen, die abstrakten zeichen mit konkretem gehalt aufladen, so würde dies ihre vermittlerfunktion beeinträchtigen. mir erschien es reizvoll, diese beiden elementaren möglichkeiten der sprache aus dem verhältnis der unterordnung zu befreien, sie zu gleichberechtigten partnern zu machen, sie gegeneinander auszuspielen.
im "kreidekreis", einem bühnenereignis, habe ich die sechsundzwanzig buchstaben durch ein neues repertoire von zeichen ersetzt, das der "bühnensprache" entnommen ist. als zeichen kann ein geräusch, ein wort oder ein ganzer satz, eine geste, eine aktion, ein licht- oder dekorationswechsel und so fort fungieren. da diese zeichen den zugrundeliegenden text exakt "buchstabieren", ist er, theoretisch gesehen, lesbar – vorausgesetzt, dass man die zuordnungen beherrscht. praktisch aber wird wohl ein verwirrender eindruck entstehen, andeutungsvoll, doch unverständlich, wie er sich vielleicht angesichts eines unentzifferten geheimcodes einstellt. abstrahiert man vom übergeordneten sinn, so bietet sich ein vom rhythmus der wiederholungen strukturiertes schema aus bühnensignalen dar, das seinen eigenen reiz hat.
die wahl des derart in theatralische schrift übersetzbaren textes ist prinzipiell gleichgültig: er könnte beispielsweise einer tageszeitung entnommen sein. da die "übersetzung" aber auf dem theater stattfindet und sich theatralischer mittel bedient, liegt es nahe, ein theaterstück als textgrundlage zu benutzen. der charakter der zeichen kann dann auch durch den gewählten stoff mitbestimmt werden. auf diese weise entstehen interessante sinnüberschneidungen, wenn etwa eine handlung sich sowohl auf der handlungsebene als auch auf der buchstabenebene identifizieren lässt. der zugrundeliegende text ist die kurzgefasste fabel des "kreidekreises", eines alten chinesischen stückes in der bearbeitung klabunds – also auch einer übersetzung ostasiatischer theaterpraxis in europäische. die bearbeitung wird hier nun mit anderen mitteln fortgesetzt, wobei sich die gelegenheit bietet, ostasiatische theaterpraxis wieder ins spiel zu bringen. gezeigt wird, dass der vielzahl möglicher sprachen (zeichen) eine vielfalt möglicher theaterformen entspricht.

salome

das drama "salome", geschrieben in knapp zwei monaten ende 1891 in paris, nimmt im dichterischen werk oscar wildes in mehrfacher hinsicht eine sonderstellung ein. im folgenden möchte ich drei aspekte im zusammenhang mit meiner nachdichtung näher erläutern.

salome als frauengestalt und die moral des dramas
mit salome hat wilde die "femme fatale" par excellence auf die bühne gebracht, die dem mann, der ihr widersteht, zum verderben wird. in ihrem selbstbewussten auftreten gegenüber herodes, in ihrem aktiven werben um jochanaan – das allein schon erschreckend auf den prüden bürger des fin-de-siècle gewirkt haben muss – zeigt sich salome als eine, aus heutiger sicht, nahezu emanzipierte frau. in flauberts novelle "herodias" (1876), die wilde sicher auch zu seinem drama anregte, ist salome eher eine blasse nebenfigur, ein gefügiges werkzeug ihrer rachsüchtigen mutter. auch im biblischen bericht von der enthauptung johannes des täufers wird sie nur einmal kurz erwähnt. zur dramatischen zentralfigur zwischen herodes und jochanaan – von dem einen begehrt, von dem andern verschmäht – hat sie erst wilde gemacht. doch wäre es falsch, in ihr nur die leibhaftige sünde zu sehen, gar die inkarnation des bösen, die das unbedingt gute in der gestalt des jochanaan in die niederungen ihrer perversen lüste herabzuziehen versucht. wilde hat salome zweifellos differenzierter, jochanaan hingegen kritischer gesehen, wie aus manchen seiner äusserungen hervorgeht.
salome hat ebenso die unschuld und naive begeisterungsfähigkeit wie die gewissenlose grausamkeit eines kindes. ihre unschuld besteht darin, dass sie gar nicht weiss, was gut und böse ist. aber gerade diese kreatürliche unschuld "jenseits von gut und böse" stellt die vermeintlich natürliche ordnung der bürgerlichen gesellschaft in frage, und diese gesellschaft verteidigt ihre normen, indem sie ein wesen wie salome als ungeheuer verteufelt. darin besteht ihre provokation, daher bezieht sie aber auch ihren "morbiden reiz", der übrigens in vielen interpretationen überbetont wurde. meiner auffassung nach ist wildes salome primär das unschuldige kind, in sich versponnen, spontan seinen stimmungen und impulsen folgend – freilich ein kind von besonderer art: verhätschelt und im überfluss aufgewachsen, launenhaft und egozentrisch. salomes drama beginnt mit der für sie schockierenden erfahrung, dass ihr etwas versagt wird, dass es jemand wagt, sich ihr – der vergötterten prinzessin – zu verweigern. diese erfahrung wirft sie aus der bahn, verwandelt sie und fixiert sie geradezu manisch auf das unerreichbare objekt ihres verlangens. plötzlich hat etwas wert bekommen, weil es auch für sie nicht zu haben ist – es sei denn um den preis der exhibition, der tänzerischen hingabe an herodes. und als sie dafür schliesslich erhält, was sie verlangt, ist der begehrte mann nur noch ein toter gegenstand. in ihrem zorn

und schmerz zeigt sich, dass es liebe war, was sie verwandelt hat, wenn auch liebe auf ihre art. mit dem kuss der blutigen lippen ist das selbstsüchtige kind zur einsamen frau geworden. trieb, tanz und tod verbinden sich gewissermassen zu einem mystischen initiationsritus. die welt aber, der salome angehören soll, ist nicht mehr die ihre. der weitausgreifende, wie in trance gesteigerte monolog ist ausdruck der totalen isolation von einer umwelt, die auf sie tödlich zurückschlägt.
nahezu blass wirkt gegen diese frauengestalt der phrasenposaunende moralist jochanaan in seiner unfähigkeit, die sinnliche nähe salomes zu ertragen, auf die kindliche neugierde ihrer annäherungsversuche natürlich zu reagieren. seine kälte lässt alle versuche einer kommunikation im ansatz gefrieren, sein fanatismus verhärtet die lebendige begegnung zur mörderischen frontstellung. in seinem essay "der kritiker als künstler" schreibt oscar wilde: "es ist gut für den frieden des heiligen, wenn er das martyrium erleidet. so bleibt er bewahrt vor dem anblick seiner schrecklichen saat." jochanaan trifft der tod aus dem gleichen grund wie salome: auch er gerät durch hochmut und selbstbesessenheit, die bei ihm freilich ideologisch begründet sind, in einen letalen konflikt mit der gesellschaft. und was er in blindwütigem bekehrungswahn verkündet, wird von wilde schon zu beginn des dramas im lakonischen kommentar der soldaten zu den religionsstreitigkeiten der juden, bei der wiederaufnahme des themas durch salome und schliesslich durch die demonstration der steitigkeiten selbst als eine unter mehreren glaubensmeinungen neutralisiert. wildes "moral" ist die der toleranz, ja eigentlich des idealen anarchismus.
"salome" hat keine tendenz, zumindest keine vordergründige, eindeutige. wilde bezieht keine stellung, er stellt dar. und er gibt sich dabei im grunde genauso stimmungen hin wie salome, eben wie es seiner auffassung von der eigengesetzlichkeit der kunst entspricht.

form und stil

an "salome" wurde immer wieder kritisiert, dass es ihr an dramatischer handlung fehle, dass sie mehr epos als theaterstück sei. wenn man die traditionelle theorie des dramas bestätigt sehen möchte, mag dieser einwand berechtigt erscheinen. aber muss man das unbedingt? wenn man als ein merkmal des "undramatischen" die langeweile ansieht, dann ist "salome" nicht undramatisch. zweifellos aber kennzeichnen das stück epische formelemente, etwa die der ballade. dass dies kein zeichen von unvermögen und nachlässigkeit, vielmehr von wilde beabsichtigt, zumindest ihm bewusst war, geht schon aus einem brief an alfred douglas hervor: "die wiederholungen in 'salome', die das drama wie ein musikstück mit wiederkehrenden motiven zusammenfügen, sind und waren für mich das künstlerische gegenstück zum refrain der alten balladen." man kann den vergleich noch weiter ausführen und die deutlich unterscheidbaren abschnit-

te des stückes als strophen bezeichnen, die durch refrainartige iterationen miteinander verbunden sind. im grossen gesehen gliedert sich das drama in drei hauptteile: der erste reicht vom anfang bis zum auftritt des herodes, der zweite bis zum tanz der salome und der dritte bis zu ihrem tod.
auffallend ist generell die strukturierende funktion der zahl drei, die die formale gestalt des stückes oft bis ins detail bestimmt. so werden geschehnisse angekündigt – und keineswegs nur durch den "propheten" –, sie treten ein und sie werden noch einmal memoriert. die dreifache zeitperspektive von zukunft, gegenwart und vergangenheit wird also sprachlich deutlich ausformuliert. erinnert sei nur an den tod narraboths und an salomes hauptmotiv: "ich werde deinen mund küssen, jochanaan", "jetzt küsse ich deinen mund", "ich habe deinen mund geküsst". gleich beschwörungsformeln wiederholen sich gewisse wendungen, unmittelbar nacheinander oder in periodischen abständen, jeweils dreimal. drei dinge besingt salome an jochanaan: den leib, das haar, den mund. dreimal weist sie angebote des herodes – wein zu trinken, eine frucht zu essen, auf dem thron ihrer mutter zu sitzen – zurück. in drei anläufen versucht herodes, salome von ihrem verlangen nach dem kopf des jochanaan abzubringen.
die ständige wiederkehr derselben wörter und sätze suggeriert zudem den eindruck von zeitlosigkeit und einer gewissen gleichwertigeit von vorgestelltem – das heisst geahntem, gewünschtem, befürchtetem, auch erinnertem – und von realem geschehen. so gewinnt alles geschehen etwas schicksalhaftes, scheint vorherbestimmt und unabwendbar. dass geradezu formelhafte sätze und satzteile unverändert, auch in unterschiedlichen inhaltlichen zusammenhängen, immer wieder aufgenommen und dabei verschiedenen personen versatzstückhaft zugeordnet werden, verstärkt den eindruck der schicksalhaften verstrickung aller akteure in ein und dasselbe drama auf höchst artifizielle weise. in diesem "sprachspiel" fungiert der mond – immer wieder beschworen und ängstlich betrachtet – gleichsam als symbolischer bezugspunkt, als eine art spiegel, in den jeder seine geheimen sehnsüchte und befürchtungen projiziert. über allem liegt oder alles ist selbst ein undurchschaubares netz von beziehungen, ohne anfang und ende. das hier und jetzt ist nur der punkt, den man gerade im auge hat – und die verknüpfungen dieses netzes werden durch wörter markiert, und diese wörter bilden eine vielmaschige "konstellation". so hat "salome" nicht nur einen linearen, zweidimensionalen handlungsverlauf, sondern gewinnt gerade durch das strukturierende iterationsprinzip raum, tiefe, gleichsam eine dritte dimension. form erweist sich – wieder einmal – auch als inhalt.

das problem der übertragung

"salome" ist die einzige dichtung oscar wildes, die er nicht in englischer, sondern in französischer sprache geschrieben hat. sieht man von einigen verbal verschwenderischen passagen ab, in denen er ganze listen seltener und kostbarer

dinge aufzählt und sich offensichtlich – dem stoff entsprechend – auch am klang der exotischen namen berauscht, so fällt an "salome" der erstaunlich sparsame wortschatz auf. tatsächlich gibt es im dichterischen werk wildes kein vergleichbares beispiel für die formale strenge und sprachliche ökonomie der "salome", ja in der gesamten literatur der zeit, so meine ich, steht "salome" in dieser hinsicht einzig da.
wie es äusserungen von zeitgenossen über wildes pariser "salome-jahr" gibt, die sein damaliges französisch als eher mangelhaft bezeichnen, so gibt es andere, die ihm zwar eine gewisse unsicherheit in manchen feinheiten nachsagen, sonst aber eine sehr gute kenntnis der französischen sprache bescheinigen. man kann wohl annehmen, das wilde sein drama nicht nur wegen sarah bernhardt (die für die rolle der salome vorgesehen war) auf französisch geschrieben hat, sondern auch, weil er diese sprache für das sujet besonders geeignet fand und eine gewisse fremdheit des idioms für ihn den exotischen reiz des stoffes verstärkte. jedenfalls ist bekannt, dass wilde das fertige stück von einigen pariser freunden – namentlich von pierre louys, dem "salome" gewidmet ist – sprachlich durchsehen liess. doch folgert daraus nicht, dass es dem englischen dichter an französischem wortschatz mangelte, und auf manchen sprachlichen eigenwilligkeiten hat er sogar gegenüber einwänden französischer freunde ausdrücklich bestanden.
die beschränkung auf ein überschaubares wortinventar mit einem grundstock immer wiederkehrender wörter und sätze hat zweifellos stilistische gründe: sie verleiht der sprache einen archaischen und, worauf schon hingewiesen wurde, beschwörenden charakter, sie macht ihre spezifische künstlichkeit aus. wie auffallend diese sprachbehandlung gewirkt haben muss, geht aus einer rezension der "times" vom 23. februar 1893 hervor, laut der sich der autor bei der lektüre der "salome" an eine französische sprachlehre erinnert fühlte.
eben diese eigenart des textes hatte mich an wildes drama schon seit jahren fasziniert und bestimmte mich schliesslich, nicht zuletzt aufgrund der unzulänglichkeit aller bisherigen übertragungen, eine eigene nachdichtung zu machen. vor allem reizte mich, mit den erfahrungen der "konkreten poesie" die reduktion des wortmaterials noch weiter zu treiben – so weit, wie es der inhalt, ohne verfälscht zu werden, erlaubt. durch konzentration der sprachlichen mittel wird zugleich das semantische beziehungsnetz aufs äusserste verdichtet. alles sprachlich ungefähre, austauschbare wird präzisiert, die bedeutungsebene auch lautlich sozusagen scharf eingestellt. jedes wort erhält mehr gewicht, jedes neu hinzutretende eine auffälligere bedeutung. die zentralen begriffe – auf diese weise als strukturelemente ausgewiesen – gewinnen gewissermassen leitmotivische funktion: sie erinnern an vergangene situationen, in denen sie bereits auftauchten, und deuten zukünftige als möglichkeit an. an den bisherigen übertragungen fällt auf, dass sie eben dieses prinzip der wörtlichen repetition weitgehend unbe-

achtet lassen, durch willkürlichen gebrauch von synonymen verwischen. das mag zum teil darauf beruhen, dass die meisten deutschen fassungen offensichtlich auf der englischen "salome"-übersetzung des wilde-freundes alfred douglas fussen. wie sich an zahlreichen stellen nachweisen lässt, trifft das auch auf die standardübersetzung von hedwig lachmann zu, die der oper von richard strauss zugrunde liegt.
aus wildes grossem bekenntnishaften brief an lord douglas, der unter dem titel "de profundis" bekannt geworden ist, geht eindeutig hervor, dass er mit der übersetzung seines freundes keineswegs zufrieden war. abgesehen von einigen missverständnissen, die gelegentlich zu sinnentstellenden formulierungen führen, fällt an der englischen fassung auf, dass douglas häufig synonyme verwendet, wo im original dasselbe wort erscheint, und dass er gewisse repetitionsmomente ganz gestrichen hat. andererseits finden sich kleinere hinzufügungen als ergebnis einer umständlicheren ausdrucksweise, und einfache, bei wilde unverbunden gereihte sätze werden im englischen mitunter durch bindewörter verknüpft.
einige ungewohntheiten meiner nachdichtung beruhen schon allein darauf, dass ich vom französischen original ausgegangen bin. in manchen fällen habe ich darüber hinaus von den besonderheiten des französischen noch mehr ins deutsche übernommen, als bei übersetzungen gemeinhin üblich ist, ja sogar erlaubt erscheint: zum beispiel, wenn ich "der mond" aus dem französischen als weiblich übernehme und mit "die mondin" wiedergebe. ein männlicher mond wäre in "salome" ein unding. mehrere vergleiche stellen deutliche parallelen zwischen salome und dem mond her, und durch die verbale leitmotivik meiner nachdichtung wird dieses moment verstärkt ("die mondin sieht seltsam aus. man könnte glauben, eine frau, die sich aus einem grab erhebt." – "die prinzessin erhebt sich!"). der mond ist eine göttin, und in ihr, die zeitlos ist, spiegelt sich salomes schicksal wider – sie muss es nur noch schlafwandlerisch erfüllen. ähnlich fasziniert wie salome von der mondgöttin sind männer wie narraboth und herodes von salome, ihrer magischen ausstrahlung hoffnungslos verfallen. doch der erste mann, der nun sie übermächtig anzieht, jochanaan, er gehört einer anderen sphäre an: wie der mond der nacht, so die sonne – ich muss nun konsequenterweise, dem französischen folgend, "der sonner" übersetzen – dem tag. das drama spielt am abend. die beiden gestirne können einander eben noch begegnen, doch die sonne wendet sich unaufhaltsam ab, die distanz wird immer grösser. was für salome (die mondin) greifbar bleibt, ist ein "stück" erinnerung, ein relikt, ein fetisch: der tote kopf. mondgöttin und sonnengott – ein zu ungleiches und doch schicksalhaft verbundenes paar. kann man den mond sinnbildlich als das gestirn des unbewussten auffassen (und schliesslich bewirkt er bei manchen menschen somnambule zustände), so die sonne als das gestirn des "tagesbewusstseins". nach schlaf und traum tritt es wieder in aktion. "nach

mir wird kommen ein anderer, noch stärker als ich", verkündet jochanaan. es ist der mythos der ewig erneuerten wiederkehr – ein mythos, der sich bei wilde poetisch manifestiert in der wiederkehr gleicher wörter und sätze. auch wenn ich wilde hier vielleicht überinterpretiere, schliesst doch der text solche deutung nicht aus.

im folgenden seien noch einige besonderheiten meiner nachdichtung näher erläutert und begründet. synonyme habe ich, der reduktiven konzeption entsprechend, grundsätzlich vermieden. keine ausnahme von der regel ist dabei das nebeneinander von "anschauen" und "sehen", da die beiden wörter – wie auch bei wilde "regarder" und "voir" – sich inhaltlich nicht decken. "anschauen" bezeichnet das zielgerichtete ins auge fassen, "sehen" das passive wahrnehmen. auch "sagen" und "sprechen" sind in ihrer bedeutung klar auseinandergehalten.

da ich begriffliche gegensatzpaare noch schärfer als wilde herausgearbeitet habe, ergaben sich einige leichte retuschen am originaltext. wo es nach dem französischen heissen sollte "ist er ein greis, der prophet?" "nein, prinzessin, er ist ein ganz junger mann", schrieb ich "ist er sehr alt, der prophet?" "nein, prinzessin, er ist sehr jung". um den negativen umschlag nach "ich liebe deinen leib" (beziehungsweise "dein haar") deutlicher zu akzentuieren, habe ich den satz "ich hasse deinen leib" (beziehungsweise "dein haar") eingefügt – es ist die einzige "hinzudichtung", die ich mir, analog zu anderen kontrastparallelismen des stückes, erlaubt habe. und anstelle von "hideux" (etwa "grässlich") setze ich, in ableitung von hassen, "hässlich".

dass neben dem zweifachen – steigerung und kontrast – auch das dreifache als strukturierendes formprinzip eine hervorragende rolle spielt, wurde bereits erwähnt. zu solchen dreiergruppen gehört die begriffsfolge "anschauen", "anfassen", "küssen", die die stufen der annäherung salomes an jochanaan markiert ("ich will ihn nur anschauen, diesen seltsamen propheten" – "lass mich deinen leib anfassen" – "lass mich deinen mund küssen"). dabei habe ich statt des originalgetreueren "berühren" das wort "anfassen" gewählt, weil es mir in dieser staffelung auch lautlich und rhythmisch überzeugender erscheint.

die bei wilde oft willkürlich, zuweilen sogar innerhalb eines satzes wechselnden anredeformen "ihr" und "du" habe ich vereinheitlicht und den personen so zugeordnet, dass ihre beziehungen zueinander deutlicher charakterisiert werden. herrscht allgemein ein distanziertes oder distanzierendes "ihr", so spricht herodes salome und salome jochanaan mit "du" an. darin artikuliert sich ihr versuch, in der anredeform die gesellschaftliche konvention zu überspringen und die gewünschte intimität zu suggerieren.

ähnlich willkürlich wie mit den anredeformen verfährt wilde auch mit den vergangenheitsformen. schon der sprachlichen prägnanz wegen habe ich mich grundsätzlich auf das imperfekt festgelegt, allerdings mit einer bezeichnenden

ausnahme: jochanaan setzt sich von den anderen personen durch seine umständlichere, phrasenhafte redeweise ab, was sich auch an der wortstellung zeigt, und spricht daher als einziger durchgängig im perfekt. an seltenen stellen habe ich ausserdem das perfekt verwendet, wenn es sich um unmittelbar vergangenes handelt ("der junge syrer hat sich getötet!"), wenn vergangenes seine aktualität behält ("herodes hat es verboten") oder wenn die vollendete aktion besonders hervorgehoben werden soll ("doch habe ich es gehört").
mögen mir manche auch vorwerfen, ich hätte formale prinzipien, die bei wilde zweifellos angelegt, aber nicht konsequent durchgeführt sind, auf die spitze getrieben, so stellt eine übersetzung der poetischen sprache in lockere prosa, die den stilmitteln wildes kaum gerecht wird, gewiss eine schwerer wiegende verfälschung dar. auch wird man sich überzeugen können, dass mein text – bei aller radikalen durchformung – dem original überraschend nahe geblieben ist.

reisefieber

die ausarbeitung der, wie ich sie nennen möchte, theatralischen ereignisse mit dem titel "reisefieber" folgte einem strengen, allen fünf teilen zugrundeliegenden konzept. die deutsche übersetzung von wörtern verschiedener europäischer sprachen mit dem anfangsbuchstaben "a", jeweils langenscheidts taschenwörterbuch entnommen und der alphabetischen reihung des fremdsprachigen verzeichnisses folgend, bildet das verbale gerüst. der aufgestellten regel gemäss konnten diese wörter nun wahlweise auf mehrfache art verwendung finden: live gesprochen (durch einfache verbindungswörter zu sätzen verknüpft), als lautsprecherdurchsagen oder geräuscheinspielungen ("wind"), als schriftprojektion oder in bildlicher (auch filmischer) darstellung, in form einer aktionsanweisung und schliesslich in konkreter gestalt als akteur ("abt") oder als requisit ("tisch").
die verwendeten sprachen – französisch, englisch, finnisch, russisch und griechisch – gehören fünf verschiedenen sprachfamilien an. die einzelnen teile sind nach der hauptstadt des sprachlandes benannt.
"reisefieber" hält etwa die mitte zwischen theaterstück und performance – es könnte als "kaleidoskopisches theater" bezeichnet werden. gewisse begriffe, meist internationale lehnwörter, kehren in verschiedenen zusammenhängen in allen fünf teilen wieder, so dass man fast von fünf beziehungs-variationen eines stammvokabulars und damit einiger wiederkehrender grundmotive sprechen könnte. das gilt insbesondere für die agierenden (oder auch bloss erwähnten) personen. innerhalb der einzelnen teile kommt es hingegen nur ausnahmsweise zu wortwiederholungen.
neben dem aufspüren des allen teilen gemeinsamen und des jedem teil eigentümlichen wird für den zuschauer auch ein reiz in der aktivierung eigener vorstellungen und assoziationen liegen: eine "handlung", wiewohl sie sich bei der ausarbeitung zumindest andeutungsweise ergeben hat, entsteht eigentlich erst im kopf des rezipienten.

die winterreise dahinterweise

die idee, die texte zu dem bekannten liederzyklus "die winterreise" von franz schubert neu zu dichten, geht auf eine anregung des festivals "steirischer herbst" zurück – eine anregung, die ich, offen gesagt, anfangs nur zögernd aufgriff. ich halte wilhelm müller (1794–1827) für einen durchaus bedeutenden dichter, dessen verse auch ohne schuberts geniale vertonung keineswegs an reiz verlieren, ja für sich gelesen oft erst ihre eigene qualität offenbaren. als ich mich dennoch auf eine neudichtung zu den melodien schuberts einliess, erschien es mir daher angemessen, in irgendeiner form auf die originaltexte wilhelm müllers anzuspielen. ich entschied mich schliesslich für eine strenge phonetische bezugsmethode, die die vokalstruktur – und dazu so viel wie möglich vom konsonantenstand – der gedichte müllers beibehält, und liess mich auf dieser basis fortlaufend zu neuen wörtern in einem neuen satzverbund inspirieren. bei näherem hinsehen erweist sich diese methode als gar nicht so äusserlich, wie man vorschnell meinen könnte. die eigentümlich verzerrt wirkende klanggestalt der so entstandenen gedichte suggeriert eine halluzinative aussageschicht, die "dahinter", nämlich hinter dem originaltext zu liegen scheint und ihn zugleich konterkariert. übrigens kann man ja häufig beim hören gesungener texte die einzelnen wörter nicht mehr genau identifizieren, so dass eine gewisse semantische unschärfe, gleichsam eine sinn-vernebelung entsteht, die eine tagträumerische assoziationstätigkeit in gang setzen mag. so verrät das "dahinterweise" im titel nicht nur etwas von dem formalen prinzip der neudichtung, sondern verweist auch auf einen tiefenpsychologischen be-deutungshintergrund in der für unbewusste inhalte spezifischen mischung von irritierender direktheit und traumsymbolischer verschlüsselung.
die rezitation des neuen gedichtzyklus zu den liedern schuberts gewinnt in der additiven abfolge fast etwas von einem trancehaften ritual. dieser eindruck wird in der szenischen realisation noch verstärkt durch die projizierten bilder – fenster ebenso in aussen- wie in innenwelten (zugleich eine anspielung mit modernen mitteln auf die zur zeit schuberts beliebten "lebenden bilder") – und die insistierend repetitive aktion der beiden darstellerinnen, die durch eine immer wieder neu ansetzende "entschalung" gleichnishaft zum "kern", zum unverhüllten eigentlichen zu gelangen versuchen – ein prozess, den ja der tod weitertreibt bis zur völligen skelettierung. thanatos und eros – im spannungsfeld dieses mythischen paares verläuft auch die route der winterreise.
die reihenfolge der neuen gedichte ist gegenüber der bei schubert krebsgängig, bewegt sich also vom letzten zum ersten hin. es handelt sich ja auch – mit liedern aus dem neunzehnten jahrhundert – um eine reise in die vergangenheit, und bekanntlich hat schon schubert umstellungen im zyklus wilhelm müllers vorgenommen. meine rückläufige anordnung hat einerseits inhaltliche gründe, anderer-

seits erfolgte sie im hinblick auf die dauernverhältnisse bei der szenischen realisation (um mit dem längsten lied, das bei schubert das erste ist, zu schliessen und damit die wiederholte aktion in ihrem vollendeten vollzug nicht gleich vorwegzunehmen).
noch eine bemerkung zu den zweimal zwölf zwischengeräuschen. sie sind akustische realisationen von textwörtern, die geräuschhaftes assoziieren lassen (hundegebell, regen, wind, hammerschläge..). sie fungieren als zäsuren und leiten, gewissermassen als "konkrete" zwischenmusik, von einem bild zum anderen über – ein akustisches pendant zu den projizierten fotomontagen, die dokumentarisches material ins spiel bringen.

theatralische szenen nur für (gebrauchs)gegenstände zu schreiben, hatte ich schon seit langem geplant. mir erschien das als eine zeitgemässe konsequenz aus dem traditionellen puppentheater, das mich – die schattenbühne eingeschlossen – seit jeher fasziniert hatte. überlegungen in dieser richtung waren freilich auch angeregt von ersten versuchen mit einem mechanischen theater an der bauhausbühne (kurt schmidt) und in der sowjetunion der zwanziger jahre (el lissitzkys "sieg über die sonne"). 1962 schrieb ich in einem manifestartigen überblick über perspektiven neuen theaters mit dem titel "grundlagen des neuen theaters":

> "im 'puppentheater' agieren nicht selbst-tätige menschen (individuen), sondern gelenkte (bewegliche) gegenstände (materialien). naheliegend: das material stellt nichts mehr dar (puppen), sondern bedeutet sich selbst (in form von gegenständen). ergebnis: ein reines gegenstandstheater.
> gegenstände: naturgegenstände, gebrauchsgegenstände und ästhetische (kunst)gegenstände.
> die gegenstände können sich bewegen (mechanisch oder trick) oder (sichtbar) bewegt werden. sind sie 'aufgestellt', entsprechen sie etwa dem, was man bisher 'dekoration' genannt hat. es können wirkliche (unveränderte) gegenstände und es können vergrösserte, verkleinerte, deformierte und (in ihrem gebrauch) verfremdete gegenstände verwendet werden.
> die gegenstände fungieren nicht bloss nebenbei als 'requisiten', sondern sind als handlungselemente von bedeutung."

1966 entstand das stück "gegen-stände", in dem nur gegenstände eines sehr reduzierten "bühnenbildes" in fünf konstellationen ("akten") mit vier verschiedenen musikzitaten in eine stimmungshafte beziehung gesetzt werden, was eine art rudimentäre handlung suggerieren soll (in diesem band, s. 300). aus demselben jahr stammt auch mein reduziertestes stück "der ring" (s. 299):

> "vorhang auf.
> auf dem boden der bühne liegt ein ehering.
> vorhang zu."

erst 1993, animiert durch julia reicherts "kabinetttheater", griff ich die idee eines "theaters der gegenstände" wieder auf und schrieb ein kurzes stück mit klavierbegleitung für eine gabel, ein messer, einen ess- und einen teelöffel sowie einen suppenteller mit suppe, alle agierend auf einem am anfang und ende monologisierenden tisch: das "besteckstück".

erotische pantomimen

wie man von einem theaterstück erst durch die beschäftigung mit dem gesamten text, der ja nicht nur aus dialogen besteht, ein fertiges bild gewinnt, das ein abschliessendes urteil erlaubt, so erweist sich auch bei der lektüre eines ausformulierten pantomimentextes, ob er über seine gebrauchsfunktion hinaus literarische qualitäten besitzt. es gibt allein im deutschen sprachraum libretti genug, die diesen anspruch erfüllen und es damit rechtfertigen, der pantomime – neben dem sprechstück – einen eigenen rang innerhalb der literarischen gattungen zuzuerkennen. dass dies nicht längst geschehen ist, erscheint unbegreiflich. trotz intensiver nachforschungen ist mir – von wenigen einzelbetrachtungen abgesehen – keine literaturwissenschaftliche arbeit begegnet, die sich grundlegend mit dem phänomen der pantomime in ihrer textgestalt beschäftigt. dabei gibt es spätestens seit dem siebzehnten jahrhundert markante beispiele, etwa die ausdrücklich als pantomimen abgesetzten zwischenspiele in den hanswurstkomödien von felix joseph von kurz-bernardon. im neunzehnten jahrhundert gewinnt die pantomime vollends literaturstatus, so bei heinrich heine ("Der Doktor Faust. Ein Tanzpoem" und "Die Göttin Diana"), bei richard beer-hofmann ("Pierrot Hypnotiseur"), bei hermann bahr ("Patomime vom braven Manne"), bei frank wedekind ("Die Kaiserin von Neufundland. Große Pantomime in drei Bildern") oder bei richard dehmel ("Lucifer. Pantomimisches Drama"). anfang des zwanzigsten jahrhunderts schrieben unter anderen otto julius bierbaum das tanzspiel "Pan im Busch", paul scheerbart die "astrale" pantomime "Kometentanz", arthur schnitzler die pantomimen "Die Verwandlung des Pierrot" und "Der Schleier der Pierrette" und carl einstein die pantomime "Nuronihar". gleich mehrere pantomimen und tanzdichtungen gibt es von hugo von hofmannsthal, fritz von herzmanovsky-orlando und dem komponisten franz schreker, der bekanntlich sein eigener, durchaus ambitionierter textdichter war. 1952 hat h. c. artmann mit "Die Zyklopin oder Die Zerstörung einer Schneiderpuppe" dieses charakteristische genre wieder aufgegriffen und durch surrealistische ingredienzien bereichert.
die sprachlich verknappte, aufs wesentliche zielende stilform der literarischen pantomime vermag gewisse themen davor zu bewahren, ins triviale abzugleiten, würden sie als detailreiche erzählung oder in geschwätzigen dialogen dargeboten. ihr besonderer reiz liegt ja gerade darin, der ergänzenden fantasie des lesers genügend spielraum zu lassen. der gestische impetus suggeriert zudem sinnliche qualitäten – erst recht, wenn es sich, wie hier, um explizit erotische themen handelt.

dalila und samson paraphrasiert das 16. kapitel des alttestamentarischen "Buches der Richter". die namensschreibung folgt indes nicht der luther-bibel ("Simson" und "Delila"), sondern der oper "Samson und Dalila" von camille saint-

saëns, der ich auch die begleitmusik zu meiner pantomime entnommen habe. die interne uraufführung, vorerst nur des zweiten aktes der oper mit improvisiertem bühnenbild, leitete der komponist vom klavier aus. die von mir übernommenen passagen der klaviertranskription können sich also auf authentizität berufen. der name thirza für dalilas (fiktive) freundin entstammt dem skizzenhaften entwurf franz grillparzers zu einem nicht ausgeführten "Samson"-drama. bei ihm ist thirza allerdings die am verrat unschuldige braut samsons und dalila deren jüngere schwester, die samson hinterlistig seiner haare beraubt.
meine erotische umdeutung der biblischen episode mit vertauschten rollen rückt jenes behaarte "magische dreieck" ins zentrum des geschehens, das als verführerisches sinnbild für die triebkraft des lebens schlechthin betrachtet werden kann.
das von mir retuschierte goethe-gedicht "Versunken", das als introduktion zur pantomime vorgetragen wird, lautet im original:

Voll Locken kraus ein Haupt so rund! –
Und darf ich dann in solchen reichen Haaren
Mit vollen Händen hin und wieder fahren,
Da fühl' ich mich von Herzensgrund gesund.
Und küss' ich Stirne, Bogen, Auge, Mund,
Dann bin ich frisch und immer wieder wund.
Der fünfgezackte Kamm, wo sollt' er stocken?
Er kehrt schon wieder zu den Locken.
Das Ohr versagt sich nicht dem Spiel,
Hier ist nicht Fleisch, hier ist nicht Haut,
So zart zum Scherz, so liebeviel!
Doch wie man auf dem Köpfchen kraut,
Man wird in solchen reichen Haaren
Für ewig auf und nieder fahren.
So hast du, Hafis, auch gethan,
Wir fangen es von vornen an.

pygmalion und galathea. der pygmalion-stoff (aus ovids "Metamorphosen") hat mich schon mehrfach beschäftigt, usprünglich in einer (verworfenen) prosaversion. auch im letzten teil von "reisefieber" (in diesem band, s. 516-585) schimmert das motiv unverkennbar durch. die beziehung des schöpfers zu seinem werk hat nicht zufällig künstler immer wieder zur darstellung gereizt, thematisiert sie doch einen ihn unmittelbar betreffenden sachverhalt, oft mit erotischem aspekt, der zur selbstreflexion provoziert. schon zu beginn meiner literarischen laufbahn habe ich das erotische verhältnis zwischen dem autor und seiner gestaltgewordenen wunschprojektion in dem prosatext "das fenster" in aller deutlichkeit zur sprache gebracht. in der pantomime gewinnt nun das thema, schon durch die verwendung der musik franz von suppés, unbekümmert operettenhafte züge. den namen der mythischen nymphe galathea wählte der seinerzeit erfolgreiche wiener bühnenautor poly henrion (pseudonym für leonhardt karl dietmar kohl von kohlenegg) in seinem libretto "Die schöne Galathee" für die – meist anonyme – kreation pygmalions.

masoch

das etwa einstündige sprechstück "masoch", mit der gattungsbezeichnung "rituelle rezitation", könnte auch als "szenisches sprechoratorium" bezeichnet werden, da hier profanes und sakrales – genauer: biografisch "weltliches" und betrachtend "geistliches" – eng miteinander verknüpft sind. schon die platzierung von solosprechern und chorgruppen auf einem podium eröffnet eine optische dimension, verlangt nach einer überlegten anordnung, die unversehens einen rituellen charakter annehmen kann. durch die einbeziehung zweier stummer darsteller und eines bühnenbildhaften aufbaus gewinnt das ursprünglich konzertante ereignis schliesslich eine überraschende theatralische dimension.
inhaltlich kreist das stück um den "berüchtigten" und zu unrecht wenig geschätzten schriftsteller leopold von sacher-masoch (1836–1895), nach dem richard von krafft-ebing 1890, also noch zu dessen lebzeiten, den sexualpathologischen terminus "masochismus" geprägt und in umlauf gebracht hat. er berief sich dabei ebenso auf die bevorzugte thematik des literarischen werkes wie auf die gelebte obsession sacher-masochs.
anhand biografischer schlaglichter, die auf dokumentarischem material basieren, habe ich eine art anekdotisches psychogramm der persönlichkeit sacher-masochs und der beziehung zu seiner frau wanda entwickelt. der titel "masoch" weist allerdings schon über eine ausschliessliche fokussierung auf die gestalt sacher-masochs hinaus auf den masochismus als allgemeines phänomen. im verlauf der auseinandersetzung mit diesem komplexen und vielschichtigen thema hat sich, bei fortschreitender konkretisierung des konzepts, fast zwangsläufig eine parallele gegenfigur herauskristallisiert: die gestalt des ignatius von loyola. in ihr manifestiert sich der obskure innere zwang zu totaler unterwerfung unter eine fixe idee – hier des unbedingten religiösen gehorsams, mit der begleiterscheinung physischer selbstbestrafung schon für die kleinste nachlässigkeit durch exzessive geisselung – aus scheinbar konträrer motivation: abtötung statt erregung des fleisches.
beschäftigt man sich näher mit ignatius von loyola, dem begründer des jesuitenordens, so findet man zudem einige überraschende biografische parallelen zu sacher-masoch. in direkter gegenüberstellung gewisser durch wanda überlieferter episoden mit passagen aus dem "bericht des pilgers" von ignatius treten solche analogien deutlich zutage. sie gipfeln, freilich unter verschiedenen vorzeichen, im sklavischen verhalten gegenüber der jeweils angebeteten "herrin". herrscht bei dem einen die strafend distanzierte "venus im pelz" auf erden, so thront für den anderen die "voll der gnaden" distanzierte schutzmantelmadonna im himmel. beide projektionen, die konkrete wie die halluzinierte, verschmelzen in meinem stück gewissermassen zum "lebenden bild" einer stummen bühnenfigur.

allerdings bleibt es hier nicht allein bei einer sinnfälligen montage bezeichnender episoden in charakteristischen zitaten aus authentischen quellen. der komplexe stoff erfährt überdies eine artifizielle vertiefung durch die verwendung phonetischen sprachmaterials, das jeweils aus den dokumentarischen texten gewonnen wurde, und durch auskomponierte rhythmisierung des sprechverlaufs, die das erzählte musikalisch akzentuiert und emotional auflädt. passagen, die sich auf ignatius beziehen, spielen dabei auf das automatistische phänomen der glossolalie an, wie sie aus dem "pfingstwunder" des neuen testaments bekannt ist (ekstatisch gelalltes "zungenreden" soll demnach von der gemeinde spontan "verstanden" worden sein), während sacher-masoch betreffende passagen zu phonetischen und verbalen anagrammen verarbeitet wurden.

die bremer stadtmusikanten

das märchen von den "bremer stadtmusikanten" kann wohl als allgemein bekannt gelten – in bremen hat man ihnen sogar an exponierter stelle ein denkmal gesetzt. vier haustiere – ein esel, ein hund, eine katze und ein hahn – begegnen einander auf der flucht vor dem drohenden "gnadentod". altersschwach, sind esel, hund und katze ihren brotgebern nicht mehr nützlich, sollen also "entsorgt" werden, während der hahn zum verzehr bei einem gastmahl bestimmt ist. da die vier nun – herrenlos – für sich selbst aufkommen müssen und über hervorragende stimmen zu verfügen glauben, beschliessen sie kurzerhand, den weg nach bremen einzuschlagen, um dort stadtmusikanten zu werden. bei einer nächtlichen rast entdecken sie ein von räubern bewohntes haus. mit einem lautstarken überraschungsangriff vertreiben sie die zu tode erschrockenen räuber und nehmen die unterkunft samt gedecktem tisch in besitz.
schon seit langem reizte es mich, mit lapidaren onomatopoetischen tierlauten, wie man sie häufig in fibeln und kinderbüchern findet, einen zusammenhängenden text zu komponieren. es liegt nahe, als formales gerüst dafür ein märchen zu verwenden, das von tieren handelt, und da erscheint die geschichte von den "bremer stadtmusikanten" besonders geeignet. allerdings verlangt ein solcher stoff eher nach einer szenischen als nach einer bloss akustischen umsetzung. da ich aber noch an der vorstellung eines reinen lauttextes festhielt, blieb das projekt vorerst liegen. inzwischen schrieb ich einen zyklus locker gereihter kinderverse – jeder einem bestimmten tier gewidmet, das in seinen charakteristischen erkennungslauten "spricht". nach der arbeit an rhythmisch notierten simultantexten und kleinen pantomimen nahm die ursprüngliche idee nun als kurzes kinderstück unversehens konkrete gestalt an. schon aus sympathie für die von mir gern besuchte hansestadt bremen blieb ich auch bei der fabel von den "bremer stadtmusikanten".
meine "kinderpantomime mit tierlauten" bietet kindern die gelegenheit, sich auf aktive und zugleich spielerische weise mit lautpoesie vertraut zu machen. der rhythmisierte vortrag der wechselnd kombinierten sprechparts sensibilisiert für den sinnlich musikalischen aspekt gesprochener sprache. die unterschiedliche stimmfärbung ein und derselben lautverbindung je nach psychologischer situation macht hellhörig für den wandel der ausdruckscharaktere, die sich in der pantomime zudem mit der physiognomik der körpersprache paaren. so erfahren die kinder durch einfühlung in ihre rollen, wie man schon mit sinnfreien lauten zu kommunizieren vermag.

pompes funèbres meyerbeer

dieses dramolett ist eigentlich eine "hommage à meyerbeer", auch wenn ich es nicht ausdrücklich als solche ausweise. giacomo meyerbeer (1791 - 1864), ein heute, wie ich meine, zu unrecht vernachlässigter komponist, erregte schon früh mein interesse. es muss etwa in den fünfziger jahren gewesen sein, als ich in einer biographie auf zeitzeugenberichte über die pompösen feierlichkeiten zu seinem begräbnis stiess. die eindrucksvollen schilderungen weckten in mir den wunsch nach einer szenischen verarbeitung. was lag näher, als dabei den theatralischen kniff der teichoskopie ins spiel zu bringen, für deren literarische erprobung ich schon länger ein attraktives sujet gesucht hatte. die teichoskopie, auch als "mauerschau" bekannt, will dem publikum durch einen vermeintlichen augenzeugen ein ereignis hinter der szene vorgaukeln, das – wie etwa eine schlacht – auf der bühne kaum darstellbar wäre. anfangs dachte ich an eine melodramatische umsetzung des textes, was aber zu keinem mich befriedigenden ergebnis führte. so blieb das projekt liegen. erst bei der zusammenstellung des vorliegenden bandes kam mir der entwurf wieder in die hände und begann mich erneut zu beschäftigen. ich entwickelte ein tragfähiges konzept, nach dem mir die ausarbeitung des stückes nun lohnenswert erschien.
der gesang der amsel, des melodisch kreativsten vogels europas, steht hier für ein naturgegebenes kontinuum innerhalb des abrupten zivilisatorischen wandels. auf seine weise zeitlos erscheint auch der mensch, wenn er sich, von modischer kleidung und künstlichem aufputz befreit, in seinem naturzustand zeigt. so gelingt es den handelnden personen, durch den kunstgriff der entblössung und neukostümierung, unversehens die kulturepochen und standorte zu wechseln – das theater macht es möglich.

Sigelverzeichnis

Au	Autor
Ed	Herausgeber
Vl	Verlag
Hs	Handschrift
Ms	Manuskript
Ts	Typoskript
Df	Druckfassung
En	Entstehung
Üa	Überarbeitung
ED	Erstveröffentlichung
Bü	Bühne
EA	Erstaufführung
UA	Uraufführung
Ru	Rundfunk
CD	CompactDisc
LP	Schallplatte
Wi	Widmung
Ko	Kommentar
GW	Gerhard Rühm: Gesammelte Werke Herausgegeben von Michael Fisch Berlin: Parthas Verlag 2005 ff.

Literaturhinweise

Angeführt werden hier nur die für diese Edition wichtigen Quellen, und zwar in chronologischer Folge. Wer sich umfassender über die Publikationen von Gerhard Rühm informieren will, sei verwiesen auf die annotierte Bibliographie von Michael Fisch: Gerhard Rühm. Ein Leben im Werk 1954–2004. Ein chronologisches Verzeichnis seiner Arbeiten. Bielefeld: Aisthesis 2005 [Bibliographien zur deutschen Literaturgeschichte. Band 14].

wiener gruppe I — Die Wiener Gruppe. Achleitner, Artmann, Bayer, Rühm, Wiener. Texte, Gemeinschaftsarbeiten, Aktionen. Herausgegeben von Gerhard Rühm. Reinbek: Rowohlt 1967 [Erweiterte Neuausgabe 1985].

ophelia — Gerhard Rühm: ophelia und die wörter. gesammelte theaterstücke 1954–1971. Neuwied und Darmstadt: Luchterhand 1972 [Auch als seitenidentische Taschenbuchausgabe, Sammlung Luchterhand 74].

salome — Oskar Wilde: salome. drama in einem akt. nachdichtung von gerhard rühm. Frankfurt am Main: Verlag der Autoren 1983 [Theaterbibliothek 57].

text bild musik — Gerhard Rühm: TEXT – BILD – MUSIK. ein schau- und lesebuch. Herausgegeben von Gerhard Jaschke. Wien: Edition Freibord 1984.

botschaft — Gerhard Rühm: botschaft an die zukunft. gesammelte sprechtexte. Reinbek: Rowohlt 1988.

reisefieber — Gerhard Rühm: reisefieber. theatralische ereignisse in fünf teilen. Reinbek: Rowohlt 1989.

theatertexte — Gerhard Rühm: theatertexte. gesammelte theaterstücke 1954–1971. Frankfurt am Main: Verlag der Autoren 1990 [Unveränderter Nachdruck des Bandes »ophelia und die wörter«].

winterreise — Gerhard Rühm: die winterreise dahinterweise. neue gedichte und fotomontagen zu franz schuberts liederzyklus. Klagenfurt: Ritter 1991.

auf messers schneide — Gerhard Rühm: auf messers schneide. zwei stücke. Innsbruck: Haymon 1995.

wiener gruppe II — Die Wiener Gruppe. Ein Moment der Moderne 1954–1960. Die visuellen Arbeiten und die Aktionen. / The Vienna Group. A moment of modernity 1954–1960. The visual works and the actions. Friedrich

Achleitner, H.C. Artmann, Konrad Bayer, Gerhard Rühm und Oswald Wiener. Herausgegeben von Peter Weibel. Wien und New York: Springer 1997 [Katalog zur österreichischen Ausstellung im Rahmen der Biennale von Venedig 1997].

wiener gruppe III Die Wiener Gruppe. Friedrich Achleitner, H.C. Artmann, Konrad Bayer, Gerhard Rühm, Oswald Wiener. Herausgegeben von Wolfgang Fetz und Gerald Matt. Wien: Kunsthalle 1998 [Katalog zur Ausstellung vom 13.11.1998 bis 21.2.1999].

um zwölf uhr Gerhard Rühm: um zwölf uhr ist es sommer. Gedichte, Sprechtexte, Chansons, Theaterstücke, Prosa. Auswahl und Nachwort von Jörg Drews. Stuttgart: Reclam 2000.

masoch Gerhard Rühm: MASOCH. eine rituelle rezitation mit zitaten von sacher-masoch und ignatius von loyola. Graz und Wien: Droschl 2003.

Anmerkungen der Herausgeber

7 rund oder oval
Siehe Erläuterungen des Autors, S. 807.
En: 1954 (Df), ED: Modernes Theater auf Kleinen Bühnen. Herausgegeben von Walter Höllerer. Berlin: Literarisches Colloquium 1965, S. 98-102, Ds: Programmheft Theater am Neumarkt Zürich 1971, S. 22-27, Ds: ophelia, S. 5-23, Ds: theatertexte, S. 5-23, Bü: UA 21.8.1961 Kammarteater Uppsala auf Schloss Wik, Deutsche EA 2.12.1964 Akademie der Künste Berlin (Gastspiel des Kammarteater Uppsala), Spanische EA 11.2.1969 Deutsches Kulturinstitut Madrid, Schweizer EA 6.10.1971 Theater am Neumarkt Zürich, Österreichische EA 7.7.1984 Theater Paravent Wien, Ru: Rias Berlin 1971 (Ursendung 24.4.1971), Ko: Typoskript datiert September 1954.

27 ministücke
Siehe Erläuterungen des Autors, S. 808.

29 interludium
En: 1954 (Df), ED: ophelia, S. 27, Ds: theatertexte, S. 27, Ds: um zwölf uhr, S. 139, Bü: UA 7.7.1984 Theater Paravent Wien, Deutsche EA 28.2.1985 Theater im Marstall München, Ko: Typoskript datiert 1.10.1954.

30 szenisches epitaf
En: 1954 (Df), ED: ophelia, S. 28, Ds: theatertexte, S. 28, Wi: »für erni wobik«, Ko: Typoskript datiert 25.12.1954.

31 spiel für damen
En: 1955 (Df), ED: wort in der zeit 2 (1964), S. 28-29, ophelia, S. 29-30, Ds: theatertexte, S. 29-30, Ds: um zwölf uhr, S. 149-150, Ko: Typoskript datiert 5.11.1955.

33 diskurs über die mode
En: 1955 (Df), ED: ophelia, S. 31-32, Ds: theatertexte, S. 31-32, Bü: UA 7.7.1984 Theater Paravent Wien, Ko: Typoskript datiert 14.11.1955.

35 juliette schweigt
En: 1955 (Df), ED: ophelia, S. 33, Ds: theatertexte, S. 33, Ko: Typoskript datiert 20.11.1955.

36 beide
En: 1955 (Df), ED: ophelia, S. 34-35, Ds: theatertexte, S. 34-35, Ko: Typoskript datiert 27.11.1955.

38 zu
En: 1955 (Df), ED: ophelia, S. 36, Ds: theatertexte, S. 36, Ko: Typoskript datiert 27.11.1955.

39 spiegel
En: 1955 (Df), ED: ophelia, S. 37, Ds: theatertexte, S. 37, Ko: Typoskript (mit dem ursprünglichen Titel »imaginäres spiel«) datiert 28.11.1955.

40 **das alfabet der damen**
En: 1955/1956 (Df), ED: ophelia, S. 38-40, Ds: theatertexte, S. 38-40, Ds: Poetisches Abracadabra. Neuestes ABC- und Lesebüchlein. Herausgegeben von Joseph Kiermeier-Debre u. Fritz Franz Vogel. München: Deutscher Taschenbuch Verlag 1992, S. 184-186.

43 **werden und sein**
En: 1955/1956 (Df), ED: wort in der zeit 2 (1964), S. 29-31, Ds: ophelia, S. 41-45, Ds: theatertexte, S. 41-45, Bü: UA 28.2.1985 Theater im Marstall München, Ko: Typoskript datiert Juli 1955 (»werden«) und 13.5.1956 (»sein«).

48 **durchdringungen**
En: 1956 (Df), ED: wort in der zeit 2 (1964), S. 32-33, Ds: ophelia, S. 46-47, Ds: theatertexte, S. 46-47, Ko: Typoskript datiert 27.10.1956.

50 **vereinigung**
En: 1956 (Df), ED: ophelia, S. 48-51. Ds: botschaft, S. 229-233, Ds: theatertexte, S. 48-51, Ds: um zwölf uhr, S. 143-147, Bü: UA 22.6.1961 Studentenbühne »die arche« Wien, Deutsche EA 15.5.1971 Wilhelmsbad bei Hanau (zugleich Fernsehaufzeichnung des Hessischen Rundfunks Frankfurt am Main), Schweizer EA 25.2.1974 Bern, Ko: Erstes Typoskript (mit dem – später gestrichenen – Titel »synthese») datiert März 1956.

54 **be trieb**
En: 1957 (Df), ED: ophelia, S. 52, Ds: theatertexte, S. 52, Bü: UA 28.2.1985 Theater im Marstall München, Ko: Typoskript datiert 23.2.1957.

55 **bekannt schafft**
En: 1957 (Df), ED: ophelia, S. 53, Ds: Der wilde Jäger. Eine Sammlung. Herausgegeben von Klaus G. Renner. München: Renner 1987, S. 83, Ds: theatertexte, S. 53, Ds: um zwölf uhr, S. 148.

56 **capriccio**
En: 1957 (Df), ED: ophelia, S. 54, Ds: theatertexte, S. 54.

57 **dieses stück spielt im duschraum des theaters**
En: 1957 (Df), ED: wort in der zeit 2 (1964), S. 34-35, Ds: ophelia, S. 55-56, Ds: Mini-Dramen im Verlag der Autoren. Herausgegeben von Karlheinz Braun. Frankfurt am Main: Verlag der Autoren 1987, S. 31-33, Ds: theatertexte, S. 55-56, Ds: um zwölf uhr, S. 140-142, Ds: Konkursbuch Nr. 35: Theaterperipherien. Herausgegeben von Hartmut Fischer. Tübingen: Konkursbuch 2001, S. 7-9, Ko: Typoskript datiert 28.9.1957.

60 **eine konversation in maszen**
En: 1957 (Df), ED: wort in der zeit 2 (1964), S. 35-36, Ds: ophelia, S. 57, Ds: theatertexte, S. 57, Ko: Typoskript datiert 9.10.1957.

62 **kalender für ertrunkene**
En: 1957 (Df), ED: wort in der zeit 2 (1964), S. 37, Ds: ophelia, S. 58, Ds: theatertexte, S. 58.

64 bix ohne trompete
En: 1957 (Df), ED: wort in der zeit 2 (1964), S. 38, Ds: ophelia, S. 59-60, Ds: theatertexte, S. 59-60, Bü: UA 28.2.1985 Theater im Marstall München.

66 hände
En: 1957 (Df), ED: ophelia, S. 61, Ds: theatertexte, S. 61, Ds: um zwölf uhr, S. 153.

67 lachen
En: 1957 (Df), ED: wiener gruppe I, S. 152-154, Bü: UA 30.1.1961 Wien, Ko: Ursprünglich ein Einzeltext, der erst hier den »ministücken« zugeordnet wurde.

71 hanswurststücke
Siehe Erläuterungen des Autors, S. 809-810.

73 leib und leibchen
En: 1955 (Df), ED: ophelia, S. 65-66, Ds: theatertexte, S. 65-66, Ds: um zwölf uhr, S. 157-158.

75 links ein bisserl recht
En: 1955 (Df), ED: ophelia, S. 67-69, Ds: theatertexte, S. 67-69, Bü: UA 10.1.2000 Theater im Palais Graz, Ko: Librettofassung 2003 (als Textvorlage für den Wettbewerb um den Gustav-Mahler-Kompositionspreis der Stadt Klagenfurt). Die dort preisgekrönten Kurzopern wurden am 29. und 30. Juli 2004 in Toblach (Südtirol) und im Stift Viktring Klagenfurt uraufgeführt.

78 wackeres sylvesterfest hanswursts mit colombinen ...
En: 1955 (Df), ED: ophelia, S. 70-71, Ds: Silvester und Neujahr. Ein Lesebuch zum Jahreswechsel. Herausgegeben von Norbert Schachtsiek-Freitag. Frankfurt am Main: S. Fischer 1989, S. 222-223, Ds: theatertexte, S. 70-71.

80 der mit colombina controversierende hanswurst
En: 1955 (Df), ED: ophelia, S. 72-73, Ds: theatertexte, S. 72-73, Ko: Typoskript datiert 25.12.1955.

82 hanswurst in lublin
En: 1956 (Df), ED: ophelia, S. 74, Ds: theatertexte, S. 74, Ds: um zwölf uhr, S. 159.

83 allerletztes hanswurststück
En: 1956 (Df), ED: ophelia, S. 75, Ds: theatertexte, S. 75.

85 wiener dialektstücke
Siehe Erläuterungen des Autors, S. 809-810.

87 die jause
En: 1955 (Df), ED: protokolle (1969), S. 69-75, Ds: ophelia, S. 79-84, Ds: theatertexte, S. 79-84, Bü: UA 6.12.1958 Wien (im 1. literarischen cabaret der »Wiener Gruppe«), Ru: Sämtliche Dialektstücke wurden vom Autor 1982 im Österreichischen Rundfunk Graz als

Hörspiel realisiert unter dem Titel »die jause. ein kranz wiener hörstücke« (Ursendung 17.12.1982), Ko: Typoskript datiert 28./29.9.1955.

94 nix
En: 1955/1956 (Df), ED: protokolle 1 (1970), S. 15-28, Ds: ophelia, S. 85-97, Ds: theatertexte, S. 85-97, Bü: UA 22.3.1997 Schauspielhaus Leipzig (Gastspiel des Carousel Theaters Wien im Rahmen der Leipziger Buchmesse), Österreichische EA 23.9.1997 Carousel Theater Wien, Ru: siehe »die jause«.

108 selbstleute
En: 1956 (Df), ED: protokolle 1 (1971), S. 97-98, Ds: ophelia, S. 98-99, Ds: theatertexte, S. 98-99, Ds: um zwölf uhr, S. 151-152, Bü: UA 15.4.1959 Wien (im 2. literarischen cabaret der »Wiener Gruppe«), Ru: siehe »die jause«, Ko: Typoskript datiert Februar 1956.

110 ich suche blumen im benzin
En: 1956 (Df), ED: protokolle 1 (1969), S. 67-69, Ds: ophelia, S. 100-101, Ds: theatertexte, S. 100-101, Wi: »für maaike«, Ru: siehe »die jause«, Ko: Typoskript datiert 16.9.1956.

112 zoen
En: 1956 (Df), ED: protokolle 1 (1971), S. 95-97, Ds: ophelia, S. 102-104, Ds: theatertexte, S. 102-104, Ru: siehe »die jause«, Ko: Typoskript datiert Oktober/November 1956.

115 dings
En: 1956/1959 (Df), ED: ophelia, S. 105-108, Ds: theatertexte, S. 105-108, Ru: siehe »die jause«.

120 die urlauber
En: 1959 (Df), ED: ophelia, S. 109, Ds: theatertexte, S. 109, Ru: siehe »die jause«.

122 türen
En: 1960 (Df), ED: protokolle 1 (1971), S. 94-95, Ds: ophelia, S. 110-111, Ds: theatertexte, S. 110-111, Ru: siehe »die jause«.

125 konversationsstücke
Siehe Erläuterungen des Autors, S. 811-812.

127 die schwester
En: 1956 (Ts), Üa: 2003, ED: ophelia, S. 115-120, Ds: theatertexte, S. 115-120, Bü: UA 15.5.1971 Wilhelmsbad bei Hanau (zugleich Fernsehaufzeichnung des Hessischen Rundfunks Frankfurt am Main), Ko: Typoskript datiert 21.9.1956. Hier abgedruckt die (bislang unveröffentlichte) Librettofassung, entstanden 2003 als Textvorlage für den Wettbewerb um den Gustav-Mahler-Kompositionspreis der Stadt Klagenfurt. Die dort preisgekrönten Kurzopern wurden am 29. und 30. Juli 2004 in Toblach (Südtirol) und im Stift Viktring Klagenfurt uraufgeführt.

134 **das tier**
En: 1956 (Df), ED: ophelia, S. 121-122, Ds: theatertexte, S. 121-122, Bü: UA 15.5.1971 Wilhelmsbad bei Hanau, dort unter dem Titel »das pferd« (zugleich Fernsehaufzeichnung des Hessischen Rundfunks Frankfurt am Main), Ko: Typoskript datiert 22.9.1956.

136 **die hohle schule**
En: 1957 (Df), ED: ophelia, S. 123-130, Ds: theatertexte, S. 123-130, Ko: Typoskript datiert Januar 1957.

144 **ist hier platz?...**
En: 1957 (Df), ED: ophelia, S. 131-134, Ds: theatertexte, S. 131-134, Ko: Typoskript datiert 13.3.1957.

148 **der weg nach bern**
En: 1957/1961 (Df), ED: ophelia, S. 135-140, Ds: theatertexte, S. 135-140, Bü: UA 22.6.1961 Studentenbühne »die arche« Wien, Schweizer EA 25.2.1974 Bern.

155 **sprechen sie**
En: 1956 (Df), Üa: 1995, ED: auf messers schneide, S. 29-57.

181 **sketches**
Die in dieser Gruppe zusammengefassten »sketches« wurden eigens für die beiden »literarischen cabarets« der »Wiener Gruppe« geschrieben.

183 **die dicke bertha ganz dünn**
En: 1958 (Df), ED: wiener gruppe I, S. 425, Ds: wiener gruppe II, S. 336, Ds: wiener gruppe III, S. 112, Bü: UA 6.12.1958 Wien (im 1. literarischen cabaret der »Wiener Gruppe«).

184 **magisches eiwunder**
En: 1958 (Df), ED: wiener gruppe I, S. 426, Ds: wiener gruppe II, S. 338, Bü: UA 6.12. 1958 Wien (im 1. literarischen cabaret der »Wiener Gruppe«).

185 **kuss und liebe**
En: 1959 (Df), ED: wiener gruppe I, S. 431-433, Ds: wiener gruppe II, S. 376-377, Bü: UA 15.4.1959 Wien (im 2. literarischen cabaret der »Wiener Gruppe«), Ko: Typoskript datiert Februar/März 1959.

189 **momenttheater/fluxusstücke**

191 **oraler moment**
En: 1966 (Ts), ED: Programmplakat zum Musikfestival der Galerie Block im Forum-Theater Berlin, 16.-17.4.1966 (Kurzfassung mit dem Titel »moment (oral)«), Bü: UA 17.4.1966 Forum-Theater Berlin.

192 **gestreuter moment**
En: 1966 (Ts), ED: Programmplakat zum Musikfestival der Galerie Block im Forum-Theater Berlin, 16.-17.4.1966 (Kurzfassung mit dem Titel »moment (gestreut)«), Bü: UA 17.4.1966 Forum-Theater Berlin.

193 **beiss-stück**
En: 1966 (Ts), ED: bislang unveröffentlicht.

194 **versuch einer mitteilung**
En: 1966 (Ts), ED: Programmplakat zum Musikfestival der Galerie Block im Forum-Theater Berlin, 16.-17.4.1966, Bü: UA 17.4.1966 Forum-Theater Berlin.

195 **liebestraum nach franz liszt**
En: 1966 (Ts), ED: Programmplakat zum Musikfestival der Galerie Block im Forum-Theater Berlin, 16.-17.4.1966 (dort in Klaviernotation), Bü: UA 17.4.1966 Forum-Theater Berlin.

196 **tischsonatine**
En: 1970 (Ts), ED: bislang unveröffentlicht, Bü: UA 19.9.1970 Akademie der Künste Berlin (Nachtkonzert »eine stunde pianissimo« im Rahmen der Berliner Festwochen).

197 **teleklavier**
En: 1975 (Df), ED: Identität – Alternative Identität – Gegenidentität. Katalog zur Dreiländerbiennale »trigon 75« im Künstlerhaus Graz, 6.10.-2.11.1975. Graz: steirischer herbst 1975, o. S., Ds: text bild musik, S. 201, Ds: Zeit/Schnitte. Wien: Wiener Festwochen 1990, S. 9, Ds: Tasten. Herausgegeben von der Kunst- und Ausstellungshalle der Bundesrepublik Deutschland. Göttingen: Steidl 1996, S. 120-121, Ds: Sprachmusik. Grenzgänge der Literatur. Herausgegeben von Gerhard Melzer und Paul Pechmann. Wien: Sonderzahl 2003, S. 226-227, Bü: UA 7.10.1975 Künstlerhaus Graz (»trigon 75«), Deutsche EA 20.10.1995 Kunst- und Ausstellungshalle der Bundesrepublik Deutschland Bonn (Kongress »Tasten«), Wi: »für valie«.

198 **piano-strip-music**
En: ca. 1976 (Df), ED: Zeit/Schnitte. Wien: Wiener Festwochen 1990, S. 12, Ds: Tasten. Herausgegeben von der Kunst- und Ausstellungshalle der Bundesrepublik Deutschland. Göttingen: Steidl 1996, S. 122-124, Bü: UA 27.5.1990 Theater »Der Kreis« Wien (Projekt »Zeit/Schnitte« im Rahmen der Wiener Festwochen), Deutsche EA 20.10.1995 Kunst- und Ausstellungshalle der Bundesrepublik Deutschland Bonn (Kongress »Tasten«).

199 **auf einsatz**
En: 1966 (Ts), ED: Programmplakat zum Musikfestival der Galerie Block im Forum-Theater Berlin, 16.-17.4.1966 (Kurzfassung mit dem Titel »moment (auf zeichen)«), Bü: UA 17.4.1966 Forum-Theater Berlin.

200 **augenblickliche finsternisse**
En: 1975 (Ts), ED: Identität – Alternative Identität – Gegenidentität. Katalog zur Dreiländerbiennale »trigon 75« im Künstlerhaus Graz, 6.10.-2.11.1975. Graz: steirischer herbst 1975, o. S. (dort mit dem Titel »zeitweise finsternis«), Ds: text bild musik, S. 148 (dort mit dem Titel »zeitweise finsternis«), Bü: UA 7.10.1975 Künstlerhaus Graz (»trigon 75«), dort mit dem Titel »zeitweise finsternis«.

201 **übertragung**
En: 1975 (Ts), ED: Identität – Alternative Identität – Gegenidentität. Katalog zur Dreiländerbiennale »trigon 75« im Künstlerhaus Graz, 6.10.-2.11.1975. Graz: steirischer herbst 1975, o. S. (dort mit dem Titel »peitschzeichnung«), Ds: text bild musik, S. 147-148 (dort mit dem Titel »peitschzeichnung«), Bü: UA 7.10.1975 Künstlerhaus Graz (»trigon 75«), dort mit dem Titel »peitschzeichnung«.

202 **kommunikation**
En: ca. 1966 (Ts), ED: bislang unveröffentlicht.

203 **naturstudie**
En: 1966 (Ts), ED: Programmplakat zum Musikfestival der Galerie Block im Forum-Theater Berlin, 16.-17.4.1966 (Kurzfassung mit dem Titel »moment: defloration«), Bü: UA (geplant, aber nicht realisiert) 17.4.1966 Forum-Theater Berlin.

204 **körperstück**
En: 1966 (Ts), ED: Programmplakat zum Musikfestival der Galerie Block im Forum-Theater Berlin, 16.-17.4.1966 (Kurzfassung mit dem Titel »moment: (einsamkeit)«), Bü: UA (geplant, aber nicht realisiert) 17.4.1966 Forum-Theater Berlin.

205 **zweipersonenstück**
En: undatiert (Ts), ED: bislang unveröffentlicht.

206 **lustspiel**
En: undatiert (Ts), ED: bislang unveröffentlicht.

207 **drama in fünf akten**
En: undatiert (Ts), ED: bislang unveröffentlicht.

208 **blumenstück**
En: 1966 (Ts), ED: Programmplakat zum Musikfestival der Galerie Block im Forum-Theater Berlin, 16.-17.4.1966 (Kurzfassung mit dem Titel »moment: schuss in ein gefülltes glas«), Bü: UA (geplant, aber nicht realisiert) 17.4.1966 Forum-Theater Berlin.

209 **familiendrama**
En: undatiert (Ts), ED: bislang unveröffentlicht.

210 **gegenwart**
En: undatiert (Ts), ED: bislang unveröffentlicht.

211 **zeitpunkt**
En: 1966 (Ts), ED: Programmplakat zum Musikfestival der Galerie Block im Forum-Theater Berlin, 16.-17.4.1966 (Kurzfassung mit dem Titel »moment: (und danach)«), Bü: UA 17.4.1966 Forum-Theater Berlin.

212 **fallstudie**
En: undatiert (Ts), ED: bislang unveröffentlicht.

213 **geld-stück**
En: undatiert (Ts), ED: bislang unveröffentlicht.

214 **publikumsstück**
En: undatiert (Ts), ED: bislang unveröffentlicht.

215 **mutprobe**
En: undatiert (Ts), ED: bislang unveröffentlicht.

216 **erinnerungs-stück**
En: undatiert (Ts), ED: bislang unveröffentlicht.

217 **dichterlesung**
En: undatiert (Ts), ED: bislang unveröffentlicht.

218 **sechs personen suchen einen autor**
En: undatiert (Ts), ED: bislang unveröffentlicht.

219 **der schrank**
En: undatiert (Ts), ED: bislang unveröffentlicht.

220 **work in progress**
En: undatiert (Ts), ED: bislang unveröffentlicht.

221 **lunares theater**
Die unter dem Sammeltitel »lunares theaters« zusammengefassten Stücke wurden 1972–1973 entworfen und für diese Ausgabe überarbeitet.

225 **kapitulationsstück**
En: s. o. (Ts), ED: bislang unveröffentlicht.

226 **gottesdienst**
En: s. o. (Ts), ED: bislang unveröffentlicht.

227 **rituelle vermessung der erde**
En: s. o. (Ts), ED: bislang unveröffentlicht.

228 **rebus**
En: s. o. (Ts), ED: bislang unveröffentlicht.

229 **wechselrede an die geschäftig lärmenden erdenbürger**
En: s. o. (Ts), ED: bislang unveröffentlicht.

230 **kinderstück**
En: s. o. (Ts), ED: bislang unveröffentlicht.

231 **versuch eines volkstanzes**
En: s. o. (Ts), ED: bislang unveröffentlicht.

232 **stilles lied**
En: s. o. (Ts), ED: bislang unveröffentlicht.

234 **versuch, auf dem mond »hamlet« zu spielen**
En: s. o. (Ts), ED: bislang unveröffentlicht.

235 **situative pantomime**
En: s. o. (Ts), ED: bislang unveröffentlicht.

236 **sportstück**
En: s. o. (Ts), ED: bislang unveröffentlicht.

237 **hommage à jules verne**
En: s. o. (Ts), ED: bislang unveröffentlicht.

239 **gehen**
Siehe Erläuterungen des Autors, S. 813.
En: 1962 (Df), ED: die sonde 3/4 (1964), S. 121-123, Ds: wiener gruppe I, S. 182-188, Ds: ophelia, S. 141-148, Ds: theatertexte, S. 141-148, Bü: UA 14.10.1962 Theater Ulm, Österreichische EA 15.10.1971 Wien, Schweizer EA Anfang November 1971 »Theater 11« Zürich.

247 **taschentheater**
En: 1964 (Ts), ED: bislang unveröffentlicht, Ko: Geplant als Auflagenobjekt (70 Exemplare) der »edition et« im Verlag Christian Grützmacher Berlin.

251 **mickydrama**
En: 1965 (Df), ED: Manuskripte 23/24 (1968), S. 47-49, Ds: ophelia, S. 149-159, Ds: theatertexte, S. 149-159.

267 **kleist-studien**
Die »kleist-studien« sind in der Erstausgabe als »2 kleist-reduktionen (studien)« betitelt. Sie wurden nach der Kleist-Ausgabe von Ludwig Tieck (Berlin 1863) für diesen Band revidiert.

269 **Der zerbrochene Krug – gesplittert**
En: 1965 (Df), ED: ophelia, S. 163-174, Ds: theatertexte, S. 163-174, Ko: Ursprünglicher Titel »der zerbrochene krug – in scherben«.

282 Das Käthchen von Heilbronn – sprachlos
En: 1965 (Df), ED: ophelia, S. 175-186, Ds: theatertexte, S. 175-186.

295 konzept- und aktionsstücke

297 atmen
En: 1965 (Df), ED: ophelia, S. 189, Ds: theatertexte, S. 189, Ds: um zwölf uhr, S. 155.

298 parade
En: 1966 (Df), ED: ophelia, S. 190, Ds: theatertexte, S. 190.

299 der ring
En: 1966 (Df), ED: ophelia, S. 191, Ds: theatertexte, S. 191, Ds: um zwölf uhr, S. 154, Bü: UA 2.12.1977 Theater am Marienplatz Krefeld.

300 gegen-stände
En: 1966 (Df), ED: ophelia, S. 192, Ds: theatertexte, S. 192, Bü: UA 1.7.1966 Forum-Theater Berlin, Wi: »unseren abwesenden gewidmet«, Ko: Typoskript datiert März 1966.

301 gabe und wiedergabe
En: 1966 (Df), ED: ophelia, S. 193, Ds: theatertexte, S. 193, Bü: UA 2.12.1977 Theater am Marienplatz Krefeld, Ko: Typoskript datiert »23.5.1966, bahnhof göppingen«.

302 mit dem titel
En: 1967 (Df), ED: ophelia, S. 194, Ds: theatertexte, S. 194, Ds: um zwölf uhr, S. 156.

303 wunsch-spiel
En: 1968 (Df), ED: ophelia, S. 195, Ds: theatertexte, S. 195, Ko: Typoskript datiert 11.9.1968.

304 unser versuch bestätigt das
En: 1968 (Df), ED: protokolle 1 (1970), S. 113, Ds: Neues deutsches Theater. Herausgegeben von Karlheinz Braun und Peter Iden. Zürich: Diogenes 1971, S. 284-285, Ds: ophelia, S. 196-197, Ds: theatertexte, S. 196-197, Bü: UA 6.6.1969 Städtisches Schwimmbad Frankfurt am Main (im Rahmen der »experimenta«), Ko: Typoskript datiert 12.11.1968.

309 21.00-21.05 h
En: 1967 (Df), ED: wiener gruppe III, S. 280-281, Bü: UA 15.7.1967 Galerie René Block Berlin, Ko: Faksimile des Konzepts von Gerhard Rühm für die Veranstaltung in der Galerie Block mit Ludwig Gosewitz und Tomas Schmit (die simultan nach eigenem Konzept agierten). Die ersten Zeilen (Beschädigung während der Aktion) sind nicht mehr vollständig rekonstruierbar. Als Begleitmusik wurde der Titel »Ain't That A Groove, Part I + Part II« von James Brown (LP »James Brown's Greatest Hits«, Polydor 623017) gespielt.

313 **ophelia und die wörter**
Siehe Erläuterungen des Autors, S. 814-815.
En: 1968 (Df), ED: ophelia, S. 199-233, Ds: theatertexte, S. 199-233, Bü: UA 6.6.1969 Städtische Bühnen Frankfurt am Main (im Rahmen der »experimenta«), Schweizer EA 8.2.1971 Theater am Neumarkt Zürich, Ru: Hörspielproduktion Westdeutscher Rundfunk Köln 1968 (Ursendung 8.5.1969), englischsprachige Hörspielproduktion (»ophelia and the words«) Bay Area Regional Deformation (Network) Berkeley/California 1986 (Ursendung 12.5.1987), spanische Hörspielproduktion (»ofelia y las palabras«) Radio Naçional Espãnia Madrid 1991 (Ursendung 10.6.1991), TV: Fernsehfilmproduktion Sender Freies Berlin 1970, LP: Luchterhand/Polydor 1973 (»ophelia und die wörter«), CD: WDR/Wergo 1998 (»ophelia and the words«), Ko: Erstdruck der Hörspielfassung in »Neues Hörspiel. Texte Partituren«. Herausgegeben von Klaus Schöning. Frankfurt am Main: Suhrkamp 1969, S. 341-363. Zahlreiche audiovisuelle Live-Performances der Hörspielproduktionen u.a. in London, New York, Montreal, Köln, Warschau, Madrid, Kopenhagen.

351 **der kammersänger hinter der bühne**
En: 1968 (Df), ED: protokolle 1 (1970), S. 76-84, Ds: ophelia, S. 235-245, Ds: theatertexte, S. 235-245, Ko: Ursprünglicher Titel »der kammersänger hinter der szene oder (frank wedekind/gerhard rühm) der kammersänger von vorn und hinten«. Die in den Vorbemerkungen zum Stück zitierte »inhaltsangabe für das programmheft« stammt aus: Der Schauspielführer. Führer durch das Theater der Jetztzeit. Herausgegeben von Leo Melitz. Berlin: Globus Verlag o. J. (um 1910), S. 160-161.

363 **kreidekreis**
Siehe Erläuterungen des Autors, S. 816.
En: 1970/1971 (Df), ED: ophelia, S. 247-268, Ds: theatertexte, S. 247-268, Bü: UA 3.1.1975 Theater an der Kölner Strasse Krefeld.

385 **salome**
Siehe Erläuterungen des Autors, S. 817-823.
En: 1980/1981 (Df), ED: salome, Ds: Programmheft Akademietheater Wien 2004, Bü: UA 20.3.1990 Theater Gruppe 80 Wien, Deutsche EA 6.11.2002 Markgrafentheater Erlangen, ferner 26.3.2004 Akademietheater Wien, 13.5.2006 Deutsches Theater Göttingen, Ru: Hörspielproduktion Westdeutscher Rundfunk Köln 1981 (Ursendung 7.7.1981), Radiophone Rezitationsfassung (gekürzt) Österreichischer Rundfunk Graz 1987 (Ursendung 7.7.1987), Wi: »für monika mit dank».

423 **reisefieber**
Siehe Erläuterungen des Autors, S. 824.
En: 1984-1986 (Df), ED: reisefieber, Ds: zweisprachige Ausgabe italienisch-deutsch mit dem Titel »febbre da viaggio – reisefieber«, Napoli: edizioni morra 1990.

587 **die winterreise dahinterweise**
Siehe Erläuterungen des Autors, S. 825-826.
En: 1990 (Df), ED: winterreise, Bü: UA 12.10.1990 Alte Remise Graz (Auftragswerk des »steirischen herbstes«), deutsche EA 1991 Theater am Marienplatz Krefeld. Zahlreiche

weitere Aufführungen u. a. in Würzburg, Detmold, Dortmund, Münster, Kassel, Ru: Österreichischer Rundfunk Graz 1990 (Ursendung 11. 10. 1990).

639 aphoristische szenen

641 praktizierter bibelspruch
En: 1990 (Ts), ED: freibord 76 (1991), S. 108 (dort mit dem Titel »szene«).

642 beziehungsdrama
En: 2006 (Ts), ED: bislang unveröffentlicht.

643 die verfehlte verführung
En: 2006 (Ts), ED: Beckett Pause. Minidramen. Herausgegeben von Lucas Cejpek. Wien: Sonderzahl 2007, S. 139.

644 ideales paar
En: 2006 (Ts), ED: bislang unveröffentlicht.

645 zeitgefühle
En: 2006 (Ts), ED: bislang unveröffentlicht.

646 rundgänge
En: 2006 (Ts), ED: bislang unveröffentlicht.

647 fortschritte
En: 2006 (Ts), ED: bislang unveröffentlicht.

648 die offene tür
En: 2006 (Ts), ED: bislang unveröffentlicht.

649 ein elementares duell
En: 2006 (Ts), ED: bislang unveröffentlicht.

651 nachspiel
En: 2007 (Ts), ED: bislang unveröffentlicht.

653 puppenspiele
Siehe Erläuterungen des Autors zu »besteckstück«, S. 827.

655 besteckstück
En: 1992/1993 (Df), ED: auf messers schneide, S. 5-20, Ds: Sonderdruck zum Jahreswechsel 1999/2000, Reinbek: Rowohlt 1999, Bü: UA 6.4.1994 Kabinetttheater Graz, Ru: Österreichischer Rundfunk Graz 1994, Wi: »für julia reichert und ihr kabinetttheater«, Ko: ED und Ds mit Illustrationen des Autors.

669 goldene hochzeit
En: 2001 (Ts), ED: bislang unveröffentlicht, Bü: UA 20.10.2001 Kabinetttheater Graz (Auftragswerk des »steirischen herbstes«).

681 besenkammerspiel
En: 1995 (Ts), Üa: 2007, ED: bislang unveröffentlicht, Bü: UA 19.10.2007 Kunsthaus Mürzzuschlag (Kabinetttheater).

687 erotische pantomimen
Siehe Erläuterungen des Autors, S. 828-830.

689 dalila und samson
En: 2001/2007 (Ts), ED: bislang unveröffentlicht.

693 pygmalion und galathea
En: 2003/2007 (Ts), ED: bislang unveröffentlicht.

695 masoch
Siehe Erläuterungen des Autors, S. 831-832.
En: 2003 (Df), ED: masoch, Bü: UA 24.6.2003 Österreichischer Rundfunk Graz, Landesstudio Steiermark, Deutsche EA 8.1.2005 Zentrum für Kunst und Medientechnologie Karlsruhe, Ru: Hörspielproduktion Südwestrundfunk Baden-Baden 2004 (Ursendung 25.11.2004), Ko: Auftragswerk für das Sacher-Masoch-Festival »masomania« im Rahmen des Kulturhauptstadtprogramms Graz 2003.

775 die bremer stadtmusikanten
Siehe Erläuterungen des Autors, S. 833.
En: 2004 (Ts), ED: kolik 27 (2004), S. 61-69, Ds: Spielpatz 20. Theaterstücke für Kinder. Herausgegeben von Marion Victor. Frankfurt am Main: Verlag der Autoren 2007, S. 27-37.

783 pompes funèbres meyerbeer
Siehe Erläuterungen des Autors, S. 834.
En: 2007 (Ts), ED: bislang unveröffentlicht, Ko: Die Dialogpassagen der ersten Szene wurden von Jérôme Raffeneau ins Französische übersetzt.

795 ihr pelz, madame, ist der meine!
En: 2007 (Ts), ED: bislang unveröffentlicht.

Editorischer Bericht

Auf die ersten Bände der »Gesammelten Werke« von Gerhard Rühm – die »gedichte« (Band 1.1 und 1.2, erschienen 2005) und »visuelle poesie« und »visuelle musik« (Band 2.1 und 2.2, erschienen 2006) – folgt nun zunächst der fünfte Band mit den »theaterstücken«. Dass der Doppelband mit »auditiver Poesie« (Band 3.1) und »hörspielen« (Band 3.2) später erscheint, hat zweierlei Gründe: Zum einen bieten fortlaufend textierte »Libretti« reproduktionstechnisch weniger Schwierigkeiten als Sprechtexte und Hörspiele, die häufig in partiturähnlichen Formen notiert sind. Zum anderen erschien das Material für Band 5 überschaubarer und leichter zugänglich, weil das größte Konvolut der – meist älteren – Theatertexte bereits in gedruckter Form vorlag. Freilich zeigte sich bald, dass dies nur die halbe Wahrheit war.

Während der Sammlung und Sichtung der Vorlagen stiess der Autor auf zahlreiche Skizzen, Entwürfe oder halbfertig liegengebliebene Manuskripte aus früheren Jahren, die nun erst ausgearbeitet beziehungsweise vervollständigt werden mussten. Auch mancher Plan aus jüngster Zeit harrte noch der Realisierung. Überdies stellte sich bei kritischer Lektüre heraus, dass einige bereits publizierte Texte – zumindest geringfügige – Revisionen erforderten. So zogen sich die Vorarbeiten zu diesem Band, der seine ohnehin nicht schmalen Vorgänger noch an Umfang übertrifft, mehr als zwei Jahre hin.

Insgesamt enthält dieser Band knapp hundertdreissig Arbeiten, darunter viele kleine Stücke, die der Autor unter Gattungstiteln wie »ministücke«, »momenttheater« oder »aphoristische szenen« zusammengefasst hat. Mehr als vierzig Texte (rund ein Viertel des Bandes) erscheinen hier erstmals im Druck: Dazu gehören fast alle sogenannten »fluxusstücke« (von denen bislang nur wenige in entlegenen Katalogen und Programmbroschüren publiziert wurden), ferner sämtliche Arbeiten der Kapitel »lunares theater« und »aphoristische szenen«, zwei von drei »puppenspielen« und die »erotischen pantomimen«. Die beiden (auf älteren Ideenskizzen basierenden) letzten Stücke, »pompes funèbres meyerbeer« und »ihr pelz, madame, ist der meine!«, hat Gerhard Rühm eigens für diesen Band ausgearbeitet. Revidiert – und anhand authentischer Quellen auch orthographisch korrigiert – wurden namentlich jene Texte, die auf fremde Vorlagen Bezug nehmen, so die beiden »kleist-studien«, »ophelia und die wörter«, »der kammersänger hinter der bühne« und »kreidekreis«.

Filmskripte wie die »kinematographischen texte« und das Musiktheaterstück »schwarz-weisse messe« wurden hier nicht aufgenommen – auch, weil ihre multimedialen Komponenten in Buchform nicht adäquat darstellbar sind. Zwei größere szenische Projekte (»dajetzt« und »hugo wolf und drei grazien«), die nicht mehr rechtzeitig fertiggestellt werden konnten, sollen wenn möglich in einem künftigen Paralipomena-Band erscheinen. Grundsätzlich ausgespart sind ferner, wie schon in den früher publizierten Bänden, alle Gemeinschaftsarbeiten mit Freunden und Kollegen, etwa aus der Zeit der »Wiener Gruppe« und des »Berliner Kreises«.

Wie für die Gesamtedition generell gilt auch für diesen Band, dass es sich nicht um eine historisch-kritische Ausgabe handelt, in der die Entstehungsgeschichte der Texte, ihre Fassungen und Überarbeitungen detailliert dokumentiert werden, vielmehr um eine annotierte Lese- und Studienausgabe. Sie entstand wie stets in enger Zusammenarbeit mit dem Autor. Er hat die Vorlagen für die Publikation, das heisst die Textgestalt »letzter Hand«, und die chronologische Reihung der Werke bestimmt, und er hat, wo es ihm geboten erschien, einzelne Werke oder Werkgruppen in seinen »Erläuterungen« mehr oder minder ausführlich kommentiert. Die Herausgeber beschränken sich auf bibliographische Hinweise und Anmerkungen zu den einzelnen Texten, die wie gewohnt Angaben zur Datierung und zu bisher erschienenen Drucken enthalten. Erfasst wurden aber auch Erstaufführungen, sofern sie anhand von Plakaten, Programmheften oder Rezensionen irgend zu ermitteln waren, ferner radiophone Versionen, Film- und Fernsehaufzeichnungen und Schallplatten- beziehungsweise CD-Produktionen.

Zum Schluss sei noch darauf hingewiesen, dass die Ausgabe der »Gesammelten Werke« von Gerhard Rühm nach wie vor als nicht gesichert angesehen werden kann. Nach nunmehr vier Jahren ist sie weder institutionell gefördert noch an eine Akademie oder Universität angebunden. Die Editionsarbeit entsteht in einem (zunehmend kaum mehr zu bewältigenden) privaten Rahmen. Der Autor und die Herausgeber verzichten auf Honorare. Ohne die großzügige Druckkosten-Unterstützung der Kunststiftung Nordrhein-Westfalen (für die ersten vier Teilbände) und des Deutschen Literaturfonds (für den vorliegenden Band), die den Verlag bei der Drucklegung entlastet, wäre das Erscheinen dieser Bände schwer vorstellbar.

Unser Dank gilt allen, die zur Realisation dieser Ausgabe, zur Beschaffung von Quellenmaterial und Editionsnachweisen beigetragen haben, insbesondere Jérôme Raffeneau, der das Einlesen der Druckvorlagen und die Übersetzung der französischen Dialogpassagen in »pompes funèbres meyerbeer« besorgt hat.

Inhaltsverzeichnis

Kommentar